I0034874

Mikrocomputertechnik mit dem Controller C167

Programmierung
in Assembler und C
Schaltungen und Anwendungen

von
Prof. Dipl.-Ing. Günter Schmitt

Oldenbourg Verlag München Wien

Die Deutsche Bibliothek - CIP-Einheitsaufnahme

Schmitt, Günter:
Mikrocomputertechnik mit dem Controller C167 : Programmierung in
Assembler und C ; Schaltungen und Anwendungen / von Günter Schmitt. -
München ; Wien : Oldenbourg, 2000
   ISBN 3-486-25452-9

© 2000 Oldenbourg Wissenschaftsverlag GmbH
Rosenheimer Straße 145, D-81671 München
Telefon: (089) 45051-0
www.oldenbourg-verlag.de

Lektorat: Dr. Georg W. Botz
Herstellung: Rainer Hartl
Umschlagkonzeption: Kraxenberger Kommunikationshaus, München
Gedruckt auf säure- und chlorfreiem Papier
Gesamtherstellung: Druckhaus „Thomas Müntzer" GmbH, Bad Langensalza

Inhaltsverzeichnis

Vorwort

Dieses Buch behandelt den Baustein C167 aus der Familie der C16x-Controller. Es wird vorausgesetzt, daß der Leser ein fertiges Übungssystem zur Verfügung hat. Der Anhang enthält Bezugsquellen für Schaltungen und Entwicklungssysteme. Die Programmierung erfolgt zweisprachig in Assembler und in C. Die Programmbeispiele wurden mit dem Assembler des Herstellers *ertec* - Bezugsquelle (3) - und dem C-Compiler des Herstellers *Keil* - Bezugsquelle (4) - übersetzt. Sie wurden unter einer Entwicklungsumgebung *SOS167* und mit einem residenten *MONITOR 167* des Verfassers getestet. Die Programme werden als Zusatzmaterial zum Titel auf den Internetseiten des Verlags (www.oldenbourg-wissenschaftsverlag.de) zum Download angeboten.

Kapitel 1 wendet sich an Leser, die bisher nur mit PCs gearbeitet haben und für die Controller Neuland sind. Es beschreibt die Funktionseinheiten eines Computers und erklärt den Unterschied zwischen einem PC auf dem Schreibtisch und einem Controller, der in ein System "eingebettet" ist. Wer sieht es schon einem einfachen Fahrradtacho mit LCD-Anzeige und mannigfachen Funktionen an, daß in dem kleinen Kasten ein Controller, aber kein C167, arbeitet?

Kapitel 2 behandelt die Hardware des C167 aus der Sicht eines Anwenders, der mit fertigen Platinen arbeitet und der ein gewisses Grundverständnis für die Schaltungstechnik benötigt, um den Controller nach dem Einschalten zu initialisieren. Als Beispiel dient ein Kleinsystem, für das ein in Assembler geschriebener kleiner Monitor die Initialisierung übernimmt. Für die Entwicklung eigener Schaltungen müssen die Unterlagen des Controller-Herstellers herangezogen werden.

Kapitel 3 gibt einen Überblick über die Speicherstruktur und die Adressierungsarten, die sich aus dem internen Aufbau des Bausteins und den am externen Bus angeschlossenen Speicher- und Peripherieeinheiten ergeben.

Kapitel 4 ist ein Programmierkurs für die Sprachen Assembler und C. Bereits erfahrene Assemblerprogrammierer aus der Motorola- bzw. Intel-Welt sehen hier, was bei der C16x-Familie anders ist. C-Programmierer werden Klassen und Objekte vermissen, die bei dem verwendeten Compiler nicht implementiert waren, aber in aufwendigeren Entwicklungssystemen verfügbar sein können. Dafür erfahren sie in vielen Programmbeispielen, wie man in C nicht mit Zahlen oder Grafik, sondern mit elektrischen Signalen umgeht. Fast alle Beispielprogramme, auch die der folgenden Kapitel, sind zweisprachig in Assembler *und* in C geschrieben und erlauben interessante Vergleiche zum aktuellen Thema: *Assembler oder höhere Sprache?*

Kapitel 5 behandelt die Interrupt-Technik, mit der C-Programmierer an ihrem PC nur selten direkt gearbeitet haben, die aber im Hintergrund immer für die Bedienung der Tastatur, der Uhr, der Maus und der Disk des PC sorgt.

Die in den folgenden Kapiteln behandelten Timer, seriellen und analogen Schnittstellen werden mit vielen kleinen Beispielprogrammen erläutert. Sie lassen sich mit einfachen Mitteln wie z.B. Kippschaltern und Leuchtdioden an den Ports testen. Nur so lernt man programmieren!

Kapitel 10 enthält ausgewählte Anwendungsbeispiele, für die zusätzliche Hardware erforderlich ist. Schwerpunkte bilden die Eingabe und Ausgabe von digitalen und analogen Signalen über die Schnittstellen des Controllers, die für die häufigsten Anwendungen benötigt werden.

Alle Angaben und Beispiele wurden mit großer Sorgfalt vom Autor geprüft und getestet; aber wer ist schon fehlerfrei? Einigen - älteren - Anwendungsschriften des Controller-Herstellers kann entnommen werden, daß möglicherweise wegen der vierstufigen Pipeline des Steuerwerks bestimmte Befehle nicht aufeinander folgen dürfen. Siehe dazu auch die Anmerkungen zu den Befehlen MOV und SCXT. Bei professionellen Anwendungen müssen daher die *aktuellen* Unterlagen der Hersteller von Hardware und Software herangezogen werden.

Ich danke meiner Frau für die Hilfe bei der Korrektur und die moralische Unterstützung sowie Herrn Dipl.-Ing. Manfred Pester von der FH Darmstadt Fachbereich Informatik, der wertvolle "Entwicklungshilfe" leistete.

Günter Schmitt

1. Einführung

Dieses Kapitel beschreibt die *Funktionseinheiten* eines Mikrocomputers. Darunter sollen die *Komponenten* verstanden werden, die für den Betrieb eines Rechners erforderlich sind. Eilige Leser, die schon Erfahrungen mit Mikroprozessoren haben, können dieses Kapitel überschlagen.

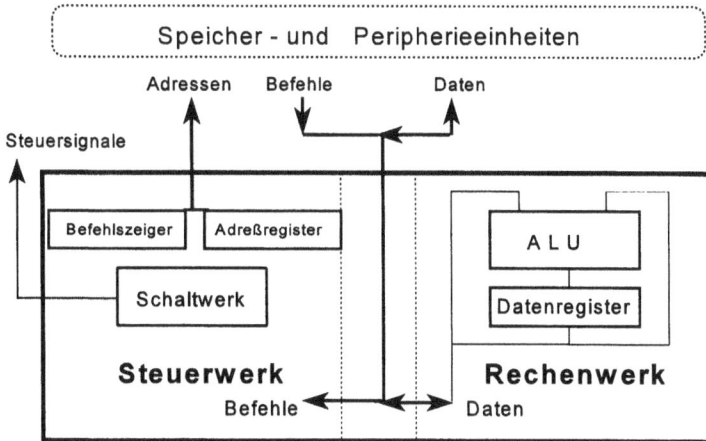

Bild 1-1: Der Aufbau eines Mikroprozessors

Der in *Bild 1-1* dargestellte **Mikroprozessor** wird auch als Zentraleinheit (CPU Central Processing Unit) bezeichnet. Parallele Leitungsbündel, auch Bus genannt, verbinden den Prozessor mit den Speicher- und Peripherieeinheiten. In der von-Neumann-Struktur liegen die Befehle und die Daten in einem gemeinsamen Speicherbereich und werden durch *Adressen* ausgewählt. *Maschinenbefehle* sind binär codierte Anweisungen an das Steuerwerk, bestimmte Operationen auszuführen; *Daten* sind die zu bearbeitenden Zahlen, Zeichen oder andere binär codierte Größen.

Das **Rechenwerk** enthält Schaltungen zum Berechnen und Speichern der Daten. Die arithmetisch-logische Einheit (ALU Arithmetic Logical Unit) ist ein Schaltnetz, das arithmetische Operationen in den vier Grundrechenarten und logische Operationen wie z.B. UND-Verknüpfungen bitparallel durchführt. Die Operanden werden kurzzeitig in *Datenregistern* zwischengespeichert und über den Datenbus zwischen dem Prozessor und dem Datenspeicher sowie der Peripherie übertragen.

Das **Steuerwerk** enthält ein *Schaltwerk*, das die Befehle in Steuersignale umsetzt. Bei einem Mikroprogrammsteuerwerk liegen die Verarbeitungsschritte in Form von Mikrobefehlen in einem prozessorinternen Festwertspeicher; der Mikrocode dieses "Computers auf dem Prozessor" ist dem Anwender nicht zugänglich. Der *Befehlszeiger* enthält immer die Adresse des nächsten Maschinenbefehls, der aus dem Befehlsspeicher über den Datenbus in das Steuerwerk geholt wird. *Adreßregister* dienen zur Speicherung und Berechnung von Adressen. Das Steuerwerk legt entweder eine Befehls- oder eine Datenadresse auf den Adreßbus; die Übertragung der adressierten Operanden über den gemeinsamen Bus, Datenbus genannt, wird durch Signale gesteuert. Befehle gelangen in das Steuerwerk, Daten in das Rechenwerk. In der Harvard-Struktur aufgebaute Rechner können durch getrennte Bussysteme gleichzeitig Befehle und Daten übertragen.

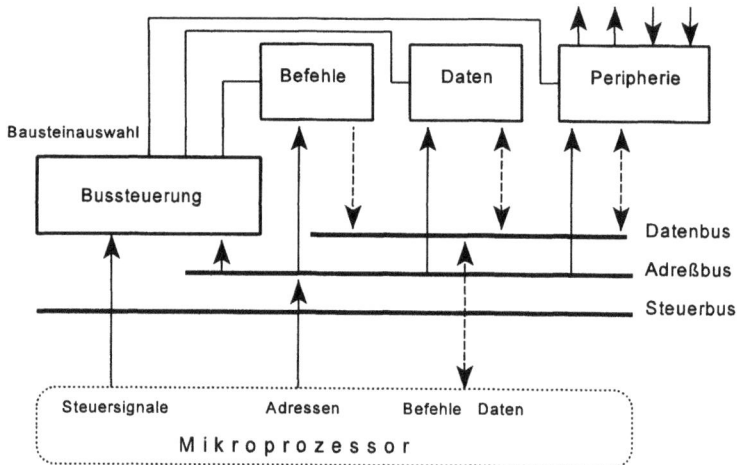

Bild 1-2: Die Speicher- und Peripherie-Einheiten

Die Speicher- und Peripherie-Einheiten werden entsprechend *Bild 1-2* an den Adreß-, Daten- und Steuerbus des Mikroprozessors angeschlossen. Ein Decoderbaustein der **Bussteuerung** wählt mit den höherwertigen Adreßleitungen einen der angeschlossenen Bausteine aus, Steuersignale des Prozessors bestimmen die Richtung (Lesen bzw. Schreiben) und den Zeitpunkt der Übertragung. Die niederwertigen Adreßleitungen adressieren über einen Decoder, der sich auf der ausgewählten Einheit befindet, die entsprechende Speicherstelle. Die Bussteuerung sorgt dafür, daß nur einer der am Bus angeschlossenen Bausteine ausgewählt wird (1-aus-n-Auswahl).

In einem *Lesezyklus* legt der Prozessor die Adresse einer Speicherstelle auf den Adreß-bus. Die ausgewählte Einheit schaltet den Inhalt (Befehl oder Datum) auf den Datenbus; alle anderen Einheiten sind abgeschaltet (tristate). Der Prozessor übernimmt die Daten vom Datenbus.

In einem *Schreibzyklus* legt der Prozessor die Adresse einer Speicherstelle auf den Adreßbus und die Daten auf den Datenbus. Die Bussteuerung gibt die entsprechende Einheit frei, die nun die Daten übernimmt. Dann entfernt der Prozessor die Daten vom Datenbus.

Bei *Speichereinheiten* unterscheidet man nichtflüchtige Festwertspeicher und flüchtige Schreib/Lesespeicher. Ein *Festwertspeicher* hat beim Einschalten der Versorgungs-spannung einen vorgegebenen Speicherinhalt, der im Betrieb nicht geändert werden kann und der beim Abschalten der Versorgungsspannung erhalten bleibt. Die Bauform ROM (Read Only Memory) wird beim Hersteller maskenprogrammiert. In der Bauform EPROM (Erasable Programmable ROM) programmiert der Anwender den Baustein in besonderen Geräten und kann ihn durch Bestrahlen mit UV-Licht wieder löschen. In der

Bauform EEPROM (Electrical Erasable Programmable ROM) bzw. EAROM (Electrical Alterable ROM) kann der Speicherinhalt auch während des Betriebes durch besondere Verfahren geändert werden.

Schreib/Lesespeicher werden auch als RAM (Random Access Memory) bezeichnet. Beim Einschalten der Versorgungsspannung haben sie einen zufälligen Speicherinhalt. Während des Betriebes werden sie beschrieben und gelesen. Der Speicherinhalt geht nach dem Abschalten der Versorgungsspannung verloren; in der Bauform BRAM (Batteriegepuffertes RAM) bleibt er erhalten. Dynamische RAM Bausteine (DRAM) müssen durch besondere Signale periodisch aufgefrischt werden; statische RAM Bausteine (SRAM) benötigen dies nicht. Statische Speicherbausteine sind in der Regel byteorganisiert, d.h. durch acht parallele Datenleitungen werden immer acht Bits gelesen oder beschrieben.

Die Einteilung der Mikroprozessoren und Mikrocomputer nach ihrer *Bitbreite* ist nicht immer eindeutig. Darunter versteht man entweder die Größe des Datenbus, also die Anzahl der parallelen Datenleitungen oder die Größe der Datenregister im Prozessor. Die Controller der C167-Familie enthalten 16 bit breite Daten- und Adreßregister, der Datenbus kann sowohl mit 8 als auch mit 16 bit betrieben werden. Die meisten Befehle lassen sich wahlweise auf 8 bit, oder 16 bit breite Daten anwenden. Die Größe des Adreßbus, also die Anzahl der Adreßleitungen, bestimmt den maximal adressierbaren Speicherbereich. Mit 24 Adreßbits lassen sich 16 MByte adressieren, die nur in wenigen Anwendungen voll ausgenutzt werden. Die Prozessoren der C167-Familie haben keine besonderen Peripheriebefehle und Peripheriesignale; die Peripherieeinheiten liegen mit den Speichereinheiten in einem gemeinsamen Bereich.

Als **Peripherie** bezeichnet man die an den Rechner angeschlossenen Geräte wie z.B. Drucker oder Tastaturen, die über Peripherie- oder Interfaceeinheiten am Bus betrieben werden. *Bild 1-3* zeigt die digitale Signalübertragung.

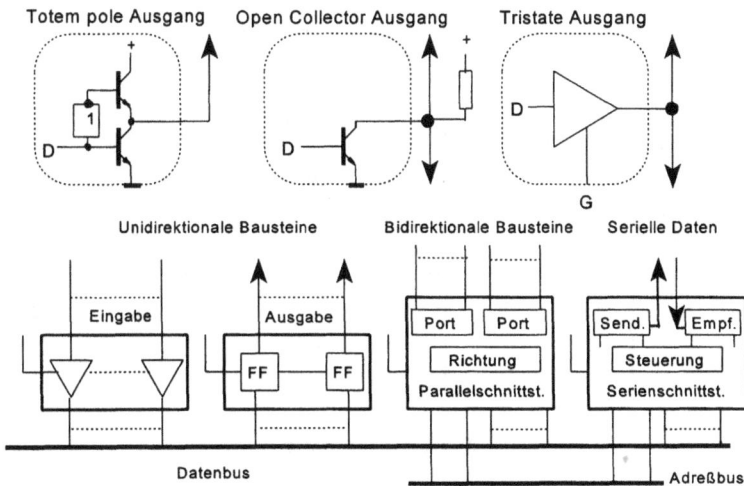

Bild 1-3: Die digitale Peripherie

Die *digitalen Peripherieeinheiten* liegen am Datenbus des Prozessors und arbeiten peripherieseitig vorwiegend mit TTL-Pegel. Parallele Schnittstellen sind meist byte-organisiert; mit Bitbefehlen lassen sich jedoch auch einzelne Bitpositionen innerhalb des Bytes eingeben (lesen) oder ausgeben (schreiben). Die *auszugebenden Daten* werden in Flipflops gespeichert. Man unterscheidet drei Ausgangstreiberschaltungen. Ein *Totem pole Ausgang* (Push/Pull) gibt immer ein festes Potential (High oder Low) aus und läßt sich daher nicht mit anderen Ausgängen parallel schalten. Bei einem *Open-Collector* bzw. *Open-Drain-Ausgang* hält ein interner oder externer Widerstand das Potential auf High, das nun entweder mit dem Ausgangstransistor oder einer anderen parallel liegen-den Schaltung auf Low gezogen werden kann. Der *Tristate-Ausgang* läßt sich mit einem Steuereingang hochohmig machen und damit abschalten; dies ist die bevorzugte Aus-gangsschaltung für Bussysteme wie z.B. den Datenbus. Bei der *Eingabe* von digitalen Signalen wird das Potential der Peripherieleitung meist über einen Tristate-Treiber auf den Datenbus geschaltet und nicht in der Peripherieeinheit gespeichert. *Bidirektionale* Einheiten lassen sich sowohl zur Eingabe als auch zur Ausgabe von Signalen verwen-den. Dazu sind Open-Collector bzw. Open-Drain oder Tristate-Ausgänge erforderlich. Bei programmierbaren Schnittstellen wird die Richtung (Eingabe oder Ausgabe) in Richtungsregistern festgelegt.

Serielle Schnittstellen dienen zur Umwandlung des parallelen Datenformats des Prozes-sors in einen seriellen Bitstrom und umgekehrt. Die Umsetzung geschieht durch Schie-beregister. Beispiele sind der Sender bzw. Empfänger einer Serienschnittstelle zum Anschluß eines Modems oder einer Maus. Besondere Funktionen wie z.B. die Über-tragungsgeschwindigkeit und der Rahmen sind in Steuerregistern programmierbar. *Analoge Peripherieeinheiten* sind an den parallelen Datenbus angeschlossen. Ein Digital/Analogwandler setzt einen binären Eingangswert in eine analoge Ausgangs-spannung um. Analog/Digitalwandler vergleichen die zu messende Eingangsspannung mit einer Vergleichsspannung und liefern einen binär gewandelten Wert.

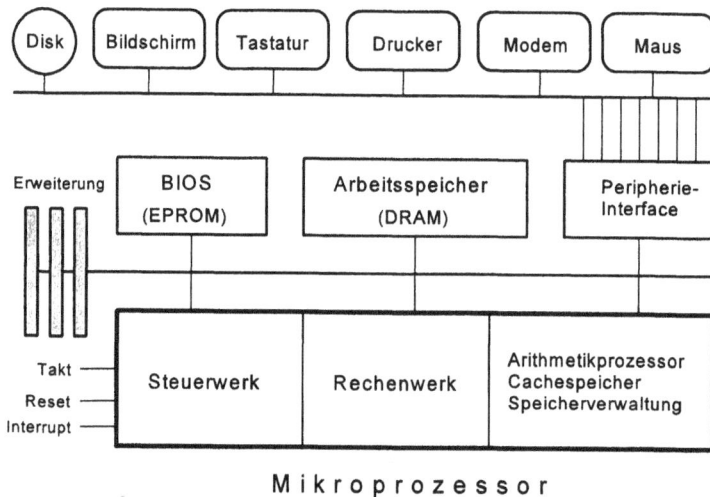

Bild 1-4: Der Aufbau eines Personal Computers

Die in *Bild 1-4* dargestellte Schaltung eines **Personal Computers** enthält einen für die besonderen Aufgaben der *Datenverarbeitung* entworfenen *Mikroprozessor*, der neben dem Steuerwerk und Rechenwerk einen Arithmetikprozessor (Gleitpunktbefehle), einen Schnellzugriffsspeicher (Cache) und eine Speicherverwaltungseinheit (MMU Memory Management Unit) enthält. Beim Einschalten des Gerätes bzw. bei einem Reset wird ein Basissystem (BIOS Basic Input Output System) aus einem *Festwertspeicher* (EPROM) gestartet, das ein Betriebssystem (DOS, Windows, UNIX) von der Festplatte in den *Arbeitsspeicher* lädt. Dieser ist aus dynamischen Speichern aufgebaut und nimmt neben dem Betriebssystem weitere Systemprogramme (Textverarbeitung) und Benutzer-programme (C++ oder Pascal) sowie Daten (Texte) auf. Die *Peripherieeinheiten* Disk (Festplatte und Floppy) sowie der Bildschirm (Video) werden meist über Interfacekarten an Buserweiterungssteckplätzen betrieben. Für die Tastatur und den Drucker sowie für die seriellen Einheiten Maus und Modem sind die Interfacebausteine direkt an den Bus angeschlossen.

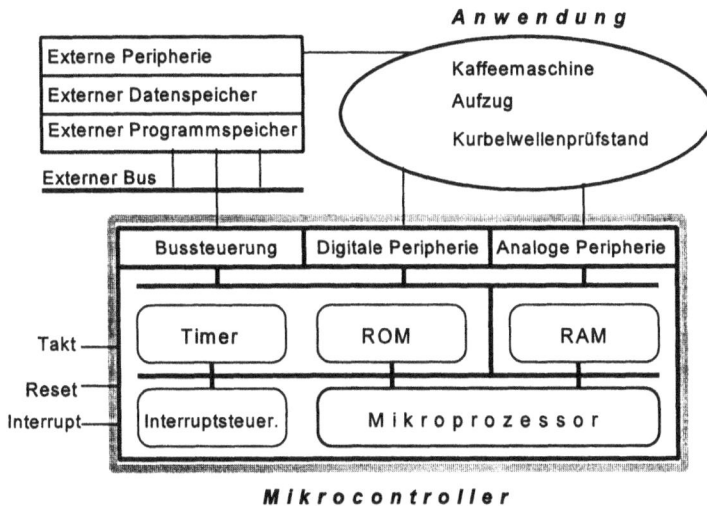

Bild 1-5: Der Aufbau eines Controllers zur Gerätesteuerung

Der in *Bild 1-5* dargestellte **Mikrocontroller** dient je nach Ausführung zur Steuerung von Kleingeräten (Kaffemaschine, Waschmaschine) oder größeren Anlagen (Kurbelwel-lenprüfstand, Gummistiefelpresse). Er enthält alle Funktionseinheiten eines Computers auf einem Baustein (Chip). Dazu zählen der Mikroprozessor, ein Festwertspeicher (ROM) für das Programm und konstante Daten sowie ein Schreib/Lesespeicher (RAM) für Variablen. Die Peripherieeinheiten Timer sowie parallele, serielle und analoge Schnittstellen sind auf dem Baustein integriert und werden zur Anwendungsschaltung herausgeführt. Je nach Bauform und Aufgabe können zusätzliche Speicher- und Peri-pheriebausteine an einen externen Bus angeschlossen werden. Mikrocontroller werden auch als Embedded Controller bezeichnet, da sie in die Anwendung eingebettet sind und als Systemkomponente betrachtet werden. Aus der Vielzahl von Bauformen und Her-stellern seien einige charakteristische Familien herausgegriffen:

Als *Motorola-Familie* bezeichnet man die Typen 68xxx des Herstellers Motorola und anderer. Dazu gehören die Typen 68HC05, 68HC11, 68HC12 und die 683xx-Familie. Der Typ 68HC11 entspricht in seiner 8-bit-Struktur im Wesentlichen dem Typ 80535 der Intel-Familie. Die 683xx-Familie ist gekennzeichnet durch einen modularen Aufbau, der aus einem CPU-Kern der Datenbreite 32 bit und der Adreßbreite von 32 bit sowie einer Vielzahl von besonderen Funktionseinheiten besteht, die den Baustein dem jeweiligen Anwendungsgebiet anpassen.

Als *Intel-Familie* bezeichnet man die Typen 80xxx des Herstellers Intel, die von vielen anderen Firmen zunächst in Lizenz gefertigt und dann z.B. vom Hersteller Siemens weiter entwickelt wurden. Dazu gehören die Mikrocontroller 8051 und 80535:
- interne und externe Datenstruktur 8 bit,
- Version ohne ROM erfordert externen Programmspeicherbaustein,
- externer Adreßbus 16 bit (64 KByte externer Speicher),
- interner RAM 256 Bytes und
- interne Peripherie (4 Parallelports, 3 Timer, V.24-Schittstelle, A/D-Wandler).

Die Controller der *C16x-Familie* des Herstellers Siemens (jetzt Infineon) , zu der auch der Typ C167 gehört, sind gekennzeichnet durch:
- interne und externe 16-bit-Struktur,
- Adreßbus zur Adressierung von 256 KByte bis 16 MByte externem Speicher,
- 2 bis 4 KByte interner Schreib/Lesespeicher (RAM),
- 4 bis 128 KByte interner Festwertspeicher (ROM oder EEPROM),
- max. 100 digitale Ein/Ausgabeleitungen,
- interner Analog/Digitalwandler für max. 16 Kanäle bei 10 bit Auflösung,
- mehrere interne Timer für verschiedene Anwendungen,
- serielle Schnittstellen (USART und SSC) sowie
- Schnittstellen für den CAN- und I^2C-Bus.

2. Die Hardware des C167

Der Controller C167 gehört zur C16x-Familie des Herstellers Infineon (Siemens). Die
Bausteine haben folgende Eigenschaften:
- 16-bit-Register und 16-bit-Befehle,
- Befehle für Bitoperationen,
- parallele und serielle digitale Schnittstellen,
- integrierte Analog/Digitalwandler,
- mehrere Timer für unterschiedliche Funktionen,
- ein kleiner integrierter Schreib/Lesespeicher (RAM) sowie
- Anschluß von maximal 16 MByte externen Speichereinheiten.

Je nach Bauform und Ausführung kommen hinzu:
- interner Festwertspeicher (ROM oder EEPROM) für das Programm,
- serielle Bus-Schnittstellen (z.B. CAN und I^{2}C) und
- PLL-Schaltung für die Takterzeugung.

Dieser Abschnitt gibt lediglich einen Überblick über die Basisversion des C167 ohne
ROM, CAN und PLL. Für Anwendungen sollte das aktuelle Handbuch herangezogen
werden, da der Hersteller laufend verbesserte und neue Versionen der C16x-Familie auf
den Markt bringt. Es wird davon ausgegangen, daß der Leser ein fertig aufgebautes
System, z.B. ein Starter Kit, zur Verfügung hat. Abschnitt 2.5 zeigt als Beispiel die
Schaltung eines einfachen Minimalsystems.

2.1 Die Funktionseinheiten des C167

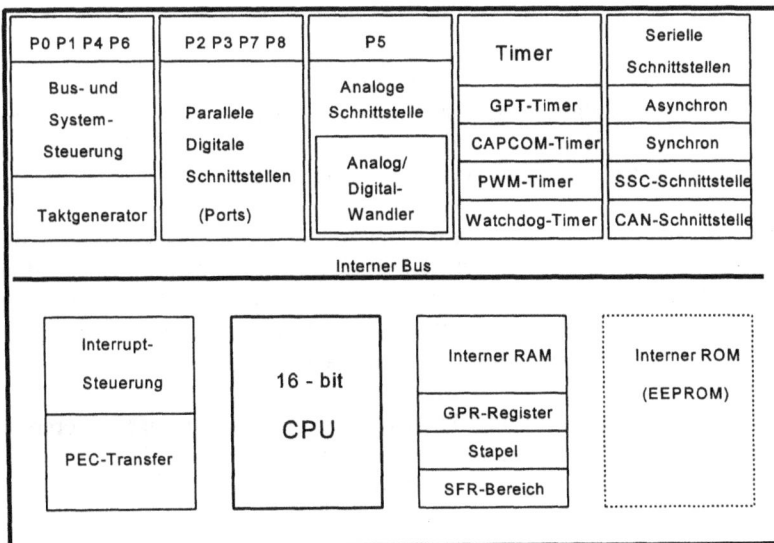

Bild 2-1: Die Funktionseinheiten des C167

Die Funktionseinheiten des Controllers (*Bild 2-1*) liegen an einem internen Bus. Die CPU (Central Processing Unit) besteht aus einem Rechenwerk für die ganzzahlige Arithmetik (Addition, Subtraktion, Multiplikation und Division) sowie aus einem Steuerwerk zur Ausführung der Befehle. Die Daten- und Adreßregister (GPR = General Purpose Register) sind als umschaltbare Registerbänke in den internen RAM-Bereich eingebaut. Die internen Peripherieeinheiten (parallele, serielle und analoge Schnitt-stellen und die Timer) verbinden den Controller mit dem zu steuernden System (Anwen-dung). Ihre Adressierung erfolgt über die SFR-Register (SFR = Special Functions Register), die ebenfalls im Adreßbereich des internen RAM angeordnet sind.

In den Versionen mit einem internen Programmspeicher (z.B. ROM) sind keine exter-nen Bausteine erforderlich, die Busanschlüsse können als Ports benutzt werden. Ande-renfalls muß ein Festwertspeicher (z.B. EPROM) mit dem Programm über den externen Bus angeschlossen werden. Die programmierbare externe Bussteuerung liefert Signale zur Ansteuerung externer Speicher- und Peripheriebausteine. Dabei gibt es folgende Einstellmöglichkeiten:
- zeitliche Verschachtelung der Adreß- und Datensignale im Multiplexverfahren,
- getrennte Adreß- und Datensignale (Demultiplex),
- 8-bit Datenbus mit jeweils nur einem externen 8-bit Speicherbaustein,
- 16-bit Datenbus mit jeweils zwei parallelen externen 8-bit Speicherbausteinen,
- Programmierung des Speicherbereiches und der Baustein-Auswahl-Signale /CS und
- Einstellung der Taktfrequenz des Controllers.

Für die Hardware-Entwicklung stehen Entwicklungshilfsmittel in Form von Emulatoren zur Verfügung, die anstelle des Controllerbausteins die Steuerung der externen Speicher und der Anwendung übernehmen. Für die besonderen Betriebsarten *Emulation Mode* und *Adapt Mode* des Controllers sollten die Unterlagen des Herstellers herangezogen werden.

Die Software-Entwicklung wird meist mit einem PC entweder als reine Simulation (ohne Hardware) oder unter der Kontrolle einer Entwicklungsumgebung in der Anwen-dungshardware durchgeführt. In der besonderen Betriebsart *Bootstrap Loader Mode* des Controllers ist es möglich, Programme über die serielle Schnittstelle in den Speicher-bereich des Controllers zu laden und zu starten; die entsprechende Software ist bereits in der Steuerung des Controllers als Mikrocode enthalten.

Für die Programmentwicklung ist ein Monitorprogramm im System erforderlich, das den Benutzer beim Laden, Starten und Testen der Programme unterstützt. Dieser Monitor ist entweder resident in einem Festwertspeicher (z.B. externer EPROM) enthalten oder wird in der Betriebsart *Bootstrap Loader Mode* des Controllers in den Speicher (z.B. interner RAM) des Systems gebracht.

Der Abschnitt 2.5 enthält im Bild 2-11 ein einfaches Beispiel für ein Monitorprogramm, das die Eingabe und den Start von Testprogrammen gestattet, die in hexadezimaler Form eingegeben werden müssen. Das Monitorprogramm liegt in einem externen Festwertspeicher (EPROM) und wird bei Reset gestartet.

2.2 Die Takt- und Reset-Steuerung

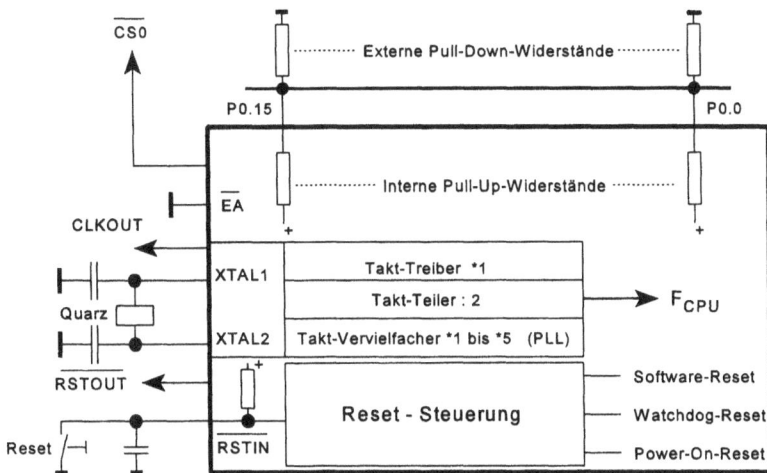

Bild 2-2: Die Takt- und Reset-Steuerung

Der Takt des Controllers wird entweder durch einen externen Taktgenerator mit TTL-Ausgang an XTAL1 (XTAL2 offen) oder durch einen Quarz bestimmt, der an XTAL1 und XTAL2 angeschlossen wird (*Bild 2-2*). In diesem Fall erzeugt der interne Taktgenerator die Taktfrequenz. Je nach Ausführung und eingestellter Betriebsart wird dieser Takt direkt als Systemtakt verwendet oder mit einem festen Teiler durch 2 geteilt oder mit einer PLL Schaltung (Phase Lock Loop) vervielfacht. Dieser sich so ergebende CPU-Takt (Systemtakt) steht am Ausgang CLKOUT (P3.15) nach entsprechender Programmierung zur Verfügung.

Beim Einschalten der Versorgungsspannung (Power-On-Reset) sollte nach Angaben des Herstellers der Eingang /RSTIN mindestens 10 bis 50 ms auf Low gehalten werden, um ein sicheres Anlaufen des Bausteins (Taktgenerator) zu gewährleisten. Für ein Reset über den Eingang /RSTIN (Taster) während laufender Taktversorgung oder durch den Befehl SRST (Software Reset) oder durch den Watchdog Timer (Wachhund) dauert der Resetvorgang nur ca. 30 µs. Der Ausgang /RSTOUT wird erst durch einen Befehl EINT (End of Initialization) auf Low geschaltet.

Bei jedem Reset werden die Potentiale des Eingangs /EA und der 16 Anschlüsse des Ports P0 von der Controllersteuerung gelesen, in Registern gespeichert und zum Anlauf des Systems verwendet. Die Anschlüsse haben interne Pull-Up-Widerstände, die das Potential auf High (logisch 1) halten, so daß nur für den Fall, daß eine Einstellung eine logische 0 erfordert, eine Beschaltung des Eingangs nötig ist. Spätere Änderungen dieser Voreinstellungen sind nur bedingt möglich.

Liegt der Eingang /EA (External Access Enable) bei einem Reset auf High (unbeschaltet), so wird das Programm aus dem internen Programmspeicher (ROM oder EEPROM) gestartet. Liegt der Eingang fest auf Low, so erfolgt der Start aus einem externen Programmspeicherbaustein mit dem Auswahlsignal /CS0. Die 16 Leitungen des Ports P0 dienen später als Daten- und Adreßbus und dürfen nur mit entsprechend dimensionierten Pull-Down-Widerständen (ca. 4.7 kOhm) auf Low gelegt werden, wenn eine logische 0 erforderlich ist.

Eingänge des **Ports P0** beim Anlauf des Systems mit Reset:

15	14	13	12	11	10	9	8	7	6	5	4	3	2	1	0
CLKCFG			SALSEL		CSSEL		WRC	BUSTYP		SMOD				ADP	EMU

Anschluß	Feld	Bedeutung	System Kap. 2.5	
P0.0	EMU	Emulator Mode (nicht änderbar)	1	(aus)
P0.1	ADP	Adapt Mode (nicht änderbar)	1	(aus)
P0.5 *bis* P0.2	SMOD	Special Modes (nicht änderbar) enthält Bootstrap Loader Mode	1 1 1 1	Bootstrap aus normaler Start
P0.7 P0.6	BUSTYP	8/16 bit bzw. multiplex/demultiplex in Register BUSCON0 (änderbar)	0 0	mit Pull-Down 8-bit demultiplex
P0.8	WRC	Write Configuration (Schreibsignale) in Register RP0H angezeigt in Register SYSCON (invertiert) (änderbar)	1	/WR und /BHE
P0.10 P0.9	CSSEL	Chip Select Lines (Auswahlsignale) in Register RP0H angezeigt (nicht änderbar)	0 0	mit Pull-Down / CS0 /CS1 /CS2
P0.12 P0.11	SALSEL	Segment Address Lines (A16 bis A23) in Register RP0H angezeigt (nicht änderbar)	0 1	mit Pull Down 64 KB Speicher
P0.15 *bis* P0.13	CLKCFG	Clock Generation Control (Taktgenerator) in Register RP0H angezeigt (nicht änderbar)	0 1 1	mit Pull Down direkter Takt
Stift /EA	ROMEM	External Access Enable (externer Speicher) in Register SYSCON (änderbar)		fest auf Low (0) externes EPROM

Bild 2-3: Lesen der Systemkonfiguration bei einem Reset

Beim Anlauf mit Reset werden die Register mit definierten Werten vorbesetzt. *Bild 2-4* zeigt die wichtigsten Voreinstellungen, die sich aus der Beschaltung des Ports P0 und des /EA-Eingangs ergeben. Der Code Segment Pointer CSP und der Instruction Pointer IP (Befehlszeiger) werden auf den Wert 00:0000H gesetzt und zeigen auf den 1. Befehl des zu startenden Programms. Ist weder der *Emulator* noch der *Adapt* noch der *Bootstrap Loader Mode* aktiviert, so wird der 1. Befehl von der Adresse 00:0000H aus dem internen ROM (/EA=1) oder externen Programmspeicher (/EA=0) geholt und ausgeführt. Dies ist in der Regel ein unbedingter Sprungbefehl über die Interruptvektortabelle (0008H bis 01FFH) hinweg in eine Initialisierungsroutine, die das System konfiguriert. Diese wird mit dem Befehl EINIT abgeschlossen, der den Ausgang /RSTOUT auf Low legt und Änderungen bestimmter Steuerregister (z.B. SYSCON) sperrt.

Register	Wert	Bedeutung
RP0H	xxH	Felder CLKCFG SALSEL CSSEL WRC wie P0.15 - P0.8
SYSCON	0xx0H	jedoch ROMEN BYTDIS WRCFG wie /EA und P0.x
BUSCON0	0000H 0xx0H	für /EA = 1: interner ROM für /EA = 0: BTYP wie P0.7 P0.6 ALECTL0=BUSACT0 = 1
WDTCON	0000H	Watchdog Timer nach max. 6.5 ms sperren oder bedienen!
DPP0 DPP1 DPP2 DPP3	0000H 0001H 0002H 0003H	Zeiger auf Daten_Seite 0 Zeiger auf Daten_Seite 1 Zeiger auf Daten_Seite 2 Zeiger auf Daten_Seite 3
CP	FC00H	Context Pointer = Zeiger auf Bank der GPR-Register
SP STKUN STKOV	FC00H FC00H FA00H	Stapelzeiger (abwärts) Stapelgröße: 256 Wörter obere Grenze des Stapelzeigers untere Grenze des Stapelzeigers
S0RBUF SCCRB	xxxxH xxxxH	siehe serielle Schnittstellen
sonstige SFR	0000H	digitale Ports Eingänge und hochohmig Interrupts gesperrt
CSP IP	00H 0000H	Code Segment Pointer Startadresse: 00:0000H Instruction Pointer für den 1. Befehl nach Reset

Bild 2-4: Voreinstellungen der wichtigsten Register beim Reset

Beim Einschalten der Versorgungsspannung (Power-On-Reset) ist der Inhalt der externen RAM-Bausteine und des internen RAM und damit auch der Daten- und Adreßregister (GPR) undefiniert. Nach einem sonstigen Reset (Warm-Start) bleiben die RAM-Speicher und Register (GPR) unverändert.

2.3 Die Programmierung der Systemkonfiguration

Das Register **RP0H** (Reset Port P0 High) enthält einen Teil der Voreinstellungen, die bei einem Reset von den Potentialen des Ports P0 übernommen werden. Das Register kann nur gelesen und *nicht* verändert werden.

RP0H   RAM: 0F108H   **ESFR:** 084H   **Reset:** --xxH   *bitadressierbar*

15	14	13	12	11	10	9	8	7	6	5	4	3	2	1	0
-	-	-	-	-	-	-	-	CLKCFG			SALSEL		CSSEL		WRC

Die Felder haben folgende Bedeutung:

WRC   Write Configuration (Erzeugung der Schreibsignale)

0 = Anschlüsse /WR und /BHE arbeiten als /WRL und /WRH-Signale

1 = Anschlüsse /WR und /BHE arbeiten als /WR und /BHE-Signale

CSSEL   Chip Select Lines (Anzahl der Bausteinauswahlsignale /CSx)
             00: drei Signale /CS2 bis /CS0
             01: zwei Signale /CS1 bis /CS0
             10: keine /CS-Signale
             11: fünf Signale /CS4 bis /CS0 (Vorgabewert ohne Widerstände)
SALSEL   Segment Address Lines (Segmentauswahlsignale A16 bis A23)
             00: 4-bit Segmentadresse A19 - A16
             01: keine Segmentierung
             10: 8-bit Segmentadresse A23 - A16 (max. Speicher)
             11: 2-bit Segmentadresse A17 - A16
CLKCFG   Clock Generation Control (Taktgenerator)
             0xx: Direkter Takt-Treiber
             100: Quarz-Takt * 5 (PLL)
             101: Quarz-Takt * 2 (PLL)
             110: Quarz-Takt * 3 (PLL)
             111: Quarz-Takt * 4 (PLL) (Vorgabe ohne Widerstände)

Das Register **SYSCON** (System Configuration Register) enthält Konfigurationsdaten des Controllers, die bei einem Reset entweder vom Port P0 übernommen (x) oder voreingestellt (0) werden. Das Register läßt sich nach Ausführung des Befehls EINIT *nicht* mehr verändern.

SYSCON **RAM:** 0FF12H **SFR:** 089H **Reset:** 0xx0H   *bitadressierbar*

15	14	13	12	11	10	9	8	7	6	5	4	3	2	1	0
STKSZ			ROM S1	SGT DIS	ROM EN	BYT DIS	CLK EN	WR CFG	-	-	-	-	XP EN	VIS ...	XPE ...

Die Felder haben folgende Bedeutung:
XPER-SHAHRE externer Zugriff auf den internen XBUS (0 = gesperrt 1 = frei)
VISIBLE   interner XBUS extern sichtbar (0 = nein 1 = ja)
XPEN   Zugriff auf XBUS Peripherie XRAM (0 = gesperrt 1 = frei)
WRCFG   Schreibkonfiguration (bei Reset invertiert von P0.0 übernommen)
             0 = Signale /WR und /BHE   1 = Signale /WRL und /WRH
CLKEN   0 = Stift P3.15 ist Port   1 = Stift P3.15 ist Ausgang CPU-Takt
BYTDIS   Steuersignal /BHE (Busbreite bei Reset von P0.7 übernommen)
             0 = Stift P3.12 ist /BHE   1 = Stift P3.12 ist Port
ROMEN   Interner ROM (bei Reset von Anschluß /EA übernommen)
             0 = externer Programmspeicher   1 = interner Programmspeicher
SGTDIS   Segmentierung (0 = ein 1 = aus) für CALL-Befehle und Interrupt
ROMS1   Adreßbereich des internen ROM (0 = Segment_0 1 = Segment_1)
STKSZ   Größe und Lage des Systemstapels
             000 =   256 Wörter im Bereich von 0FA00H bis 0FBFEH
             001 =   128 Wörter im Bereich von 0FB00H bis 0FBFEH
             010 =   64 Wörter im Bereich von 0FB80H bis 0FBFEH
             011 =   32 Wörter im Bereich von 0FBC0H bis 0FBFEH
             100 =   512 Wörter im Bereich von 0F800H bis 0FBFEH
             111 =   1024 Wörter im Bereich von 0F600H bis 0FDFEH

2.4 Die Programmierung der Buskonfiguration

Ist kein interner Programmspeicher vorgesehen oder reicht der interne RAM des Controllers nicht aus, so werden zusätzliche Speicherbausteine an den externen Bus angeschlossen. Für besondere Anwendungen können auch externe Peripheriebausteine wie z.B. Digital/Analogwandler und I^2C-Bus Steuerbausteine erforderlich sein. *Bild 2-5* zeigt als Beispiel den Aufbau und den Anschluß eines RAM Bausteins der Speicherkapazität 64 KByte. Bei einem externen Festwertspeicher (EPROM) entfällt der Eingang /WE (Schreibsignal).

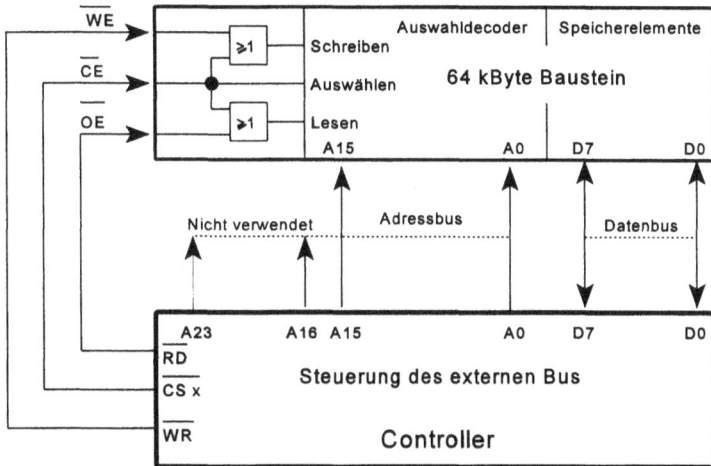

Bild 2-5: Der Anschluß eines externen Bausteins (8-bit Bus Demultiplex Betrieb)

Der Baustein ist byteorganisiert, d.h. bei einem Zugriff wird immer ein Byte über die Datenbusanschlüsse D0 bis D7 gelesen oder in den Baustein geschrieben. Die Adreßbusanschlüsse A0 bis A15 wählen $2^{16} = 65\,536$ Bytes aus. Das Bausteinauswahlsignal /CE gibt den Baustein frei. Ist gleichzeitig das Lesesignal /OE aktiv, so wird aus dem Baustein gelesen; ist gleichzeitig das Schreibsignal /WE aktiv, so wird in den Baustein geschrieben. Die Bussteuerung des Controllers liefert die Adressen, die Freigabesignale /WR und /RD und gegebenenfalls das Auswahlsignal /CS, das alternativ auch aus freien Adreßleitungen durch eine externe Logik abgeleitet werden kann. In einem Schreibzylus (/WR = Low) liefert der Controller die Daten über den Datenbus; in einem Lesezyklus (/RD = Low) nimmt der Controller die ausgelesenen Daten in Empfang.

Bild 2-6 zeigt den zeitlichen Verlauf (das Timing) der zwischen dem Baustein und dem Controller übertragenen Signale. Das Taktsignal der CPU ist nicht mit dem Baustein verbunden und wurde nur zur Orientierung eingetragen; die zeitliche Steuerung erfolgt ausschließlich durch des Lesesignal /RD und das Schreibsignal /WR. Als Zugriffszeit bezeichnet man die Zeit, in der die Adressen stabil anliegen müssen. Sie liegt je nach Bauform und Preis zwischen 50 und 150 ns.

In einem *Lesezyklus* gehen die Datenbusausgänge des Bausteins nach der fallenden Flanke des Lesesignals /RD vom hochohmigen (tristate) in den aktiven Zustand über, in dem die ausgelesenen Daten auf dem Datenbus anliegen. Sie werden vom Controller bei der steigenden Flanke von /RD übernommen; die Datenbusausgänge des Bausteins werden wieder hochohmig.

In einem *Schreibzyklus* legt der Controller während des aktiven Zustandes des Schreibsignals /WR die Daten auf den Datenbus. Sie werden mit der steigenden Flanke von /WR vom Speicherbaustein übernommen.

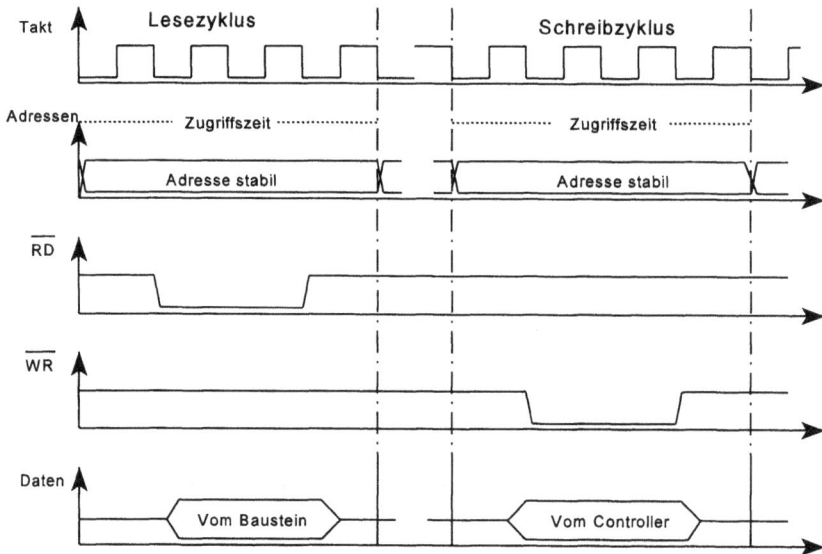

Bild 2-6: Das Timing eines externen Bausteins im Demultiplex Betrieb

Der *Demultiplex* Betrieb führt die Adreß- und die Datensignale auf getrennten Anschlüssen des Controllers heraus. Die externen Speicher- und Peripheriebausteine werden ohne zusätzliche Hardware direkt an den Controller angeschlossen. Zum Einsparen von Portleitungen können Adressen und Daten zeitlich versetzt auf gemeinsamen Leitungen übertragen werden. Zum Trennen der Signale ist ein besonderes Steuersignal ALE erforderlich, das die Adressen in einem externen Register speichert.

Im *Multiplex* Betrieb (*Bild 2-7*) werden in einem Buszyklus erst die Adressen und dann die Daten über die gemeinsamen Anschlüsse AD0 bis AD7 bzw. AD15 des Controllers übertragen. Dann ist jedoch ein externes Register (Address Latch) erforderlich, das die Adressen für den Rest des Buszyklus festhält und das vom Signal ALE (Address Latch Enable) des Controllers gesteuert wird. Die Adreßleitungen A16 bis A23 (Segmentauswahl) sind während des gesamten Buszyklus stabil und führen keine anderen Signale. Als Speicher für die Adressen verwendet man TTL-Bausteine wie z.B. den 74LS573, der acht D-Flipflops (Latches) in einem Gehäuse enthält.

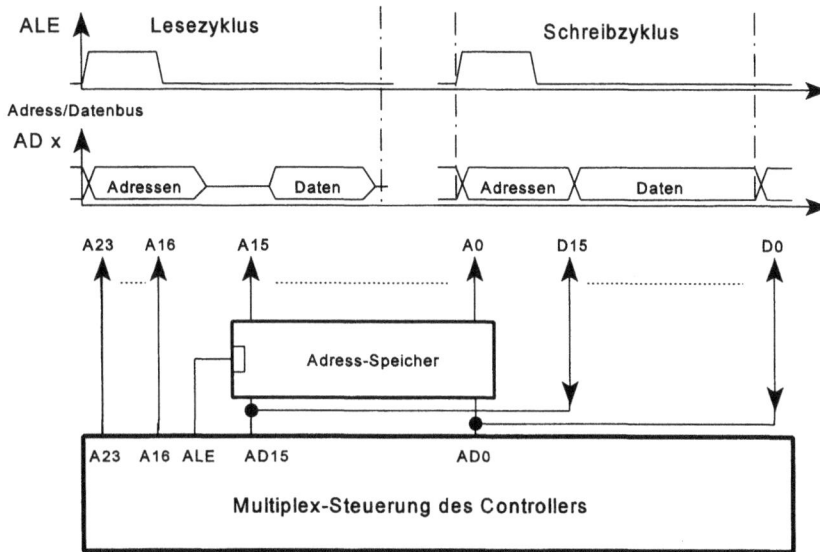

Bild 2-7: Das Timing im Multiplex Betrieb des Controllers

Entsprechend der Wortstruktur des Controllers können auch Wörter (16 bit) parallel über den externen Bus übertragen werden (*Bild 2-8*). Der Anschluß der Bausteine geschieht dann immer paarweise im Multiplex Betrieb (AD0 bis AD15) bzw. im Demultiplex Betrieb (D0 bis D15). Da Wortadressen immer geradzahlig sein müssen, entfällt das Adreßbit A0; die Adreßleitungen A1 bis A15 des Controllers werden an die Adreßeingänge A0 bis A14 der beiden Speicherbausteine angeschlossen. Es sind sowohl Byte- als auch Wortzugriffe auf den Speicher möglich. In Lesezyklen liest der Controller beide Bausteine mit /RD, wertet die Daten aber nur entsprechend der Datenlänge aus. In Schreibzyklen müssen die Bausteine getrennt mit den Signalen /WRH und /WRL oder alternativ mit /BHE und /WR adressiert werden.

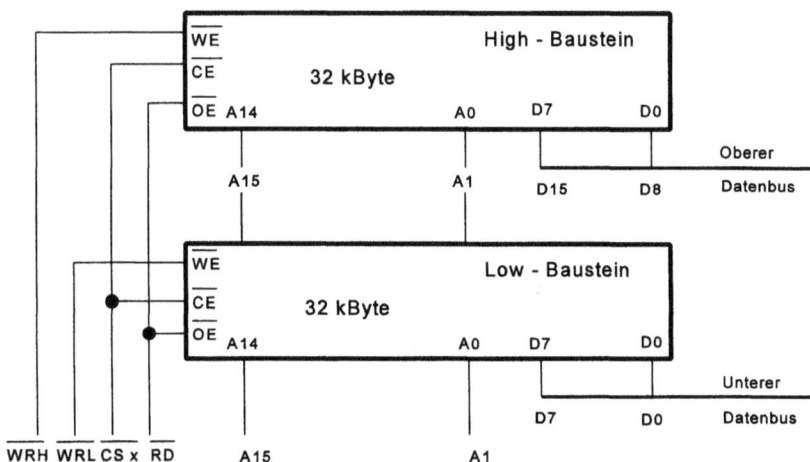

Bild 2-8: Byteorientierte Bausteine am 16-bit Bus des Controllers

Die fünf *Auswahlleitungen* /CS0 bis /CS4 des Controllers dienen zur direkten Freigabe von externen Bausteinen. Jede Leitung wird von einem Timing-Register BUSCONx und einem Adreßauswahlregister ADDRSELx (Ausnahme /CS0) gesteuert. Die Rangfolge für die Auswahl lautet:

1. Interner RAM (SFR und Registern) im Bereich 0E000H bis 0FFFFH,
2. Sonderfall XBUS,
3. Auswahlleitungen /CS2 und /CS4 und
4. Auswahlleitungen /CS1 und /CS3.

Wird keiner der vier Bereiche freigegeben, so wird immer das Signal /CS0 erzeugt!

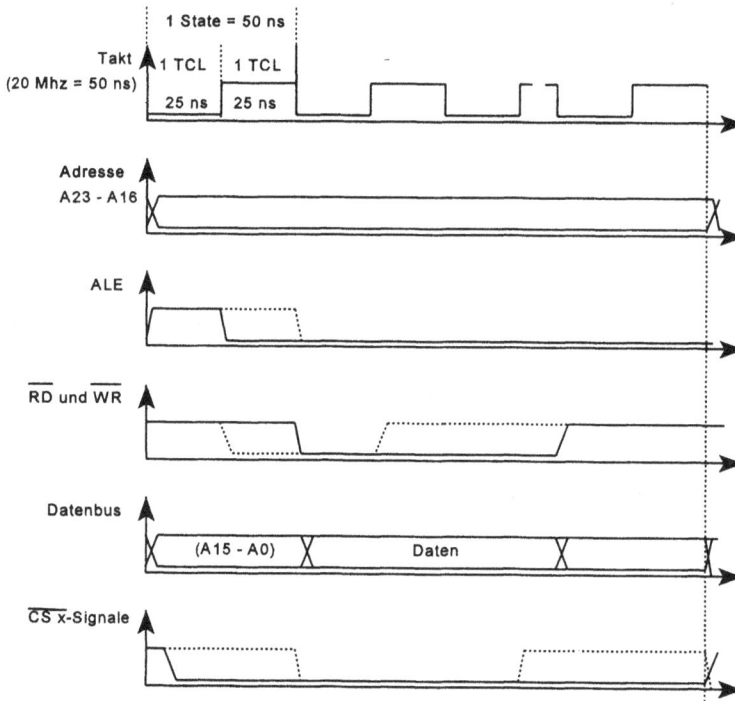

Bild 2-9: Das programmierbare Bustiming des Controllers

Der zeitliche Verlauf der Bus-Steuersignale ist für jede Auswahlleitung einzeln pro-grammierbar (*Bild 2-9*) und kann damit den Eigenschaften der externen Bausteine angepaßt werden. Die gestrichelten Linien zeigen die programmierbaren Verkürzungen bzw. Verlängerungen der Signale. Für jede der fünf Bausteinauswahlleitungen /CS0 bis /CS4 steht ein eigenes Steuerregister BUSCON0 bis BUSCON4 zur Verfügung. Die Vorgabewerte bei Reset für BUSCON0 sind abhängig von der Beschaltung des Ein-gangs /EA und des Ports P0.

/EA = 1: BUSCON0 = 0000H und Start aus internem ROM

/EA = 0: Start aus externem Programmspeicher mit /CS0 und BUSCON0

Bustyp BTYP entsprechend P0.7 und P0.6

Busaktivität BUSACT = 1 (ein)

ALE-Länge ALECTL = 1 (verlängert)

alle anderen Vorgabewerte sind 0 (max. Länge des Signals)

Signal	Register	RAM-Adr.	SFR-Adr.	Vorgabe	Bemerkung
/CS0	**BUSCON0**	0FF0CH	086H	0xx0H	siehe /EA und Port P0
/CS1	**BUSCON1**	0FF14H	08AH	0000H	
/CS2	**BUSCON2**	0FF16H	08BH	0000H	
/CS3	**BUSCON3**	0FF18H	08CH	0000H	
/CS4	**BUSCON4**	0FF1AH	08DH	0000H	

Die Register **BUSCONx** sind *bitadressierbar*.

15	14	13	12	11	10	9	8	7	6	5	4	3	2	1	0
CSW ENx	CSR ENx	–	RDY ENx	–	BUS ACTx	ALE CTLx	–		BTYP	MTT Cx	RWD Cx			MCTC	

Die Felder haben folgende Bedeutung:

MCTC   Verlängerung der aktiven Low-Zeit von /RD bzw. /WR (15 - MCTC)
       0000 = 15 Wartetakte bis 1111 = keine Wartetakte

RWDCx Verzögerung fallende Flanke ALE bis fallende Flanke /RD bzw. /WR
       0 = eine Taktzeit TCL (Vorgabe)   1 = keine Verzögerung

MTTCx Verzögerung steigende Flanke /RD bzw. /WR bis neuer Buszyklus
       0 = ein Wartetakt (Vorgabe)   1 = keine Verzögerung

BTYP   Externe Buskonfiguration (BTYP0 bei Reset übernommen vom Port P0)
       00 = 8bit Demux   01 = 8bit Mux   10 = 16bit Demux   11 = 16bit Mux

ALECTLx Länge des ALE-Signals
       0 = normal eine TCL (Vorgabe)   1 = verlängert um eine Taktzeit TCL

BUSACTx Externer Bus   0 = gesperrt (Vorgabe)   1 = frei entsprechend ADDRSELx

RDYENx Eingang READY für Busvergabe   0 = gesperrt (Vorgabe)   1 = frei

CSRENx Bausteinauswahlsignal /CSx in Lesezyklen
       0 = im ganzen Zyklus (Vorgabe)   1 = nur während aktivem Lesesignal

CSWENx Bausteinauswahlsignal /CSx in Schreibzyklen
       0 = im ganzen Zyklus (Vorgabe)   1 = nur während aktivem Schreibsignal

Die Adreßauswahlregister ADDRSELx bestimmen den Adreßbereich, in dem die /CSx-Signale mit dem Timing entsprechend BUSCONx wirksam sind. Die Auswahlleitung /CS0 ist immer dann aktiv, wenn kein anderes /CSx-Signal freigegeben ist und besitzt daher kein eigenes Auswahlregister.

Signal	Register	RAM-Adr.	SFR-Adr.	Vorgabe	Bemerkung
/CS1	**ADDRSEL1**	0FE18H	0CH	0000H	Vorrang vor /CS0
/CS2	**ADDRSEL2**	0FE1AH	0DH	0000H	Vorrang vor _1 und _3
/CS3	**ADDRSEL3**	0FE1CH	0EH	0000H	Vorrang vor /CS0
/CS4	**ADDRSEL4**	0FE1EH	0FH	0000H	Vorrang vor _1 und _3

Die Register **ADDRSELx** legen den Adreßbereich der /CSx-Signale fest.

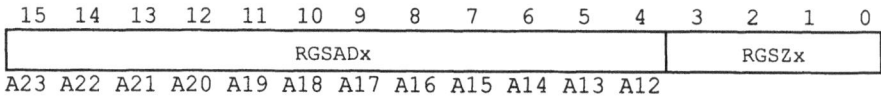

15	14	13	12	11	10	9	8	7	6	5	4	3	2	1	0
						RGSADx							RGSZx		
A23	A22	A21	A20	A19	A18	A17	A16	A15	A14	A13	A12				

Die Felder haben folgende Bedeutung:

RGSZx   Größe des ausgewählten Speicherbereiches

RGSADx   Anfangsadresse des ausgewählten Speicherbereiches

Nicht verwendete Bitpositionen sind beliebig (x)

RGSZx-Feld	**Speichergröße**	**RGSADx-Feld**	**Bausteinanschluß**
0 0 0 0	4 KByte	A23 - A12	A11 - A0
0 0 0 1	8 KByte	A23 - A13	A12 - A0
0 0 1 0	16 KByte	A23 - A14	A13 - A0
0 0 1 1	32 KByte	A23 - A15	A14 - A0
0 1 0 0	64 KByte	A23 - A16	A15 - A0
0 1 0 1	128 KByte	A23 - A17	A16 - A0
0 1 1 0	256 KByte	A23 - A18	A17 - A0
0 1 1 1	512 KByte	A23 - A19	A18 - A0
1 0 0 0	1 MByte	A23 - A20	A19 - A0
1 0 0 1	2 MByte	A23 - A21	A20 - A0
1 0 1 0	4 MByte	A23 - A22	A21 - A0
1 0 1 1	8 MByte	A23	A22 - A0
1 1 x x	reserviert für spätere Anwendungen		

Für die Steuerung des externen Bus stehen folgende feste Anschlüsse zur Verfügung:

/EA   External Access Enable legt die interne oder externe Startadresse fest

/RSTOUT   Reset-Ausgang zum Rücksetzen der externen Peripherie mit EINIT Befehl

ALE   Address Latch Enable zum Speichern der Adressen im Multiplex Betrieb

/RD   External Memory Read Strobe liefert das Lesesignal

/WR   bzw. /WRL External Memory Write Strobe liefert das Schreibsignal

/READY   zum Einfügen von Wartetakten (Freigabe in RDYENx)

Die folgenden Anschlüsse des Controllers werden für den Betrieb des externen Bus benötigt; sie könnten aber auch wahlweise als Port dienen:

Port P0   Datenbus (Demultiplex) oder Daten/Adreßbus (Multiplex Betrieb)

Port P1   Adreßbus A0 bis A15 (Demultiplex Betrieb)

Port P4   Adreßbus A16 bis A23 (Segmentauswahl)

Port P6   Bausteinauswahl /CSx und Busvergabe /HOLD /HLDA /BREQ

Bit P3.12   High-Bus-Freigabe-Signal /BHE oder High-Schreibsignal /WRH

Bit P3.15   System Clock Output CLKOUT z.B. für externe Peripherie

Diese Angaben bieten nur eine Übersicht über die Möglichkeiten der Konfiguration des Controllers und der externen Einheiten. Für den Entwurf eigener Systeme müssen die Unterlagen des Herstellers herangezogen werden, die als ausführliches Handbuch in englischer Sprache vorliegen.

2.5 Ein Kleinsystem mit dem C167

Die in *Bild 2-10* dargestellte Schaltung besteht aus dem Controller C167, einem Festwertspeicher für den Monitor (Betriebssystem) und einem Schreib/Lesespeicher für Testprogramme, die der Benutzer über die serielle Schnittstelle vom PC eingibt und mit dem Monitor startet.

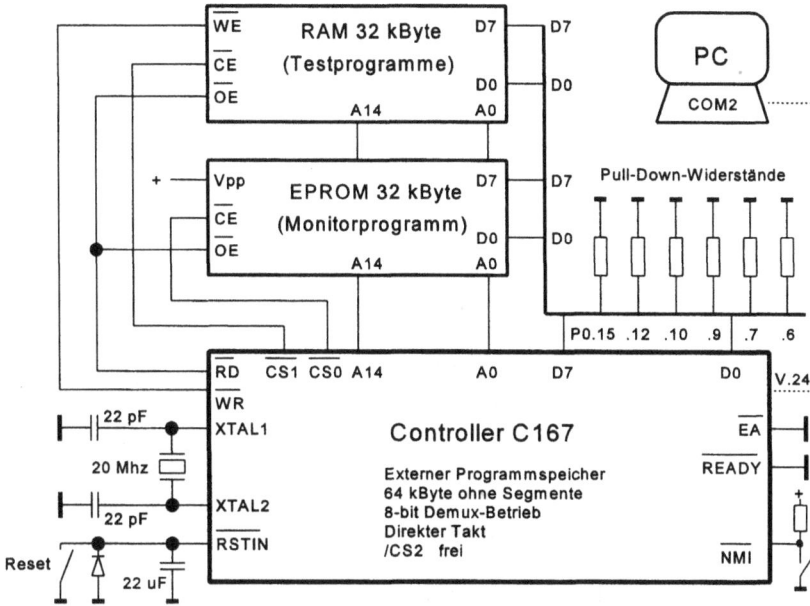

Bild 2-10: Ein Kleinsystem mit dem C167

Nach dem Einschalten der Versorgungsspannung (Power-On-Reset) und bei jedem Tasten-Reset startet das Monitorprogramm aus dem externen EPROM, das mit dem Auswahlsignal /CS0 freigegeben wird, da der Eingang /EA fest auf Low gelegt wurde. Die Pull-Down-Widerstände am Port P0 stellen folgende Betriebsarten ein:

P0.7 = 0 P0.6 = 0: 8-bit Demultiplex
P0.10 = 0 P0.9 = 0: drei /CS-Signale (/CS2 ist frei für Erweiterungen)
P0.12 = 0 P0.11 = 1: keine Segmentierung 64 KByte
P0.15 = 0 P0.14 = 1 P0.11 = 1: direkter Takt 20 MHz * 1

Nach dem Reset ist der RAM-Baustein zunächst gesperrt. Das Monitorprogramm wird im EPROM ab Adresse 00 0000H gestartet. Der *Adreßplan beim Anlauf*:

Baustein	Adresse	A23-A16	A15	A14	A13	A12	A11 - A0
EPROM	00 0000H	00000000	0	0	0	0	0......0
32 K	00 7FFFH	00000000	0	1	1	1	1......1
interner	00 E000H	00000000	1	1	1	0	0......0
RAM	00 FFFFH	00000000	1	1	1	1	1......1

Das Monitorprogramm verlegt die Adressen der Bausteine durch Umprogrammieren der Auswahlleitungen, die CS-Anschlüsse bleiben erhalten. Die für die Umschaltung erforderlichen Befehle werden bei der Initialisierung in den internen RAM kopiert und dort ausgeführt. In den Adreßbereich des EPROMs ist der interne RAM mit Vorrang eingeblendet. Der *Adreßplan im Betriebszustand*:

Baustein	Adresse	A23-A16	A15	A14	A13	A12	A11 - A0
RAM 32 K	00 0000H 00 07FFH	00000000 00000000	0 0	0 1	0 1	0 1	0......0 1......1
EPROM 24 K	00 8000H 00 DFFFH	00000000 00000000	1 1	0 1	0 0	0 1	0.....0 1.....1
interner **RAM**	00 E000H 00 FFFFH	00000000 00000000	1 1	1 1	1 1	0 1	0......0 1......1

Das Monitorprogramm *Bild 2-11* wird bei Reset gestartet. Nach dem Sperren des Watchdog Timers (Wachhund) werden die Codes von vier Befehlen, welche die Adressen der Bausteine ändern, in den internen RAM geladen und dort ausgeführt.

```
        mov     buscon0,#040dh    ; Bus EPROM
        mov     addrsel1,#0003h   ; /CS1 = RAM  ab 00 0000H 32 K
        mov     buscon1,#040dh    ; Bus RAM
        jmps    00h,rueck         ; zurück nach Monitor EPROM
```

Der Ausgang /CS1 wählt den RAM-Baustein aus. Nach dem Reset ist nur /CS0 für die Adressierung des EPROMs wirksam; /CS1 ist gesperrt. Durch Umprogrammierung von ADDRSEL1 auf 32 KByte ab Adresse 00 0000H und anschließende Freigabe im Register BUSCON1 wird der RAM-Baustein auf die Adresse 00 0000H bis 00 7FFFH gelegt. Der mit /CS0 ausgewählte EPROM liegt dann automatisch (kein ADDRSEL0 !) auf allen restlichen Adressen (ab 00 8000H); in den Bereich von 00 E000H bis 00 FFFFH ist jedoch der interne RAM eingeblendet. Der Befehl EINIT beendet die Initialisierung.

```
    k2b11.asm  Mini-Monitor mit den Funktionen W und C
%target 167
%list
; *****************************************************************
intram   EQU     0FA00H  ; interner RAM bis 0FA0F zerstört !!!!
;        ORG     0FA00H  ; interner RAM zum Umschalten
; SYSCON bleibt wie beim Start erhalten
;intram:
;        mov     buscon0,#040dh  ; Bus EPROM
;        mov     addrsel1,#0003h ; /CS1 = RAM  ab 00 0000H 32 K
;        mov     buscon1,#040dh  ; Bus RAM
;        jmps    00h,rueck       ; zurück nach Monitor
; *****************************************************************
        ORG     0H                ; Start- und Ladeadresse bei RESET
start:  diswdt                    ; Wachhund aus
; Umschaltbefehle nach internem RAM speichern
        mov     r0,#86e6h         ; Befehl: mov buscon0,
        mov     intram,r0         ;
        mov     r0,#040dh         ; 0 0 0 0 0 1 0 0 00 0 0 1101 2 Warte
        mov     intram+2,r0       ;
        mov     r0,#0ce6h         ; Befehl: mov addrsel1,
        mov     intram+4,r0       ;
```

```
        mov     r0,#0003h     ; 000000000000 0011  ab 000H 32 KByte
        mov     intram+6,r0   ;
        mov     r0,#8ae6h     ; Befehl: mov  buscon1,
        mov     intram+8,r0   ;
        mov     r0,#040dh     ; 0 0 0 0 0 1 0 0 00 0 0 1101 2 Warte
        mov     intram+10,r0  ;
        mov     r0,#00fah     ; Befehl: jmps 00h,rueck
        mov     intram+12,r0  ;
        mov     r0,#0200h     ;
        mov     intram+14,r0  ;
        jmpa    intram        ; Befehle im int. RAM 0FA00 umschalten
        org     200h          ; Eingang von Umschaltung
rueck:  nop                   ; Rückkehrpunkt vom internen RAM
        einit                 ; Ende der Init  /RSTOUT = Low
; serielle Schnittstelle initialisieren
        bset    dp3.10        ; TxD = Richtung aus
        bset    p3.10         ; TxD = High
        bclr    dp3.11        ; RxD = Richtung ein
        mov     s0tic,#0080h  ; Sender frei     Interrupt aus
        mov     s0ric,#0000h  ; Empfänger leer  Interrupt aus
        mov     s0bg,#64      ; 9600 Bd
        mov     s0con,#8091h  ; asynchron 8 bit 2 Stop
schleife:                     ; Monitor-Hauptschleife
        mov     r0,#meld1     ; Meldung: MONITOR 1.0
        call    puts          ; ausgeben
        call    prompt        ; neue Zeile >
        call    getch         ; RL0: Funktionsbuchstaben lesen
; >W oder >w : Wortoperation
funw0:  cmpb    rl0,#'W'      ; W = Wort ?
        jmpr    cc_eq,funw1   ; ja:
        cmpb    rl0,#'w'      ; w = Wort ?
        jmpr    cc_ne,func0   ; nein: weiter
funw1:  call    putch         ; Echo
        movb    rl0,#'='      ; =
        call    putch         ; ausgeben
        call    woein         ; R0 <= Wortadr. R1L = Abbruchzeichen
        cmpb    rl1,#1bh      ; ESC ?
        jmp     cc_ne,funw1a  ; nein: weiter
        jmp     schleife      ; ja: abbrechen
funw1a: and     r0,#0fffe     ; mache Adresse geradzahlig !!
        mov     r8,r0         ; R8 = Wortadresse
funw2:  call    neuz          ; neue Zeile
        mov     r0,r8         ; R0 = laufende Adresse
        call    woaus         ; Offset ausgeben
        call    leer          ; Leerzeichen
        mov     r0,[r8]       ; R0 = altes Wort
        call    woaus         ; Low - High ausgeben
        movb    rl0,#'-'      ; Trennzeichen -
        call    putch         ; ausgeben
        call    getch         ; R0 <= Kommandozeichen
        cmpb    rl0,#13       ; <cr> = abbrechen ?
        jmpr    cc_eq,funwx   ;   ja: Ende der Funktion Wort
        cmpb    rl0,#'-'      ; nein: - ?
        jmpr    cc_ne,funw3   ; nein:
        sub     r8,#2         ;   ja: Addresse - 2
        call    putch         ; Echo
        jmpr    funw2         ;
funw3:  cmpb    rl0,#'+'      ; + ?
        jmpr    cc_ne,funw4   ; nein:
        add     r8,#2         ;   ja: Adresse + 2
        call    putch         ; Echo
        jmpr    funw2         ;
funw4:  cmpb    rl0,#' '      ; lz ?
        jmpr    cc_eq,funw2   ; ja: Adresse bleibt (für Peripherie!)
funw5:  mov     r1,#0         ; R1 = neues Wort
```

```
            mov     r2,#4        ; R2 = 4 Zeichenzähler
funw6:  call    htest        ; n. Zeichen decodieren mit Echo
            cmpb    rh0,#0       ; hexa ?
            jmpr    cc_ne,funw7 ;   ja: weiter
            cmpb    rl0,#1bh     ; ESC = Abbruch ?
            jmp     cc_eq,schleife ; ja: abbrechen
            movb    rl0,#7       ; nein: Fehlercode Hupe
            call    putch        ; ausgeben
            call    getch        ; n. Zeichen nochmal lesen
            jmpr    funw6        ; und testen
funw7:  shl     r1,#4        ; altes Wort 4 bit links
            orb     rl1,rl0      ; R1 = neus Nibble dazu
            sub     r2,#1        ; R2 = Nibblezähler - 1
            jmpr    cc_z,funw8   ; == 0: fertig
            call    getch        ; n+1. Zeichen lesen
            jmpr    funw6        ;
funw8:  mov     [r8],r1      ; Wort speichern
            add     r8,#2        ; Adresse + 2
            jmp     funw2        ;
funwx:  jmp     schleife     ; neues Kommando
; >C oder >c : Call Benutzerprogramm
func0:  cmpb    rl0,#'C'     ; C = CALL ?
            jmpr    cc_eq,func1 ; ja:
            cmpb    rl0,#'c'     ; c = call ?
            jmp     cc_ne,schleife ; nein: weiter
func1:  call    putch        ; Echo
            movb    rl0,#'='     ; =
            call    putch        ; ausgeben
            call    woein        ; R0 <= Startadr.  RL1 = Abbruchzeichen
            cmpb    rl1,#1bh     ; ESC ?
            jmp     cc_ne,func1a ; nein: weiter
            jmp     schleife     ;   ja: abbrechen
func1a: and     r0,#0fffe    ; mache Adresse geradzahlig !!
; Start aus Stapel: | Segment |  IP  | = 2 Wörter
            mov     r1,csp       ; R1 = aktuelles Segment
            push    r1           ; nach Stapel
            mov     r1,#func2    ; R1 = Rückkehradresse
            push    r1           ; nach Stapel
            mov     r1,#0        ; R1 = Startsegment
            push    r1           ; nach Stapel
            push    r0           ; R0 = Startadresse nach Stapel
            rets                 ; Sprung nach Startadresse
            nop                  ;
; Rückkehrpunkt mit RETS - Befehl des Benutzerprogramms
func2:  mov     r0,#meld6    ; Meldung: Funktion beendet
            call    puts         ; ausgeben
            jmp     schleife     ; weiter im Monitor
; Funktionen liegen hinter dem Hauptprogramm
getch   PROC    near         ; RL0 <= Zeichen von Konsole
getch1: jnb     S0RIR,getch1 ; warte bis Zeichen Empfänger ?
            bclr    S0RIR        ; Flag löschen
            movb    rl0,S0RBUF   ; RL0 <= Zeichen abholen
            ret
getch   ENDP
putch   PROC    near         ; RL0 => Konsole senden
putch1: jnb     S0TIR,putch1 ; warte bis Sender frei
            bclr    S0TIR        ; Flag löschen
            movb    S0TBUF,rl0   ; Zeichen nach Sender
            ret
putch   ENDP
puts    PROC    near         ; R0 -> nullt. String in Code-Segment
            push    r0           ; R0 retten
            push    r8           ; R8 retten
            push    r9           ; R9 retten
            mov     r8,r0        ; R8 -> String
```

```
          mov     r9,CSP          ; R9 = aktuelles Codesegment
puts1:    EXTS    r9,#1           ; nimm aktuelles Codesegm. 1 Befehl
          movb    r10,[r8+]       ; R10 <= Zeichen Adresse + 1
          cmp     r10,#0          ; String-Ende ?
          jmpr    cc_eq,puts2     ;   ja: fertig
          call    putch           ; nein: ausgeben
          jmpr    puts1           ; bis String-Ende
puts2:    pop     r9              ; R9 zurück
          pop     r8              ; R8 zurück
          pop     r0              ; R0 zurück
          ret
puts      ENDP
neuz      PROC    near            ; cr lf = neue Zeile
          push    r0              ; R0 retten
          movb    r10,#10         ; lf
          callr   putch           ; ausgeben
          movb    r10,#13         ; cr
          callr   putch           ; ausgeben
          pop     r0              ; R0 zurück
          ret                     ;
neuz      ENDP                    ;
prompt    PROC    near            ; cr lf und > ausgeben
          push    r0              ; R0 retten
          callr   neuz            ; cr lf
          movb    r10,#'*'        ; Prompt
          callr   putch           ;
          pop     r0              ; R0 zurück
          ret                     ;
prompt    ENDP                    ;
leer      PROC    near            ; lz ausgeben
          push    r0              ; R0 retten
          movb    r10,#' '        ; Leerzeichen
          callr   putch           ;
          pop     r0              ; R0 zurück
          ret                     ;
leer      ENDP                    ;
niaus     PROC    near            ; RL0 rechtes Nibble hexa ausgeben
          push    r0              ; R0 retten
          andb    r10,#0fh        ; Maske 0000 1111
          addb    r10,#30h        ; ASCII codieren
          cmpb    r10,#'9'        ; Ziffer 0-9 ?
          jmpr    cc_ule,niaus1   ; ja: fertig
          addb    r10,#7          ; nein: nach A-F
niaus1:   callr   putch           ; ausgeben
          pop     r0              ; R0 zurück
          ret                     ;
niaus     ENDP                    ;
byaus     PROC    near            ; RL0 Byte hexa ausgeben
          push    r0              ; R0 retten
          ror     r0,#4           ; High-Nibble zuerst
          callr   niaus           ; ausgeben
          rol     r0,#4           ; dann Low-Nibble
          callr   niaus           ; ausgeben
          pop     r0              ; R0 zurück
          ret                     ;
byaus     ENDP
woaus     PROC    near            ; R0 Wort hexa ausgeben
          push    r0              ; R0 retten
          rol     r0,#8           ; High-Byte zuerst
          callr   byaus           ; ausgeben
          ror     r0,#8           ; dann Low-Byte
          callr   byaus           ; ausgeben
          pop     r0              ; R0 zurück
          ret                     ;
woaus     ENDP                    ;
```

```
woein      PROC    near            ; R0 <= Wort hexa eing. bis Nicht-Hexa
           push    r2              ; RL1 = Abbruchzeichen ohne Echo!
           mov     r2,#0           ; R2 löschen
woein1:
           call    getch           ; RL0 <= Zeichen
           call    htest           ; RL0 auf hexa testen
           cmpb    rh0,#0          ; RH0 = 0 Hexamarke?
           jmpr    cc_eq,woein2    ; RH0 == 0: kein Hexazeichen
           shl     r2,#4           ; RH0 != 0: altes Muster nach links
           orb     rl2,rl0         ; neues Muster dazu
           jmpr    woein1          ; neue Eingabe
woein2:
           movb    rl1,rl0         ; RL1 = Abbruchzeichen ohne Echo
           mov     r0,r2           ; R0 = Ergebnis der hexa Eingabe
           pop     r2              ; R2 zurück
           ret
woein      ENDP
htest      PROC    near            ; RL0 auf Hexaziffer testen
           cmpb    rl0,#'0'        ; < Ziffer 0 ?
           jmpr    cc_ult,htestx   ; ja: Abbruch
           cmpb    rl0,#'9'        ; > Ziffer 9 ?
           jmpr    cc_ugt,htest1   ; ja: weiter
           call    putch           ; 0-9: Echo
           subb    rl0,#30h        ; decodieren
           mov     rh0,#1          ; RH0 = 1: war hexa
           jmpr    htesty          ;
htest1:    cmpb    rl0,#'A'        ; < Buchstabe A ?
           jmpr    cc_ult,htestx   ; ja: Abbruch
           cmpb    rl0,#'F'        ; > Buchstabe F ?
           jmpr    cc_ugt,htest2   ; ja: weiter
           call    putch           ; A - F: Echo
           subb    rl0,#37h        ; decodieren
           movb    rh0,#1          ; RH0 = 1: war hexa
           jmpr    htesty          ;
htest2:    cmpb    rl0,#'a'        ; < Buchstabe a ?
           jmpr    cc_ult,htestx   ; ja: Abbruch
           cmpb    rl0,#'f'        ; > Buchstabe f ?
           jmpr    cc_ugt,htestx   ; ja: Abbruch
           call    putch           ; a - f: Echo
           subb    rl0,#57h        ; decodieren
           movb    rh0,#1          ; RH0 = 1: war hexa
           jmpr    htesty          ;
htestx:    movb    rh0,#0          ; RH0 = 0; war NICHT hexa
htesty:    ret                     ;
htest      ENDP                    ;
meld1      DB      10,13,'Monitor 1.0',0
meld6      DB      10,13,'Programm beendet',0
           END
```

Bild 2-11: Monitorprogramm für Kleinsystem

Das Monitorprogramm initialisiert die serielle Schnittstelle auf 9600 Baud bei acht Datenbits ohne Parität und gibt eine Meldung aus:

Monitor 1.0
*

Hinter dem ✶ als Prompt gibt der Benutzer einen Kennbuchstaben ein. Mit dem Kommando **W** für Worteingabe werden die Inhalte von Speicherwörtern angezeigt und geändert. Gibt man die hexadezimalen Codes von kleinen Testprogrammen ein, so lassen sich diese mit dem Kommando **C** für Call starten. Wird das Benutzerprogramm mit dem Befehl rets beendet, so meldet sich der Monitor wieder mit

Programm beendet

2.6 Die parallelen Ports

Bild 2-12 gibt einen Überblick über die Ports, ihre Adressen und die alternativen Funktionen. Alle Register sind *bitadressierbar*. Nach einem Reset sind alle Register gelöscht; die Anschlüsse sind als Eingänge geschaltet und im hochohmigen (tristate) Zustand. Anschlüsse, die später als Ausgänge programmiert werden, sollten mit Pull-Up-Widerständen auf High oder mit Pull-Down-Widerständen auf Low gelegt werden.

Port	Länge	RAM-A.	SFR-Adr.	Anwendung als Port	Alternativ
P0L DP0L	8bit	0FF00H 0F100H	80H SFR 80H ESFR	Datenregister Richtungsregister 0=ein 1=aus	Datenbus/ Adr./Datenb.
P0H DP0H	8bit	0FF02H 0F102H	81H SFR 81H ESFR	Datenregister Richtungsregister 0=ein 1=aus	Datenbus/ Adr./Datenb.
P1L DP1L	8bit	0FF04H 0F104H	82H SFR 82H ESFR	Datenregister Richtungsregister 0=ein 1=aus	Adreßbus A0 - A7
P1H DP1H	8bit	0FF06H 0F106H	83H SFR 83H ESFR	Datenregister Richtungsregister 0=ein 1=aus	Adreßbus A8 - A15
P2 DP2 ODP2	16bit	0FFC0H 0FFC2H 0F1C2H	0E0H SFR 0E1H SFR 0E1H ESFR	Datenregister Richtungsregister 0=ein 1=aus 0 = Push/Pull 1 = Open Drain	CAPCOM- Timer Interrupt
P3 DP3 ODP3	16bit	0FFC4H 0FFC6H 0F1C6H	0E2H SFR 0E3H SFR 0E3H ESFR	Datenregister Richtungsregister 0=ein 1=aus 0 = Push/Pull 1 = Open Drain	Timer und serielle Schn. Takt BHE
P4 DP4	8bit	0FFC8H 0FFCAH	0E4H SFR 0E5H SFR	Datenregister Richtungsregister 0=ein 1=aus	Adreßbus A16 - A23
P5	16bit	0FFA2H	0D1H SFR	digitales Datenregister nur lesen	Analogeing.
P6 DP6 ODP6	8bit	0FFCCH 0FFCEH 0F1CEH	0E6H SFR 0E7H SFR 0E7H ESFR	Datenregister Richtungsregister 0=ein 1=aus 0 = Push/Pull 1 = Open Drain	/CS0 ... /CS4 und Busvergabe
P7 DP7 ODP7	8bit	0FFD0H 0FFD2H 0F1D2H	0E8H SFR 0E9H SFR 0E9H ESFR	Datenregister Richtungsregister 0=ein 1=aus 0 = Push/Pull 1 = Open Drain	PWM- Timer Interrupt
P8 DP8 ODP8	8bit	0FFD4H 0FFD6H 0F1D6H	0EAH SFR 0EBH SFR 0EBH ESFR	Datenregister Richtungsregister 0=ein 1=aus 0 = Push/Pull 1 = Open Drain	CAPCOM- Timer Interrupt

Bild 2-12: Die Adressen der parallelen Ports

Die *Datenregister* **P**x (Port) nehmen die auszugebenden Daten auf (Ausgabe) oder enthalten die am Eingang anliegenden Potentiale (Eingabe). Die *Richtungsregister* **DP**x (Direction Port) legen für jeden Anschluß die Richtung (Eingabe oder Ausgabe) fest. Die *Treiberregister* **ODP**x (Open Drain Port) bestimmen die Schaltung der Ausgangstreiber (Push/Pull oder Open Drain). Jedem einzelnen Anschluß ist ein Bit im Datenregister und im Richtungsregister sowie im Treiberregister zugeordnet. *Bild 2-13* zeigt ein Modell der Eingangs- und Ausgangsschaltungen eines Anschlusses.

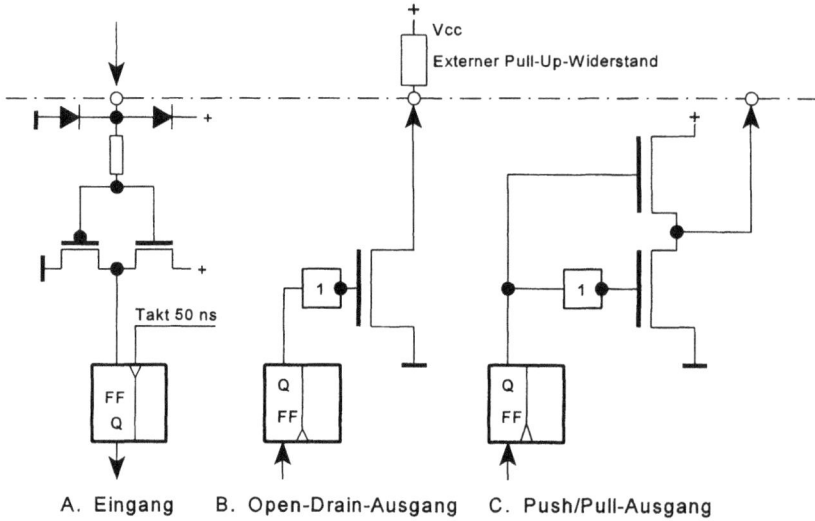

A. Eingang   B. Open-Drain-Ausgang   C. Push/Pull-Ausgang

Bild 2-13: Modell der Eingangs- und Ausgangsschaltungen

Ein *Eingang* (Bild 2-13a) besteht aus einer Schutzschaltung (Dioden und Widerstand) sowie einem Eingangs-Flipflop, das mit einem Takt von 2 TCL (50 ns bei 20 MHz) das Potential des Anschlußstiftes speichert. Die Stromaufnahme ist kleiner als 1 µA; als maximale Strombelastbarkeit gibt der Hersteller ca. ± 5 mA an. Standardmäßig werden ähnlich der TTL-Logik Eingangsspannungen < *0.9 Volt als Low* bewertet; Eingangsspannungen > *1.9 Volt als High*. Für die Ports P2, P3, P7 und P8 lassen sich Eingangspegel programmieren, die denen der CMOS-Logikschaltungen entsprechen. Eingangsspannungen < 2 Volt werden als Low bewertet; Eingangsspannungen > 3.8 Volt als High. Die Hysterese beträgt mindestens 400 mV. Das Register **PICON** (Port Input Control Register) legt nur für Ports P2, P3, P7 und P8 die Eingangspegel fest.

PICON   RAM: 0F1C4H   **ESFR:** 0E2H   **Reset:** --00H

15	14	13	12	11	10	9	8	7	6	5	4	3	2	1	0
				–				P8L IN	P7L IN	–	–	P3H IN	P3L IN	P2H IN	P2L IN

PxLIN   Eingangspegel der Low-Bits (Px.7 bis Px.0): 0 = TTL 1 = CMOS
PxHIN   Eingangspegel der High-Bits (Px.15 bis Px.8): 0 = TTL 1 = CMOS

Die *Ausgänge* können TTL-Schaltungen treiben. Sie liefern lt. Herstellerangaben bei Low und einem Strom von 1.6 mA eine Ausgangsspannung von < 0.45 Volt. Bei High ist bei einem Strom von -1.6 mA die Ausgangsspannung > 2.4 Volt. Ein Push/Pull-Ausgang (Bild 13c) enthält zwei Transistoren, die den Ausgang entweder auf Low oder auf High schalten. Für die Ports P2, P3, P6, P7 und P8 läßt sich der High-Transistor abschalten, es entsteht ein Open-Drain-Ausgang (Bild 2-13b), der einen externen Arbeitswiderstand gegen die Versorgungsspannung benötigt. Dazu ist im Treiberregister ODPx das entsprechende Bit auf 1 zu setzen (Vorgaben 0 = Push/Pull). Abschnitt 10.2 untersucht die Belastbarkeit der parallelen Ports.

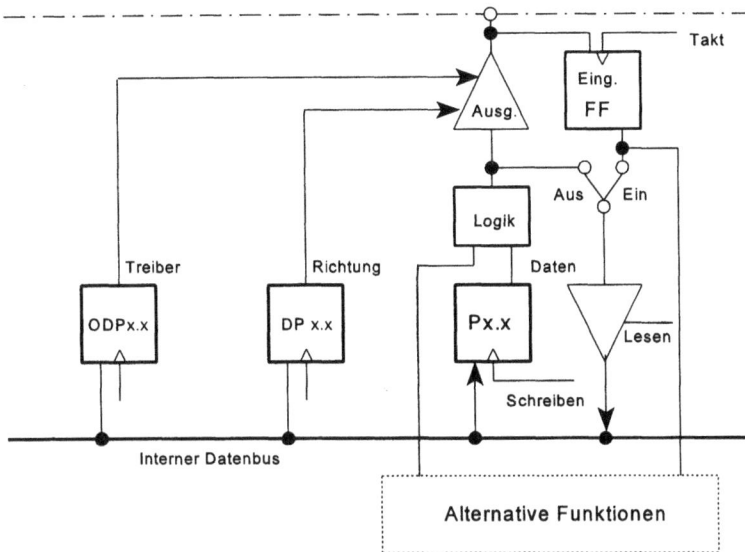

Bild 2-14: Allgemeines Modell eines Portanschlusses

Für jeden Anschluß (*Bild 2-14*) gibt es ein Datenbit, ein Richtungsbit und für bestimmte Ports auch ein Treiberbit, die in Datenregistern Px, in Richtungsregistern DPx und in Treiberregistern ODPx angeordnet sind. Bei einem *Schreibbefehl* (Byte, Wort oder Bitoperation) werden die Daten in das entsprechende Daten-Flipflop geschrieben und bleiben dort bis zum nächsten Schreibbefehl gespeichert. Ist die Leitung als Ausgang programmiert, so erscheinen sie als High- bzw. Low-Potential am Ausgang. Bei einem *Lesebefehl* eines als *Eingang* programmierten Anschlusses wird der Inhalt des Auffang-Flipflops über den internen Datenbus gelesen. Beim **Lesen** eines als **Ausgang** programmierten Anschlusses erscheint jedoch das Datenbit. Dadurch lassen sich Ports wie RAM-Speicherwörter lesen, ändern und zurückschreiben. Das Beispiel gibt einen 16-bit Dualzähler auf dem Port P2 aus.

```
          mov     dp2,#0ffffh   ; P2 ist Ausgang
          mov     p2,#0         ; P2 löschen
loop:     add     p2,#1         ; P2 <= P2 + 1
          jmpr    loop          ; Schleife P2.0: f = 1 MHz
```

Alternative Funktionen benutzen die Portanschlüsse z.B. als Adreß- und Datenbus, für die Steuerung der Timer und als Interrupteingänge. Die auszugebenden Werte gelangen entweder in das Datenbit oder werden mit diesem logisch verknüpft. Bild 2-14 zeigt nur den Portbetrieb. Das Handbuch des Herstellers enthält für jeden Port ein Blockschaltbild für die alternativen Funktionen, die mit dem Port verknüpft sind.

Für die Programmbeispiele der Kapitel 2 bis 8 wurde die in *Bild 2-15* dargestellte externe Beschaltung der Ports P2 und P7 verwendet. In den Anwendungsbeispielen des Kapitels 10 finden sich weitere Schaltungen.

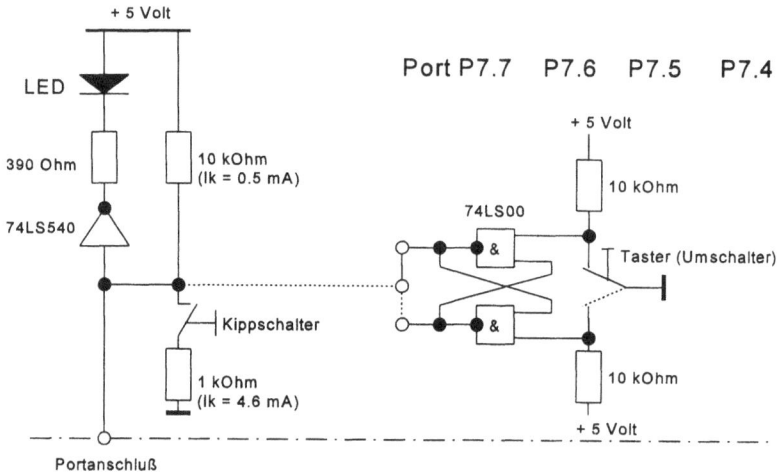

Bild 2-15: Standardschaltung für die Ports P2 und P7

Die Schaltung *Bild 2-15* kann sowohl als Eingang als auch als Ausgang verwendet werden. Der Anschluß wird mit einem Pull-Up-Widerstand auf High gehalten und wird mit einem Kippschalter über einen Schutzwiderstand auf Low gelegt. Eine Leuchtdiode zeigt über einen invertierenden Treiber das Potential der Leitung an. Es gilt folgende Zuordnung: *Ausgang High: Leuchtdiode an*; *Ausgang Low: Leuchtdiode aus*. Zur Auslösung von Signalflanken haben die Portleitungen P7.7 bis P7.4 zusätzliche Taster, die mit Flipflops entprellt sind. Für die Portleitungen P7.3 bis P7.0 sind prellarme Taster mit Schutzwiderständen gegen Low vorhanden.

Die *Eingabe* erfolgt mit den Kippschaltern oder Tastern; die Portleitungen sind als Eingang programmiert. Bei der *Ausgabe* muß sichergestellt werden, daß die Entprell-schaltungen abgetrennt und die Kippschalter und Taster geöffnet sind. Bei einem High-Ausgang flossen bei einen geschlossenen Kippschalter 4.6 mA über den Schutzwider-stand von 1 kOhm nach Ground. Der Strom von 0.5 mA über den Pull-Up-Widerstand von 10 kOhm bei einem Low-Ausgang ist unkritisch.

Das Beispielprogramm wird mit dem Taster P7.7 abgebrochen. In der Verarbeitungs-schleife dient der Low-Teil des Ports P2 als Eingabe und der High-Teil als Ausgabe. Dies wird durch Programmierung des Richtungsregisters festgelegt. Die am Port P2L eingestellten Kippschalterpotentiale erscheinen an den Leuchtdioden des Ports P2H.

```
          ORG      200h           ; Startadresse
          mov      dp2,#0ff00h    ; P2_H = Ausgang  P2_L = Eingang
loop:     jnb      p7.7,ende      ; bis P7.7 Low
          mov      r0,p2          ; R0  <= Wort von P2
          movb     rh0,rl0        ; RH0 <= RL0
          mov      p2,r0          ; P2H <= P2L
          jmpr     loop           ; Schleife bis P7.7 Low
ende:     rets                    ; zurück nach System
          END                     ; Ende des Quelltextes
```

3. Die Speicherorganisation

Segment	Seite	Adreßbereich	Bemerkung
	3FFH = 1023	0FF C000H-FFFEH	Speicherausbau maximal
0FFH	3FEH = 1022	0FF 8000H-BFFEH	256 Segmente (je 64 KByte)
255	3FDH = 1021	0FF 4000H-7FFEH	1024 Seiten (je 16 KByte)
	3FCH = 1020	0FF 0000H-3FFEH	16 MByte insgesamt
. . . . . .	. . . .	. . . .	. . . .
	007H 7	01 FFFEH 01 C000H	externer Speicher
01H	006H 6	01 BFFEH 01 8000H	externer Speicher
1	005H 5	01 7FFEH 01 4000H	externer Speicher (interner ROM)
	004H 4	01 3FFEH 01 0000H	externer Speicher (interner ROM)
	003H 3	00 FFFEH 00 C000H	**00 FFFEH** SFR-Bereich und **00 E000H** interner RAM
00H	002H 2	00 BFFEH 00 8000H	externer Speicher
0	001H 1	00 7FFEH 00 4000H	externer Speicher (interner ROM)
	000H 0	00 3FFEH 00 0000H	**00 01FEH** Interrupt- **00 0000H** Einsprung-Tabelle

Bild 3-1: Die Organisation des Speicherbereiches

Der Adreßraum des C167 umfaßt 16 MByte im Bereich der Adressen von 00 0000H bis 0FF FFFEH (*Bild 3-1*). Für die Adressierung der *Befehle* wird er in 256 Segmente zu je 64 KByte unterteilt, für die Adressierung der *Daten* in 1024 Seiten (Pages) zu je 16 KByte. Fest zugeordnet sind der Bereich von 00 0000H bis 00 01FEH für die Interrupt-Einsprung-Tabelle und der Bereich von 00 E000H bis 00 FFFEH für die SFR-Register und den internen RAM. In den Versionen mit einem internen Festwertspeicher (maximal 32 KByte ROM oder EEPROM) liegt dieser standardmäßig im Bereich der Seiten 0 und 1; er kann jedoch in den Bereich der Seiten 4 und 5 verlegt werden. Auf den Speicher kann wortweise (16 bit) und z.T. auch byteweise (8 bit) zugegriffen werden. **Wörter** werden immer mit dem Low-Byte zuerst abgelegt:

> (**Low**-Byte auf **Low**-Adresse *und* **High**-Byte auf **High**-Adresse)

Bereich	Adresse	Bemerkung
00 FFFEH	0FFFEH 0FF00H	**SFR** = Special Functions Registers bitadressierbar
	0FEFEH 0FE00H	**SFR** = Special Functions Registers
interner	0FDFEH 0FD00H	128 Wörter **RAM** bitadressierbar (Bitoffset 00-7FH) (8 Registerbänke)
SFR	0FCFEH 0FCE0H	16 Wörter **PEC**-Zeiger (Peripheral Event Controller) (1 Registerbank)
GPR	0FCDEH 0FC00H	7 Registerbänke zu je 16 **GPR** (General Purpose Register)
und	0FBFEH 0FA00H	256 Wörter **Stapel** (nach Reset voreingestellt)
RAM	0F9FEH 0F600H	interner **RAM** (frei für Stapel, Reg.-Bänke und Variablen)
Bereich	0F5FEH 0F200H	reserviert
	0F1FEH 0F100H	**ESFR** = Extended Special Functions Registers bitadress.
00 F000H	0F0FEH 0F000H	**ESFR** = Extended Special Functions Registers
00 EFFEH	0EFFEH 0EF00H	**CAN** (Controller Area Network) Bereich
(nicht in allen Versionen)	0EEFEH 0E800H	reserviert
00 E000H	0E7FEH 0E000H	2 KByte **XRAM** (Extension RAM XPEN=1 in SYSCON)

Bild 3-2: SFR-Bereich und interner RAM

Der *Systembereich* von 00 E000H bis 00 FFFEH (*Bild 3-2*) wird immer in den Bereich externer Speicherbausteine eingeblendet. Die Special Functions Register (SFR) dienen der Systemsteuerung, dem Betrieb der parallelen, seriellen und analogen Schnittstellen sowie der Steuerung der Timer und der Interrupts. Die ESFR Register (Extended SFR) enthalten Erweiterungen gegenüber älteren Versionen (z.B. C166). Der 2 KByte interne RAM von 0F600H bis 0DFFEH wird standardmäßig unterteilt in 1 KByte für die Registerbänke der GPR (Arbeitsregister) und den Stapel und in 1 KByte für Programme und Daten. Diese Voreinstellung nach Reset läßt sich durch Programmieren von Systemregistern ändern. Der Bereich von 0E00H bis 0EFFEH umfaßt einen zusätzlichen internen RAM von 2 KByte und Daten der seriellen CAN-Schnittstelle. Er ist nicht in allen Versionen verfügbar.

RAM-Adresse	SFR-Adresse	Wortregister	Byteregister	Byteregister
<CP> + 30	0FFH	**R15**	-	-
<CP> + 28	0FEH	**R14**	-	-
<CP> + 26	0FDH	**R13**	-	-
<CP> + 24	0FCH	**R12**	-	-
<CP> + 22	0FBH	**R11**	-	-
<CP> + 20	0FAH	**R10**	-	-
<CP> + 18	0F9H	**R9**	-	-
<CP> + 16	0F8H	**R8**	-	-
<CP> + 14	0F7H	**R7**	**RH7**	**RL7**
<CP> + 12	0F6H	**R6**	**RH6**	**RL6**
<CP> + 10	0F5H	**R5**	**RH5**	**RL5**
<CP> + 8	0F4H	**R4**	**RH4**	**RL4**
<CP> + 6	0F3H	* **R3**	**RH3**	**RL3**
<CP> + 4	0F2H	* **R2**	**RH2**	**RL2**
<CP> + 2	0F1H	* **R1**	**RH1**	**RL1**
CP <CP> + 0	0F0H	* **R0**	**RH0**	**RL0**

* R0 bis R3 sind Adreßregister in allen arithmetischen und logischen Befehlen

Bild 3-3: Die General Purpose Register (GPR)

Das Register **CP** (Context Pointer) bestimmt die Lage der GPR Register (General Purpose Register *Bild 3-3*) im internen RAM. Nach einem Reset ist das Register CP auf die Adresse 0FC00H im internen RAM voreingestellt.

CP **RAM:** 0FE10H **SFR:** 08H **Reset:** 0FC00H															
15	14	13	12	11	10	9	8	7	6	5	4	3	2	1	0
1	1	1	1	Basisadresse											0

Die Basisadresse im CP muß im Bereich von 0F600H bis 0FDFEH im internen RAM liegen. Sie zeigt auf das Wortregister R0 bzw. auf das Byteregister RL0; auf der Adresse <CP> + 1 liegt das Byteregister RH0. Der durch CP adressierte Bereich von 16 Wörtern bzw. 32 Bytes wird als Registerbank bezeichnet. Die Wortregister R0 bis R15 dienen sowohl als Datenregister für 16 bit lange Operanden als auch als Adreßregister für die indirekte Adressierung. Bei den arithmetischen und logischen Befehlen sind nur die Wortregister R0 bis R3 als Adreßregister zugelassen. Die Byteregister RL0 bis RH7 nehmen 8 bit lange Operanden auf und sind der Low- bzw. der High-Teil der entsprechenden Wortregister. Die Wortregister R8 bis R15 lassen sich nicht byteweise adressieren.

Der **Stapel** (Stack) ist ein besonderer Schreib/Lesespeicher, der bei jedem Unterprogrammaufruf (CALL-Befehle) und bei jedem Interrupt die Rücksprungadresse sichert. Der **Stapelzeiger** (Stackpointer) adressiert immer Wörter des Stapels. Er wird *vor* jedem Schreiben automatisch um 2 vermindert und *nach* jedem Lesen automatisch um 2 erhöht und zeigt damit auf das zuletzt auf den Stapel gelegte Wort. Der Systemstapel muß beim C167 immer im internen RAM angelegt werden.

Register	RAM-Adresse	Bemerkung
STKUN	Unterlauf-Adresse	*SP > STKUN: Interrupt*
	\<SP> +2	
SP	\<SP>	*nächstes zu lesendes Wort*
	\<SP> - 2	*nächstes zu schreibendes Wort*
	\<SP> - 4	
	\<SP> - 6	
STKOV	Überlauf-Adresse	*SP < STKOV: Interrupt*

Bild 3-4: Der Aufbau des Stapels (Stack)

Das Bitfeld STKSZ im Systemregister SYSCON legt die Größe des Stapels fest. Die Voreinstellung nach Reset mit 000 bedeutet eine Stapelgröße von 256 Wörtern im Bereich von 0FA00H bis 0FBFEH. Für die Stapeladressierung werden nur die Bitpositionen 0 bis 8 der Register SP, STKUN und STKOV ausgewertet, die Positionen 9 bis 11 sind beliebig (x).

Das Register **SP** (Stack Pointer) zeigt auf die Spitze des Stapels (Top of Stack) im internen RAM. Nach einem Reset ist der Stapelzeiger SP auf die Adresse 0FC00H voreingestellt. Vor dem Schreiben wird der Zeiger um 2 vermindert, das erste im Stapel abgelegte Wort liegt auf der Adresse 0FBFEH. Der voreingestellte Anfangswert des Context Pointers CP ist ebenfalls 0FC00H und zeigt auf das Register R0; jedoch werden die folgenden Register aufwärts adressiert, R1 liegt auf der Adresse 0FC02H.

```
SP  RAM: 0FE12H   SFR: 09H   Reset: 0FC00H
 15  14  13  12  11  10  9   8   7   6   5   4   3   2   1   0
```

1	1	1	1	laufende Stapeladresse (Top of Stack)							0

Die Bitposition 0 ist immer 0; der Stapel kann daher nur wortweise adressiert werden. Die Bitpositionen 12 bis 15 sind immer 1; der Stapel liegt daher immer im internen RAM. Die Bitpositionen 1 bis 11 sind nur in der durch STKSZ von SYSCON festgelegten Länge veränderbar. Dies gilt auch für die Kontrollregister STKOV und STKUN.

Das Register **STKOV** (Stack Overflow Pointer) legt fest, bei welcher Adresse ein Interrupt "*Stapelüberlauf*" erfolgen soll. Die Bedingung lautet: **SP < STKOV.**

STKOV   RAM: 0FE14H   **SFR:** 0AH   **Reset:** 0FA00H

15	14	13	12	11	10	9	8	7	6	5	4	3	2	1	0
1	1	1	1				Überlaufadresse								0

Das Register **STKUN** (Stack Underflow Pointer) legt fest, bei welcher Adresse ein Interrupt "*Stapelunterlauf*" erfolgen soll. Die Bedingung lautet: **SP > STKUN.**

STKUN   RAM: 0FE16H   **SFR:** 0BH   **Reset:** 0FC00H

15	14	13	12	11	10	9	8	7	6	5	4	3	2	1	0
1	1	1	1				Unterlaufadresse								0

Die Bitpositionen beider Kontrollregister haben die gleiche Bedeutung wie beim Stapelzeiger. Die Bitposition Nr. 0 ist immer 0 (Wortadressierung); die Bitpositionen Nr. 15 bis 12 sind immer 1.

Im Gegensatz zu anderen Architekturen kennt der Controller C167 nur die Organisationseinheit **Speicher**, in dem auch die Arbeitsregister (Akkumulatoren, Adreßregister, Indexregister) und die Peripherieregister (Schnittstellen, Timer, Interruptsteuerung) untergebracht sind. Für den Zugriff auf die Arbeits- und Peripherieregister gibt es besonders kurze und schnelle Adressierungsarten.

Die **GPR Adressierung** verwendet zur Auswahl eines Byteregisters (Rb) ein 4 bit langes Feld im Funktionscode als Abstand zum Context Pointer CP. Beim Zugriff auf ein Wortregister (Rw) wird der Abstand mit 2 multipliziert. Im Sonderfall der arithmetischen und logischen Befehle stehen nur 2 bit zur Auswahl der Adreßregister R0 bis R3 zur Verfügung. Die GPR Register lassen sich auch über die SFR Adressierung (reg) und über die Speicheradressierung (mem) ansprechen.

In der kurzen **SFR Adressierung** (reg) wird die 8 bit lange Adresse mit 2 multipliziert und zur konstanten Basis 0FE00H addiert. Der Bereich der SFR Adressen von 00 bis 0EFH ergibt die Speicheradressen von 0FE00H bis 0FFDEH. Die SFR Register können auch mit der langen Speicheradressierung (mem) angesprochen werden.

Der Zugriff über die SFR Adressierung sollte nur mit Wortbefehlen erfolgen. Beim Schreiben mit Byteoperationen wird das nicht adressierte Byte des Wortes gelöscht!

Da der **ESFR Bereich** (Extended) für die zusätzlichen Register ebenfalls den Adreßbereich von 00H bis 0EFH verwendet, ist eine Unterscheidung zwischen SFR und ESFR erforderlich. Dies geschieht durch die Befehle EXTR, EXTPR und EXTSR, die für eine bestimmte Anzahl von nachfolgenden Befehlen auf den ESFR Bereich umschalten (Tabelle Bild 3-5). Die konstante Basisadresse der ESFR Adressierung ist 0F000H, die auf die Speicheradressen von 0F000H bis 0F1DEH führt.

Die GPR Register der aktuellen Registerbank haben die SFR bzw. ESFR Adressen von 0F0H bis 0FFH. Sie sind im Speicher nur über den Context Pointer CP erreichbar.

Die lange **Speicheradressierung** (mem) verwendet eine 16 bit lange Adresse als Abstand zu einem von vier Seitenregistern. Die beiden höchsten Bitpositionen wählen das Seitenregister aus, dessen 10 bit langer Inhalt vor die restlichen 14 Bitpositionen der Adresse gesetzt wird. Auf dem Adreßbus erscheint eine 24 bit lange Speicheradresse, mit der sich maximal 16 MByte adressieren lassen. Der tatsächlich verfügbare Speicherbereich wird durch das Potential der Datenbusleitungen P0.11 und P0.12 beim Reset bestimmt und im Bitfeld SALSEL des Registers RP0 angezeigt.

Die Register **DPP0** bis **DPP3** (Data Page Pointer) dienen zur Auswahl einer Datenseite bei der langen Speicheradressierung (mem).

Register	RAM	SFR	Reset Wert	Auswahlbits der 16 bit Adresse
DPP0	0FE00H	00H	0000H	0 0 x x x x x x x x
DPP1	0FE02H	01H	0001H	0 1 x x x x x x x x
DPP2	0F004H	02H	0002H	1 0 x x x x x x x x
DPP3	0F006H	03H	0003H	1 1 x x x x x x x x

15	14	13	12	11	10	9	8	7	6	5	4	3	2	1	0
–	–	–	–	–	–					Datenseite					

Mit 10 bit lassen maximal 1024 Seiten zu je 16 KByte adressieren. Jeweils vier zusammenhängende Seiten bilden ein Segment der Größe 64 KByte. Die Vorgabewerte der Seitenregister nach einem Reset adressieren das Segment Nr. 0 des Speichers. Auf den Speicheradressen 00 E000H bis 00 FFFEH wird unabhängig von externen Bausteinen immer der interne RAM Bereich eingeblendet. Beim Speicherzugriff (mem) auf die GPR und SFR Register muß das Seitenregister DPP3 auf die Seite Nr. 3 zeigen. Die GPR und SFR Adressierungen arbeiten unabhängig von DPP3.

Die **Bitadressierung** verwendet eine 8 bit lange Wortadresse (bitoff) und eine 4 bit lange Bitadresse (bitpos) zur Adressierung einer Bitposition innerhalb des Wortes. Die Bitadressen (bitpos) zählen von rechts nach links und werden im Befehl durch einen Punkt von der Wortadresse (bitoff) abgetrennt. Für die wichtigsten Bits stellen die Übersetzer vordefinierte Bezeichner zur Verfügung. Einige Bitpositionen (z.B. S0RIR der seriellen Schnittstelle) werden auch von der Hardware (z.B. Empfängersteuerung) verändert.

15	14	13	12	11	10	9	8	7	6	5	4	3	2	1	0
x.15	x.14	x.13	x.12	x.11	x.10	x.9	x.8	x.7	x.6	x.5	x.4	x.3	x.2	x.1	x.0

Im Bereich der Wortadressen (bitoff) von 00H bis 7FH wird die Adresse mit 2 multipliziert und zur konstanten Basis 0FD00H addiert. Sie adressiert 128 Wörter im bitadressierbaren internen RAM von 0FD00H bis 0FDFEH.

Im Bereich der Wortadressen (bitoff) von 80H bis 0EFH wird die Adresse mit 2 multipliziert und zur konstanten Basis 0FF00H bzw. 0F100H addiert. Sie adressiert 112 Wörter im bitadressierbaren SFR Bereich von 0FF00H bis 0FFDEH bzw. ESFR Bereich von 0F100 bis 0F1DEH. Die GPR Wortregister der aktuellen Registerbank haben in beiden Bereichen die Wortadressen (bitoff) von 0F0H bis 0FFH.

Die **Befehle** können, von wenigen Ausnahmen abgesehen, sowohl im internen (RAM und ROM) als auch im externen Adreßbereich liegen. Sie werden durch einen Zeiger auf das Codesegment und einen Zeiger auf den nächsten Befehl innerhalb dieses Segmentes adressiert.

Das Register **CSP** (Code Segment Pointer) bestimmt das Segment für die Adressierung der Befehle. Es kann nur gelesen werden und wird nur durch Sprung- und Unterprogrammbefehle bzw. Interrupts verändert. Mit 8 bit lassen sich maximal 256 Segmente adressieren.

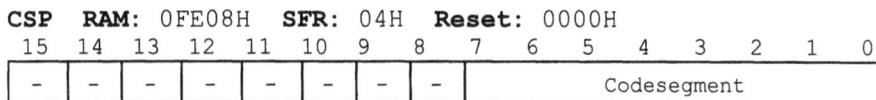

CSP   RAM: 0FE08H   **SFR:** 04H   **Reset:** 0000H

15	14	13	12	11	10	9	8	7	6	5	4	3	2	1	0
-	-	-	-	-	-	-	-	Codesegment							

Das Register **IP** (Instruction Pointer) legt den Abstand (offset) innerhalb des durch CSP adressierten Segmentes fest. Es hat keine eigenen Adressen und kann nur durch Sprung- und Unterprogrammbefehle bzw. Interrupts verändert werden.

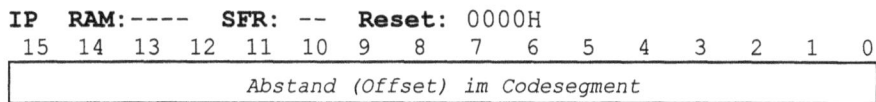

IP   RAM: ----   **SFR:** --   **Reset:** 0000H

15	14	13	12	11	10	9	8	7	6	5	4	3	2	1	0
Abstand (Offset) im Codesegment															

Zur Adressierung eines Befehls werden der Inhalt des Code Segment Zeigers CSP (8 bit High-Teil) und des Befehlszeigers IP (16 bit Low-Teil) *zusammengesetzt*. Auf dem Adreßbus erscheint eine 24 bit lange Speicheradresse, mit der sich maximal 16 MByte adressieren lassen. Der tatsächlich verfügbare Speicherbereich wird durch das Potential der Datenbusleitungen P0.11 und P0.12 beim Reset bestimmt und im Bitfeld SALSEL des Registers RP0 angezeigt.

Der Vorgabewert nach einem **Reset** 00 0000H zeigt auf die unterste Speicheradresse. Dort muß sich der **1. Befehl** des zu startenden Programms befinden. Beim Einschalten der Versorgungsspannung muß auf dieser Adresse ein Festwertspeicher (ROM, EPROM oder EEPROM) angesprochen werden, der später durch Programmierung der Auswahlleitungen /CSx verlegt werden kann.

Die in *Bild 3-5* zusammengestellten Befehle dienen zur Umschaltung zwischen dem SFR und dem ESFR Bereich bzw. gestatten den kurzzeitigen Datenzugriff auf Seiten und Segmente, die nicht mit den augenblicklichen Seitenregistern erreicht werden können. Eine Konstante im Bereich von 1 bis 4 gibt die Anzahl der folgenden Befehle an, für die diese Umschaltung gelten soll. Während der Ausführung dieser Befehle sind alle Interrupts gesperrt. Die Nummer der zu verwendenden Seite bzw. des Segmentes ist eine Variable in einem Wortregister oder eine Konstante (#).

Befehl	Operand	E	Z	V	C	N	Wirkung
EXTR	#Anzahl	-	-	-	-	-	ESFR Adressen für 1 bis 4 folgende Befehle
EXTP	Rw,#Anzahl #pag,#Anzahl	-	-	-	-	-	Datenzugriff auf Seite Nr. in Rw oder #pag für 1 bis 4 folgende Befehle
EXTPR	Rw,#Anzahl #pag,#Anzahl	-	-	-	-	-	Datenzugriff auf Seite Nr. in Rw oder #pag *und* ESFR Adressen für 1 bis 4 folgende Befehle
EXTS	Rw,#Anzahl #seg,#Anzahl	-	-	-	-	-	Datenzugriff auf Segment Nr. in Rw oder #seg für 1 bis 4 folgende Befehle
EXTSR	Rw,#Anzahl #seg,#Anzahl	-	-	-	-	-	Datenzugriff auf Segment Nr. in Rw oder #seg *und* ESFR Adressen für 1 bis 4 folgende Befehle

Bild 3-5: Befehle zum Umschalten der zugeordneten Adressen

Die Befehle des Controllers C167 bestehen aus zwei oder aus vier Bytes. Das erste Byte enthält immer den Code des Befehls, die folgenden Konstanten oder Adressen der GPR Register (Rb bzw. Rw), der SFR Register (reg), des Speichers (mem) und von einzelnen Bitpositionen (bitoff.bitpos). Das Beispiel *Bild 3-6* zeigt die Übersetzungsliste eines Assemblers mit dem Maschinencode.

```
                ; k3b6.ASM Bild 3-6: Beispiele für Adressierungsarten
                     %include "hilfe.inc"      ; Definitionsdatei
000200  f00f       start:  mov    r0,r15         ;  GPR <= GPR
000202  e6e1ffff           mov    dp2,#0ffffh ;  SFR <= Konstante
000206  d180               extr   #1             ; ESFR umschalten
000208  e6e10000           mov    odp2,#0        ; ESFR <= Konstante
                     loop:
00020c  f2e0d0ff           mov    p2,p7          ;  SFR  <= mem
000210  ffe0               bset   p2.15          ; bitoff.bitpos
000212  ea000c02           jmp    loop           ; Schleife
                            end                   ; Ende Quelltext
```

Bild 3-6: Beispiele für Adressierungsarten

Die Register R0 und R15 haben die GPR Adressen 0 bzw. 0FH. Das Richtungsregister DP2 des Ports P2 liegt auf der SFR Adresse 0E1H. Für den Zugriff auf das Ausgangsregister ODP2 mit der ESFR Adresse ebenfalls 0E1H ist der Umschaltbefehl EXTR erforderlich. Da es die Kombination SFR, SFR als Adressierungsart nicht gibt, verwendet der Assembler für das SFR Register P7 die Speicheradresse (mem) 0FFD0H anstelle der SFR Adresse 0E8H. Der Bitbefehl BSET enthält die Wortadresse (bitoff) 0E0H im zweiten Byte und die Bitposition (bitpos) 0FH in der niederwertigen Hälfte des ersten Bytes. Der Sprungbefehl JMP lädt die Zieladresse 020CH in den Befehlszeiger IP und setzt an dieser Stelle das Programm fort. Man beachte, daß alle Wörter (Konstanten und Adressen) mit dem Low-Byte zuerst gespeichert werden, also 0C 02 statt 020C.

4. Programmierung

Dieses Kapitel behandelt die Grundlagen der Programmierung des C167 in den Sprachen Assembler und C. Die einzelnen Test- und Übungsprogramme laufen unter der
Kontrolle eines *Monitors* im RAM des Zielsystems ab (*Bild 4-1*).

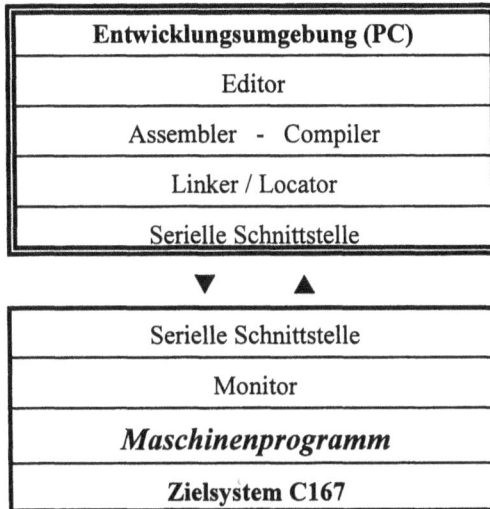

| **Entwicklungsumgebung (PC)** |
| Editor |
| Assembler - Compiler |
| Linker / Locator |
| Serielle Schnittstelle |

▼   ▲

| Serielle Schnittstelle |
| Monitor |
| ***Maschinenprogramm*** |
| **Zielsystem C167** |

Bild 4-1: Die Entwicklung eines Programms

Die **Entwicklungsumgebung**, die in der Regel auf einem PC installiert ist, besteht aus
einem *Editor*, mit dem eine Textdatei aufgebaut wird, sowie einem *Übersetzer* (Assembler bzw. C-Compiler), der aus dem Quelltext das binäre Maschinenprogramm im
Code des Controllers erstellt. Der *Linker* bzw. *Locator* fügt externe Unterprogramme
hinzu und bestimmt die endgültige Lage des Programms. Es entsteht ein Ladeprogramm
(Hexfile), das über die serielle Schnittstelle des PC an das Zielsystem geschickt wird.

Das *Monitorprogramm* des **Zielsystems** lädt das Benutzerprogramm über eine serielle
Schnittstelle in den Speicher. Mit seiner Hilfe kann der Benutzer sein *Programm* starten
und testen. Als Hilfsmittel stehen Disassembler bzw. Decompiler, Haltepunkte, Einzel-
schrittverfolgung und die Darstellung von Register- und Speicherinhalten zur Verfügung, die z.T. von der Entwicklungsumgebung in Fenstertechnik aufbereitet werden.

Bei der Entwicklung von **Anwendungen** faßt man mehrere Module zu einem Projekt
zusammen. Das ausführbare Programm wird mit einem Reset aus einem Festwertspeicher gestartet und läuft selbständig ohne Monitorhilfe ab.

Der Anhang enthält Angaben über Hersteller von Entwicklungssystemen. Sie umfassen
die Entwicklungsumgebung (PC), die Hardware mit dem Controller und den Monitor
dazu. Die Programmbeispiele müssen entsprechend angepaßt werden.

4.1 Assemblerprogrammierung

Für die praktische Anwendung sollten die Handbücher der Hersteller des Controllers und der Entwicklungssoftware herangezogen werden. Das einführende Beispiel *Bild 4-2* gibt in einer verzögerten Schleife einen 16 bit Dualzähler auf dem Port P2 aus und kann mit einem Taster an P7.0 abgebrochen werden. Die Wartezeit von ca. 33 ms wurde durch eine Messung der Frequenz am Ausgang P2.0 bestimmt.

```
; k4b2.asm Bild 4-2: Einführendes Beispiel
; Port P2 16bit Dualzähler  Abbruch mit P7.0
%target 167                        ; Assembleranweisung
%list                              ; Assembleranweisung
          ORG     200h             ; Lade- und Startadresse
haupt     PROC    far              ; Hauptprogramm
          mov     dp2,#0ffffh      ; Port P2 ist Ausgang
          mov     r0,#0            ; R0 = Zähler löschen
schleife:
          mov     p2,r0            ; Port P2 Zähler ausgeben
          add     r0,#1            ; R0 Zähler um 1 erhöhen
          call    warte            ; Zeitverzögerung
          jb      p7.0,schleife    ; solange P7.0 High
          rets                     ; P7.0 Low: zurück nach System
          ENDP                     ; Ende des Hauptprogramms
; Unterprogramm liegt hinter dem Hauptprogramm
warte     PROC    near             ; wartet ca.33 ms
          push    r0               ; R0 retten
          mov     r0,#65535        ; R0 = Zähleranfangswert
warte1:   cmpd1   r0,#0            ; erst vergleichen dann R0 - 1
          jmpr    cc_ne,warte1     ; solange Differenz != 0
          pop     r0               ; R0 zurück
          ret                      ; Rücksprung
          ENDP                     ; Ende des Unterprogramms
          END                      ; Ende des Quelltextes
```

Bild 4-2: Einführendes Beispiel: verzögerter Dualzähler am Port P2

Der Quelltext .ASM wurde mit dem Assembler ASS16x des Herstellers ERTEC übersetzt und direkt in eine Ladedatei umgewandelt. *Bild 4-3* zeigt einen Teil der Übersetzungsliste, die durch %list als Textdatei .LST aufgebaut wurde.

```
ASS16x-C16x Absolut-Macro-Assembler V1.35     (c) ertec GmbH    Page: 1

Input:  k4b2.ASM
Output: k4b2.hex

                        ; k4b2.asm Bild 4-2: Einführendes Beispiel
                        ; Port P2 16bit Dualzähler  Abbruch mit P7.0
                        %target 167                   ; Assembleranweisung
                        %list                         ; Assembleranweisung
                                  ORG     200h        ; Lade- und Startadresse
                        haupt     PROC    far         ; Hauptprogramm
000200  e6e1ffff                  mov     dp2,#0ffffh ; Port P2 ist Ausgang
000204  e6f00000                  mov     r0,#0       ; R0 = Zähler löschen
                        schleife:
000208  f6f0c0ff                  mov     p2,r0       ; Port P2 Zähler ausgebe
00020c  06f00100                  add     r0,#1       ; R0 Zähler um 1 erhöhen
000210  ca001a02                  call    warte       ; Zeitverzögerung
000214  8ae8f800                  jb      p7.0,schleife ; solange P7.0 High
000218  db00                      rets                ; P7.0 Low: zurück
                                  ENDP                ; Ende des Hauptprogramm
```

```
                   ; Unterprogramm liegt hinter dem Hauptprogramm
                   warte    PROC    near        ; wartet ca.
00021a  ecf0                push    r0          ; R0 retten
00021c  e6f0ffff            mov     r0,#65535   ; R0 = Zähleranfangsw
000220  a6f00000   warte1:  cmpd1   r0,#0       ; erst vergleichen dann
000224  3dfd                jmpr    cc_ne,warte1 ; solange Differenz != 0
000226  fcf0                pop     r0          ; R0 zurück
000228  cb00                ret                 ; Rücksprung
                            ENDP                ; Ende des Unterprogramm
                            END                 ; Ende des Quelltextes
assembly terminated 0 error(s), 0 warning(s)
```

Bild 4-3: Übersetzungsliste des einführenden Beispiels (Auszug)

Die Ladedatei .HEX wurde mit der Entwicklungsumgebung SOS167 geladen und getestet. *Bild 4-4* zeigt die Rückübersetzung des geladenen Programms mit dem Disassembler des Monitors (Kommando u=200), die Ausgabe aller Register (Kommando r-x) und den Start des Programms (Kommando c=200). Abbruch mit der Taste P7.0.

```
MONITOR C167
>u=200
IP=0200 => E6 E1 FF FF *   MOV      DP2, #FFFF
IP=0204 => E6 F0 00 00 *   MOV      R0, #0000
IP=0208 => F6 F0 C0 FF *   MOV      w_FFC0, R0
IP=020C => 06 F0 01 00 *   ADD      R0, #0001
IP=0210 => CA 00 1A 02 *   CALLA    =>021A
IP=0214 => 8A E8 F8 00 *   JB       P7.0, =>0208
IP=0218 => DB 00       *   RETS
IP=021A => EC F0       *   PUSH     R0
IP=021C => E6 F0 FF FF *   MOV      R0, #FFFF
IP=0220 => A6 F0 00 00 *   CMPD1    R0, #0000
IP=0224 => 3D FD       *   JMPR     cc_NE, =>0220
IP=0226 => FC F0       *   POP      R0
IP=0228 => CB 00       *   RET


>r-x
_R0_ _R1_ _R2_ _R3_ _R4_ _R5_ _R6_ _R7_ _R8_ _R9_ _R10 _R11 _R12 _R13 _R14 _R15
F074 0000 0000 EB87 7FFE F6FF FFFB F9EF 0200 FDFF FEFF DFFF FFDD FEFF FFFF E7FB
_CSP _CP_ _SP_ DPP0 DPP1 DPP2 DPP3 _MDH _MDL _PSW _IL_IH---UMEZVCN
0000 FC00 FC00 0000 0001 0002 0003 0000 0000 0000 0000000000000000
IP=0000 => FA 20 C8 0A *   JMPS     =>20:0AC8

>c=200

FUNKTION beendet
MONITOR C167
>
```

Bild 4-4 Test mit der Entwicklungsumgebung SOS167

Die folgenden **Eingabevorschriften** zeigen nur einen kleinen Teil der Möglichkeiten, welche die Sprache "Assembler" bietet; sie müssen gegebenenfalls dem verwendeten System angepaßt werden.

Die *Eingabezeile* besteht aus Feldern, die durch mindestens ein Leerzeichen voneinander zu trennen sind:

Name   Anweisung   Operand   Kommentar

Kommentarzeilen beginnen mit einem Semikolon ; und werden nicht übersetzt. Kommentare können auch hinter einer Anweisung bis zum Ende der Zeile stehen und werden mit einem Semikolon ; eingeleitet.

Das *Namensfeld* kann leer sein oder einen Namen (Bezeichner) enthalten, der mit einem Buchstaben beginnen muß, dann können Ziffern folgen. Sprungziele werden mit einem Doppelpunkt : abgeschlossen.

Das *Anweisungsfeld* enthält entweder einen Befehl (z.B. mov) oder eine Datenvereinbarung (z.B. DB) oder eine Assembleranweisung (Direktive z.B. ORG), die nicht in Code übersetzt wird.

Das *Operandenfeld* ist entweder leer oder enthält einen oder mehrere Operanden, die durch ein Komma , zu trennen sind. *Symbolische* Operanden sind entweder vordefinierte Register (z.B. r0 und p2) oder benutzerdefinierte Bezeichner, die im Namensfeld erscheinen müssen (z.B. Datenadressen oder Sprungziele). *Konstanten* werden mit dem Operator **#** eingeleitet; es gibt folgende Schreibweisen (*Bild 4-5*):
- dezimale Zahlen enthalten nur die Ziffern 0 bis 9,
- hexadezimale Zahlen müssen mit einer Ziffer beginnen und mit einem **h** enden,
- binäre Zahlen (Bitmuster) müssen mit einem **b** enden,
- Zeichenkonstanten und Stringkonstanten stehen zwischen Hochkommas ',
- Adreßkonstanten sind im Namensfeld definierte Bezeichner,
- Ausdrücke (Vorzeichen -, Rechenzeichen + und -) werden vom Assembler berechnet.

```
; k4b5.asm Bild 4-5:   Beispiele für Operanden
%include "hilfe.inc"            ; enthält Direktiven
haupt    PROC    far            ; Hauptprogramm
         mov     r0,#1000       ; dezimal
         mov     r1,#0ffffh     ; hexadezimal
         mov     rl2,#01010101b ; binär
         mov     rh2,#'*'       ; Zeichen
         mov     r3,#otto       ; Adresse von ....
         mov     r4,#otto+2     ; Ausdruck
         rets                   ;
         ENDP
; Daten liegen hinter dem Code
otto     DB      'Das ist ein String',0    ; String
         END
```

Bild 4-5: Beispiele für Operanden

Assembleranweisungen (Direktiven) steuern die Übersetzung und erzeugen keinen ausführbaren Code. Bei *Datenvereinbarungen* unterscheidet man zwischen der Definition von Bezeichnern, der Reservierung von Speicherplätzen und der Vereinbarung von Konstanten, die nach dem Laden des Programms im externen Speicher vorbesetzt zur Verfügung stehen. Der interne Speicherbereich des Controllers läßt sich üblicherweise nicht über den Monitor mit Daten laden.

Die Tabelle *Bild 4-6* zeigt die wichtigsten Direktiven, die in ähnlicher Form in fast allen Assemblern zur Verfügung stehen. Bei der Vereinbarung von Daten können die Bezeichner im Namensfeld entfallen. Das Programmbeispiel *Bild 4-7* stellt keine sinnvolle Anwendung dar!

Namensfeld	Anweisung	Operandenfeld	Anwendung
	%include %target %list	"Datei" Controller	fügt Anweisungen aus Datei ein Controllerauswahl z.B. 167 Übersetzungsliste in Datei.LST
	ORG	Konstante	legt Anfangsadresse im Speicher fest
	END		Ende des Quelltextes
Bezeichner Bezeichner	PROC ENDP	Attribut	Unterprogramm far oder near Ende des Unterprogrammtextes
Bezeichner Bezeichner Bezeichner	EQU LIT DBIT	Ausdruck 'String' bitoff.bitpos	Bezeichner wird durch Wert ersetzt Bezeichner wird durch String ersetzt Bezeichner für Bitposition
Bezeichner	DS	Anzahl	reserviert Anzahl Bytes im Speicher
	EVEN		die folgende Adresse ist geradzahlig
Bezeichner Bezeichner Bezeichner	DB DW DD	Konstantenliste Konstantenliste Konstantenliste	legt Bytes (8 bit) im Speicher ab legt Wörter (16 bit) im Speicher ab legt Doppelwörter (32 bit) ab

Bild 4-6: Direktiven und Datenvereinbarungen (Auszug)

```
; k4b7.asm Bild 4-7: Direktiven und Datenvereinbarungen
null      EQU    0         ; Symbol für Wert vereinbart
abbr      LIT    '#0'      ; Symbol für Text vereinbart
bsym      DBIT   0fd00h.2  ; Bitbezeichner vereinbart
%include "hilfe.inc"       ; enthält: %target 167; %list;  ORG 200h;
;
haupt     PROC   far       ; FAR - Funktion vom Monitor aufgerufen
          mov    dp2,#-1   ; Ausdruck -1 = 0ffffh
          mov    p2,#null  ; P2 = Wert 0
          bset   bsym      ; Bit setzen
          bmov   p2.0,bsym ; Bit ausgeben
schleife:
          cmp    p7,abbr   ; wie cmp p7,#0
          jmp    cc_ne,schleife   ; Laufbedingung
          rets             ; FAR - Rücksprung nach Monitor
          ENDP             ; Ende der Funktion
;
          ORG    8000h     ; Datenbereich im externen RAM ladbar
werte     DS     11        ; 11 Bytes reserviert
max       DB     1,'#'     ; Liste von Byte Konstanten
          EVEN             ; gerade Adressen für Wörter
moritz    DW     1,2,3     ; Liste von Wort Konstanten
          DW     max       ; Adreßkonstante
          DD     10000h    ; Doppelwortkonstante
;
          ORG    0fd00h    ; Bitbereich im internen RAM nicht ladbar
ein       DBIT             ; Bit 0fd00h.0
aus       DBIT             ; Bit 0fd00h.1
          END              ; Ende des Quelltextes
```

Bild 4-7: Beispiele für Direktiven und Datenvereinbarungen

Operationen mit zwei Operanden werden von rechts nach links ausgeführt und entsprechen damit der Wertzuweisung in C-Programmen. Bei MOV-Befehlen wird der rechts vom Komma stehende Quelloperand in das links stehende Ziel kopiert, bei arithmetischen Operationen steht das Ergebnis im Zieloperanden.

> **Befehl**   *Ziel , Quelle*

Die Bezeichnungen der *Befehle* und *Register* sind vom Hersteller des Controllers vorgegeben und werden von den Assemblerherstellern übernommen. Die *Wortregister* R0 bis R15 können sowohl Daten als auch Adressen enthalten. Die Byteregister RL0 bis RL7 und RH0 bis RH7 sind nur für Daten vorgesehen. Für die SFR Register und die wichtigsten Systembits stellt der Assembler vordefinierte Bezeichner zur Verfügung, die zur *symbolischen Adressierung* von Daten dienen. Beispiele:

```
        mov    p2,r0       ; Port P2 <= Register R0
        mov    r0,wert     ; R0 <= Inhalt von Wert

wert  DW      1234h        ; Bezeichner benutzerdefiniert
```

Bei der *Konstantenadressierung* wird die Konstante durch den Operator # gekennzeichnet. Man beachte in den folgenden Beispielen den Unterschied zwischen der Adresse 1000h und der Konstanten 1000h sowie zwischen dem Inhalt von wert und der Adresse von wert!

```
        mov    r0,#1000h  ; R0 <= Konstante
        mov    r8,#wert    ; R8 <= Adresse von wert
; Gegenbeispiele: lade Inhalte von Speicherwörtern
        mov    r1,1000h    ; R1 <= Inhalt des Wortes 1000h
        mov    r2,wert     , R2 <= Inhalt von wert
```

Bei der *indirekten Adressierung* (*Bild 4-8*) steht die Adresse des Operanden in einem GPR Register, das mit eckigen Klammern [ ] gekennzeichnet wird. Für arithmetische und logische Operationen sind nur R0 bis R3 als Adreßregister zugelassen. Beispiele:

```
        mov    r8,#wert    ; lade R8 mit Adresse von wert
        mov    p2,[r8]     ; nimm Adresse aus R8
        mov    r4,[r8+]    ; nimm Adresse aus R8, R8<=R8+2
        mov    r0,[r8+#4]  ; Adresse ist (R8 + 4) R8 bleibt
        mov    r3,#wert    ; lade R3 mit Adresse von wert
        add    r0,[r3]     ; nimmt Adresse aus R3
```

Operand	Wirkung
[Rw]	das Register Rw enthält die Adresse des Operanden
[Rw+]	Rw wird *danach* um die Operandenlänge erhöht
[-Rw]	Rw wird *vorher* um die Operandenlänge vermindert
[Rw + #kon]	die Adresse ist die Summe aus Rw und der Wortkonstanten

Bild 4-8: Die indirekte Register-Adressierung

Die *Adressen von Sprungzielen* werden immer symbolisch mit benutzerdefinierten Bezeichnern angegeben. Die Adresse eines Befehls setzt sich zusammen aus dem Inhalt des Segment Registers CSP und des Befehlszeigers IP.

CSP		**IP**
- - - - - - - - - - - -	Codesegment	*Abstand (Offset) im Codesegment*

Bei der **Inter-Segment-Adressierung** enthält der Befehl (JMP**S** bzw. CALL**S**) sowohl das Segment als auch den Abstand (Offset), mit denen CSP bzw. IP geladen werden. Es lassen sich alle Adressen des gesamten Adreßraumes erreichen.

Bei den **Intra-Segment-Adressierungsarten** bleibt das Codesegment in CSP erhalten, nur der Befehlszeiger IP wird mit dem Abstand des Sprungziels zum Codesegment geladen. Es lassen sich also nur Adressen innerhalb eines Segmentes erreichen.

Bei der *absoluten* Sprungadressierung (JMP**A** bzw. CALL**A**) wird die Adresse des Sprungziels in den Befehlszeiger geladen, CSP bleibt erhalten. Bei der *indirekten* Sprungadressierung (JMP**I** bzw. CALL**I**) wird der Inhalt eines Wortregisters als Ziel in den Befehlszeiger geladen; CSP bleibt erhalten.

Bei der *relativen* Sprungadressierung (JMP**R** bzw. CALL**R** und Bitbefehle JBx) enthält der Befehl einen vorzeichenbehafteten **Abstand** der Länge 8 bit, der mit 2 multipliziert und zum Befehlszeiger **addiert** wird; CSP bleibt erhalten. Durch die relative Adressierung werden die Programme lageunabhängig (relocatable verschieblich). Es lassen sich nur Ziele erreichen, die 256 Bytes vor oder hinter dem Befehl liegen. Wird dieser Bereich überschritten, so liefert der Assembler eine Fehlermeldung.

Die meisten Sprungbefehle (JMPx) und auch Unterprogrammaufrufe (CALLx) werden nur dann ausgeführt, wenn eine Bedingung erfüllt ist; sonst folgt der nächste Befehl. Dies wird zur Programmierung von Verzweigungen (Abschnitt 4.4) und Schleifen (Abschnitt 4.5) verwendet. *Bild 4-9* zeigt Beispiele.

```
; k4b9.asm Bild 4-9: bedingte und unbedingte Sprünge
%include "hilfe.inc"          ; Definitionen
main    PROC                  ; Hauptprogramm
        mov     dp2,#0ffffh   ; P2 ist Ausgang
        mov     r8,#schleife  ; R8 <= Sprung-Adresse
        jmps    0,schleife    ; springe immer inter-Segment
        nop                   ; hier kommen wir nie hin
schleife:
        jnb     p7.0,ende     ; springe bei P7.0 == Low relativ
        cmp     p7,#0ffh      ; alle Schalter High ?
        jmpr    cc_ne,label1  ; springe bei  !=  relativ
        mov     p2,#5555h     ; für == : P2 <= Bitmuster 5555
        jmpa    schleife      ; springe immer absolut
label1: mov     p2,#0aaaah    ; für != : P2 <= Bitmuster aaaa
        jmpi    [r8]          ; springe immer indirekt
ende:
        mov     p2,#1234h     ; Endemarke ausgeben
        rets                  ; zurück nach System
        ENDP                  ; Ende des Hauptprogramms
        END                   ; Ende des Quelltextes
```

Bild 4-9: Bedingte und unbedingte Sprünge

4.2 C-Programmierung

C ist eine prozedurale Sprache zur Programmierung von Problemen der Datenverarbeitung auf Personal Computern (PC, Mac). Sie unterscheidet wie die Assemblersprachen zwischen den Daten (z.B. Zahlen und Zeichen) und den sie bearbeitenden Anweisungen und Funktionen (Unterprogrammen). Aus C entstand **C++** zur **O**bjekt **O**rientierten **P**rogrammierung (OOP). Diese behandelt die zu programmierenden Aufgaben (Dinge, Objekte) als Einheit von Daten und Funktionen. Die Eigenschaften der Objekte werden in Klassen beschrieben und lassen sich vererben. Die höheren Programmiersprachen müssen an die besonderen Aufgaben der Mikrocontrollertechnik angepaßt werden. Der Anhang enthält Angaben über Hersteller von C und C++ Compilern mit entsprechenden Entwicklungsumgebungen.

Bild 4-10 zeigt ein einführendes Beispiel in C, das einen verzögerten 16 bit Dualzähler auf dem Port P2 ausgibt. Das Programm kann mit einem Taster an P7.0 abgebrochen werden. Die Verzögerungszeit der Funktion warte beträgt ca. 33 ms.

```
/* k4b10.c  Bild 4-10:  Einführendes Beispiel       */
/* Port P2 16bit Dualzähler  Abbruch mit P7.0        */
#include <reg167.h>            // enthält Definitionen
sbit p7p0 = P7^0;             // Definition Bitposition

void warte (void)             // Funktion vor main
{                             // wartet ca. 33 ms
 unsigned int i;              // Typvereinbarung
 for (i=0; i<65535; i++);     // Wartezähler von 0 bis 65 535
}

int main (void)               // Hauptfunktion
{
 unsigned int x=0;            // Definition mit Anfangswert
 DP2 = 0xffff;                // P2 = Richtung Ausgabe
 while (1)                    // Schleife: Abbruch mit break
 {
  P2 = x;                     // Zähler auf P2 ausgeben
  warte();                    // Zeitverzögerung
  x++;                        // Zähler um 1 erhöhen
  if (!p7p0) break;           // bis P7.0 = Low
 }
 return 0;                    // zurück nach System
}
```

Bild 4-10: Einführendes Beispiel: verzögerter Dualzähler am Port P2

Das Beispiel wurde mit der Entwicklungsumgebung *µVision* des Herstellers Keil Elektronik editiert, übersetzt, geladen und getestet. *Bild 4-11* zeigt einen Ausschnitt aus dem Debug Fenster, das mit der Option asm den rückübersetzten Maschinencode im Assembler darstellt. Die vom System zusätzlich eingefügten Startup Befehle, die es ermöglichen, das Programm in ein EEPROM einzulagern und mit Reset zu starten, sind nicht enthalten. Alle Beispiele dieses Abschnitts werden in **C** programmiert, mit einem Monitor gestartet und kehren mit **return** zu diesem zurück.

```
  Module: K4B10

Commands  Go!  GoTilCurs!  StepOut!  StepInto!  StepOver!  Stop!

  asm

 000012H #6:      MOV      R5,#00H
 000014H         CMPI1     R5,#0FFFEH
 000018H         JMPR      CC_C,000014H
 00001AH #10:     RET
 00001CH  main:
 00001CH #12:     MOV      R6,#00H
 00001EH #15:     MOV      DP2,#0FFFFH
 000022H #16:     MOV      DPP3:3FC0H,R6
 000026H #19:     CALLR    warte(000012H)
 000028H #20:     ADD      R6,#1
 00002AH #21:     JB       0E8H.0,000022H
 00002EH #22:     MOV      R4,#00H
 000030H #24:     RET
```

Bild 4-11: Der Assemblercode des einführenden C-Programms

Ein *Programmtext* besteht in C aus einem globalen Vereinbarungsteil und aus der Hauptfunktion main, die entweder aus der Entwicklungsumgebung oder mit Reset gestartet wird. Je nach Bedarf können weitere Funktionen (Unterprogramme) enthalten sein, die meist vor main angeordnet werden. Die *globalen Vereinbarungen*, die außerhalb einer Funktion liegen, sind in allen Funktionen gültig. Präprozessoranweisungen werden durch eine Raute # gekennzeichnet. *Funktionen,* auch main, bilden einen durch geschweifte Klammern { } begrenzten Block. Sie enthalten lokale, also nur innerhalb der Funktion gültige Vereinbarungen sowie Anweisungen, die aus weiteren Unterblöcken { } bestehen können.

Kommentare werden durch die Doppelzeichen /* und */ begrenzt und können auf besonderen Kommentarzeilen oder hinter einer Anweisung stehen. Es sind auch Kommentare hinter dem Doppelzeichen // bis zum Ende der Zeile möglich. Jede *Anweisung* ist durch ein Semikolon ; abzuschließen, der Wagenrücklauf am Ende einer Zeile ist kein Endezeichen. Daher dürfen auch mehrere Anweisungen auf einer Zeile stehen. Ein Rückstrich (Backslash) \ am Ende einer Zeile bedeutet, daß die Anweisung auf der nächsten Zeile fortgesetzt wird.

Der *Zeichensatz* für die Eingabe umfaßt die Buchstaben von A bis Z und a bis z, die Ziffern 0 bis 9 und Sonderzeichen, zu denen auch Doppelzeichen wie z.B. /* gehören, die nicht durch ein Leerzeichen getrennt werden dürfen. Die deutschen Umlaute und das ß sind nur in Texten und Kommentaren zulässig. Die Whitespace-Zeichen Leerzeichen, Tabulator, Wagenrücklauf und Zeilenvorschub dienen als Trennzeichen.

Namen (Bezeichner, identifier) müssen mit einem Buchstaben oder Unterstrich _ beginnen, danach sind auch Ziffern zulässig. Ein Name wird begrenzt durch ein Whitespace-Zeichen oder ein Sonderzeichen (z.B. Operator +). Große Buchstaben werden in Bezeichnern von kleinen Buchstaben unterschieden. Die vordefinierten Kennwörter sowie benutzerdefinierten Bezeichner schreibt man üblicherweise mit kleinen Buchstaben, mit #define vereinbarte Symbole meist groß.

Datentyp	Länge	Bereich dezimal	Anwendung
`bit`	1 bit	`0..1`	Bitoperation
`unsigned char`	8 bit	`0..255`	Zeichen
`unsigned int`	16 bit	`0..65535`	vorzeichenlos
`unsigned long`	32 bit	`0..4294967295`	vorzeichenlos
`char, signed char`	8 bit	`-128..+127`	Zeichen
`int, short int`	16 bit	`-32768..+32767`	ganze Zahlen
`long, long int`	32 bit	`-2147483648..+2147483647`	große Zahlen

Bild 4-12: Vordefinierte ganzzahlige Datentypen (compilerabhängig!)

Für Operationen mit den in *Bild 4-12* zusammengestellten Datentypen sind im Controller entsprechende Befehle vorhanden; für die reellen Datentypen (double) ist besondere Software erforderlich. Bei fehlenden Typbezeichnern nehmen die meisten Compiler int an. Der Datentyp void (unbestimmt) wird im Zusammenhang mit Zeigern verwendet. Für die Schreibweise von *Konstanten* gibt es folgende Regeln:

Dezimalzahlen erscheinen mit oder ohne Vorzeichen und werden als int abgelegt. Durch Anhängen der Kennbuchstaben **u** oder **U** für unsigned und **l** oder **L** für long läßt sich eine vorzeichenlose und/oder lange Abspeicherungsform vorgeben. *Hexadezimalzahlen* beginnen mit den Zeichen 0x oder 0X gefolgt von den Ziffern 0 bis 9, A bis F oder a bis f. Einzelne *Zeichen* stehen zwischen Hochkommas (Apostroph). Steuerzeichen werden durch den Rückstrich (Backslash \) als Escape-Sequenz gekennzeichnet oder hexadezimal vereinbart. Textkonstanten (Strings) erscheinen zwischen Anführungszeichen. Sie können auch Escape-Sequenzen enthalten. Die vordefinierte Konstante NULL wird im Zusammenhang mit Zeigern verwendet. Beispiele:

```
x = 4711;              // dezimal
x = -100;              // mit Vorzeichen
x = 0xffff;            // hexadezimal
x = 'a';               // Zeichen
x = '\n';              // Escape-Sequenz neue Zeile
"\nDas ist ein Text!"; // String
```

Für alle *Variablen* sind Typvereinbarungen erforderlich. Für die vordefinierten Datentypen verwendet man die Bezeichner des Bildes 4-12. Dabei lassen sich zusätzlich Anfangswerte angeben. Beispiele:

```
bit ende, abbruch = 0;
unsigned char steuer;
unsigned int eingabe, ausgabe, fehler = 99;
```

Variablen, die im globalen Vereinbarungsteil außerhalb einer Funktion vereinbart werden, liegen immer auf festen Speicherplätzen. Lokale Variablen, die innerhalb einer Funktion - auch main - vereinbart wurden, werden vom Compiler entweder in GPR Registern oder auf dem Stapel angelegt. Ihr Inhalt ist flüchtig und geht nach Beendigung des Funktionsaufrufes verloren.

Bild 4-13 zeigt einige häufig verwendete Möglichkeiten, besondere Vereinbarungen vorzunehmen; das Programm *Bild 4-14* enthält Beispiele dazu.

Art	Kennwort	Ausdruck	Anwendung
Präprozessor Anweisung	`#include` `#include` `#define`	<Systemdatei> "Benutzerdatei" SYMBOL *text*	Systemdatei einfügen z.B. <reg167.h> Benutzerdatei einfügen SYMBOL wird durch *text* ersetzt
Deklaration	`sbit` `sfr` `typedef`	SFR Bitadresse SFR Adresse Alttyp Neutyp	Bezeichner für SFR Bitposition Bezeichner für SFR Register neuen Datentyp vereinbaren
Spezifizierer	`static`	in Vereinbarung	Variablen im Speicher anlegen
Modifizierer	`const` `volatile`	in Vereinbarung in Vereinbarung	Anfangswert nicht veränderbar Variable durch System veränderbar

Bild 4-13: Kennwörter für besondere Vereinbarungen (Auszug)

```
/* k4b14.c  Bild 4-14:  Beispiele fuer Vereinbarungen      */
#include <reg167.h>          // Deklaration der Register
#define  EINGABE P7          // Symbolkonstante EINGABE fuer P7
typedef  unsigned int word;  // neuer benutzerdefinierter Datentyp
sbit taster = P7^0;          // Deklaration Bit P7.0 im SFR Bereich
sfr  richt2 = 0xffc2;        // Deklaration wie DP2 im SFR Bereich
word ausgabe = 0xffff;       // Wort global statisch
int main (void)              // Hauptfunktion
{
  // lokale Vereinbarungen
  volatile bit abbruch;          // Bit lokal fluechtig
  unsigned int mini = 1;         // Wort lokal fluechtig mit Anfangswert
  const static word maxi = 1;    // konstantes Wort lokal statisch
  static unsigned long lang;     // Langwort lokal statisch
  // Anweisungen kommen nach den Vereinbarungen
  richt2 = ausgabe;        // Port P2 aus Ausgang programmiert
  mini = EINGABE;          // Wertzuweisung Wort <= Port P7
  lang = maxi;             // Wertzuweisung Langwort <= Wort
  P2 = mini;               // Port P2 <= Wort aus P7
  abbruch = taster;        // Wertzuweisung Bit <= Bit
  return 0;                // zurueck nach System
}
```

Bild 4-14: Beispiele für Vereinbarungen

Zusammengesetzte Datentypen bestehen aus Elementen der einfachen Datentypen (Bild 4-12). Sind alle Elemente gleich, so entsteht ein ein- oder mehrdimensionales *Feld* (array). Die *Größe* gibt die Anzahl der Elemente an.

Datentyp *Bezeichner* [*Größe*]		
Datentyp *Bezeichner* [*Größe*] = { Konstantenliste }		
Datentyp *Bezeichner* [*Größe_1*]	[*Größe_n*]	
Datentyp *Bezeichner* [*Größe_1*]	[*Größe_n*] = { Konstantenliste }	

Bei einer *Struktur* können die Komponenten aus unterschiedlichen Datentypen bestehen. Mit **struct** definiert man Strukturvariablen oder deklariert einen neuen Datentyp, der zur Definition von Variablen dient. Bei einer **union** liegen alle Komponenten auf der gleichen Speicheradresse. *Bild 4-15* zeigt Beispiele für Felder und Strukturen.

struct   { *Komponentenliste* }   Variablenliste;
struct *Datentyp*   { *Komponentenliste* };   *Datentyp* Variablenliste;

```
/* k4b15.c  Bild 4-15:   zusammengesetzte Datentypen  */
#include <reg167.h>              // Deklaration der Register
struct xtyp                      // Deklaration eines Strukturtyps
  {
    int  stunde;                 // Komponente
    unsigned int minute;         // Komponente
  };

void warte (void)                // Wartefunktion
{
 unsigned long i;                // wartet ca. 1 sek
 for (i = 0; i<1000000; i++);
}

int main (void)                  // Hauptfunktion
{
 unsigned int i, liste [10] = {1,2,3,4,5,6,7,8,9,10};   // Feld
 struct xtyp x;                  // Strukturvariable x nach Bauplan xtyp
 struct                         // Definition einer Strukturvariablen
   {
     int a;                      // Komponente
     char b;                     // Komponente
   } y;                          // Strukturvariable y
 x.stunde = 1;   x.minute = 2;   // Wertzuweisung an Komponenten von x
 y.a = 1; y.b = 2;               // Wertzuweisung an Komponenten von y
 // nun werden die Feldelemente von 1 bis 10 auf P2 ausgegeben
 DP2 = 0xffff;                   // P2 ist Ausgang
 for (i = 0; i<10; i++)          // Schleife i = 0 bis i = 9
   {
    P2 = liste[i];               // Wert ausgeben
    warte();                     // warten
   }
 return 0;                       // zurueck nach System
}
```

Bild 4-15: Beispiele für zusammengesetzte Datentypen

4.3 Operationen

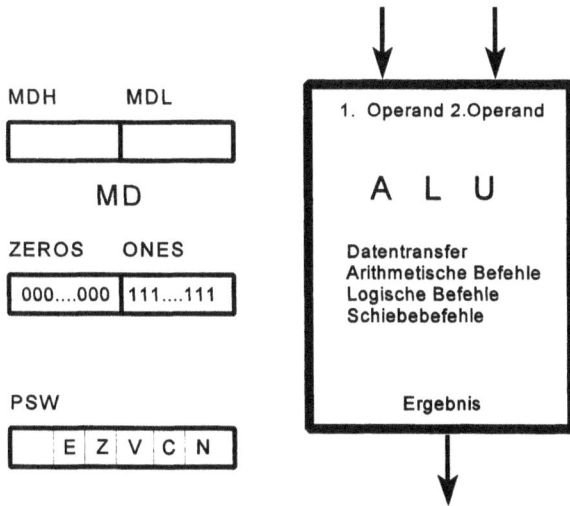

Bild 4-16: Die Register des Rechenwerks

Die *Operationen* werden im Rechenwerk des Controllers (*Bild 4-16*) ausgeführt. Man unterscheidet:
- unäre Operationen, die nur auf einen Operanden angewendet werden,
- binäre Operationen zur Verknüpfung zweier Operanden,
- Bitoperationen (1 bit),
- Byteoperationen (8 bit),
- Wortoperationen (16 bit) als Standardfall und
- Langwortoperationen (32 bit) bei der Multiplikation und Division.

Die *Ergebnisse* werden im **Prozessor Status Wort** (**PSW**) bewertet. Die Befehlstabellen des Herstellers geben Auskunft, welche Bitpositionen die Befehle verändern.

PSW	RAM:	0FF10H	SFR:	88H	Reset:	0000H						*bitadressierbar*		
15	14	13	12	11	10	9	8	7	6	5	4	3	2	1	0

ILVL				IEN	HLD EN	-	-	-	USR0	MUL IP	**E**	**Z**	**V**	**C**	**N**

Für die meisten Befehle gilt:
Das **N**-Bit (Negativ) wird gesetzt, wenn das Vorzeichenbit eine 1 ist.
Das **C**-Bit (Carry) wird gesetzt, wenn ein Übertrag entstanden ist.
Das **V**-Bit (oVerflow) wird gesetzt, wenn die Überlaufbedingung erfüllt ist.
Das **Z**-Bit (Zero) wird gesetzt, wenn das Ergebnis **Null** (ja = **1**) ist.
Das **E**-Bit (End of table) wird gesetzt, wenn der Quelloperand 8000H bzw. 80H ist.
Das USR0-Bit steht dem Benutzer (User) zur freien Verfügung.
Das IEN-Bit und das MULIP-Bit werden für Interrupts verwendet.

Die beiden Konstantenregister **ZEROS** (0000H) und **ONES** (0FFFFH) liegen auf festen SFR Adressen und können anstelle von Konstanten im Operandenteil der Befehle (#-Adressierung) verwendet werden. Sie sind bitadressierbar.

ZEROS   **RAM:** 0FF1CH   **SFR:** 8EH   **Reset:** 0000H   *nur lesbar*

ONES   **RAM:** 0FF1EH   **SFR:** 8FH   **Reset:** 0FFFFH   *nur lesbar*

Bei *Transferbefehlen* (z.B. MOV) werden das N-, das Z- und das E- Bit entsprechend dem Operanden verändert, der sich anschließend auf Vorzeichen, Null und Ende der Tabelle untersuchen läßt.

Die *arithmetischen* Operationen für Addition (ADD) und Subtraktion (SUB) arbeiten unabhängig von der Zahlendarstellung, **alle** Anzeigebits des PSW werden entsprechend dem Ergebnis verändert. Die Operandenlänge beträgt 16 bit (Wort) oder 8 bit (Byte). Für die meisten Anwendungen genügt die vorhandene 16 bit Arithmetik. Zur Erweiterung des Zahlenbereiches verwendet man das Carrybit als Zwischenübertrag, der von den Befehlen ADDC und SUBC mit addiert bzw. subtrahiert wird.

In der *vorzeichenlosen* (unsigned) Zahlendarstellung gibt es nur Dualzahlen ≥ 0. Das Carrybit **C** wird gesetzt, wenn bei einer Addition ein Überlauf durch Überschreiten des Zahlenbereiches oder bei einer Subtraktion ein Unterlauf (Ergebnis < 0) auftritt. Man wertet nur das C-Bit (Zahlenbereich) und das Z-Bit (Null) aus, das V-Bit und das N-Bit werden nicht beachtet.

Die *vorzeichenbehaftete* (signed) Zahlendarstellung stellt positive Zahlen als reine Dualzahlen dar; das linkeste Bit enthält das Vorzeichen **0**. Negative Zahlen werden durch Addition eines Verschiebewertes im Zweierkomplement dargestellt; die linkeste Bitposition enthält des Vorzeichen **1**. Das Zweierkomplement entsteht aus dem Einerkomplement (Befehl CPL) durch Addition einer 1 und wird durch den Befehl NEG gebildet. Das **N**-Bit enthält das Vorzeichen (linkeste Bitposition) des Ergebnisse. Das Overflowbit **V** wird gesetzt, wenn bei einer Addition ein Überlauf durch Überschreiten des positiven Zahlenbereiches oder bei einer Subtraktion ein Unterlauf durch Unterschreiten des negativen Zahlenbereiches auftritt. Dabei kommt es zu einem Vorzeichenwechsel. Die Summe zweier positiver Zahlen wird im Fehlerfall negativ, die Differenz zweier negativer Zahlen erscheint positiv. Nach der Addition bzw. Subtraktion vorzeichenbehafteter Zahlen wertet man nur das V-Bit (Zahlenbereich), das Z-Bit (Null) und das N-Bit (Vorzeichen) aus; das Carrybit wird nicht beachtet.

Die Befehle für die *Multiplikation* und *Division* unterscheiden zwischen vorzeichenlosen Zahlen und vorzeichenbehafteten Zahlen. Sie sind die einzigen Befehle, die in ihrem Ablauf durch einen Interrupt unterbrochen werden können. Durch die Register **MDH** (Multiply/Divide High) und **MDL** (Multiply/Divide Low) sind 32 bit Operationen möglich.

MDH   **RAM:** 0FE0CH   **SFR:** 06H   **Reset:** 0000H

MDL   **RAM:** 0FE0EH   **SFR:** 07H   **Reset:** 0000H

Das Register **MDC** (Multiply/Divide Control) wird intern zur Steuerung der Multiplikations- und Divisionsbefehle verwendet.

MDC	RAM: 0FF0EH				SFR: 87H			Reset: 0000H							*bitadressierbar*
15	14	13	12	11	10	9	8	7	6	5	4	3	2	1	0
–	–	–	–	–	–	–	–	!!	!!	!!	MDR IU	!!	!!	!!	!!

Das `MDRIU`-Bit des MDC wird gesetzt, wenn MDH oder MDL durch einen Befehl beschrieben wird oder wenn ein Multiplikations- bzw. Divisionsbefehl ausgeführt wird. Es wird beim Lesen von MDL gelöscht. Die mit !! gekennzeichneten Bitpositionen zeigen interne Verarbeitungszustände an. Das `MULIP`-Bit des PSW wird gesetzt, wenn ein Multiplikations- bzw. Divisionsbefehl durch einen Interrupt unterbrochen wurde.

Bei einer *Multiplikation* stehen die beiden 16 bit Faktoren in Wortregistern, das 32 bit Produkt erscheint in den Hilfsregistern MDH (High-Teil) und MDL (Low-Teil). Das V-Bit des PSW wird gesetzt, wenn das Ergebnis nicht in einem Wort gespeichert werden kann (High-Teil des Produktes ungleich 0).

Bei einer *langen Division* steht der 32 bit Dividend in den Hilfsregistern MDH (High-Teil) und MDL (Low-Teil), der 16 bit Divisor in einem Wortregister. Der ganzzahlige Quotient erscheint in MDL, der Divisionsrest in MDH. Bei einer *kurzen Division* wird nur MDL verwendet. Das V-Bit wird gesetzt bei einer Division durch 0 oder wenn das Ergebnis nicht in einem Wort gespeichert werden kann. Man beachte, daß die ALU nur ganzzahlige Operationen mit Dualzahlen ausführen kann. Bei einer Division entstehen ein ganzzahliger Quotient und ein ganzzahliger Rest; Nachkommastellen gibt es nicht! Beispiel:
13 : 2 gibt 6 Rest 1 und nicht 6.5!

Ein Arithmetikprozessor bzw. eine Floating Point Unit (FPU) sind nicht vorgesehen. Die meisten Entwicklungssysteme stellen jedoch entsprechende Bibliotheken zur Verfügung. Der Befehl `PRIOR` unterstützt die Normalisierung von reellen Zahlen, wenn Gleitpunktrechnungen ausgeführt werden müssen; in den meisten Controlleranwendungen ist dies nicht erforderlich.

Die *logischen* Operationen verknüpfen die Operanden nicht als Zahlen, sondern als Bitmuster. Daher werden die Überlauf- bzw. Unterlaufbits **V** und **C** immer gelöscht. Das E-Bit (Ende der Tabelle), das **Z**-Bit (Null) und das **N**-Bit (linkeste Bitposition) können zur Bewertung des Ergebnisses dienen. Die logischen Befehle dienen zum löschen (ausblenden), zusammensetzen und komplementieren von Bitgruppen in Wörtern und Bytes; für Einzelbitoperationen im bitadressierbaren Bereich verwendet man besser Bitbefehle. Das logische NICHT (Befehl `CPL`) arbeitet wie eine Inverterschaltung und bildet das Einerkomplement. Beispiel:
NICHT 01010101 gibt 10101010.

Das logische UND (Befehl `AND`) arbeitet wie eine UND-Schaltung. Sie liefert nur dann eine 1, wenn alle Eingänge 1 sind. Das folgende Beispiel löscht die linke Hälfte eines Bytes. Dies bezeichnet man als ausblenden oder maskieren. Die konstante Maske

00001111 enthält in den Bitpositionen eine 0, in denen der Operand gelöscht wird, und in den Bitpositionen eine 1, in denen der alte Inhalt übernommen wird.
10101010 UND **00001111** gibt **0000**1010.

Das logische ODER (Befehl OR) arbeitet wie eine ODER-Schaltung. Sie liefert nur dann eine 0, wenn alle Eingänge 0 sind. Das folgende Beispiel setzt das rechteste Bit eines Bytes mit der Maske **00000001** auf 1. Die zu übernehmenden Bitpositionen sind in der Maske 0.
10101010 ODER **00000001** gibt 1010101**1**.

Mit dem ODER lassen sich auch Bitgruppen zusammensetzen. Das folgende Beispiel setzt zwei Halbbytes, die vorher maskiert und verschoben wurden, zu einem Byte zusammen.
0000**1010** ODER **1010**0000 gibt **10101010**.

Das logische EODER (Befehl XOR) arbeitet wie eine EODER-Schaltung. Sie liefert nur dann eine 0, wenn beide Eingänge gleich sind. 0 EODER 0 bzw. 1 EODER 1 ergeben eine 0; 0 EODER 1 bzw. 1 EODER 0 ergeben 1. Das EODER wird zum "eleganten" löschen von Registern verwendet (XOR   R0,R0), denn jedes Bitmuster mit sich selbst "verxodert" ergibt immer Null. Eine andere Anwendung ist das Komplementieren einzelner Bitgruppen. Das folgende Beispiel komplementiert das linke Halbbyte und läßt das rechte unverändert. Die Maske **11110000** enthält in den zu komplementierenden Bitpositionen eine 1, in den zu übernehmenden Positionen eine 0.
10101010 EODER **11110000** gibt **0101**1010.

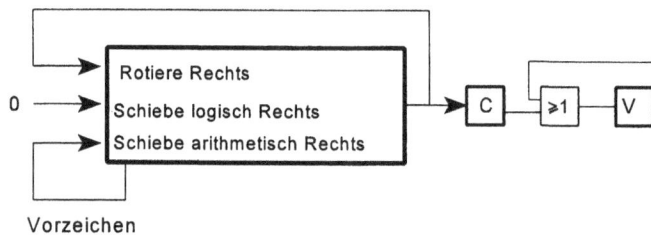

Bild 4-17: Modell der Rechts-Schiebeoperationen

Bei den *Rechts-Schiebeoperationen* werden entsprechend dem Modell *Bild 4-17* alle Bitpositionen des unären Operanden um eine oder mehrere Bitpositionen nach rechts geschoben. Vorher werden das C-Bit und das V-Bit gelöscht. Die herausgeschobene Bitposition gelangt in das C-Bit, das V-Bit ist eine ODER-Verknüpfung des alten V-Bits und des neuen C-Bits. Nach Beendigung mehrerer Verschiebungen enthält daher das V-Bit eine 1, wenn mindestens eine der herausgeschobenen Bitpositionen eine 1 war. Dies wird zum Runden verwendet, wenn man das Rechts-Schieben als Division durch 2 betrachtet.

C-Bit	V-Bit	Rundungsfehler
0	0	kein
0	1	< ½ LSB
1	0	= ½ LSB
1	1	> ½ LSB

Beim logischen Rechts-Schieben (Befehl SHR) wird die links frei werdende Bitposition mit einer 0 aufgefüllt. Dies entspricht einer Division durch 2 in der vorzeichenlosen Zahlendarstellung. Beispiel:
00000111 um 1 bit logisch nach rechts ergibt 00000011 und C = 1 (7:2 = 3 Rest 1)

Das arithmetische Rechts-Schieben (Befehl ASHR) wird für die Division durch 2 bei vorzeichenbehafteten Zahlen verwendet, da die linkeste Bitposition - das Vorzeichen - erhalten bleibt. Beispiel:
11111010 um 1 bit arithmetisch rechts gibt 11111101 und C=0 (-6:2 = -3 Rest 0)

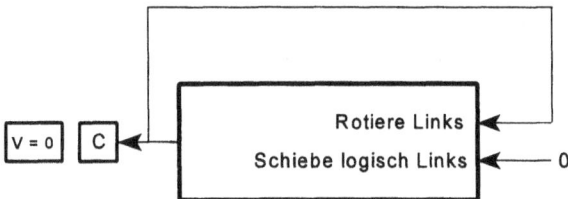

Bild 4-18: Modell der Links-Schiebeoperationen

Das logische Links-Schieben (Befehl SHL) entsprechend dem Modell *Bild 4-18* entspricht einer Multiplikation mit dem Faktor 2, das C-Bit dient zur Überlaufkontrolle. Beispiel:
00000111 um 1 bit logisch nach links ergibt 00001110 und C = 0 (7 * 2 = 14)

Die *Bitoperationen* lassen sich nur in Wörtern der bitadressierbaren internen Bereiche (Bild 3-2) durchführen. Die GPR Register sind unabhängig von der eingeschalteten Registerbank (CP) immer bitadressierbar. Für die wichtigsten Steuerbits der SFR Register stellen sowohl die Assembler als auch die C-Compiler vordefinierte Bezeichner zur Verfügung. Dies gilt auch für die Anzeigebits des PSW Registers. Bitoperationen in Speicherbereichen, die nicht bitadressierbar sind, müssen mit logischen Operationen und Schiebebefehlen durchgeführt werden.

4.3.1 Operationen im Assembler

Bei der Ausführung der Operationen werden im Prozessor Status Wort **PSW** Anzeigebits (Flags) verändert, die später durch bedingte Befehle ausgewertet werden können.
Aufbau des Low-Bytes:

–	USR0	MULIP	**E**	**Z**	**V**	**C**	**N**

N-Bit: Vorzeichen bei signed Zahlen (**0** = positiv, **1** = negativ) sonst werthöchstes Bit.
C-Bit: Überlauf bzw. Unterlauf bei unsigned Zahlen (**0** = nein, **1** = ja) bzw. Übertrag.
V-Bit: Überlauf bzw. Unterlauf bei signed Zahlen (**0** = nein, **1** = ja).
Z-Bit: Operand bzw. das Ergebnis Null (**0** = nein, **1** = ja).
E-Bit: Operand ist Endemarke 8000H bzw. 80H einer Tabelle (**0** = nein, **1**= ja).

Die Befehlslisten geben an, welche Anzeigebits durch die Operation verändert werden.
Allgemein gelten folgende Symbole:
* Bit wird entsprechend dem Operand bzw. Ergebnis verändert.
– Bit bleibt durch die Operation unverändert
0 Bit wird durch die Operation immer gelöscht.
1 Bit wird durch die Operation immer gesetzt.
S Sonderfall wird besonders erläutert.

Bei allen binären Befehlen steht links vom Komma das Ziel und rechts die Quelle. Der
Zieloperand wird überschrieben, der Quelloperand bleibt unverändert erhalten.

Befehl   *Ziel, Quelle*

Man unterscheidet zwischen Wortbefehlen (16 bit) und Bytebefehlen (8 bit), die durch
den Zusatz **B** gekennzeichnet werden. Die Multiplikation und Division bearbeiten
Langwörter (32 bit). Über die GPR Register R0 bis R7 lassen sich Wörter und Bytes
trennen und zusammensetzen.

R0..7	**RH**0..7	**RL**0..7

Das Register RH0 ist das High-Byte von R0, das Register RL0 ist das Low-Byte von
R0. Die beiden Befehle MOVBZ und MOVBS laden einen Byteoperanden in das Low-
Byte eines Wortoperanden. MOVB**Z** füllt das High-Byte mit binären Nullen, MOVB**S** füllt
das High-Byte mit dem Vorzeichenbit (Bitposition B7) des Byteoperanden. Damit bleibt
das Vorzeichen erhalten. Bei allen anderen Befehlen ergeben Wortoperanden immer ein
Wort als Ergebnis, und Byteoperanden ergeben Bytes.

Die *Transferbefehle* kopieren ein Byte bzw. ein Wort aus der Quelle in den Zieloperanden, der dabei überschrieben wird.

Befehl	Operand	E	Z	V	C	N	Wirkung
MOV	ziel,quelle	*	*	-	-	*	Zieloperand <= Quelloperand Länge Wort (16 bit)
MOVB	ziel.quelle	*	*	-	-	*	Zieloperand <= Quelloperand Länge Byte (8 bit)
MOVBS	ziel,quelle	0	*	-	-	*	Wortoperand <= Byteoperand vorzeichenausgedehnt
MOVBZ	ziel,quelle	0	*	-	-	0	Wortoperand <= Byteoperand nullausgedehnt

* = entsprechend Operand verändert **–** = unverändert **0** = immer gelöscht

Kapitel 3 beschreibt die Adressierungsarten, die für die Auswahl der Operanden zur Verfügung stehen. Die folgende Tabelle enthält die zulässigen Kombinationen für die Adressierung von Ziel und Quelle. Die Spalte `Ziel` enthält den Zieloperanden, in den anderen Spalten stehen die Quelloperanden. Bedeutung der Abkürzungen:

Rn bzw. **Rm**: die Adresse des GPR Registers wird in 4 bit codiert.

SFR: die SFR Adresse besteht aus einem Byte.

mem: die Speicheradresse besteht aus einem Wort (modifiziert mit DPPx).

[Rw]: das Wortregister R0 bis R15 enthält die Speicheradresse.

[Rw+]: das Wortregister wird **nach** der Operation um die Operandenlänge erhöht.

[-Rw]: das Wortregister wird **vor** der Operation um die Operandenlänge vermindert.

[Rw+#16]: die Adresse ist die Summe aus Wortregister **plus** 16 bit Konstante.

#4 bzw. **#8** bzw. **#16**: der Operand ist eine Konstante, die im Befehl abgelegt wird.

Befehl	Ziel	Rm	SFR	mem	[Rw]	[Rw+]	[Rw+#16]	#4	#8	#16
	Rn,	b,w	(b,w)	(b,w)	b,w	b,w	b,w	b,w	(b)	(w)
MOV	SFR,	(b,w)	(b,w)	b,w	(b,w)				b	w
(Wort)	mem,	(b,w)	b,w		b,w					
und	[Rw],	b,w	(b,w)	b,w	b,w	b,w				
MOVB	[-Rw],	b,w								
(Byte)	[Rw+],				b,w					
	[Rw+#16],	b,w								
MOVBS	Rw,	Rb	(b)	(b)						
und	SFR,	(b)	(b)	b						
MOVBZ	mem,	(b)	b							

b = Byteoperation **w** = Wortoperation **(b)** und **(w)** = als Operand zulässig

Die schattiert dargestellten Kombinationen sind nicht zulässig. Der Buchstabe **b** bedeutet zulässige Byteoperation, der Buchstabe **w** zulässige Wortoperation. Beispiele:

```
mov     r0,r1           ; als Rn, Rm verfügbar
movb    [r8],[r9]       ; als [Rw], [Rw] verfügbar
mov     p2,#0           ; als SFR, #16 verfügbar
```

Die in runde Klammern gesetzten Kennbuchstaben **(b)** bzw. **(w)** bedeuten, daß die Kombination nur durch den Übergang auf eine andere Adressierungsart verfügbar ist; dies wird durch die Assembler *automatisch* berücksichtigt. Zum Beispiel läßt sich das Wortregister R0 über die GPR Adresse 0000b oder die SFR Adresse 0F0h oder die Speicheradresse 0FC00H (Registerbank 0) adressieren. Beispiele:

```
mov     r0,#0           ; nur als SFR, #16 verfügbar
mov     r0,p2           ; nur als SFR, mem verfügbar
```

Die durch eine Schattierung gekennzeichneten Kombinationen müssen im Umweg über ein GPR Register programmiert werden. Beispiel für die nicht zulässige Kombination Speicher, Speicher:

```
mov     r0,otto         ; nur als SFR, mem verfügbar
mov     paul,r0         ; nur als mem, SFR verfügbar
```

Die *Additions- und Subtraktionsbefehle* lassen sich sowohl auf Wörter als auch auf Bytes anwenden. Der alte Zieloperand und der Quelloperand werden addiert bzw. subtrahiert. Das Ergebnis verändert die Flags des PSW und überschreibt das alte Ziel; der Quelloperand bleibt unverändert erhalten. Die Operanden sind sowohl vorzeichenlose (unsigned) als auch vorzeichenbehaftete (signed) Zahlen.

Befehl	Operand	E	Z	V	C	N	Wirkung	
ADD	ziel,quelle	*	*	*	*	*	Ziel <= Ziel + Quelle	Länge Wort
ADDC	ziel.quelle	*	S	*	*	*	Ziel <= Ziel + Quelle + C	Länge Wort
SUB	ziel,quelle	*	*	*	*	*	Ziel <= Ziel − Quelle	Länge Wort
SUBC	ziel,quelle	*	S	*	*	*	Ziel <= Ziel − Quelle − C	Länge Wort
NEG	Rw	*	*	*	*	*	Rw <= − Rw (2er Komplement)	Wortregister
CMP	op_1, op_2	*	*	*	*	*	Testsubtraktion op_1 − op_2	Länge Wort
ADDB	ziel,quelle	*	*	*	*	*	Ziel <= Ziel + Quelle	Länge Byte
ADDCB	ziel,quelle	*	S	*	*	*	Ziel <= Ziel + Quelle + C	Länge Byte
SUBB	ziel,quelle	*	*	*	*	*	Ziel <= Ziel − Quelle	Länge Byte
SUBCB	ziel,quelle	*	S	*	*	*	Ziel <= Ziel − Quelle − C	Länge Byte
NEGB	Rb	*	*	*	*	*	Rb <= − Rb (2er Komplement)	Byteregister
CMPB	op_1, op_2	*	*	*	*	*	Testsubtraktion op_1 − op_2	Länge Byte

★ = entsprechend Operand verändert

S = Sonderfall: nur **1** wenn Ergebnis Null *und* altes Z = 1 war, sonst **0**

Das folgende Beispiel lädt das Wortregister R3 mit dem Anfangswert 1000 dezimal und dekrementiert es mit der Schrittweite 1 bis zum Endwert 0.

```
        mov     r3,#1000        ; R3 <= Anfangswert
loop:   sub     r3,#1           ; R3 <= R3 - 1
        jmpr    cc_NZ,loop      ; Schleife solange R3 != 0
```

Die *logischen Befehle* lassen sich sowohl auf Wörter als auch auf Bytes anwenden. Der alte Zieloperand und der Quelloperand werden bitweise logisch verknüpft. Das Ergebnis verändert die Flags des PSW und überschreibt das alte Ziel; der Quelloperand bleibt unverändert erhalten. Da die Operanden keine Zahlen, sondern Bitmuster darstellen, werden das V-Bit und das C-Bit immer gelöscht. Das N-Bit enthält das werthöchste Bit MSB des Ergebnisses.

Befehl	Operand	E	Z	V	C	N	Wirkung	
AND	ziel,quelle	*	*	0	0	*	Ziel <= Ziel **UND** Quelle	Länge Wort
OR	ziel.quelle	*	*	0	0	*	Ziel <= Ziel **ODER** Quelle	Länge Wort
XOR	ziel,quelle	*	*	0	0	*	Ziel <= Ziel **EODER** Quelle	Länge Wort
CPL	Rw	*	*	0	0	*	Rw <= **NICHT** Rw	Wortregister
ANDB	ziel,quelle	*	*	0	0	*	Ziel <= Ziel **UND** Quelle	Länge Byte
ORB	ziel,quelle	*	*	0	0	*	Ziel <= Ziel **ODER** Quelle	Länge Byte
XORB	ziel,quelle	*	*	0	0	*	Ziel <= Ziel **EODER** Quelle	Länge Byte
CPLB	Rb	*	*	0	0	*	Rb <= **NICHT** Rb	Byteregister

★ = entsprechend Operand verändert   **0** = immer gelöscht

Für die arithmetischen und logischen Befehle zeigt die folgende Tabelle die direkt und die über andere Adressierungsarten verfügbaren Adreßkombinationen. Die Kombinationen in den schattierten Feldern sind nicht zulässig. Als Adreßregister der indirekten Adressierung dürfen nur die GPR Register R0 bis R3 verwendet werden.

Befehl		Ziel	Rm	SFR	mem	[R_{0-3}]	[R_{0-3}+]	#3	#8	#16
ADDxx	SUBxx	Rn,	b,w	(b,w)	(b,w)	b,w	b,w	b,w	(b,w)	(b,w)
ANDx ORx XORx		SFR,	(b,w)	(b,w)	b,w				b	w
Wort und Byte		mem,	(b,w)	b,w						
CMP und CMPB		Rn,	b,w	(b,w)	(b,w)	b,w	b,w	b,w	(b,w)	(b,w)
Wort und Byte		SFR,		(b,w)	b,w				b	w

b = Byteoperation **w** = Wortoperation **(b)** und **(w)** = als Operand zulässig

Das folgende Beispiel zeigt logische Operationen mit einem Bitmuster, das als Byte vom Port P7 gelesen und als Wort auf dem Port P2 ausgegeben wird.

```
loop:
        movb    rl0,p7      ; RL0 <= Byte von P7
        andb    rl0,#3fh    ; Maske 0011 1111 B7 B6 löschen
        orb     rl0,#30h    ; Maske 0011 0000 B5 B4 setzen
        xorb    rl0,#0ch    ; Maske 0000 1100 B3 B2 kompl.
        xorb    rh0,rh0     ; RH0 löschen     B1 B0 bleiben
        mov     p2,r0       ; P2 <= R0 als Wort ausgeben
        jmpr    loop        ; Testschleife
```

Die *Multiplikations- und Divisionsbefehle* verwenden die Hilfsregister **MDH** und **MDL** zur Speicherung von Operanden. Damit sind 32 bit Langwortoperationen in **MD** möglich. Im Gegensatz zur Addition und Subtraktion gibt es für die vorzeichenbehaftete (signed) und die vorzeichenlose (unsigned) Arithmetik unterschiedliche Befehle. Die Multiplikations- und Divisionsbefehle können in ihrem Ablauf durch einen Interrupt unterbrochen werden. Das Interruptprogramm muß vor der Ausführung eigener Multiplikations- und Divisionsbefehle die Register MDH, MDL und MDC retten und vor dem Rücksprung wieder zurückschreiben.

Befehl	Operand	E	Z	V	C	N	Wirkung
MUL	Rwn,Rwm	0	*	S	0	*	MD <= Rwn * Rwm signed 32 bit <= 16 bit * 16 bit V-Bit = 1: Produkt > 16 bit
DIV	Rw	0	*	S	0	*	MDL <= MDL / Rw signed Quotient MDH <= MDL % Rw signed Divisionsrest signed kurz 16 bit <= 16 bit / 16 bit V-Bit = 1: Divisionsüberlauf oder Division durch 0
DIVL	Rw	0	*	S	0	*	MDL <= MD / Rw signed Quotient MDH <= MD % Rw signed Divisionsrest signed lang 16 bit <= 32 bit / 16 bit V-Bit = 1: Divisionsüberlauf oder Division durch 0
MULU	Rwn,Rwm	0	*	S	0	*	MD <= Rwn * Rwm unsigned 32 bit <= 16 bit * 16 bit V-Bit = 1: Produkt > 16 bit
DIVU	Rw	0	*	S	0	*	MDL <= MDL / Rw unsigned Quotient MDH <= MDL % Rw unsigned Divisionsrest unsigned kurz 16 bit <= 16 bit / 16 bit V-Bit = 1: Divisionsüberlauf oder Division durch 0
DIVLU	Rw	0	*	S	0	*	MDL <= MD / Rw unsigned Quotient MDH <= MD % Rw unsigned Divisionsrest unsigned lang 16 bit <= 32 bit / 16 bit V-Bit = 1: Divisionsüberlauf oder Division durch 0

* = entsprechend Operand verändert   **0** = immer gelöscht   **S** = Sonderfall

Das folgende Beispiel lädt das Register R0 mit dem Port P2 und multipliziert es mit dem konstanten Faktor 8, der in einem zweiten Register abgelegt werden muß.

```
mov     r0,p2       ; R0 <= Wort von P2
mov     r1,#8       ; R1 <= Faktor 8
mulu    r0,r1       ; MD <= R0 * R1
```

Ist einer der Faktoren eine Potenz zur Basis 2, so multipliziert man schneller mit einem entsprechenden Schiebebefehl. Das folgende Beispiel ersetzt die Multiplikation mit dem Faktor $8 = 2^3$ durch eine Linksverschiebung um 3 Bitpositionen.

```
mov     r0,p2       ; R0 <= Wort von P2
shl     r0,#3       ; R0 <= R0 * 8
```

Für eine Division durch eine Potenz zur Basis 2 verwendet man das Rechtsschieben.

Die *Schiebeoperationen* sind nur auf Wörter in Wortregistern anwendbar. Die Anzahl der Verschiebungen (max. 16) steht entweder als Variable in einem zweiten Wortregister oder als 4 bit Konstante im Befehl.

Befehl	Operand	E	Z	V	C	N	Wirkung
ROR	Rwn,Rwm Rwn,#d4	0	*	S	S	*	rotiere Wortregister Rwn nach rechts C-Bit <= zuletzt herausgeschobenes LSB V-Bit <= 1 wenn mindestens ein 1er Bit im C-Bit
SHR	Rwn,Rwm Rwn,#d4	0	*	S	S	*	schiebe Wortregister Rwn logisch nach rechts C-Bit <= zuletzt herausgeschobenes LSB V-Bit <= 1 wenn mindestens ein 1er Bit im C-Bit
ASHR	Rwn,Rwm Rwn,#d4	0	*	S	S	*	schiebe Wortregister Rwn arithmetisch nach rechts C-Bit <= zuletzt herausgeschobenes LSB V-Bit <= 1 wenn mindestens ein 1er Bit im C-Bit
ROL	Rwn,Rwm Rwn,#d4	0	*	0	S	*	rotiere Wortregister Rwn nach links C-Bit <= zuletzt herausgeschobenes MSB
SHL	Rwn,Rwm Rwn,#d4	0	*	0	S	*	schiebe Wortregister Rwn logisch nach links C-Bit <= zuletzt herausgeschobenes MSB
PRIOR	Rwn,Rwm	0	*	0	0	0	Rwn <= Verschiebezähler bis in Rwm das MSB= 1

* = entsprechend Operand verändert   **0** = immer gelöscht   **S** = Sonderfall

Das folgende Beispiel läßt eine 1 auf dem Port P2 verzögert rotieren (Lauflicht). Die Schiebeoperation muß in einem GPR Wortregister durchgeführt werden!

```
        mov     r0,#1    ; R0 <= Anfangsbitmuster
loop:
        mov     p2,r0    ; P2 <= Bitmuster aus R0 ausgeben
        call    warte    ; Unterprogramm Zeitverzögerung
        rol     r0,#1    ; schiebe R0 um 1 bit zyklisch links
        jmpr    loop     ; Testschleife
```

Die *Bitbefehle* können nur auf Bitpositionen im bitadressierbaren internen Speicherbereich angewendet werden. Dazu zählen:
- alle 16 GPR Wortregister der aktuellen Registerbank,
- 112 Wörter im SFR Bereich wie z.B. die parallelen Ports sowie
- 128 Wörter im internen RAM von 0FD00H bis 0FDFEH.

Die Bitadressen (`bitpos`) zählen von rechts nach links und werden durch einen Punkt von der Wortadresse (`bitoff`) abgetrennt. Für bestimmte Bitpositionen in Systemregistern wie z.B. für das Interruptfreigabebit `IEN` stellen die Übersetzer vordefinierte Bezeichner zur Verfügung. Mit der Assembleranweisung `DBIT` lassen sich eigene Bezeichner anstelle des Ausdrucks **bitoff.bitpos** vereinbaren.

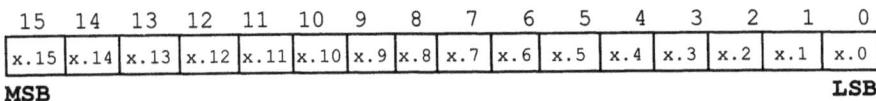

15	14	13	12	11	10	9	8	7	6	5	4	3	2	1	0
x.15	x.14	x.13	x.12	x.11	x.10	x.9	x.8	x.7	x.6	x.5	x.4	x.3	x.2	x.1	x.0

MSB   **LSB**

Befehl	Operand	E	Z	V	C	N	Wirkung
BCLR	bitadresse	0	S	0	0	S	Z-Bit <= **NICHT** altes Bit N-Bit <= altes Bit dann lösche Bit (immer **0**)
BSET	bitadresse	0	S	0	0	S	Z-Bit <= **NICHT** altes Bit N-Bit <= altes Bit dann setze Bit (immer **1**)
BMOV	ziel,quelle	0	S	0	0	S	Zielbit <= Quellbit Z-Bit <= **NICHT** Quellbit N-Bit <= Quellbit
BMOVN	ziel,quelle	0	S	0	0	S	Zielbit <= **NICHT** Quellbit Z-Bit <= **NICHT** Quellbit N-Bit <= Quellbit
BAND	ziel,quelle	0	S	S	S	S	Zielbit <= Zielbit **UND** Quellbit Z-Bit <= Zielbit **NICHT ODER** Quellbit V-Bit <= Zielbit **ODER** Quellbit C-Bit <= Zielbit **UND** Quellbit N-Bit <= Zielbit **EODER** Quellbit
BOR	ziel,quelle	0	S	S	S	S	Zielbit <= Zielbit **ODER** Quellbit Z-Bit, V-Bit, C-Bit und N-Bit wie **BAND**-Befehl
BXOR	ziel,quelle	0	S	S	S	S	Zielbit <= Zielbit **EODER** Quellbit Z-Bit, V-Bit, C-Bit und N-Bit wie **BAND**-Befehl
BCMP	op_1,op_2	0	S	S	S	S	aktualisiere Flags ohne Änderung der Operanden Z-Bit, V-Bit, C-Bit und N-Bit wie **BAND**-Befehl
BFLDH	bitoff,m1,m2	0	*	0	0	*	High-Byte <= High-Byte **UND NICHT** m1 **ODER** m2
BFLDL	bitoff,m1,m2	0	*	0	0	*	Low-Byte <= Low-Byte **UND NICHT** m1 **ODER** m2

* = entsprechend Operand verändert   **0** = immer gelöscht   **S** = Sonderfall

Das Programmbeispiel *Bild 4-19* testet die Bitbefehle. Die Bitvariablen liegen im internen bitadressierbaren RAM. Da der Bezeichner c bereits für das Carrybit des PSW vergeben ist, mußte der Name vc für die Variable gewählt werden.

```
; k4b19.asm  Bild 4-19: Test der Bitbefehle
%include "hilfe.inc"           ;
x          DBIT      0fd00h.0  ; Hilfs-Variable x
y          DBIT      0fd00h.1  ; Hilfs-Variable y
a          DBIT      0fd00h.2  ; Variable a
b          DBIT      0fd00h.3  ; Variable b
vc         DBIT      0fd00h.4  ; Variable vc  c für Carry vergeben
start:
           mov       dp2,#0ffffh  ; Port P2 ist Ausgang
           bclr      a         ; a = 0
           bset      b         ; b = 1
           bmov      vc,a      ; vc = a
           band      vc,b      ; vc = a & b
schleife:
           bset      p2.15     ; P2.15 = 1
           bmov      p2.14,vc   ; P2.14 = c
           bmov      p2.13,p7.7 ; P2.13 = Schalter P7.7
           bmovn     p2.12,p7.7 ; P2.12 = NICHT Schalter P7.7
           bmov      a,p7.7    ; a = P7.7
           bmov      b,p7.6    ; b = P7.6
           bmov      x,a       ; x = a
           band      x,b       ; x = a UND b
```

```
bmov     p2.11,x      ; P2.11 = P7.7 & P7.6
bmov     x,a          ; x = a
bor      x,b          ; x = a ODER b
bmov     p2.10,x      ; P2.10 = P7.7 ODER P7.6
bmov     x,a          ; x = a
bxor     x,b          ; x = a EODER b
bmov     p2.9,x       ; P2.9 = P7.7 EODER P7.6
bmov     x,a          ; x = a
band     x,b          ; x = a UND b
bmovn    x,x          ; x = NICHT (a UND b)
bmov     y,a          ; y = a
bor      y,b          ; y = a ODER b
band     y,x          ; y = (a ODER b) UND NICHT (a UND b)
bmov     p2.8,y       ; P2.8 = Formel = P7.7 EODER P7.6
jb       p7.0,schleife ; solange P7.0 High: Schleife
rets                  ; P7.0 Low: zurück nach System
END
```

Bild 4-19: Test der Bitbefehle

Die Bitfeldbefehle BFLDH und BFLDL führen Bitoperationen nicht mit Einzelbits, sondern mit Bitgruppen durch. Der Operand ist das High-Byte bzw. das Low-Byte eines bitadressierbaren Wortes auf der Adresse bitoff; die Operanden m1 und m2 sind Bytekonstanten. Das Operandenbyte wird zuerst mit der *Negation* des Operanden m1 "ver**und**et" und dann mit dem Operanden m2 "ver**oder**t". Infolge der Negation von m1 wird der Operand an den Stellen, an denen m1 eine 0 enthält, übernommen und an den Stellen, an denen eine 1 steht, gelöscht. Das folgende ODER setzt an den Stellen, an denen in m2 eine 1 steht, diese in den Operanden ein. Die Folge:

> Bitpositionen in m1 und m2 beide gleich **0**: Operand bleibt erhalten.
> Bitpositionen in m1 und m2 beide gleich **1**: Operand wird **1** gesetzt.
> Bitpositionen in m1 gleich **1** und in m2 gleich **0**: Operand **0** gesetzt.

Das Programmbeispiel *Bild 4-20* liest ein Byte vom Port P2 und speichert es sowohl in das High-Byte als auch in das Low-Byte von R0. Die Bitfeldoperation für den High-Teil setzt das rechte Halbbyte konstant auf 0101b und läßt das linke Halbbyte unverändert. Die Bitfeldoperation für den Low-Teil läßt das rechte Halbbyte unverändert und setzt das linke Halbbyte konstant auf 0101b.

```
; k4b20.asm  Bild 4-20: Test der Bitfeldbefehle
%include "hilfe.inc"
start:
     mov      dp2,#0ffffh  ; Port P2 ist Ausgang
schleife:
     movb     rh0,p7       ; RH0 = Eingabe Port P7
     bfldh    r0,#0fh,#05h ; RH0 <= RH0 UND 11110000 ODER 00000101
     movb     rl0,p7       ; RL0 = Eingabe Port P7
     bfldl    r0,#0f0h,#50h ; RL0 <= RL0 UND 00001111 ODER 01010000
     mov      p2,r0        ; P2 <=   xxxx0101 0101xxxx
     jmpr     schleife     ;
     END
```

Bild 4-20: Test der Bitfeldbefehle

4.3.2 Operationen in C

Bei der Programmierung von Personal Computern (PCs) sind vorwiegend Probleme der Datenverarbeitung zu behandeln:
- Eingabe und Ausgabe von Daten (Zahlen und Zeichen) über die Konsole,
- Berechnungsverfahren mit reeller Arithmetik sowie
- Computergraphik.

Die Programmierung von Controllern, die technische Geräte wie z.B. eine Kaffeemaschine steuern oder die Stabilität eines Autos regeln, erfordert andere Aufgaben:
- Daten sind Bitmuster wie z.B. digitale Signale, Steuerbytes oder Meßwerte,
- Eingabe und Ausgabe über parallele, serielle und analoge Schnittstellen sowie
- Behandlung von Timern und Interrupts.

Bei der Programmentwicklung steht fast immer ein PC mit der Entwicklungssoftware zur Verfügung, über den Testdaten ein- und ausgegeben werden können. Abschnitt 10.1 zeigt die Arbeit mit Zahlen, Zeichen und Zeichenketten (Strings) besonders für Testzwecke, denn in vielen Controlleranwendungen steht üblicherweise keine Konsole zur Verfügung.

Der Standard-Datentyp in C ist **int** für vorzeichenbehaftete ganze Zahlen der Länge 16 bit (Wort); bei der Behandlung von Bitmustern arbeitet man jedoch besser vorzeichenlos. Die folgenden Ausführungen gelten zunächst nur für den vorzeichenlosen Datentyp **unsigned int** in der Länge 16 bit (Wort), dem Standardformat des C167. Die Besonderheiten der Typen **unsigned char** (Byte) und **unsigned long** (Langwort) sowie die Probleme der Typenmischung werden gesondert untersucht.

Bild 4-21 zeigt die wichtigsten Operatoren für den *Datentransfer* und *arithmetische* Operationen.

Rang	Richtung	Operator	Wirkung	Beispiel
1	--->	Name ( )	liefert Funktionsergebnis	`x = _irol_(x, 4);`
1	--->	( )	Formelklammern	`x = (a + b) * 4;`
2	<---	(Typ)	Typumwandlung	`x = (unsigned int) a;`
2	<---	+ -	Vorzeichen	`x = -x;`
4	--->	* / %	Multiplikation Divisionsquotient Divisionsrest	`x = a * b;` `x = a / b;` `x = a % b;`
5	--->	+ -	Addition und Subtraktion	`x = a + b - c;`
15	<---	=	Wertzuweisung	`x = 1; a = b = c = 0;`
16	--->	,	Folge von Ausdrücken	`a = 1, b = 2;`

Bild 4-21: Datentransfer und arithmetische Operatoren

Ein *Ausdruck* besteht aus Konstanten, Variablen und Funktionsergebnissen, die durch Operatoren verknüpft sein können. Operatoren einer kleineren Rangstufe werden vor denen einer höheren Stufe ausgeführt; also Multiplikation (Rang 4) vor Addition (Rang 5). Runde *Klammern* (Rang 1), die sich beliebig tief schachteln lassen, werden von innen nach außen ausgeführt. Bei gleicher Rangstufe zeigt die Richtung die Reihenfolge der Operationen an. Beispiele:

```
x = a * b + c;      // erst a * b dann Produkt + c
x = a * (b + c);    // erst Klammer b + c dann a * Summe
x = a + b + c;      // erst a + b dann Summe + c
```

Ein Ausdruck ergibt einen Wert, der z.B. einer Variablen zugewiesen werden kann oder der als Bedingung für die Ausführung einer bedingten Anweisung (z.B. **if** oder **while**) dient.

Der *Kommaoperator* verbindet Teilausdrücke zu einem Gesamtausdruck. Er hat die niedrigste Rangstufe und wird nach allen anderen Operatoren ausgeführt. Die Berechnung der Teilausdrücke erfolgt von links nach rechts; der Wert des Gesamtausdrucks ist gleich dem des letzten rechten Teilausdrucks. Beispiel:

```
x = (a=1, b=2, c=3); // a=1 dann b=2 dann c=3   x = 3
```

Der *Zuweisungsoperator* **=** kopiert den Wert des rechts stehenden Ausdrucks in die links stehende Variable (L-Value). Der alte Inhalt der Variablen wird durch den neuen Wert überschrieben, der sich aus dem Ausdruck ergibt. Eine Folge von Wertzuweisungen wird von rechts nach links ausgeführt. Beispiel:

```
a = b = c = 1;     // c = 1 dann b = c dann a = b
```

Eine *Ausdruckanweisung* besteht aus einem Ausdruck mit abschließendem Semikolon. Sie wird auch als *Wertzuweisung* bezeichnet.

```
        Variable = Ausdruck;
```

Man beachte, daß erst das abschließende Semikolon den *Ausdruck* "a = 1234" zu einer *Anweisung* "a = 1234;" macht. Das Semikolon ist kein Zeilenende, es dürfen mehrere Anweisungen auf einer Eingabezeile stehen. Sie werden von links nach rechts ausgeführt. Beispiele für Wertzuweisungen:

```
int a = 1, b = 2;   // Typvereinbarung mit Wertzuweisung
DP2 = 0xffff;       // Konstante
P2 = P7;            // Port als Variable
i = i + 1;          // arithmetischer Ausdruck
x = _irol_(x, 4);   // Funktionsergebnis
x = a = b = c = 0;  // löscht alle Variablen
a = 1; b = 2; c = 3; // drei Anweisungen auf einer Zeile
```

Bei der ganzzahligen Division ist zu beachten, daß der Operator **/** den ganzzahligen Quotienten und der Operator **%** den ganzzahligen Rest liefert. Beispiel:

```
unsigned int a = 13, b = 2, c, d;
c = a / b;      // 13 : 2 gibt Quotient c = 6
d = a % b;      // 13 : 2 gibt Rest d = 1
```

Zur Vereinfachung von Ausdrücken gibt es die in *Bild 4-22* zusammengestellten Zähl- und Verbundoperatoren.

Rang	Richtung	Operator	Wirkung	Beispiel
2	<---	**++**	zählen + 1	x++; wie x = x + 1;
2	<---	**--**	zählen - 1	x--; wie x = x - 1;
15	<---	***=**	erst * dann zuweisen	x *= y; wie x = x * y;
15	<---	**/=**	erst / dann zuweisen	x /= y; wie x = x / y;
15	<---	**%=**	erst % dann zuweisen	x %= y; wie x = x % y;
15	<---	**+=**	erst + dann zuweisen	x += y; wie x = x + y;
15	<---	**-=**	erst - dann zuweisen	x -= y; wie x = x - y;

Bild 4-22: Zähloperatoren und zusammengesetzte Operatoren

Die Zähloperatoren ++ bzw. -- dürfen nur auf Variablen - allgemein L-Value - angewendet werden. Stehen sie *hinter* einer Variablen, so wird zunächst mit dem alten Wert gerechnet, erst danach wird der Inhalt um 1 erhöht bzw. vermindert. Stehen sie *vor* der Variablen, so erfolgt die Zähloperation vorher, und es wird mit dem neuen Wert gerechnet. Beispiel:

```
unsigned int i = 1, j = 2, x;  // Typ mit Anfangswerten
x = i++;         // wirkt wie x = i; dann i = i + 1;
x = --i;         // wirkt wie i = i - 1; dann x = i;
j++;             // wirkt wie j = j + 1;
```

Eine *Blockanweisung*

```
{ Anweisung_1; . . . . .      Anweisung_n; }
oder
{
  Anweisung_1;
  . . . . . .
  Anweisung_n;
}
```

besteht aus einer Folge von Anweisungen zwischen den Zeichen { und }, die von links nach rechts bzw. von oben nach unten ausgeführt werden. Sie wird z.B. bei bedingten Anweisungen und Schleifen verwendet, bei denen nur eine Anweisung zulässig ist, aber mehrere ausgeführt werden müssen. Ein Block kennzeichnet gleichzeitig den *Gültigkeitsbereich* von Vereinbarungen. Alle außerhalb eines Blockes definierten Bezeichner sind global auch innerhalb gültig, wenn sie nicht lokal neu definiert werden. Alle innerhalb eines Blockes definierten Bezeichner sind außerhalb nicht verfügbar.

Die logischen Operatorzeichen & bzw. | des *Bildes 4-23* werden später als Doppelzeichen && bzw. || für Vergleichsoperationen verwendet.

Rang	Richtung	Operator	Wirkung	Beispiel
2	<---	~	Einerkomplement	x = ~a;
6	--->	<< n	schiebe um n bit nach links	x = a << 1;
6	--->	>> n	schiebe um n bit nach rechts	x = a >> 1;
9	--->	&	logisches UND	x = a & b;
10	--->	^	logisches EODER	x = a ^ b;
11	--->	|	logisches ODER	x = a | b;
15	<---	<<= n	links schieben dann zuweisen	x <<= 1; x = x << 1;
15	<---	>>= n	rechts schieben dann zuweisen	x >>= 1; x = x >> 1;
15	<---	&=	UND dann zuweisen	x &= a; x = x & a;
15	<---	^=	EODER dann zuweisen	x ^= a; x = x ^ a;
15	<---	|=	ODER dann zuweisen	x |= a; x = x | a;

Bild 4-23: Logische Operatoren und Schiebeoperatoren

Der *Links-Schiebeoperato*r **<<** verschiebt den links stehenden Operanden um die Anzahl der rechts stehenden Stellen nach links und füllt die frei werdenden Stellen unabhängig vom Datentyp mit Nullen auf (logisches Schieben). Der Verschiebezähler kann konstant oder variabel sein. Beispiel:

```
a = 0x1234;    // 0001 0010 0011 0100
x = a << 4;    // 0010 0011 0100 0000 = 0x2340
```

Der *Rechts-Schiebeoperator* **>>** verschiebt den links stehenden Operanden um die Anzahl der rechts stehenden Stellen nach rechts. Bei den vorzeichenlosen (unsigned) Datentypen werden die frei werdenden Stellen mit Nullen aufgefüllt (logisches Schieben). Bei den vorzeichenbehafteten Datentypen (signed) wird das Vorzeichen nachgezogen (arithmetisches Schieben). Beispiel für logisches Schieben nach rechts.

```
unsigned int a, x;    // vorzeichenloser Datentyp
a = 0x1234;           // 0001 0010 0011 0100
x = a >> 4;           // 0000 0001 0010 0011 = 0x0123
```

Operationen zum *Rotieren* (zyklischen Schieben) sind in C standardmäßig nicht vorgesehen. Für den untersuchten Compiler können die in *Bild 4-24* zusammengestellten Funktionen aufgerufen werden. Sie sind mit #include <intrins.h> zuzuordnen und werden vom Compiler direkt in den Code eingebaut (intrinsic function). Sie stehen für alle drei vorzeichenlosen ganzzahligen Datentypen zur Verfügung. Die Anzahl der Verschiebungen ist eine Konstante oder Variable vom Datentyp **int**. Beispiel:

```
#include <intrins.h>          // Rotierfunktionen zuordnen
unsigned int  x = 0x00FFH;    // Bitmuster 0000000011111111
x = _irol_(x, 8);             // gibt neu: 1111111100000000
```

Das Programmbeispiel *Bild 4-25* gibt ein Lauflicht auf dem Port P2 aus.

Ergebnistyp	Funktion	Wirkung
unsigned char	_crol_(unsigned char, int)	rotiere Byte nach links
unsigned char	_cror_(unsigned char, int)	rotiere Byte nach rechts
unsigned int	_irol_(unsigned int, int)	rotiere Wort nach links
unsigned int	_iror_(unsigned int, int)	rotiere Wort nach rechts
unsigned long	_lrol_(unsigned long, int)	rotiere Langwort nach links
unsigned long	_lror_(unsigned long, int)	rotiere Langwort nach rechts

Bild 4-24: Funktionen zum Rotieren (#include `<intrins.h>`

```
/* k4b25.c Bild 4-25: Lauflicht auf Port P2 */
#include <reg167.h>
#include <intrins.h>

void warte (void)        // Wartefunktion
{
 unsigned int i;
 for (i = 0; i < 65535; i++);
}

int main (void)
{
 unsigned int x = 1;     // Anfangsbitmuster 0000 0000 0000 0001
 DP2 = 0xffff;           // Port P2 ist Ausgang
 while(1)                // Endlos-Schleife
 {
  P2 = x ;               // Bitmuster auf P2 ausgeben
  warte();               // wartet ca. 33 ms
  x = _irol_(x, 1);      // rotiert Bitmuster 1 Stelle nach links
 }
 return 0;
}
```

Bild 4-25: Lauflicht auf dem Port P2

Die Datentypen **char** sind in C standardmäßig nur zum Speichern von Zeichen (character) und nicht für Operationen mit Zahlen vorgesehen; der Controller C167 stellt jedoch für alle Operationen mit Ausnahme von Verschiebungen auch Bytebefehle zur Verfügung, die vom untersuchten Compiler auch verwendet wurden. Andere Übersetzer könnten möglicherweise die Bytes in Wörter umwandeln und Wortoperationen durchführen, die unerwartete Ergebnisse zur Folge haben können.

Für die Datentypen **long** sind im Controller C167 keine Befehle vorhanden; der Compiler führt die 32 bit Arithmetik auf die vorhandenen 16 bit Befehle zurück. Dies kann zu umfangreichen und langsamen Programmen führen. Man beachte, daß die Multiplikation und Division von 16 bit **int** Operanden in C wieder 16 bit **int** und keine 32 bit **long** Ergebnisse liefert!

Gemischte Ausdrücke enthalten Operanden unterschiedlicher Datentypen. Die Rechnung wird standardmäßig im Format des Datentyps durchgeführt, der den größten Zahlenbereich umfaßt. Die anderen Operanden werden in diesen umgeformt. Bei *Wertzuweisungen* mit dem Operator = wird der Wert des rechts stehenden Ausdrucks in den Typ der links stehenden Variablen umgeformt. Bei der Verkürzung eines längeren in einen kürzeren Operanden werden die höherwertigen Stellen abgeschnitten. Bei der Ausdehnung eines kürzeren Operanden werden entweder Vorzeichen (signed) oder Nullen aufgefüllt (unsigned). In besonderen Fällen kann durch das Vorsetzen eines *Typ- oder Castoperators* vor einen Ausdruck eine ausdrückliche Typumwandlung vorgenommen werden.

```
(Datentypbezeichner) Ausdruck
```

Meist ist es zweckmäßig, als Daten anfallende Bytes in Wörter umzuformen und alle Operationen mit dem Datentyp **unsigned int** durchzuführen. Dabei kann es erforderlich sein, ein Wort aus zwei Bytes zusammenzusetzen bzw. ein Wort in zwei Bytes zu trennen. Stellt der Compiler keine vordefinierten Funktionen zur Verfügung, so sind Schiebeoperationen und logische Operationen (*Bild 4-26*) erforderlich.

```c
/* k4b26.c Bild 4-26: Langwort <= Wort <= Byte zusammensetzen */
#include <reg167.h>

void warte (void)        // Wartefunktion
{
 unsigned long i;
 for (i = 0; i < 500000; i++);
}

int main (void)
{
 unsigned char a = 1, b = 2, c= 3, d = 4; // Bytes
 unsigned int  i, j;                      // Woerter
 unsigned long x;                         // Langwort
 DP2 = 0xffff;           // Port P2 ist Ausgang
 while(1)                // Endlos-Test-Schleife
 {
 P2 = 0;                 // P2 loeschen
 warte();
 // Wort zusammensetzen aus Byte | Byte
 i = (unsigned int) a << 8  | (unsigned int) b;
 P2 = i;                 // Ausgabe 1 2
 warte();
 j = (unsigned int) c << 8  | (unsigned int) d;
 P2 = j;                 // Ausgabe 3 4
 warte();
 // Langwort zusammensetzen aus Wort | Wort
 x = (unsigned long) i << 16 | (unsigned long) j;
 P2 = x >> 16;           // Ausgabe High-Wort 1 2
 warte();
 P2 = x;                 // Ausgabe  Low-Wort 3 4
 warte();
 }
 return 0;
}
```

Bild 4-26: Zusammensetzen und Trennen von Wörtern und Langwörtern

Bitvariablen und Bitoperationen sind in C nicht vorgesehen. Der untersuchte Compiler stellte dafür Erweiterungen der Standardsprache zur Verfügung. Mit dem Kennwort

```
sbit    Bezeichner = bitoff^bitpos;
```

werden für Bitpositionen im bitadressierbaren Bereich Bezeichner vereinbart, auf die im Programm Bitoperationen angewendet werden können. Der Assembleroperator Punkt zur Bezeichnung von Bitpositionen ist bereits für Strukturen vergeben. Beispiel:

```
sbit ein = P7^7;      // Deklaration von ein für P7.7
sbit aus = P2^15;     // Deklaration von aus für P2.15
int main(void)
{
 aus = ein;            // Bitoperation Wertzuweisung
```

Bitvariablen werden mit dem Kennwort

```
bit    Variablenliste;
```

vereinbart. Wie bei den anderen Datentypen sind Anfangswerte, spezielle Vereinbarungen mit const, static und volatile möglich. Zusammengesetzte Datentypen mit Elementen vom Datentyp bit sind nicht zulässig. *Bitkonstanten* sind die Werte 0 und 1; jedoch wird alles ungleich 0 als 1 angesehen. Beispiele:

```
bit   a = 0, b = 1, c;    // Bitvariablen mit Anfangswert
const bit   d = 0;        // d nicht änderbar
```

Als *Bitoperatoren* gibt es nur die Wertzuweisung und die logischen Operationen.
= Wertzuweisung,
~ das logische NICHT,
& das logische UND,
| das logische ODER und
^ das logische EODER.

Das Programm *Bild 4-27* untersucht den Datentyp **bit**. Dabei werden vom Eingabeport P7 Kippschalterpotentiale gelesen und logisch verknüpft auf den Leuchtdioden des Ports P2 ausgegeben.

```
/* k4b27.c Bild 4-27: Test der Bitoperationen       */
#include <reg167.h>
// Bitdeklarationen
sbit taster  = P7^0;      // Bit P7.0 Abbruchkontrolle
sbit ein7    = P7^7;      // Bit P7.7  Eingabetaster
sbit ein6    = P7^6;      // Bit P7.6  Eingabetaster
sbit aus15 = P2^15;       // Bit P2.15 Ausgabe-LED
sbit aus14 = P2^14;       // Bit P2.14 Ausgabe-LED
sbit aus13 = P2^13;       // Bit P2.13 Ausgabe-LED
sbit aus12 = P2^12;       // Bit P2.12 Ausgabe-LED
sbit aus11 = P2^11;       // Bit P2.11 Ausgabe-LED
sbit aus10 = P2^10;       // Bit P2.10 Ausgabe-LED
sbit aus9  = P2^9;        // Bit P2.9  Ausgabe-LED
sbit aus8  = P2^8;        // Bit P2.8  Ausgabe-LED
```

```
int main (void)
{
 bit a, b, c = 1;          // Bitvariablen
 DP2 = 0xffff;             // P2 = Ausgabe
 a = 0; b = 1;             // Bitkonstanten
 c = a & b;                // Bitvariablen Operation UND
 while(1)                  // Schleife mit break-Abbruch
 {
  aus15 = 1;               // P2.15 <= Bitkonstante
  aus14 = c;               // P2.14 <= Bitvariable
  aus13 = ein7;            // P2.13 <= P7.7
  aus12 = ~ ein7;          // P2.12 <= NICHT P7.7
  a = ein7;                // Bit P7.7 eingeben
  b = ein6;                // Bit P7.6 eingeben
  aus11 = a & b;           // P2.11 <= P7.7 UND   P7.6
  aus10 = a | b;           // P2.10 <= P7.7 ODER  P7.6
  aus9  = a ^ b;           // P2.9  <= P7.7 EODER P7.6
  aus8  = (a | b) & ~ (a & b);  // P2.8 = Formel P7.7 EODER P7.6
  if (~taster) break;      // bis P7.0 == Low
 }
 return 0;
}
```

Bild 4-27: Test der Bitoperationen

Der untersuchte Compiler stellt in <intrins.h> neben den Rotierfunktionen des Bildes 4-24 auch *Bitfunktionen* zur Verfügung. Der erste Operand der Bitfeldoperation muß bitadressierbar sein, die beiden anderen sind konstante Masken.

Ergebnistyp	Funktion	Wirkung
bit	_testclear_ (**bit**)	testet Bit
bit	_testset_ (**bit**)	testet Bit
void	_bfld_ (**unsigned int**, maske_1, maske_2);	Bitfeldoperation

```
bit  a = 0, b , vc;             // Bitvariablen
b = _testclear_(a);             // Bitfunktion
vc = _testset_(a);              // Bitfunktion
_bfld_(P2, 0xffff, 0x1234);     // Bitfeldbefehle BFLDH BFLDL
```

In C läßt sich ein zusammengesetzter Datentyp *Bitfeld* der Länge 16 bit als Struktur vereinbaren. Jede Komponente erhält einen eigenen Bezeichner. Beispiel:

```
struct feld                          // Bitfeldstruktur
       { unsigned int links  : 8;    // 8 bit
         unsigned int rehigh : 4;    // 4 bit
         unsigned int relow  : 4;    // 4 bit
       };
int main (void)
{
  struct feld wort;     // Variable wort vom Typ feld 8 : 4 : 4
  wort.links  = P7;     // linkes Byte <= Port P7 variabel
  wort.rehigh = 0;      // rechtes Byte High-Nibble <= 0000
  wort.relow  = 0xf;    // rechtes Byte  Low-Nibble <= 1111
  P2 = wort.links << 8 | wort.rehigh << 4 | wort.relow;
```

4.4 Schleifen und Verzweigungen

Eine **Schleife** ist ein Programmteil, der mehrmals ausgeführt wird. Die bisherigen Beispiele enthielten Testschleifen zur Eingabe und Ausgabe von Daten. *Bild 4-28* zeigt die wichtigsten Schleifenstrukturen als Struktogramm nach Nassi-Shneiderman und als Programmablaufplan.

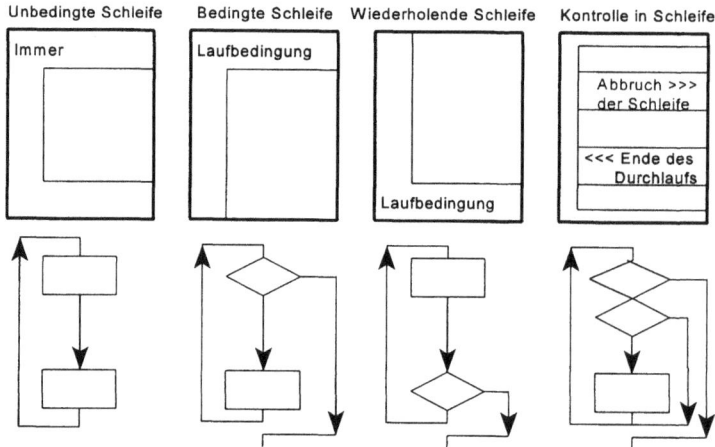

Bild 4-28: Schleifenstrukturen

Die *unbedingte* Schleife hat weder eine Lauf- noch eine Abbruchbedingung. Sie muß durch ein äußeres Ereignis wie z.B. Reset oder Interrupt abgebrochen werden. Bei der *bedingten* Schleife wird die Laufbedingung vor dem Eintritt in die Schleife und vor jedem neuen Durchlauf geprüft. Sie verhält sich abweisend, da sie für den Fall, daß die Laufbedingung vor dem Eintritt in die Schleife nicht erfüllt war, nie ausgeführt wird. Bei der *wiederholenden* Schleife liegt die Kontrolle hinter dem Schleifenkörper, der mindestens einmal ausgeführt wird. In der Mikrocomputertechnik wird die Schleife oft nach dem Lesen einer Bedingung kontrolliert und liegt daher im Schleifenkörper. Dabei unterscheidet man zwischen dem Abbruch der Schleife und dem Ende des Durchlaufs mit erneuter Schleifenkontrolle. Schleifen lassen sich schachteln; jeder Schleifenkörper kann weitere Schleifen enthalten. In der Praxis verwendet man hauptsächlich:
- Leseschleifen zur Eingabe von Daten bis zu einer Endemarke,
- Zählschleifen für eine feste oder variable Anzahl von Durchläufen,
- Suchschleifen in Tabellen,
- Näherungsschleifen bei iterativen Verfahren,
- Warteschleifen für Zeitverzögerungen und
- Warteschleifen auf Ereignisse wie z.B. Signalflanken.

Die in den Beispielen dieses Kapitels verwendeten Warteschleifen werden später im Kapitel 5 durch externe Interrupts und im Kapitel 6 durch Timer ersetzt.

Eine **Programmverzweigung** wertet eine Bedingung aus und entscheidet, welche Programmteile ausgeführt werden. Die *einseitig bedingte* Verzweigung nach Bild *4-29* ist eine Ja-Nein-Entscheidung zur Ausführung eines Programmblocks.

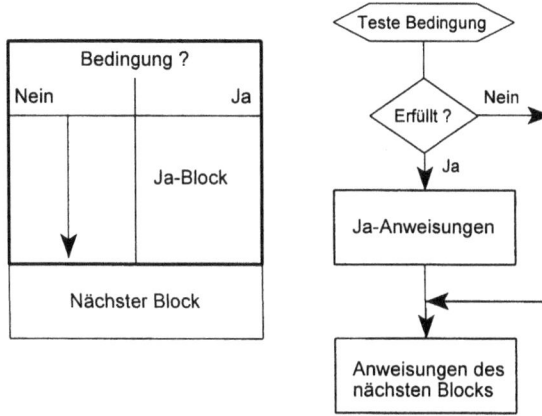

Bild 4-29: Die Struktur der einseitig bedingten Verzweigung

Bei einer *zweiseitig bedingten* Verzweigungsstruktur (Alternative *Bild 4-30*) wird immer einer der beiden Zweige durchlaufen. Die beiden alternativen Zweige müssen wieder zusammengeführt werden.

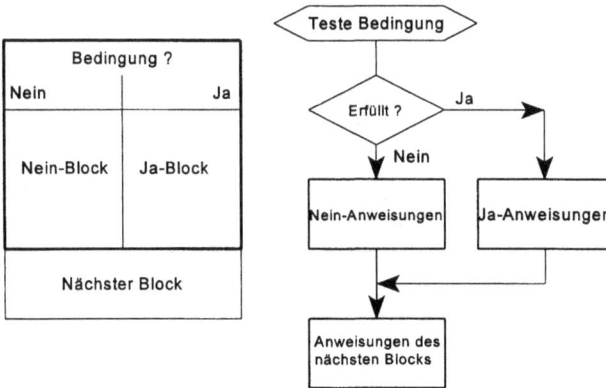

Bild 4-30: Die Struktur der zweiseitig bedingten Verzweigung

Verzweigungen lassen sich als Folge anordnen und schachteln, jeder Block kann wieder neue Verzweigungen enthalten. Dies führt auf die Struktur der *Fallunterscheidung*, bei der man im Struktogramm mehrere Zweige nebeneinander anordnet. Die Fallunterscheidung steht in C als **switch**-Anweisung zur Verfügung; in der Assemblerprogrammierung muß sie durch mehrfache Verzweigungen ausgeführt werden.

4.4.1 Schleifen und Verzweigungen in Assembler

In der Assemblerprogrammierung werden die Schleifen- und Verzweigungen auf die Prüfung einer Bedingung und einen darauf folgenden bedingten Sprung zurückgeführt (*Bild 4-31*).

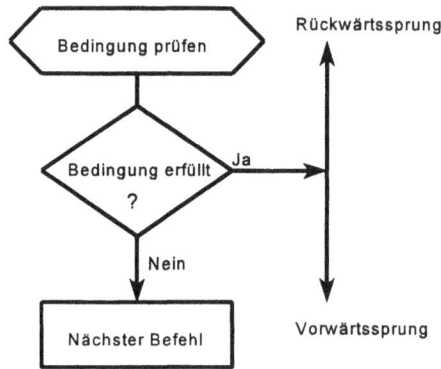

Bild 4-31: Bedingte Sprünge für Schleifen und Verzweigungen

Als Sprungbedingung dient der Inhalt eines Bytes oder Wortes wie z.B. ein Zähler oder ein Bitmuster, das von einem Port gelesen wird; für die Auswertung von Einzelbits gibt es besondere Bitbefehle. Auf einen Byte- oder Wortbefehl kann direkt ein bedingter Sprung folgen; die Befehlslisten enthalten Angaben, welche Bedingungsbits durch den Befehl verändert werden. Der mov-Befehl z.B. setzt oder löscht das Z- und das N-Bit entsprechend dem übertragenen Bitmuster:

```
mov    r0,p2      ; lade R0 mit Bitmuster von P2
jmpr   cc_z,null  ; springe bei Muster P2 = 0000H
jmpr   cc_n,eins  ; springe bei P2.15 = 1 (Vorzeichen)
```

Für die Vorbereitung eines bedingten Sprungbefehls gibt es besondere *Vergleichsbefehle*, die im Gegensatz zur Subtraktion (SUB-Befehl) die Operanden nicht verändern und daher mehrmals nacheinander anwendbar sind.

Befehl	Operand	E	Z	V	C	N	Wirkung	
CMP	op_1,op_2	*	*	*	*	*	Testsubtraktion op_1 − op_2	Länge Wort
CMPB	op_1,op_2	*	*	*	*	*	Testsubtraktion op_1 − op_2	Länge Byte
CMPI1	op_1,op_2	*	*	*	*	*	Testsubtraktion op_1 − op_2	dann op_1 + 1
CMPI2	op_1,op_2	*	*	*	*	*	Testsubtraktion op_1 − op_2	dann op_1 + 2
CMPD1	op_1,op_2	*	*	*	*	*	Testsubtraktion op_1 − op_2	dann op_1 - 1
CMPD2	op_1,op_2	*	*	*	*	*	Testsubtraktion op_1 − op_2	dann op_1 - 2

★ die Bedingung wird entsprechend der Differenz verändert.
Das Carrybit wird gesetzt, wenn die Differenz negativ ist (Borgen).

Für die Vergleichsbefehle sind folgende Adreßkombinationen zugelassen. Als Adreß-register der indirekten Adressierung können nur R0 bis R3 verwendet werden.

Befehl	Ziel	Rm	SFR	mem	[R$_{0-3}$]	[R$_{0-3}$+]	#3	#8	#16
`CMP` und `CMPB`	`Rn ,`	b,w	(b,w)	(b,w)	b,w	b,w	b,w	(b,w)	(b,w)
Wort und Byte	`SFR ,`		(b,w)	b,w				b	w
`CMPIx` und `CMPDx`	`Rw ,`		(w)	w				(w)	w

b = Byteoperation **w** = Wortoperation **(b)** und **(w)** = als Operand zulässig

Die *Sprungbefehle* werten die Bedingungsbits aus. Sie können unbedingt oder bedingt zu einem neuen Befehl springen. Bei einem Rückwärtssprung liegt das Ziel vor dem Befehl (Schleife), bei einem Vorwärtssprung dahinter (Verzweigung).

Befehl	Operand	E	Z	V	C	N	Wirkung
`JMPA`	cc_ , Ziel	-	-	-	-	-	springe absolut zum Ziel innerhalb des Segmentes
`JMPR`	cc_ , Ziel	-	-	-	-	-	springe relativ zum Ziel innerhalb des Segmentes
`JMPI`	cc_ , [Rw]	-	-	-	-	-	springe innerhalb des Segmentes, Zieladresse in Rw
`JMPS`	segment , Ziel	-	-	-	-	-	springe **immer** zum Ziel in einem neuen Segment

- die Bedingung wird durch den Sprungbefehl nicht verändert

Einzelbit -Bedingung cc_		Unsigned-Bedingung cc_		Signed-Bedingung cc_	
`cc_UC`	*immer* (unbedingt)	`cc_ULT`	kleiner als	`cc_SLT`	kleiner als
`cc_Z`	gleich Null (Z=1)	`cc_ULE`	kleiner/gleich	`cc_SLE`	kleiner/gleich
`cc_NZ`	ungleich Null (Z=0)	`cc_EQ`	gleich	`cc_EQ`	gleich
`cc_C`	Carry (C=1)	`cc_NE`	ungleich	`cc_NE`	ungleich
`cc_NC`	No Carry (C=0)	`cc_UGE`	größer/gleich	`cc_SGE`	größer/gleich
`cc_N`	Negativ (N=1)	`cc_UGT`	größer als	`cc_SGT`	größer als
`cc_NN`	Nicht Negativ (N=0)				
`cc_V`	Overflow (V=1)				
`cc_NV`	Nicht Overflow (V=0)				
`cc_NET`	!= 0 UND != Tabellenende				

Für Zeichen und Bitmuster werden zweckmäßigerweise die Bedingungen der vorzei-chenlosen Datentypen verwendet. Das Beispiel testet den Bereich der Ziffern 0 bis 9.

```
cmpb    rl0,#'0'    ; RL0 - Ziffer 0
jmp     cc_ult,nein ; springe bei Differenz < 0
cmpb    rl0,#'9'    ; RL0 - Ziffer 9
jmp     cc_ugt,nein ; springe bei Differenz > 0
```

Die Zieladresse eines Befehls wird gebildet aus dem Segmentzeiger CSP und dem Befehlszeiger IP. Die Befehle jmpa, jmpr und jmpi springen innerhalb des augenblicklichen Segmentes und lassen CSP unverändert (intra-segment). Der Befehl jmps springt unbedingt in ein neues Segment (inter-segment). Die Befehle jmpa und jmpi überschreiben den Befehlszeiger IP entweder mit der konstanten Zieladresse aus dem 2. Wort des Befehls oder mit der variablen Adresse aus einem Wortregister (indirekter oder berechneter Sprung). Der relative Sprungbefehl jmpr addiert den vorzeichenbehafteten Abstand aus dem 2. Befehlsbyte um 1 bit nach links verschoben zum Inhalt von IP. Die Sprungweite beträgt daher nur 256 Bytes vorwärts oder rückwärts. Die meisten Assembler nehmen für jmp den Befehl jmpa und setzen für einen Sprungbefehl ohne Angabe einer Bedingung den unbedingten Sprungbefehl cc_uc ein. Beispiel:

```
jmp     schleife      ; wie jmpa    cc_uc,schleife
```

Ist die Sprungbedingung in einer Bitgruppe enthalten, so sind Maskierungen mit logischen Befehlen erforderlich. Beispiel:

```
movb    rl0,eingabe   ; RL0 = Eingabebyte
andb    rl0,#0fh      ; Maske 0000 1111
cmpb    rl0,#9        ; Testsubtraktion Nibble - 9
jmp     cc_ule,ziffer ; springe für Bereich 0 bis 9
```

Für Sprungbedingungen in einem Einzelbit kann anstelle einer Maskierung die Bitposition in das Carrybit verschoben und dann ausgewertet werden. Beispiel:

```
movb    rl0,eingabe   ; RL0 = Speicherbyte
shr     r0,#1         ; schiebe R0.0 nach Carry
jmp     cc_c,eins     ; springe für R0.0 == 1
```

Einzelne Bitpositionen im bitadressierbaren Bereich lassen sich durch bedingte Sprungbefehle direkt auswerten. Das Ziel wird relativ adressiert und kann nur im Bereich von 256 Bytes vor oder hinter dem Befehl liegen. Bits, die nicht im bitadressierbaren Bereich liegen, können z.B. in ein GPR Register geladen werden. Beispiele:

```
jnb     p7.0,schleife ; springe für P7.0 == 0
movb    rl0,eingabe   ; RL0 = Speicherbyte
jb      r0.0,eins     ; springe für eingabe.0 == 1
```

Befehl	Operand	E	Z	V	C	N	Wirkung
JB	bit,Ziel	-	-	-	-	-	springe relativ wenn Bit gesetzt (1) max. 256 Bytes
JNB	bit,Ziel	-	-	-	-	-	springe relativ wenn Bit gelöscht (0) max. 256 Bytes
JBC	bit,Ziel	0	S	0	0	S	springe relativ wenn Bit gesetzt (1) dann bit <= 0 Z-Bit <= NICHT altes Bit N-Bit <= altes Bit
JNBS	bit,Ziel	0	S	0	0	S	springe relativ wenn Bit gelöscht (0) dann bit <= 1 Z-Bit <= NICHT altes Bit N-Bit <= altes Bit

– = durch Sprungbefehl nicht verändert **0** = immer gelöscht **S** = Sonderfall

Für die Befehle jbc und jnbs dient das untersuchte Bit als Semaphor. Dies ist eine Marke, die entweder gesetzt war oder durch den Befehl neu gesetzt wird. Ein Semaphor wird zur Zugriffskontrolle von Prozessen auf gemeinsame Datenbereiche verwendet.

Leseschleifen dienen zur Eingabe von Daten, bis eine Endebedingung erreicht ist. Diese kann aus einer Endemarke bestehen, die zusammen mit den Daten gelesen wird. Für eine Prüfung auf den Wert 0 genügt der mov-Befehl, der das Z-Bit verändert!

```
loop: mov     r0,p7        ; R0 = Eingabe verändert Z-Bit
      jmp     cc_z,ende    ; Abbruch für P7 == 0
      mov     p2,r0        ; Ausgabe für P7 != 0
      jmp     loop         ; Schleife solange P7 != 0
ende:
```

Ist die Endemarke Bestandteil der Daten, so verwendet man ein besonderes Abbruchsignal, das mit einem bedingten Bitbefehl geprüft werden kann. Beispiel:

```
loop: jnb     p5.0,ende    ; Abbruch für P5.0 == 0
      mov     p2,p7        ; Ausgabe für P5.0 == 1
      jmp     loop         ; Schleife solange P5.0 != 0
ende:
```

Bei *Zählschleifen* gibt es Abwärtszähler meist bis zum Endwert 0 und Aufwärtszähler, die beim Erreichen eines Endwertes abgebrochen werden. Schleifen mit einer konstanten Anzahl von Durchläufen programmiert man oft wiederholend. Bei variablen Laufparametern ist der Fall, daß kein Durchlauf erfolgen soll, durch eine abweisende (bedingte) Schleife abzufangen. Abschreckendes Beispiel:

```
      mov     r0,anfangswert   ; Anfangswert variabel
loop:
      ; beliebiger Schleifenkörper
      sub     r0,#1            ; Zähler um 1 vermindern
      jmp     cc_nz,loop       ; solange Zähler != 0
```

Für den Anfangswert 1 wird die Schleife 1 mal durchlaufen. Die Verminderung des Anfangswertes **0 - 1** liefert 65 535 != 0; und die Schleife läuft 65 536 mal!

Die *Schleifenbefehle* cmpi und cmpd vergleichen erst einen laufenden Wert (op_1) mit einem Endwert (op_2) und verändern dabei die Bedingungsbits. Dann wird der Zähler ohne Änderung der Bedingungen erhöht bzw. vermindert. Das Beispiel *Bild 4-32* zeigt zwei bedingte Zählschleifen unter Verwendung der Schleifenbefehle. Das Unterprogramm besteht aus zwei geschachtelten Zählschleifen, die äußere Schleife liefert den Faktor 30 für die Wartezeit der inneren Schleife von ca. 33 ms.

```
;k4b32.asm  Bild 4-32: Test der Zählschleifen
; Ausgabe auf Port P2 von 1 bis 20 im Sekundentakt
; Abbruchbedingung: Schalter P7.0 auf Low
%include "hilfe.inc"        ; Deklarationen
haupt  PROC    far          ; Hauptprogramm Start bei 200h
       mov     dp2,#0ffffh  ; P2 ist Ausgang
schleife:                   ; Testschleife
       mov     p2,#1        ; Ausgabe = Anfangswert 1
; konstanter Abwärtszähler 10 Durchläufe
       mov     r0,#10       ; Zähler = Anfangswert
loop1: cmpd1   r0,#1        ; vergleiche mit Endwert
       jmpr    cc_ult,ende1 ; Abbruch  Lauf < Ende
       call    warte        ; Zeitverzögerung
       add     p2,#1        ; Ausgabe + 1
       jmpr    loop1        ; zur Schleifenkontrolle
ende1:
```

```
; variabler Aufwärtszähler
        mov     r0,anfwe      ; Zähler <= Anfangswert
loop2:  cmpi1   r0,endwe      ; Laufwert - Endwert
        jmpr    cc_ugt,ende2  ; Abbruch  Lauf > Ende
        call    warte         ; Zeitverzögerung
        add     p2,#1         ; Ausgabe + 1
        jmpr    loop2         ; zur Schleifenkontrolle
ende2:
        jb      p7.0,schleife ; solange P7.0 High: Testschleife
        rets                  ; zurück nach System
        ENDP
; Unterprogramm liegt hinter dem Hauptprogramm
warte   PROC    near          ; wartet ca. 30 * 33 ms = 1 sek
        push    r0            ; R0 retten
        push    r1            ; R1 retten
        mov     r1,#30        ; R1 = Faktor 30
warte1: mov     r0,#-1        ; Anfangswert 65 535 = - 1
warte2: cmpd1   r0,#0         ; innere Schleife ca. 33 ms
        jmpr    cc_ne,warte2  ; bis innere Schleife == 0
        cmpd1   r1,#0         ; äussere Schleife
        jmpr    cc_ne,warte1  ; bis äussere Schleife == 0
        pop     r1            ; R1 zurück
        pop     r0            ; R0 zurück
        ret                   ; Rücksprung
        ENDP
; Variable Daten liegen hinter dem Code
anfwe   DW      1             ; Anfangswert
endwe   DW      10            ; Endwert
        END                   ; Ende des Quelltextes
```

Bild 4-32: Beispiele für Zählschleifen

Warteschleifen zur Zeitverzögerung programmiert man als Abwärtszähler. Die Wartezeit läßt sich aus der Anzahl der Durchläufe und der Ausführungszeit der Befehle
berechnen. Ein 16 bit Zähler liefert eine maximale Verzögerungszeit von ca. 33 ms.
Längere Zeiten lassen sich durch eine Schachtelung von Schleifen erreichen; Bild 4-32
zeigt ein Beispiel. In der Praxis verwendet man jedoch besser die Timer (Kapitel 6).

Warteschleifen zur Erkennung von Ereignissen wie z.B. fallenden Signalflanken (*Bild
4-33*) gehen davon aus, daß die Leitung auf High liegt und warten auf ein Low.
```
hoch:   jb      p7.7,hoch  ; warte solange P7.7 High
```

Zum Erkennen einer steigenden Flanke wird die Schleife erst bei High verlassen.
```
nied:   jnb     p7.7,nied  ; warte solange P7.7 Low
```

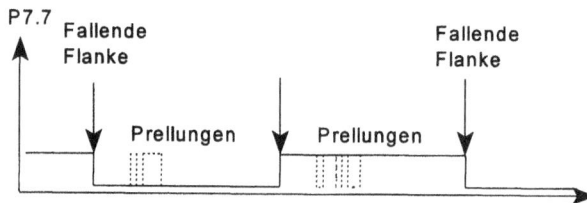

Bild 4-33: Signalflanken und Prellungen

Das Programm *Bild 4-34* gibt einen Dualzähler auf dem Port P2 aus, der bei jeder fallenden Flanke am Eingang P7.7 um 1 erhöht wird. Ohne das Warten auf die steigende Flanke würde bei einem Sprung in die High-Warteschleife sofort wieder ein Low erkannt werden (Dauerauslösung). Bei einem einfachen Kippschalter zeigte es sich, daß der Zähler infolge von Prellungen um mehrere Schritte erhöht wurde; dies konnte durch eine Warteschleife (Unterprogramm ms10) beseitigt werden.

```
; k4b34.asm Bild 4-34: Fallende Flanken zählen Ausgabe Port P2
; P7.7 = Schalter oder Taster für Flanken  keine Laufkontrolle
; bei Prellungen Upro ms10 aufrufen (wartet ca. 10 ms)
%include "hilfe.inc"      ; Deklarationen
haupt    PROC    far      ; Hauptprogramm Start bei 200h
         mov     dp2,#0ffffh ; P2 ist Ausgang
         mov     p2,#0    ; P2 = Zähler löschen
loop:
hoch:    jb      p7.7,hoch ; warte solange P7.7 High
         add     p2,#1    ; fallende Flanke: Zähler +1
         call    ms10     ; Kippschalter entprellen
nied:    jnb     p7.7,nied ; warte solange P7.7 Low
         call    ms10     ; Kippschalter entprellen
         jmp     loop     ; unendliche Testschleife
         ENDP
; Unterprogramm
ms10     PROC    near     ; Wartezeit ca. 10 ms
         push    r0       ; R0 retten
         mov     r0,#20000 ; Wartezeit für ca. 10 ms
ms11:    cmpd1   r0,#0    ; Abwärtszähler bis 0
         jmpr    cc_ne,ms11 ; solange R0 != 0: Schleife
         pop     r0       ; R0 zurück
         ret              ; Rücksprung
         ENDP             ;
         END              ; Ende des Quelltextes
```

Bild 4-34: Fallende Flanken zählen mit Entprellen

Für die Programmierung von *Verzweigungen* verwendet man die gleichen Vergleichs- und Sprungbefehle wie für Schleifen. Das Beispiel zeigt eine *einseitig* bedingte Ver- zweigung, die alle Eingabewerte des Ports P7 ungleich 55H auf dem Port P2 ausgibt. Die Bedingung ist so formuliert, daß bei 55H der ja-Zweig übersprungen wird.

```
         movb    rl0,p7   ; RL0 <= Eingabemuster
         cmpb    rl0,#55h ; RL0 - Bedingung
         jmp     cc_eq,next ; bei == 55H nicht ausgeben
         mov     p2,r0    ; sonst ausgeben
next:
```

Bei *zweiseitig* bedingten Anweisungen ist darauf zu achten, daß die beiden alternativen Zweige wieder zusammengeführt werden. Das Beispiel legt für P7.7 High den Port P2 auf High, für P7.7 Low wird der Port P2 gelöscht.

```
         jb      p7.7,hoch ; springe für P7.7 = High
         mov     p2,#0    ; für P7.7 = Low: löschen
         jmp     next     ; zum Fußpunkt
hoch:
         mov     p2,#0ffffh ; für P7.7 = High: setzen
next:                     ; gemeinsamer Fußpunkt
```

Mehrere Fälle lassen sich durch eine Folge von Vergleichen und bedingten Sprüngen unterscheiden. Das Beispiel untersucht die Eingabe des Ports P7 auf die Codes der Ziffern 0 bis 2 und überspringt bei *nicht erfüllt* den entsprechenden Zweig.

```
        mov     rl0,p7          ; RL0 <= Eingabe
        cmpb    rl0,#'0'        ; Fall 0 ?
        jmp     cc_ne,next1     ; nein: weiter
; Fall 0 behandlen
        jmp     fuss            ; zum Fußpunkt
next1:  cmpb    rl0,#'1'        ; Fall 1 ?
        jmp     cc_ne,next2     ; nein: weiter
; Fall 1 behandeln
        jmp     fuss            ; zum Fußpunkt
next2:  cmpb    rl0,#'2'        ; Fall 2 ?
        jmp     cc_ne,fehl      ; nein: zum Fehlerfall
; Fall 2 behandeln
        jmp     fuss            ; zum Fußpunkt
fehl:
; Fehlerfall behandlen
        jmp     fuss            ; zum Fußpunkt
; gemeinsamer Fußpunkt für alle Zweige
fuss:
```

Das Programm *Bild 4-35* zeigt die Prüfung der Eingabe vom Port P7 auf die *Bereiche* der Zeichen von 0 bis 9 und von A bis F. Alle Zifferncodes werden in die Dualzahlen von 0000 bis 1001 verwandelt, alle Buchstabencodes von A bis F in die Dualzahlen von 1010 bis 1111. Im Fehlerfall erscheint das Bitmuster 55H auf dem Port P2.

```
; k4b35.asm  Bild 4-35: Test Verzweigung Bereiche 0-9 A-F
; P7 = Eingabe ASCII-Zeichen    00H = Ende-Marke
; P2 = Ausgabe 0..F decodiert   55h = keine hexa Eingabe
%include "hilfe.inc"          ; Deklarationen
haupt   PROC                  ; Hauptprogramm Startadresse 200h
        mov     dp2,#-1       ; DP2 = 0ffffh = -1: P2 = Ausgabe
        xor     rh0,rh0       ; RH0 löschen
loop:
        movb    rl0,p7        ; RL0 <= ASCII-Zeichen vom Port P7
        jmp     cc_z,ende     ; Testschleife Kontrolle 0 = Ende
        cmpb    rl0,#'0'      ; Ziffer 0
        jmp     cc_ult,fehl   ; < Ziffer: Fehler
        cmpb    rl0,#'9'      ; Ziffer 9
        jmp     cc_ugt,next   ; > 9: auf Buchstaben testen
        subb    rl0,#30h      ; Ziffer decodieren
        jmp     fuss          ; zum Fußpunkt der Schleife
next:   cmpb    rl0,#'A'      ; Buchstabe A
        jmp     cc_ult,fehl   ; < Buchstabe: Fehler
        cmpb    rl0,#'F'      ; Buchstabe F
        jmp     cc_ugt,fehl   ; > F: Fehler
        subb    rl0,#55       ; A .. F decodieren
        jmp     fuss          ; zum Fußpunkt der Schleife
fehl:   mov     rl0,#55h      ; Fehlermarke
fuss:                         ;
        mov     p2,r0         ; Ausgabe und
        jmp     loop          ; Testschleife
ende:   rets                  ; zurück nach System
        ENDP
        END                   ; Ende des Quelltextes
```

Bild 4-35: Die Prüfung von Bereichen

4.4.2 Schleifen und Verzweigungen in C

Die bedingten Anweisungen der Schleifen- und Verzweigungsstrukturen verwenden den *Wert* eines Ausdrucks als Bedingung. Bei *ja* oder *wahr* wird die Anweisung ausgeführt, bei *nein* oder *falsch* nicht.

> Der *Wert* 0 gilt als *falsch*: nicht ausführen!
>
> Jeder *Wert* ≠ 0 gilt als *wahr*: ausführen!

Der **Bedingungsausdruck** kann bestehen aus einer Konstanten oder dem Inhalt einer Variablen oder dem Wert eines Ausdrucks. Beispiele:

```
while (1)          // tu es immer
while (schalter)   // nur für Bitvariable schalter High
if (s1 & s2)       // nur wenn s1 UND s2 High
if (a - 4)         // nur wenn arithmetische Differenz ≠ 0
```

Die in *Bild 4-36* zusammengestellten Operatoren führen Vergleiche und logische Verknüpfungen von Vergleichsergebnissen durch, die als Bedingung dienen. Sie werden vorzugsweise auf die arithmetischen Datentypen **char**, **int** und **long** angewendet. Der Datentyp **bit** und seine logischen Operationen liefern direkt die Bedingung (*wahr - falsch*) für die Ausführung von bedingten Anweisungen.

Rang	Richtung	Operator	Wirkung	Beispiel
2	<---	!	Nicht wahr (NICHT)	if (! ende)
7	--->	<	kleiner als	if (a < b)
7	--->	<=	kleiner oder gleich	if (a <= b)
7	--->	>=	größer oder gleich	if (a >= b)
7	--->	>	größer als	if (a > b)
8	--->	==	gleich (**keine** Wertzuweisung)	if (a == b)
8	--->	!=	ungleich	if (a != b)
12	--->	&&	beide wahr (UND)	if (a<0 && b<0)
13	--->	||	eine wahr (ODER)	if (a<0 || b<0)
14	<---	b? j:n	bedingter Ausdruck	a<b ? 0 : 1

Bild 4-36: Vergleichs- und Verknüpfungsoperatoren

Die einfachen Operatoren & bzw. | führen Bitoperationen durch; die Doppeloperatoren && bzw. || verknüpfen Aussagen. Der einfache Operator = bewirkt eine Wertzuweisung, der Doppeloperator == vergleicht zwei Operanden. Beispiele:

```
if (a = b)    // falsch!: Bedingung durch Wertzuweisung immer
              //          erfüllt!!!
if (a == b)   // richtig: Vergleich liefert richtige Bedingung
```

Die *Schleifenanweisung*

> `for` *(Anfangsausdruck; Laufbedingung; Veränderungsausdruck)* `Anweisung;`

enthält in runden Klammern drei Ausdrücke, die durch ein Semikolon zu trennen sind. Der *Anfangsausdruck* bestimmt den Anfangswert der *Laufbedingung* vor dem Eintritt in die Schleife. Der *Bedingungsausdruck* wird *vor* jedem Schleifendurchlauf geprüft. Ist sein Wert *wahr*, so wird die Anweisung des Schleifenkörpers ausgeführt; bei *falsch* ist die Schleife beendet. Der *Veränderungsausdruck* wird **nach** jedem Schleifendurchlauf neu berechnet. Der Schleifenkörper steht als *Anweisung* hinter der Klammer. Die häufigste Anwendungsform ist die **Zählschleife**.

> `for` *(Lauf* = Anfangswert; *Laufbedingung*; *Lauf* ± Schrittweite) *Anweisung;*

Der *Anfangsausdruck* besteht aus einer Wertzuweisung des Anfangswertes an eine Laufvariable. Der *Bedingungsausdruck* vergleicht die Laufvariable mit dem Endwert. Solange die Laufbedingung erfüllt ist, wird die Anweisung des Schleifenkörpers erneut ausgeführt. Der *Veränderungsausdruck* erhöht bzw. vermindert die Laufvariable durch eine Wertzuweisung oder Zähloperationen um die Schrittweite. Der Wert der Laufvariablen steht im Schleifenkörper zur Verfügung, darf aber dort nicht verändert werden. Beispiel für einen Zähler von 1 bis 10 auf dem Port P2:

```
unsigned int  x;
for (x = 1; x <= 10; x++) P2 = x;
```

Die `for`-Schleife verhält sich abweisend. Ist die Laufbedingung vor dem Eintritt in die Schleife nicht erfüllt, so erfolgt kein Durchlauf. Müssen im Schleifenkörper mehrere Anweisungen ausgeführt werden, so verwendet man entweder eine Folge von Ausdrücken (Kommaoperator) oder besser eine Blockanweisung, die eine Folge von Anweisungen enthält. Beispiel:

```
unsigned int i;
for (i = 1; i <= 10; i++) // für i =1 bis 10 Schritt 1
{
 P2 = i;
 warte();
}
```

Die *bedingte* Schleifenanweisung

> `while` (Laufbedingung) *Anweisung*; oder *Blockanweisung* { }

führt die Schleifenkontrolle *vor* dem Schleifenkörper der *Anweisung* durch und verhält sich dadurch abweisend. Ist die Laufbedingung nicht erfüllt, so wird die Schleife nicht begonnen. Beispiel für eine Anweisung im Schleifenkörper:

```
sbit  taster = P7^0;     // Eingabeschalter Bit P7.0

while (taster) P2 = P7; // solange taster High
```

Die *wiederholende* Schleifenanweisung

```
do
    Anweisung; oder Blockanweisung { }
while (Laufbedingung);
```

führt mindestens einen Durchlauf durch und kontrolliert die Laufbedingung *hinter* dem Schleifenkörper. Blockanweisungen und Einrückungen fördern die Übersicht. Beispiel:
```
do
{
  P2 = P7;
} while (taster); // solange taster High wiederhole
```

Die *Abbruchanweisung*

```
break;

if (Bedingung) break;
```

dient dazu, eine Schleifenanweisung oder den **case**-Zweig einer **switch**-Fallunterscheidung abzubrechen. Die Ausführung wird ohne weitere Schleifenkontrolle beendet. Das Beispiel zeigt eine bedingte Schleife, die immer (**1** = *wahr*) läuft und die für den Tasterwert *Low* = NICHT *High* abgebrochen wird. Dadurch kann die Schleifenkontrolle an beliebiger Stelle des Schleifenköpers angeordnet werden.
```
while(1)
{
  if (~taster) break;    // Abbruch für taster = NICHT High
}
```

Die *Kontrollanweisung*

```
continue;

if (Bedingung) continue;
```

dient dazu, den aktuellen Durchlauf einer Schleifenanweisung abzubrechen, die Schleife jedoch mit der Kontrolle bzw. dem Veränderungsausdruck fortzusetzen. Alle auf **continue** folgenden Anweisungen des Schleifenkörpers werden nicht ausgeführt.

Die *Sprunganweisung*

```
goto  Sprungziel;

if (Bedingung) goto  Sprungziel;
```

gestattet den Aufbau von Schleifen und Verzweigungen wie im Assembler. Hinter dem mit einem Doppelpunkt gekennzeichneten Sprungziel steht eine Anweisung.

Die *Rücksprunganweisung*

return   *Rückgabeausdruck*;
if (Bedingung) **return**   *Rückgabeausdruck*;

beendet die Ausführung einer Funktion - auch von main - und kehrt an die Stelle zurück, an der sie aufgerufen wurde. Der Rückgabeausdruck wird als Funktionsergebnis zurückgeliefert (Abschnitt 4.6.2 Funktionen).

Der *bedingte Ausdruck*

Bedingung **?** *Ja_ausdruck* **:** *Nein_ausdruck*

der Operatoren **?** und **:** ist **keine** Anweisung, da das abschließende Semikolon fehlt. Ist die Bedingung erfüllt (*wahr*), so nimmt der **bedingte Ausdruck** den Wert des *Ja-ausdrucks* an, bei nicht erfüllt (*falsch*) den Wert des *Nein_ausdrucks*. Beispiel:

```
P2 = (taster ? 0xffff : 0x0000) & 1 ;   // Variable <= Ausdruck
```

Die *einseitig bedingte* Anweisung

if (Bedingung) *Ja_anweisung*; oder *Blockanweisung* **{ }**

führt die *Ja_anweisung* nur aus, wenn die Bedingung erfüllt (*wahr*) ist; anderenfalls wird die Anweisung übergangen. Sollen mehrere Anweisungen ausgeführt werden, so setzt man sie in einen Block. Beispiel:

```
if (P7 == 0)      // Vergleich und keine Wertzuweisung !
{
 i = 0x55;
 j = 0xaa;
 P2 = i << 8 | j;
}
```

Die *zweiseitig bedingte* Anweisung

if (Bedingung) *Ja_anweisung*; **else** *Nein_anweisung*;

führt entweder bei *wahr* die *Ja_anweisung* oder bei *falsch* die hinter **else** stehende *Nein_anweisung* aus. Der Programmtext kann durch Blockanweisungen übersichtlich gestaltet werden. Vor dem **else** steht dann kein Semikolon. Beispiel:

```
if (P7 == 0)
{
 P2 = 0x0000;
}
else
{
 P2 = 0xffff;
}
```

Zur *Auswahl mehrerer Fälle* lassen sich Verzweigungen aneinanderreihen und schachteln. Ist die Bedingung ein Ausdruck vom Datentyp `int` oder wird er automatisch in diesen umgeformt (z.B. `char`), so läßt sich die Auswahl der Programmzweige durch eine *Fallunterscheidung* vereinfachen.

```
switch (Auswahlausdruck)
{
  case Konstante_1 : Anweisungsfolge_1; break;
  . . . . . . . . . . . . . . . . . .
  case Konstante_n : Anweisungsfolge_n; break;
          default : Anweisungsfolge_s; break;
}
```

Der hinter `switch` stehende Auswahlausdruck - meist eine Variable vom Typ `int` oder `char` - wird mit den hinter `case` stehenden Konstanten verglichen. Das Programm wird mit den Anweisungen des Zweigs fortgesetzt, dessen Konstante mit dem Wert des Auswahlausdrucks übereinstimmt. Findet keine Übereinstimmung statt, so geht die Kontrolle an den `default`-Zweig über; fehlt dieser, so wird kein Zweig ausgeführt. Beispiel:

```
switch (x)                    // unsigned int Variable
{                             // char Konstanten umgeformt!
 case '1' : P2 = 1; break;
 case '2' : P2 = 2; break;
 case '3' : P2 = 3; break;
 case '4' : P2 = 4; break;
  default : P2= 0x55; break;   // Fehlerfall: kein Zweig
}
```

Die `break`-Anweisung beendet normalerweise den Zweig. Fehlt das `break`, so werden alle Zweige durchlaufen, bis entweder ein `break` auftritt oder die `switch`-Anweisung zuende ist. Dadurch lassen sich mehrere Konstanten auf einen gemeinsamen Zweig zusammenführen.

Geschachtelte Verzweigungsstrukturen können zu recht unübersichtlichen Programmen führen. Sie lassen sich oft durch eine Folge von bedingten Anweisungen oder durch eine Fallunterscheidung ersetzen. Beispiel für die Prüfung auf vier Kennziffern mit Fehlerfall (wie Beispiel `switch`) durch verschachtelte Alternativen.

```
if (x == '1') P2 = 1;
else if (x == '2') P2 = 2;
 else if (x == '3') P2 = 3;
  else if (x == '4') P2 = 4;
   else P2 = 0x55;              // Fehlerfall
```

Programmierung der gleichen Aufgabe mit einer Folge von einseitigen Bedingungen.

```
if (x == '1') P2 = 1;
if (x == '2') P2 = 2;
if (x == '3') P2 = 3;
if (x == '4') P2 = 4;
if (x <'1' || x > '4') P2 = 0x55;    // Fehlerfall
```

Leseschleifen, die in den Daten eine Endebedingung enthalten, sollten abweisend programmiert werden, um zu verhindern, daß die Marke als Datum verarbeitet wird. Das Beispiel bricht die Schleife bei dem Wert 0 ab.

```
while (1)
{
 x = P7;                    // Eingabe
 if (x == 0) break;         // Abbruchbedingung
 P2 = P7;                   // Datenverarbeitung
}
```

Anstelle einer Endemarke kann ein besonderes Abbruchsignal verwendet werden, das nicht Bestandteil der Daten ist und unabhängig von diesen geprüft wird. Beispiel für eine Laufbedingung mit dem Signal p5p0 = P5.0 = High (Abbruch bei P5.0 = Low).

```
while (p5p0) P2 = P7; // nur eine Anweisung kein Block
```

Zählschleifen sollten immer mit der **for**-Anweisung programmiert werden, da diese abweisend wirkt. Sie können aufwärts oder abwärts laufen und lassen sich schachteln. Beispiele für i und j vom Datentyp **unsigned int**:

```
for (i = 1; i <= 100; i++) P2 = i;   // aufwärts 1..100
for (j = 100; j >= 1; j--) P2 = j;   // abwärts 100..1
for (i = 1; i <= 30; i++)            // äußere Schleife Faktor
{
 for (j = 0; j <= 65535; j++);       // innere Warteschleife
}
```

Das Programm *Bild 4-37* enthält in der Funktion `warte` eine Zeitschleife, die durch Versuche auf eine Wartezeit von ca. 1 Sekunde eingestellt wurde. Die Testschleife wird mit dem Taster P7.0 kontrolliert; ein Low bricht die Schleife ab. Die erste Zählschleife läuft mit konstanten Laufparametern abwärts, die andere mit variablen Steuerwerten aufwärts. Auf dem Ausgabeport P2 erscheinen die Dualzahlen von 1 bis 20.

```
/* k4b37.c  Bild 4-37: Test der Zaehlschleifen */
#include <reg167.h>
sbit taster = P7^0;                  // Eingabeschalter

void warte(void)                     // wartet ca. 1 sek
{
 unsigned long x;
 for (x= 0; x < 525000; x++);
}

int main (void)
{
  unsigned int i, anfwe = 1, endwe = 10;
  DP2 = 0xffff;                      // P2 = Ausgabe
  while (taster)                     // Laufbedingung
 {
  P2 = 1;                            // P2 = Anfangswert
  // konstanter Abwaertszaehler 10 Durchlaeufe
  for (i = 10; i >= 1; i--)          // von 10 bis 1 Schritt -1
  {
   warte();                          // wartet ca. 1 sek
   P2++;                             // P2 um 1 erhoehen
  }
```

```
// variabler Aufwaertszaehler auch 10 Durchlaeufe
for (i = anfwe; i <= endwe; i++)  // von anfwe bis endwe Schritt 1
{
  warte();                        // wartet ca. 1 sek
  P2++;                           // P2 um 1 erhoehen
}
}
return 0;                         // zurueck nach System
}
```

Bild 4-37: Beispiele für Zählschleifen

Warteschleifen zur Zeitverzögerung programmiert man als **for**-Schleife mit einem leeren Schleifenkörper; hinter der Laufbedingung steht ein Semikolon. Eine **unsigned int** Laufvariable liefert eine maximale Verzögerungszeit von ca. 33 ms. Längere Zeiten lassen sich durch den Datentyp **unsigned long** oder geschachtelte Schleifen erreichen; Bild 4-37 zeigt ein Beispiel. In der Praxis verwendet man jedoch besser die Timer (Kapitel 6).

Warteschleifen zur Erkennung von Ereignissen wie z.B. fallenden Signalflanken (*Bild 4-33*) gehen davon aus, daß die Leitung auf High liegt und warten auf ein Low.
```
while (taster);   // warte solange taster = P7.7 High
```

Zum Erkennen einer steigenden Flanke wird die Schleife erst bei High verlassen.
```
while (~taster);  // warte solange taster = P7.7 Low
```

Das Programm *Bild 4-38* gibt einen Dualzähler auf dem Port P2 aus, der bei jeder fallenden Flanke am Eingang P7.7 um 1 erhöht wird. Ohne das Warten auf die steigende Flanke würde bei einem Sprung in die High-Warteschleife sofort wieder ein Low erkannt werden (Dauerauslösung). Die Funktion ms10 dient zum Entprellen.

```
/* k4b38.c  Bild 4-38: Fallende Flanken zaehlen Ausgabe P2 */
// bei Prellungen Funktion ms10 aufrufen
#include <reg167.h>
sbit taster = P7^7;         // Eingabetaster P7.7
void ms10(void)             // wartet ca. 10 ms
{
  unsigned int x;           // 16 bit reichen
  for (x= 0; x < 20000; x++);  // Zeitverzoegerung
}
int main (void)
{
  DP2 = 0xffff;             // P2 = Ausgabe
  P2 = 0;                   // Flankenzaehler loeschen
  while (1)                 // Endlos-Schleife
  {                         // Flankenzaehler + 1
    while(taster);          // solange P7.7 High: warten
    P2 ++;                  // fallende Flanke: Zaehler + 1
    ms10 ();                // entprellen
    while(~taster);         // solange P7.7 Low: warten
    ms10 ();                // entprellen
  }
  return 0;                 // zurueck nach System
}
```

Bild 4-38: Fallende Flanken zählen mit Entprellen

Das Programm *Bild 4-39* zeigt die Prüfung der Eingabe vom Port P7 auf die **Werte-
bereiche** der Zeichen von 0 bis 9 und von A bis F. Alle Zifferncodes werden in die
Dualzahlen von 0000 bis 1001 verwandelt, alle Buchstabencodes von A bis F in die
Dualzahlen von 1010 bis 1111. Im Fehlerfall erscheint die Marke 55H auf dem Port P2.

```
/* k4b39.c  Bild 4-39: Test Verzweigung Bereiche 0-9 und A-F */
// P7 = Eingabe ASCII-Zeichen    0x00 = Ende-Marke
// P2 = Ausgabe 0..F decodiert   0x55 = keine hexa Eingabe
#include <reg167.h>

int main (void)
{
 unsigned int x;              // Hilfsvariable fuer Port P7
 DP2 = 0xffff;                // P2 = Ausgabe
 while (1)                    // Schleife mit break-Abbruch
 {
  x = P7;                     // x = Eingabe Port P7
  if (x == 0) break;          // Abbruch fuer P7 == 0
  if (x >= '0' && x <= '9')   // Bereich Ziffern 0 bis 9
   P2 = x - 0x30;             // decodieren
  else
    {
    if (x >= 'A' && x <= 'F') // Bereich Buchstaben A bis F
     P2 = x - 55;             // decodieren
    else
     P2 = 0x55;               // Fehlermarke ausgeben
    }
 }
 return 0;                     // zurueck nach System
}
```

Bild 4-39: Die Prüfung von Bereichen

Bei der Programmierung von Schleifen und Verzweigungen können sich versteckte
Fehler einschleichen, die vom Compiler als syntaktisch richtig übersetzt werden, aber
nicht im Sinne des Erfinders sind. Verwendet man bei Vergleichen anstelle des Opera-
tors == die Wertzuweisung =, so sind beide Operanden immer gleich! Beispiel:

```
if (x = 0)  P2 = 0;    // falsch: Wertzuweisung immer gleich
if (x == 0) P2 = 0;    // hier wird richtig verglichen
```

Steht hinter einer bedingten Anweisung direkt ein Semikolon, so ist der Schleifenkörper
leer. Dies ist für Warteschleifen richtig, kann aber die Ausführung einer gewünschten
Anweisung verhindern. Abschreckendes Beispiel:

```
while (taster);    // das Semikolon beendet die Anweisung!
{
 P2 = P7;          // wird nicht in,
 warte();          // sondern nach der Schleife ausgeführt
}
```

Bei der Prüfung von Wertebereichen ist auf die korrekte Logik und auf die Doppel-
operatoren **&&** bzw. **||** zu achten. Korrekte Beispiele:

```
if (x >= '0' && x <= '9') P2 = x - 48;  // innerhalb 0 .. 9
if (x < '0' || x > '9')   P2 = 0x55;    // außerhalb 0 .. 9
```

4.5 Speicherbereiche

Adresse	Inhalt		
+n	Daten	oder	Adressen
. . . .			
+3			
+2			
+1			
Zeiger auf → *Anfangsadr.*	Daten	oder	Adressen

Bild 4-40: Die Adressierung von Speicherbereichen

Speicherbereiche (*Bild 4-40*) werden auch Tabellen oder Listen genannt. Die Adressierung der meist fortlaufend angeordneten Werte erfolgt durch Zeiger. Der Inhalt besteht aus Daten wie z.B. Zeichen oder aus Adressen, die Zeiger auf Daten oder auf benachbarte Listenelemente darstellen.

Tabellen mit konstanten Einträgen wie z.B. Codetabellen liegen wie das Programm im Festwertspeicher. Tabellen mit variablen Einträgen wie z.B. die Werte einer Meßreihe müssen im Schreib/Lesespeicher angelegt werden.

Der Umfang einer Tabelle kann festgelegt werden durch folgende Parameter:
- Anfangsadresse und Endadresse oder
- Anfangsadresse und eine Endemarke oder
- Anfangsadresse und Anzahl der Einträge oder
- Anfangsadresse als Kopfzeiger einer verketteten Liste mit offener Länge.

Beim *fortlaufenden* (sequentiellen) Tabellenzugriff läuft ein Zeiger (Adreßregister oder Laufindex) von der Anfangsadresse bis zur Adresse des gesuchten Eintrags. Beim *direkten* (random) Zugriff wird die Adresse des Eintrags berechnet. Bei einer *verketteten Liste* enthält jeder Eintrag neben den Daten auch die Adresse des Nachfolgers bzw. Vorgängers.

Die folgenden in Assembler und in C programmierten Beispiele behandeln Standardaufgaben der Mikrocomputertechnik:
- Löschen und Kopieren eines Speicherbereiches,
- Speichertest,
- Speicherung von Meßwerten,
- fortlaufendes Durchsuchen einer Codetabelle,
- direkter Zugriff auf eine Codetabelle und
- Adreß- und Sprungtabellen.

4.5.1 Die Bereichsadressierung in Assembler

Zur Adressierung von Speicherbereichen dient die indirekte Adressierung:

Operand	Wirkung
[Rw]	das Register Rw enthält die Adresse des Operanden
[Rw+]	Rw wird *danach* um die Operandenlänge erhöht
[-Rw]	Rw wird *vorher* um die Operandenlänge vermindert
[Rw + #kon]	die Adresse ist die Summe aus Rw und der Wortkonstanten

Die Tabelle zeigt die zulässigen Kombinationen für Wort- *und* Bytebefehle.

Quelladresse

Befehl	Ziel	Rm	SFR	mem	[Rw]	[Rw+]	[Rw + #16]
MOV	Rn,	ja	ja	ja	ja	ja	ja
MOV	SFR,	ja	ja	ja	ja		
MOV	mem,	ja	ja		ja		
MOV	[Rw],	ja	ja	ja	ja	ja	
MOV	[-Rw],	ja					
MOV	[Rw+],				ja		
MOV	[Rw+#16]	ja					
Befehl	**Ziel**	**Rm**	**SFR**	**mem**	**[R$_{0-3}$]**	**[R$_{0-3}$+]**	**[Rw + #16]**
arithm. log.	Rn,	ja	ja	ja	ja	ja	
CMP	Rn,	ja	ja	ja	ja	ja	

Für die fortlaufende aufsteigende Adressierung eines Speicherbereiches, der durch die Anfangsadresse und die Anzahl der Einträge in der Länge Wort oder Byte gegeben ist, verwendet man eine Zählschleife und die Adressierungsart [Rw+], die das Adreßregister Rw nach der Operation automatisch um die Datenlänge erhöht, also um 2 bei Wortoperationen und um 1 bei Byteoperationen. Bei längeren Einträgen muß der Additionsbefehl verwendet werden. Als Ziel ist [Rw+] jedoch nur mit [Rw] als Quelle zugelassen. Das Beispiel adressiert mit R8 fortlaufend und läßt R9 konstant.

```
loop:   mov   [r8+],[r9] ; R8 um die Datenlänge 2 erhöht
        sub   r0,#1       ; R0 = Durchlaufzähler - 1
        jmp   cc_nz,loop ; bis Zähler == 0
```

Für die fortlaufende aufsteigende Adressierung eines Speicherbereiches, der durch die Anfangsadresse und die Endadresse gegeben ist, kann das Adreßregister gleichzeitig auch zur Schleifenkontrolle verwendet werden. Für Einträge der Länge Wort und Byte erhöhen bzw. vermindern die Befehle **CMPI**x bzw. **CMPD**x das Adreßregister um die Schrittweite 1 oder 2. Das Beispiel kontrolliert die Schleife mit dem Adreßregister R8.

```
loop:   mov    [r8],x          ; R8 als Adreßregister
        cmpi2  r8,#ende        ; erst vergleichen, dann R8 + 2
        jmp    cc_ult,loop     ; solange laufende < Endaddresse
```

Das Beispiel *Bild 4-41* füllt in der ersten Schleife einen Bereich von 128 Bytes = 64 Wörtern mit den Werten von 1 bis 64. Die zweite Kopierschleife kontrolliert die Schleifendurchläufe mit einem Vergleich der laufenden Adresse mit der Adresse des letzten Wortes (Endadresse). Die dritte Schleife gibt die Werte verzögert auf P2 aus.

```
; k4b41.asm  Bild 4-41: Besetzen und Kopieren von Speicherbereichen
; tab1 = Quell-Tabelle  tab2 = Ziel-Tabelle  128 Byte 64 Wörter
%include "hilfe.inc"           ; enthält Deklarationen
haupt   PROC   far             ; Start bei 200H
; Tabelle tab1 mit Werten von 1 bis 64 besetzen
        mov    r0,#64          ; R0 = Durchlaufzähler abwärts
        mov    r1,#1           ; R1 = laufender Wert   aufwärts
        mov    r8,#tab1        ; R8 = Zeiger auf Tabelle aufwärts
loop1:  mov    [r8],r1         ; laufender Wert speichern
        add    r1,#1           ; laufender Wert + 1
        add    r8,#2           ; laufende Wortadresse + 2
        sub    r0,#1           ; Durchlaufzähler - 1
        jmp    cc_nz,loop1     ; Schleife bis R0 == 0
; Tabelle tab2 <= tab1  Kontrolle durch Endadresse
        mov    r8,#tab1        ; R8 = Anfangsadresse tab1 Quelle
        mov    r9,#tab2        ; R9 = Anfangsadresse tab2 Ziel
loop2:  mov    [r9+],[r8]      ; Ziel <= Quelle  R9 = R9 + 2
        cmpi2  r8,#tab1+126    ; Lauf - Ende    R8 = R8 + 2
        jmp    cc_ult,loop2    ; solange Lauf < Ende
; Kontrollausgabe der Zahlen von 1 bis 64 verzögert auf P2
        mov    DP2,#0ffffh     ; P2 ist Ausgang
        mov    r8,#tab2        ; R8 = laufende Tabellenadresse
loop3:  mov    P2,[r8]         ; P2 <= Wert aus Tabelle
        call   warte           ; wartet ca. 1 sek
        cmpi2  r8,#tab2+126    ; Lauf - Ende    R8 = R8 + 2
        jmp    cc_ult,loop3    ; solange Lauf < Ende
        rets                   ; Rücksprung nach System
        ENDP                   ;
; Unterprogramm wartet ca. 1 sek
warte   PROC   near            ; wartet ca. 30 * 33 ms = 1 sek
;  Siehe Bild 4-32
        ret                    ;
        ENDP
; Daten hinter den Befehlen
        ORG    1000H           ; Speicherbereich
tab1    DS     128             ; reserviert 128 Bytes 64 Wörter
tab2    DS     128             ; reserviert 128 Bytes 64 Wörter
        END                    ; Ende des Quelltextes
```

Bild 4-41: Besetzen, Kopieren und Ausgeben eines Speicherbereiches

Das Programm *Bild 4-42* untersucht einen RAM-Bereich, dessen Anfangs- bzw. Endadresse in den Variablen add1 und add2 abgelegt ist. Die laufende Adresse erscheint auf dem Port P2. Durch Schreiben und Zurücklesen eines Testwertes wird der Speicher auf Fehler untersucht. Im Fehlerfall wartet das Programm auf ein Low am Eingang P7.0; auf P2 wird dabei die Fehleradresse angezeigt. Nach einem Durchlauf wird der Testwert um 1 erhöht, er beginnt nach dem Endwert 0FFH wieder mit 0 (mod 256). Die laufende Adresse muß wegen der indirekten Adressierung des Vergleichsbefehls cmpb in einem der Wortregister R0 bis R3 laufen; gewählt wurde R3.

```
; k4b42.asm Bild 4-42: zyklischer Speichertest Abbruch P7.0 Low
; add1 = Anfangadresse     add2 = Endadresse (letztes Byte)
%include         "hilfe.inc"    ; Deklarationen
haupt   PROC    near            ; Start bei 200h
        mov     DP2,#0ffffh     ; P2 = Ausgabe
        mov     P2,#0           ; P2 = löschen
        movb    rh0,#0          ; RH0 = Anfangs-Testwert
schleife:                       ; zyklische Schleife
        mov     r3,#add1        ; R3 = Anfangsadresse wegen cmpb!
loop:
        jnb     P7.0,ende       ; Abbruchkontrolle der Schleife
        mov     P2,r3           ; P2 = laufende Adresse
        movb    rl0,[r3]        ; RL0 = altes Byte retten
        movb    [r3],rh0        ; Byte <= Testbyte schreiben
        cmpb    rh0,[r3]        ; vergleichen
        jmp     cc_ne,error     ; bei != Fehlermeldung
next:   movb    [r3],rl0        ; bei == altes Byte wieder zurück
        cmpi1   r3,add2         ; Lauf - Ende    R3 = R3 + 1
        jmp     cc_ult,loop     ; solange Lauf < Ende
        addb    rh0,#1          ; Testwert + 1
        jmp     schleife        ; neuer Durchlauf
; Fehler:  warten auf P7.7 = Low
error:
        jb      P7.7,error      ; warte bis P7.7 = Low
        jmp     next            ; mache weiter
ende:
        rets                    ; Zurück nach System
        ENDP
        ORG     300h            ; Datenbereich mit Speicheradressen
add1    DW      1000h           ; Anfangsadresse des Testbereiches
add2    DW      1ffeh           ; Adresse des letzten Bytes
        END                     ; Ende des Quelltextes
```

Bild 4-42: Zyklischer Speichertest

Tastenprellungen (Bild 4-33) lassen sich in einem Speicherbereich ablegen und sichtbar machen. *Bild 4-43* zeigt ein Programm, das auf eine fallende Flanke an P7.7 wartet und dann 512 Leitungszustände im RAM ablegt. Da die Abtastung und Speicherung möglichst schnell erfolgen muß, wird der gesamte Port P7 abgelegt. Bei der Kontrollausgabe auf der Konsole (Unterprogramm putch) erscheint ein Low der Leitung als Zeichen _ und ein High als Zeichen #. Das Beispiel zeigt hinter dem Programmtext ein Protokoll der Konsolausgabe mit putch und einen Speicherauszug (dump) des Monitors. Der Zeitmaßstab ergibt sich aus der Aufzeichnung eines Signals bekannter Frequenz.

```
; k4b43.asm  Bild 4-43: Speicherung von Prellungen an P7.7
%include         "hilfe.inc"    ; Deklarationen
haupt   PROC    far             ; Start bei 200h
start:  mov     r8,#speich      ; R8 = Speicheradresse
warte:  jb      P7.7,warte      ; warte solange P7.7 High
; Aufzeichnung des gesamten Ports
nochmal:                        ; Schleife
        movb    [r8],P7         ; Port als Byte speichern
        cmpi1   r8,#speich+511  ; Lauf - Ende  Lauf = Lauf + 1
        jmp     cc_ult,nochmal  ; bis alle Bytes gespeichert
; Ausgabe seriell auf dem Terminal (PC)
        movb    rl0,#13         ; neue Zeile
        call    putch           ;
        movb    rl0,#10         ;
        call    putch           ;
        mov     r8,#speich      ; R8 = Speicheradresse
```

```
loop:
         movb    rh0,[r8]          ; RH0 = Byte laden
         movb    rl0,#'_'          ; RL0 = Unterstrich für Low
         jnb     r0.15,nieder      ; R0.15 = P7.7 testen
         movb    rl0,#'#'          ; RL0 = Raute für High
nieder:  call    putch             ; _ oder # ausgeben
         cmpi1   r8,#speich+511    ; Lauf - Ende  Lauf = Lauf + 1
         jmp     cc_ult,loop       ; bis alle Bytes ausgegeben
         rets                      ; zurück nach System
         ENDP                      ;
; Unterprogramm gibt Zeichen aus RL0 seriell aus
putch    PROC    near              ; S0TIR == 1: Marke für Sender frei
putch1:  jnb     S0TIR,putch1      ; warte solange Sender nicht frei
         movb    S0TBUF,rl0        ; S0TIR == 1: Sender <= Zeichen
         bclr    S0TIR             ; S0TIR <= 0: Flag wieder löschen
         ret                       ; zurück nach Hauptprogramm
         ENDP                      ;
         ORG     1000H             ; Datenbereich
speich   DS      512               ; Aufzeichnungsspeicher 512 Bytes
         END                       ; Ende des Quelltextes

>g=200 H=
IP=0200 => E6 F8 00 10 *  MOV      R8, #1000


  _#__#################################################################
###############################################_____##____##_____#_##########
############################_____##___##___#____#____###_____##_____
_____
_____
_____
_____

FUNKTION beendet
MONITOR C167
>d=1000
1000 7F 7F FF 7F 7F FF FF FF FF FF FF FF FF FF FF FF
1010 FF FF FF FF FF FF FF FF FF FF FF FF FF FF FF FF
1020 FF FF FF FF FF FF FF FF FF FF FF FF FF FF FF FF
1030 FF FF FF FF FF FF FF FF FF FF FF FF FF FF FF FF
1040 FF FF FF FF FF FF FF FF FF FF FF FF FF FF FF FF
1050 FF FF FF FF FF FF FF FF FF FF FF FF FF FF FF FF
1060 FF FF FF FF FF FF FF FF FF FF FF FF FF FF FF FF
1070 FF FF FF FF FF FF FF FF FF FF FF 7F 7F 7F 7F 7F
1080 FF FF 7F 7F 7F 7F FF FF 7F 7F 7F 7F 7F 7F 7F FF
1090 FF FF FF FF FF FF FF FF FF FF FF FF FF FF FF FF
10A0 FF FF FF FF FF FF FF FF FF FF FF FF FF FF FF FF
10B0 FF FF FF FF FF FF 7F 7F 7F 7F 7F FF 7F 7F 7F 7F
10C0 7F FF FF 7F 7F 7F FF 7F 7F 7F 7F FF 7F 7F 7F FF
10D0 FF FF 7F 7F 7F 7F 7F 7F 7F FF FF 7F 7F 7F 7F 7F
10E0 7F 7F 7F 7F 7F 7F 7F 7F 7F 7F 7F 7F 7F 7F 7F 7F
10F0 7F 7F 7F 7F 7F 7F 7F 7F 7F 7F 7F 7F 7F 7F 7F 7F
#
```

Bild 4-43: Aufzeichnung von Prellungen mit Konsolausgabe und Dump

Das **E**-Bit des PSW wird gesetzt, wenn der Quelloperand bei Byteoperationen den Wert 80H bzw. bei Wortoperationen den Wert 8000H hat. Es läßt sich mit den Bitbefehlen JB und JNB als Sprungbedingung auswerten; der Bezeichner **E** ist bei vielen Assemblern bereits vordefiniert. Beispiel:

```
suche:   cmpb    rl0,[r3]          ; Eingabewert - Tabellenwert
         jb      E,nicht           ; bei 80H: nicht enthalten
```

Die Sprungbedingung **cc_NET** (Not Equal and Not End-of-Table) wertet das Vergleichsergebnis auf Null und auf die Endemarke der Quelloperanden aus.

Das Beispiel *Bild 4-44* durchsucht eine Codetabelle mit der Endemarke 80H nach Codes, die von der Konsole (Unterprogramm `getch`) eingegeben werden. Auf der Ausgabe P2L erscheint der eingegebene ASCII-Code, auf P2H der entsprechende Tabellenwert; die Fehlermarke 55H kennzeichnet den Fall "Nicht enthalten". Das Zeichen *ESC* mit dem Code 1BH bricht das Programm ab.

```
; k4b44.asm  Bild 4-44: Sequentieller Tabellenzugriff
; P2H = decodierter Wert 0000...1010  P2L = ASCII-Code
%include         "hilfe.inc"      ; Deklarationen
haupt   PROC     far              ; Start bei 200h
        mov      DP2,#0ffffh      ; P2 = Ausgabe
loop:   call     getch            ; RL0 <= Zeichen von Konsole
        cmpb     rl0,#1bh          ; ESC == Ende ?
        jmp      cc_eq,ende       ; ja: Abbruch
        mov      r3,#tab          ; R3 = Anfangsadresse
suche:  cmpb     rl0,[r3]         ; Eingabewert - Tabellenwert
        jb       E,nicht          ; bei 80H: nicht enthalten
        jmp      cc_eq,gefu       ; bei gleich:  gefunden
        add      r3,#2            ; bei ungleich: Adresse + 2
        jmp      suche            ; neuer Durchlauf
gefu:   movb     rh0,[r3+#1]      ; RH0 = Tabellenwert
        jmp      aus              ; Ausgabe
nicht:  movb     rh0,#55h         ; RH0 = Fehlermarke
aus:    mov      P2,r0            ; ausgeben
        jmp      loop             ; Schleife bis ESC
ende:
        mov      P2,#0            ; Ausgabe löschen
        rets                      ; nach System
        ENDP
; Unterprogramm liest Zeichen von Konsole nach RL0
getch   PROC     near             ; S0RIR == 1: Marke Zeichen da
getch1: jnb      S0RIR,getch1     ; warte solange kein Zeichen da
        movb     rl0,S0RBUF       ; S0RIR == 1: RL0 <= Empfänger
        bclr     S0RIR            ; S0RIR <= 0: Flag wieder löschen
        ret                       ; zurück nach Hauptprogramm
        ENDP                      ;
        ORG      300H             ; Datenbereich
tab     DB       '0',0,'1',1,'2',2,'3',3,'4',4       ; Tabelle
        DB       '5',5,'6',6,'7',7,'8',9,'9',9,80H  ; 80H = Endemarke
        END                       ; Ende des Quelltextes
```

Bild 4-44: Durchsuchen einer Codetabelle

Die Codetabelle des Bildes 4-44 enthält sowohl die Eingabe- als auch die Ausgabewerte; sie wird fortlaufendend (sequentiell) durchsucht. Bei einem direkten Tabellenzugriff berechnet man aus dem Suchbegriff (Eingabewert) die Adresse des Tabelleneintrags (Ausgabewert) und legt daher nur die Ausgabewerte in der Tabelle ab. Die erforderlichen Adreßrechnungen müssen in den Adreßregistern durchgeführt werden.

Das Beispiel *Bild 4-45* führt die Umcodieraufgabe *"ASCII nach Ausgabewert"* nun über einen direkten Tabellenzugriff durch. Dabei wird vor der Adreßrechnung der zulässige Bereich der Eingabewerte geprüft, um sicherzustellen, daß die berechnete Adresse immer auf die Tabelle zeigt. Anderenfalls müßten alle 256 möglichen Tabellenwerte, also auch die Codes 55H für den Fehlerfall, in der Tabelle abgelegt werden. Dieses Verfahren wird für schnelle Umcodieraufgaben verwendet.

```
; k4b45.asm  Bild 4-45: Direkter Tabellenzugriff
; P2H = decodierter Wert 0000...1010  P2L = ASCII-Code
%include        "hilfe.inc"    ; Deklarationen
haupt   PROC    far            ; Start bei 200H
        mov     DP2,#0ffffh    ; P2 = Ausgabe
loop:   call    getch          ; RL0 <= Zeichen von Konsole
        cmpb    rl0,#1bh       ; ESC == Ende ?
        jmp     cc_eq,ende     ; ja: Abbruch
        cmpb    rl0,#'0'       ; untere Grenze ?
        jmp     cc_ult,nicht   ; < '0': Fehler
        cmpb    rl0,#'9'       ; obere Grenze ?
        jmp     cc_ugt,nicht   ; > '9': Fehler
        movb    rh0,rl0        ; Umrechnung in Adresse
        subb    rh0,#30h       ; Abstand <= Eingabe - 30h
        movbz   r8,rh0         ; R8 <= Abstand ausgedehnt
        add     r8,#tab        ; R8 <= Abstand + Anfangsadresse
        movb    rh0,[r8]       ; RH0 <= Wert aus Tabelle
        jmp     aus            ; Ausgabe
nicht:  movb    rh0,#55h       ; RH0 <= Fehlermarke
aus:    mov     P2,r0          ; ausgeben
        jmp     loop           ; Schleife bis ESC
ende:
        mov     P2,#0          ; Ausgabe löschen
        rets                   ; nach System
        ENDP
; Unterprogramm liest Zeichen von Konsole nach RL0
getch   PROC    near           ; SORIR == 1: Marke Zeichen da
getch1: jnb     SORIR,getch1   ; warte solange kein Zeichen da
        movb    rl0,SORBUF     ; SORIR == 1: RL0 <= Empfänger
        bclr    SORIR          ; SORIR <= 0: Flag wieder löschen
        ret                    ; zurück nach Hauptprogramm
        ENDP                   ;
        ORG     300H           ; Datenbereich
tab     DB      0,1,2,3,4,5,6,7,8,9  ; nur Ausgabewerte ohne Endemarke
        END                    ; Ende des Quelltextes
```

Bild 4-45: Direkter Tabellenzugriff

Tabellen können neben Daten auch Adressen der Daten (Zeiger) oder auch Sprungadressen enthalten, die von den indirekten Sprung- und Unterprogrammbefehlen JMPI und CALLI als Sprungziele verwendet werden. Die Adresse des Sprungziels befindet sich in einem Wortregister. Beispiel:

```
        mov     r8,[r8]    ; lade R8 mit Sprungadresse aus Tabelle
        jmpi    [r8]       ; springe indirekt zur Adresse in R8
```

Bei der Programmierung von Verzweigungen, die eine Kennziffer oder einen Kennbuchstaben als Auswahlbedingung enthalten, führt eine Folge oder eine Schachtelung von einzelnen Vergleichen zu umfangreichen Auswahlstrukturen. Die höhere Programmiersprache C stellt dafür die **switch**-Anweisung zur Verfügung, welche die zu durchlaufenden Programmzweige mit **case**-Konstanten auswählt. Die Tabelle des Assemblerprogramms *Bild 4-46* enthält neben dem Auswahlzeichen die Adresse des Zweiges, der bei Gleichheit ausgeführt werden soll. Jeder Tabelleneintrag besteht aus zwei Wörtern, um sicherzustellen, daß Wortoperationen nur auf Operanden mit geraden Adressen durchgeführt werden. Die Tabelle wird fortlaufend auf das Eingabezeichen durchsucht, bei einem direkten Tabellenzugriff würde die Tabelle nur die Adressen der Sprungziele enthalten. Das Beispiel wurde auf vier Zeichen beschränkt.

```
; k4b46.asm  Bild 4-46: Sprungtabelle als Fallunterscheidung
; P2H = decodierter Wert 0000...0011  P2L = ASCII-Code '0'..'3'
%include        "hilfe.inc"    ; Deklarationen
haupt   PROC    far            ; Start bei 200H
        mov     DP2,#0ffffh    ; P2 = Ausgabe
loop:   call    getch          ; RL0 <= Zeichen von Konsole
        cmpb    rl0,#1bh       ; ESC == Ende ?
        jmp     cc_eq,ende     ; ja: Abbruch
        movbz   r0,rl0         ; R0 <= Wort nullausgedehnt
        mov     r3,#tab        ; R3 <= Zeiger auf Tabelle
nochmal:
        cmp     r0,[r3+]       ; Eingabe - Tabellenwert R3 = R3 + 2
        jb      E,nicht        ; Wert == Endemarke: nicht enthalten
        jmp     cc_eq,gefu     ; Eingabe == Wert: gefunden
        add     r3,#2          ; ungleich: R3 = R3 + 2
        jmp     nochmal        ; neuer Eintrag 4 Bytes weiter
gefu:
        mov     r3,[r3]        ; R3 <= Sprungadresse aus Tabelle
        jmpi    [r3]           ; indirekter Sprung
fall0:  movb    rh0,#0         ; Fall '0'
        jmp     aus            ; Ausgabe
fall1:  movb    rh0,#1         ; Fall '1'
        jmp     aus            ; Ausgabe
fall2:  movb    rh0,#2         ; Fall '2'
        jmp     aus            ; Ausgabe
fall3:  movb    rh0,#3         ; Fall '3'
        jmp     aus            ; Ausgabe
nicht:  movb    rh0,#55h       ; RH0 <= Fehlermarke
aus:    mov     P2,r0          ; ausgeben
        jmp     loop           ; Schleife bis ESC
ende:
        mov     P2,#0          ; Ausgabe löschen
        rets                   ; nach System
        ENDP
; Unterprogramm liest Zeichen von Konsole nach RL0
getch   PROC    near           ; S0RIR == 1: Marke Zeichen da
getch1: jnb     S0RIR,getch1   ; warte solange kein Zeichen da
        movb    rl0,S0RBUF     ; S0RIR == 1: RL0 <= Empfänger
        bclr    S0RIR          ; S0RIR <= 0: Flag wieder löschen
        ret                    ; zurück nach Hauptprogramm
        ENDP                   ;
        ORG     300H           ; Datenbereich
tab     DW      30h,fall0      ; Konstante , Sprungziel
        DW      31h,fall1      ; Konstante , Sprungziel
        DW      32h,fall2      ; Konstante , Sprungziel
        DW      33h,fall3      ; Konstante , Sprungziel
        DW      8000h          ; Endemarke der Tabelle
        END                    ; Ende des Quelltextes
```

Bild 4-46: Sprungtabelle als Fallunterscheidung

4.5.2 Eindimensionale Felder in C

Die einfachste Form der Speicheradressierung ist der Zugriff auf eindimensionale Felder mit einem Index. Abschnitt 4.5.3 behandelt mehrdimensionale Felder, Strukturen und Zeigeradressierung. Das Beispiel vereinbart ein Feld x aus 64 Wörtern und löscht alle Elemente in einer **for**-Schleife. Für **64** Elemente läuft der Index von **0** bis **63**.

```
unsigned int x[64], i;              // Feld und Laufindex
for (i = 0; i < 64; i++) x[i] = 0;  // Schleife von 0 bis 63
```

Bei der *Dimensionierung* eines Feldes gibt man die Anzahl der Elemente an. Beim Zugriff auf die Feldelemente beginnt der Index mit **0** und endet mit der Anzahl der Elemente **− 1**. Der Index ist ein *ganzzahliger Ausdruck*, also eine Konstante, Variable oder ein arithmetischer Ausdruck innerhalb der vereinbarten Grenzen. Oft legt man die Größe des Feldes mit einer Symbolkonstanten fest, für die der Compiler den vereinbarten Wert in die Dimensionierung und die Adressierung einsetzt. Beispiel:

```
#define N 64                       // Symbolkonstante
int main(void)
{
  unsigned int x[N], i;            // Feld und Laufindex
  for (i = 0; i < N; i++) x[i] = i; // Schleife von 0 bis N-1
```

Für die *fortlaufende Adressierung* eines Feldes sollte man nach Möglichkeit **for**-Schleifen verwenden. Die Laufparameter können Konstanten, Variablen oder arithmetische Ausdrücke sein. Das Programm *Bild 4-47* füllt einen Speicherbereich mit den Werten von 1 bis 64, also dem Laufindex +1, kopiert die Werte in ein zweites Feld und gibt dieses zeitverzögert auf dem Port P2 aus.

```
/* k4b47.c  Bild 4-47: Besetzen und Kopieren von Feldern */
/* tab1 = Quell-Tabelle    tab2 = Ziel-Tabelle 64 Woerter */
#include <reg167.h>
#define  N 64                        // Symbolkonstante

void warte (void)                    // wartet ca. 1 sek
{
  unsigned int x, y;
  for(x = 1; x <= 30; x++) for (y = 0; y <= 65535; y++);
}

int main (void)
{
  unsigned int tab1[N], tab2[N], i;  // Felder vereinbaren
  for (i = 0; i < N; i++) tab1[i] = i+1;   // Zaehler + 1 laden
  for (i = 0; i < N; i++) tab2[i] = tab1[i]; // Felder kopieren
// Kontrollausgabe von tab2 auf Port P2
  DP2 = 0xffff;                      // Port P2 ist Ausgang
  for (i = 0; i < N; i++)
  {
   P2 = tab2[i];                     // Ausgabe von 1 bis 64
   warte();                          // wartet ca. 1 ms
  }
  return 0;                          // zurueck nach System
}
```

Bild 4-47: Besetzen, Kopieren und Ausgeben eines Feldes

Bild 4-48 zeigt ein Speichertestprogramm. Die Adresse des Speicherbereiches wird vom Compiler bzw. Linker/Locator vergeben. Innerhalb der wiederholenden Testschleife **do-while** liegt die **for**-Schleife, die alle Speicherelemente durchläuft. In dieser wird die Abbruchbedingung mit dem Taster P7.0 kontrolliert. Ist sie erfüllt, so wird die **for**-Schleife mit **break** und anschließend die Testschleife mit nicht erfüllter Laufbedingung verlassen. Dabei wird vorausgesetzt, daß sich das Signal zwischen den beiden Entscheidungen nicht ändert, anderenfalls müßte es in einer Bitvariablen gespeichert werden.

```
/* k4b48.c  Bild 4-48:   Speichertest */
#include <reg167.h>
#define  N 64                  // Symbolkonstante
sbit lauf = P7^0;              // Laufkontrolle P7.0
sbit weiter = P7^7;            // fortsetzen mit P7.7

int main (void)
{
 unsigned char  tab[N], i, retter, test = 0;
 DP2 = 0xffff;                 // Port P2 ist Ausgang
 do                           // zyklische Testschleife
 {
  for (i = 0; i < N; i++)      // fuer alle Feldelemente
  {
   if (~lauf) break;           // fuer P7.0 = Low: Abbruch
   P2 = i;                     // laufenden Index ausgeben
   retter = tab[i];            // Wort retten
   tab[i] = test;              // Testwert einschreiben
   if (tab[i] != test)         // wenn Speicherfehler
   {
    while (weiter);            // warte auf P7.7 = Low
   }
   tab[i] = retter;            // geretteten Wert zurueckschreiben
  }
  test++;                      // Testwert + 1 mod 256
 }
 while(lauf);                  // solange P7.0 = High
 return 0;                     // zurueck nach System
}
```

Bild 4-48: Speichertest

Bild 4-49 zeigt ein Programm, das auf eine fallende Flanke an P7.7 wartet und dann die folgenden 512 Leitungszustände in einem Feld ablegt. Wegen der erforderlichen hohen Abtastgeschwindigkeit wird der gesamte Port und nicht die einzelne Bitposition gespeichert. Bei Tastenprellungen (Bild 4-33) bleibt die Leitung nicht auf Low, sondern geht mehrmals wieder auf High zurück. Für die Auswertung gibt es folgende Möglichkeiten:
- Darstellung des Speicherinhalts mit dem Monitor (nur in der Testphase),
- Ausgabe des Leitungszustandes auf der Konsole (Bild 4-43) oder
- zyklische Ausgabe auf einem anderen Port und oszillographische Messung.

Das Beispiel ruft für die Konsolausgabe eine benutzerdefinierte Funktion putch aus, die direkt auf die asynchrone serielle Schnittstelle zugreift. In der Bibliothek stdio, die mit #include <stdio.h> zugeordnet wird, gibt es eine entsprechende Systemfunktion.

```
/* k4b49.c  Bild 4-49:  Prellungen aufzeichnen und ausgeben */
#include <reg167.h>
#define  N 512                    // Symbolkonstante
sbit taste = P7^7;                // Eingabetaste

void putch(unsigned char x)       // Zeichen auf Konsole ausgeben
{
  while (~S0TIR);                 // warte bis Sender frei
  S0TBUF = x;                     // frei: Sender <= Zeichen
  S0TIR = 0;                      // Sender besetzt
}

int main (void)
{
  unsigned int speich[N], i;      // Aufzeichnungsspeicher
  while(taste);                   // warte bis P7.7 = Low
  for (i=0; i<N; i++) speich[i]=P7;  // P7 speichern
  putch(10); putch(13);           // neue Zeile
  for (i = 0; i < N; i++)         // fuer alle Zustaende
  {
    if ( (speich[i] & 0x0080) == 0) putch('_');   // Low:  _ ausgeben
    else putch('#');                              // High: # ausgeben
  }
  return 0;                       // zurueck nach System
}
```

Bild 4-49: Speicherung und Ausgabe von Prellungen

Beim sequentiellen Durchsuchen einer Tabelle ist zwischen den beiden Fällen *nicht enthalten* und *gefunden* zu unterscheiden. Die Codetabelle des *Bildes 4-50* enthält sowohl Eingabewerte, die von der Konsole gelesen werden, als auch Ausgabewerte, die auf dem Port P2 zusammen mit dem Code des gelesenen Zeichens ausgegeben werden. Die **for**-Schleife läuft daher mit der Schrittweite 2. Für den Fall, daß das Eingabezeichen nicht in der Tabelle enthalten ist, erscheint die Fehlermarke 0x55. Das Zeichen *ESC* mit dem Code 0x1b bricht die Leseschleife ab. Die beiden Funktionen getch (Zeichen von der Konsole holen) und putch (Zeichen auf der Konsole ausgeben) greifen direkt auf die asynchrone serielle Schnittstelle zu.

```
/* k4b50.c  Bild 4-50: Sequentieller Tabellenzugriff */
#include <reg167.h>
#define N 21                 // Anzahl der Tabellenelemente
unsigned char getch(void)    // Zeichen von Konsole lesen
{
  unsigned char buf;
  while (~S0RIR);            // bis Zeichen da
  buf = S0RBUF;             // Zeichen da: abholen
  S0RIR = 0;                // Empfang bestaetigen
  return buf;               // Zeichen zurueckgeben
}

void putch(unsigned char x)  // Zeichen nach Konsole ausgeben
{
  while (~S0TIR);           // solange Sender belegt
  S0TBUF = x;              // frei: Zeichen nach Sender
  S0TIR = 0;              // Sender belegen
}
```

```
int main (void)                       // Hauptfunktion
{
 unsigned char tab [N] =  {'0',0,'1',1,'2',2,'3',3,'4',4,'5',5, \
                           '6',6,'7',7,'8',8,'9',9,0x80};
 unsigned char ein, aus, i;
 DP2 = 0xffff;                         // P2 ist Ausgang
 while(1)
 {
  ein = getch(); putch(ein);          // lesen mit Echo
  if (ein == 0x1b) break;             // Abbruch mit ESC
  for (i = 0; i < N; i+=2)            // Schritt i = i + 2
  {
   if (tab[i] == 0x80) { aus = 0x55; break; }       // Tabellenende
   if (tab[i] == ein) { aus = tab[i+1]; break; }    // gefunden
  }
  P2 = aus << 8 | ein;                // Wert und ASCII-Code ausgeben
 }
 return 0;                            // zurueck nach System
}
```

Bild 4-50: Durchsuchen einer Codetabelle

Das Beispiel *Bild 4-51* führt die Umcodieraufgabe über einen direkten Tabellenzugriff durch. Die Tabelle enthält nur noch die Ausgabewerte, deren Adresse durch eine Index-rechnung bestimmt wird. Der Fehlerfall *nicht enthalten* muß durch eine Bereichskon-trolle abgefangen werden. Um Fehler in der Indexrechnung zu vermeiden, wäre es vorteilhaft, den Index gesondert zu berechnen und auf die Grenzen 0 und N-1 zu über-prüfen. Die Funktionen zur Eingabe und Ausgabe von Zeichen über die Konsole werden einer Systembibliothek `stdio` entnommen, die mit `#include` zugeordnet wird. Auf der Ausgabe erscheint auf jeweils einer neuen Zeile die Eingabemarke **>**.

```
/* k4b51.c  Bild 4-51: Direkter Tabellenzugriff */
#include <reg167.h>
#include <stdio.h>                     // enthaelt putchar und getchar
#define N 10                           // Anzahl der Tabellenelemente
int main (void)
{
 unsigned char tab [N] =  {0,1,2,3,4,5,6,7,8,9};  // Tabelle
 unsigned char ein, aus;
 DP2 = 0xffff;                         // Port P2 ist Ausgang
 while(1)
 {
  putchar('\n'); putchar('\r'); putchar('>'); // neue Zeile Prompt
  ein = getchar();                     // lesen mit Echo
  if (ein == 0x1b) break;              // Abbruch mit ESC
  if (ein < '0' || ein > '9') aus = 0x55;    // ausserhalb
    else aus = tab [ein - 0x30];              // in Tabelle
  P2 = aus << 8 | ein;                 // Wert und ASCII-Code ausgeben
 }
 return 0;                             // zurueck nach System
}
```

Bild 4-51: Direkter Tabellenzugriff

4.5.3 Mehrdimensionale Felder, Strukturen und Zeiger

Zwei- und mehrdimensionale Felder vereinfachen die Programmierung. Die Codetabelle des Bildes 4-50 war in einem *eindimensionalen* Feld gespeichert, das abwechselnd den Eingabe- und den Ausgabewert enthielt. In *zweidimensionaler* Anordnung besteht ein Eintrag aus zwei Indexpositionen. In der ersten Indexposition des Beispiels stehen Zeichen, in der zweiten stehen die entsprechend umcodierten Ausgabewerte.

```
unsigned char x[2][4] = { {'0','1','2','3'}, {0,1,2,3} };
if (x[0][i] == ein) aus = x[1][i];   // direkter Tabellenzugriff
```

Die Elemente eines zweidimensionalen Feldes liegen, beginnend mit dem Index [0][0], linear im Speicher. Die Elemente des Beispiels haben die Anordnung :

Index	x[0][0]	x[0][1]	x[0][2]	x[0][3]	x[1][0]	x[1][1]	x[1][2]	x[1][3]
Adr.	+0	+1	+2	+3	+4	+5	+6	+7
Inhalt	'0'	'1'	'2'	'3'	0	1	2	3

Das Programm *Bild 4-52* speichert einen laufenden Zähler in `tab[0][i]` und einen Meßwert in `tab [1][i]` ab. Die zweite Indexposition enthält die Nummer einer Messung. Für die Kontrollausgabe auf dem Port P2 werden Zähler und Wert zusammen-geschoben.

```
/* k4b52.c Bild 4-52: Zweidimensionales Feld */
#include <reg167.h>
#define ANZ 10
sbit ein = P7^7;              // Eingabe-Signal
sbit aus = P7^0;              // Ausgabe-Signal
int main (void)
{
 unsigned char tab[2][ANZ];   // 2dim Feld fuer Nr. und Wert
 unsigned int  i;             // Laufvariable
 DP2 = 0xffff;
 P2 = 0;                      // Zaehler loeschen
 for (i = 0; i < ANZ; i++)    // Eingabe-Schleife
 {
  while(ein);                 // warte auf fallende Flanke P7.7
  tab[0][i] = i+1;            // Zaehler
  tab[1][i] = P7;             // Wert
  P2++;                       // Port P2 + 1
  while(~ein);                // warte auf steigende Flanke P7.7
 }
 for (i = 0; i < ANZ; i++)    // Ausgabe-Schleife
 {
  while(aus);                 // warte auf fallende Flanke P7.0
  P2 = tab[0][i] << 8 | tab[1][i] ;  // Zaehler und Wert ausgeben
  while(~aus);                // warte auf steigende Flanke P7.0
 }
 while (aus);
 P2 = 0x5555;                 // Fertigmarke ausgeben
 return 0;
}
```

Bild 4-52: Zweidimensionales Feld in C

Sind die Elemente eines Eintrags nicht vom gleichen Datentyp, so verwendet man eine *Struktur*, die Komponenten unterschiedlicher Datentypen zusammenfaßt. Dabei kann es erforderlich sein, einen neuen Datentyp zu deklarieren. Felder können aus Strukturen bestehen, und Strukturen können Felder als Elemente enthalten. Das Beispiel deklariert einen neuen Datentyp me s sung, der aus Komponenten der Datentypen Wort, Byte und Bytefeld (String) besteht, und vereinbart damit ein Feld aus 10 Elementen.

```
struct messung               // Strukturtyp deklarieren
{
 unsigned int nummer;        // Wort-Komponente
 unsigned char wert;         // Byte-Komponente
 unsigned char text[30];     // String-Komponente
};
struct messung port [10];    // Feld aus 10 Strukturelementen
port[i].nummer = 0;          // i. Wort-Komponente
```

Das Programm *Bild 4-53* verwendet ein aus Strukturelementen bestehendes Feld zum Speichern eines laufenden Zählers und des entsprechenden Meßwertes, der vom Port P7 eingegeben wird.

```
/* k4b53.c Bild 4-53: Struktur als Feldelement */
#include <reg167.h>
#define ANZ 10
struct messtyp               // Strukturtyp deklarieren
{
 unsigned int nummer;        // Komponente 16 bit
 unsigned char wert;         // Komponente 8 bit
};

sbit ein = P7^7;             // Eingabe-Signal
sbit aus = P7^0;             // Ausgabe-Signal

int main (void)
{
 struct messtyp port [ANZ];  // Feld aus ANZ Strukturen
 unsigned int i;             // Laufindex
 DP2 = 0xffff;               // P2 ist Ausgang
 P2 = 0;                     // Zaehler loeschen
 for (i = 0; i < ANZ; i++)   // Eingabe-Schleife
 {
  while(ein);                // warte auf fallende Flanke P7.7
  port[i].nummer = i;        // Komponente fuer Zaehler
  port[i].wert = P7;         // Komponente fuer Wert
  P2++;                      // Port P2 + 1
  while(~ein);               // warte auf steigende Flanke P7.7
 }
 for (i = 0; i < ANZ; i++)   // Ausgabe-Schleife
 {
  while(aus);                // warte auf fallende Flanke P7.0
  P2 = port[i].nummer << 8 | port[i].wert ;   // Zaehler und Wert
  while(~aus);               // warte auf steigende Flanke P7.0
 }
 return 0;
}
```

Bild 4-53: Struktur als Feldelement

Bisher wurde die Größe des Feldes bereits zur Übersetzungszeit entweder mit einer Konstanten oder mit einer Symbolkonstanten festgelegt. *Dynamische Felder*, deren Größe erst zur Laufzeit bestimmt wird, werden mit *Zeigern* adressiert.

Ein **Zeiger** ist eine Variable, welche die *Adresse* einer anderen Variablen oder eines Bereiches oder einer Funktion enthält. Die wichtigsten Regeln für Zeiger lauten:

Aufgabe	Ausdruck	Beispiel
Zeiger vereinbaren	*Name*	`INT *zeig, i;`
Zeiger auf Variable setzen	*Name* = &Bezeichner;	`zeig = &i;`
Zeiger auf dynamischen Speicher	`malloc    calloc`	`zeig = malloc(...`
Operation mit einer *Referenzvariablen*	*Name*	`*zeig = 0;`
Operation mit einer *Strukturkomponente*	(*Name*).Komponente Name ->Komponente	`(*xp).zahl = 0;` `xp->zahl = 0;`
Operation mit dem **Zeiger**	*Name*	`zeig++;`

Bei *Vereinbarungen* kennzeichnet der Operator `*` vor dem Namen, daß eine Zeigervariable und nicht eine Datenvariable vereinbart wird. In *Ausdrücken* dient der `*` als Indirektions- oder Dereferenzierungsoperator: führe die Operation mit dem bezeichneten Objekt durch. Nach Zuordnung einer Standardbibliothek mit `#include <stdlib.h>` gestattete der untersuchte Compiler die dynamische Zuweisung und Freigabe von Speicher zur Laufzeit des Programms. Im Gegensatz zu `malloc` übergibt `calloc` den Inhalt mit 0 vorbesetzt. Die entsprechenden Zeiger sind mit **far** zu kennzeichnen.

Zeiger = (*Datentyp**) `malloc` (Anzahl `*` Datenlänge);
Zeiger = (*Datentyp**) `calloc` (Anzahl , Datenlänge);
                    `sizeof` (Datentyp) liefert die Datenlänge
`free` (Zeiger);

Das Beispiel vereinbart einen **far** Zeiger auf Daten vom Typ **unsigned int**, fordert Speicher für 10 Elemente an und adressiert sie sowohl mit einem Index als auch mit der Zeigerarithmetik.

```
unsigned int far px;              // Zeiger auf dynamisches Feld
px = (unsigned int*) malloc(10 * sizeof(unsigned int) );
for (i = 0; i < 10; i++) px [i] = 0;       // Indexadressierung
for (i = 0; i < 10; i++) *(px + i) = i+1; // Zeigerarithmetik
```

Das Programm *Bild 4-54* zeigt Beispiele für die Anwendung von Zeigern. Der Zeiger `px` wird auf die Adresse der fest vereinbarten Variablen x gesetzt. Nun sind Operationen sowohl über die Variable als auch über den Zeiger möglich. Für die Zeiger pa und pb wird dynamisch Speicher angefordert und wieder freigegeben. Die Adressierung erfolgt mit einem Index bzw. mit der Zeigerarithmetik.

```
/* k4b54.c Bild 4-54: Zeiger und dynamische Felder */
#include <reg167.h>
#include <stdlib.h>                // malloc calloc free
#define ANZ 10
sbit taste = P7^7;
int main(void)
{
 unsigned int i, x, *px;          // Variable und Zeiger auf
 unsigned int far *pa, far *pb;   // far Zeiger auf dyn. Felder
 DP2 = 0xffff;                     // P2 ist Ausgang
// Zeiger anstelle einer Variablen
 px = &x;                          // setze Zeiger auf Adresse von x
 while(taste)                      // solange P7.7 High
 {
   x = P7;                         // als Variable gelesen
   P2 = *px;                       // mit Zeiger ausgegeben
 }
// dynamisches Feld mit Index adressiert
 pa = (unsigned int*) malloc(ANZ * sizeof(unsigned int) );
 for (i = 0; i < ANZ; i++) pa [i] = i+1;
// dynamisches Feld mit Zeiger adressiert
 pb = (unsigned int*) calloc(ANZ, sizeof(unsigned int) );
 for (i = 0; i < ANZ; i++) *(pb + i) = (i+1) ;
// Kontrollausgabe mit steigender Flanke Taste P7.7
 i = 0;
 while (1)                         // Schleife mit Reset abbrechen
 {
  while (~taste);                  // warte solange P7.7 Low
  P2 = pa[i] << 8 | pb[i];         // zusammensetzen als Feldelemente
  i++;                             // Index + 1
  while (taste);                   // warte solange P7.7 High
 }
free(pb); free(pb);                // Speicher freigeben
 return 0;
}
```

Bild 4-54: Zeiger und dynamische Felder

Strukturen können auch Zeiger als Komponenten enthalten. Ein Anwendungsbeispiel sind **verkettete Listen**, die neben den Daten auch Zeiger auf Nachbarelemente enthalten. Einfach-verkettete Listen lassen sich nur linear vom Anfang (Kopf) bis zum Ende (Marke NULL) durchsuchen, ein direkter Datenzugriff wie bei Feldern ist nicht möglich. Listenelemente werden jedoch einfach durch Ändern der Adressen angehängt, entfernt und eingefügt.

Das Beispiel *Bild 4-55* zeigt eine einfach-verkettete Liste aus Meßwerten. Der Zeiger kopfz hat zunächst den Anfangswert NULL (leer); danach enthält er immer die Adresse des ersten Elementes. Der Zeiger altz hat den Anfangswert NULL (leer) und zeigt später auf das Vorgängerelement, in dessen Zeigerteil die Adresse des Nachfolgers eingetragen wird. Der Zeiger neuz erhält durch calloc die Adresse des neuen Listenelementes zugewiesen. Dort werden die neuen Daten und die Endemarke NULL eingetragen. Diese wird beim Anhängen eines weiteren Elementes mit der neuen Adresse überschrieben. Die Länge der verketteten Liste hängt vom verfügbaren Speicher ab. Die Funktionen malloc und calloc liefern den Zeiger NULL zurück, wenn die Anforderung nicht erfüllt werden konnte. Dieser Fall wird in dem Beispiel nicht abgefangen.

```
/* k4b55.c  Bild 4-55: Aufbau einer verketteten Liste */
#include <reg167.h>
#include <stdlib.h>              // malloc calloc free
#define ANZ 10                   // 10 Listenelemente
sbit taste = P7^7;
struct liste                     // Typdeklaration fuer Elemente
  {
  unsigned int zahl;             // Datenelement
  struct liste far *nach;        // Zeiger auf Nachfolger
  };

int main(void)
{
  struct liste far *kopfz = NULL;  // Kopfzeiger
  struct liste far *neuz  = NULL;  // laufender Zeiger
  struct liste far *altz  = NULL;  // Zeiger auf Vorgaenger
  unsigned int i;                  // nur Durchlaufzaehler
  DP2 = 0xffff;                    // P2 ist Ausgang
// einfach verkette Liste aufbauen
  for (i = 1; i <= ANZ; i++)       // nur Durchlaufzaehler
    {
    while (taste);                 // warte auf fallende Flanke
    altz = neuz;                   // Vorgaenger wird Nachfolger
    neuz = (struct liste *) calloc(1, sizeof(struct liste) );
    neuz->zahl = P7;               // Wert von P7 eintragen
    neuz->nach  = NULL;            // neues Element keinen Nachfolger
    if (kopfz == NULL) kopfz = neuz;  // 1.Element:  Kopf <= Zeiger
      else altz->nach = neuz;      // sonst: Vorgaenger <= Zeiger
    while (~taste);                // warte auf steigende Flanke
    P2++;                          // Kontrollzaehler
    }
// einfach verkettete Liste zur Kontrolle ausgeben
  neuz = kopfz;                    // laufender Zeiger auf Kopf
  while (neuz != NULL)             // solange kein Ende erreicht
    {
    while (taste);                 // warte auf fallende Flanke
    P2 = neuz->zahl;               // Wert ausgeben
    neuz = neuz->nach;             // laufender Zeiger <= Nachfolger
    while (~taste);                // warte auf steigende Flanke
    }
  return 0;
}
```

Bild 4-55: Aufbau und Ausgabe einer verketteten Liste

Mehrdimensionale und dynamische Felder, Strukturen sowie besonders Zeiger und Objekte sind bei C-Programmierern außerordentlich beliebt. Vor ihrer Anwendung in der Mikrocontrollertechnik sollte man jedoch den vom Compiler erzeugten Code überprüfen. Dabei könnte es sich zeigen, daß in zeitkritischen Fällen der Zugriff auf einfache lineare Datenstrukturen den schnelleren und kürzeren Code liefert.

4.6 Unterprogrammtechnik

Bei umfangreichen Programmieraufgaben ist es zweckmäßig, Teilprobleme auf Unterprogramme (*Bild 4-56*) zu verlagern. Ein Beispiel sind Unterprogramme mit Verzögerungsschleifen, die mit `call warte` bzw. `warte();` aufgerufen werden.

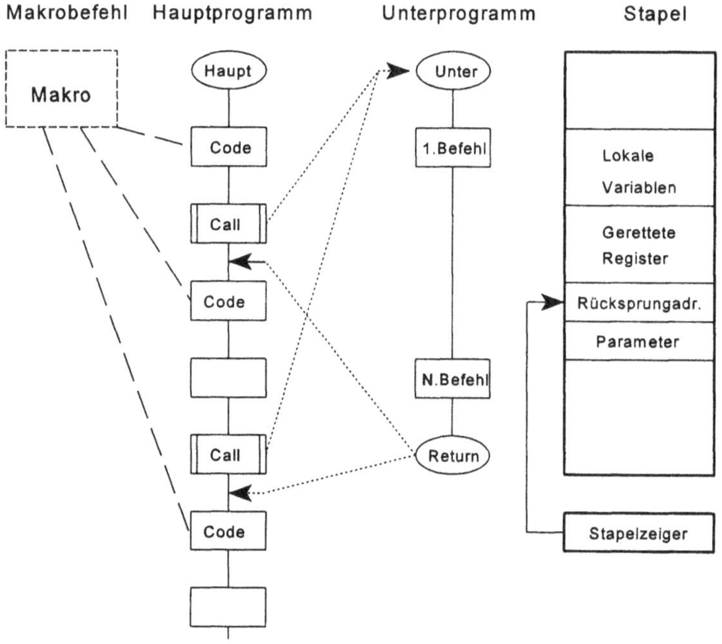

Bild 4-56: Makrobefehle und Unterprogramme

Kürzere Befehlsfolgen werden als *Makro* vereinbart und vom Übersetzer an der Stelle des Aufrufs eingebaut. Der Code eines Makrobefehls erscheint bei *jedem* Aufruf erneut im Programm.

Unterprogramme werden mit einem besonderen `call`-Befehl aufgerufen, der die Adresse des nächsten Befehls - die Rücksprungadresse - auf den Stapel legt und zum ersten Befehl des Unterprogramms springt. Der `return`-Befehl am Ende des Unterprogramms führt zurück an die Stelle des Aufrufs. Der Code des Unterprogramms ist nur *einmal* vorhanden und kann von verschiedenen Stellen aus aufgerufen werden.

Der *Stapel* ist ein RAM-Bereich, der vom *Stapelzeiger* SP als Zeiger adressiert wird. Bei jedem Aufruf eines Unterprogramms (`call`) wird der Befehlszeiger IP automatisch auf den Stapel gerettet und bei jedem Rücksprung (`return`) wieder zurückgeladen. Der Stapel dient darüber hinaus zur Übergabe von Parametern zwischen Haupt- und Unterprogramm, zum Retten von Registern und auf Aufbau von lokalen Variablen. Der Stapelzeiger wird automatisch *vor* jedem Stapel-Schreiben um 2 vermindert und *nach* jedem Stapel-Lesen um 2 erhöht. Dadurch kann ein Unterprogramm weitere Unterprogramme aufrufen; rekursiv sogar sich selbst.

4.6.1 Assembler-Unterprogramme

Die bedingten bzw. unbedingten `call`-Befehle zum *Aufruf* eines Unterprogramms legen die Rücksprungadresse auf den Stapel und springen dann wie die entsprechenden Sprungbefehle zum ersten Befehl des gerufenen Programms. Die Rücksprungadresse ist die Adresse des auf den `call`-Befehl folgenden Befehls. Der `ret`-Befehl holt den Befehlszeiger IP vom Stapel zurück. Bei den folgenden Befehlen liegen beide Programme im gleichen Segment, der Code-Segment-Zeiger CSP bleibt unverändert.

Befehl	Operand	E	Z	V	C	N	Wirkung
CALLA	cc_ , Ziel	-	-	-	-	-	SP <= SP - 2, IP auf Stapel, dann springe absolut
CALLR	Ziel	-	-	-	-	-	SP <= SP - 2, IP auf Stapel, dann springe relativ
CALLI	cc_ , [Rw]	-	-	-	-	-	SP <= SP - 2, IP auf Stapel, dann springe indirekt
RET		-	-	-	-	-	IP vom Stapel, dann SP <= SP + 2

- die Bedingung wird durch den Unterprogrammbefehl nicht verändert

Einzelbit -Bedingung cc_		Unsigned-Bedingung cc_		Signed-Bedingung cc_	
cc_UC	*immer* (unbedingt)	cc_ULT	kleiner als	cc_SLT	kleiner als
cc_Z	gleich Null (Z=1)	cc_ULE	kleiner/gleich	cc_SLE	kleiner/gleich
cc_NZ	ungleich Null (Z=0)	cc_EQ	gleich	cc_EQ	gleich
cc_C	Carry (C=1)	cc_NE	ungleich	cc_NE	ungleich
cc_NC	No Carry (C=0)	cc_UGE	größer/gleich	cc_SGE	größer/gleich
cc_N	Negativ (N=1)	cc_UGT	größer als	cc_SGT	größer als
cc_NN	Nicht Negativ (N=0)				
cc_V	Overflow (V=1)				
cc_NV	Nicht Overflow (V=0)				
cc_NET	!= 0 UND != Tabellenende				

Liegt das Unterprogramm in einem anderen Segment als das aufrufende Programm, so müssen der Code-Segment-Zeiger CSP *und* der Befehlszeiger IP gerettet und wieder zurückgeladen werden.

Befehl	Operand	E	Z	V	C	N	Wirkung
CALLS	Segment,Ziel	-	-	-	-	-	SP <= SP - 2, CSP nach Stapel SP <= SP - 2, IP nach Stapel, springe intersegment
RETS		-	-	-	-	-	IP vom Stapel, dann SP <= SP + 2 CSP vom Stapel, dann SP <= SP + 2

- die Bedingung wird durch den Unterprogrammbefehl nicht verändert

Unterprogramme können vor oder hinter dem aufrufenden Programm angeordnet werden; meist legt man sie dahinter. Für den Aufruf bieten die Assembler zwei Möglichkeiten. Der erste Befehl wird wie ein Sprungziel mit dem Namen (Bezeichner) des Unterprogramms gefolgt von einem Doppelpunkt gekennzeichnet. Mit den Befehlen ret bzw. rets, die nicht unbedingt an letzter Stelle stehen müssen, wird das Unterprogramm verlassen. Beispiel:

```
          call    upro          ; Aufruf intrasegment

upro: mov     r0,p7         ; 1.Befehl Bezeichner mit Doppelpunkt
      cmp     r0,#55h       ; Vergleich
      jmpr    cc_ne,neu     ; springe bei ungleich
      ret                   ; sonst Rücksprung intrasegment
neu:  jmpr    upro          ; Schleife
```

Als zweite Möglichkeit bieten viele Assembler besondere Direktiven, die je nach Speichermodell zwischen intersegment (far) und intrasegment (near) Unterprogrammen unterscheiden. Die Angabe eines Attributes far bzw. near ist wahlfrei.

Namensfeld	Anweisung	Operandenfeld			Anwendung
	call	far	near	Bezeichner	Unterprogrammaufruf
Bezeichner	**PROC**	far	near		Anfang des Unterprogramms
	ret				Rücksprung near oder far
Bezeichner	**ENDP**				Ende des Unterprogramms

Das Beispiel enthält die Assemblerdirektiven PROC und ENDP mit dem Attribut near.

```
          call    near upro     ; Aufruf intrasegment nahe

upro  PROC    near          ; intrasegment nahe ohne Doppelpunkt
                            ; 1. Befehl
      ret                   ; Rücksprung hier nahe
upro  ENDP                  ; Bezeichner wahlfrei
```

Für *Stapeloperationen* steht eine Reihe von Befehlen zur Verfügung, die automatisch den Stapelzeiger als *Adreßregister* verwenden. Für die Wortregister **Rw** setzt der Assembler die SFR-Adresse ein.

Befehl	Operand	E	Z	V	C	N	Wirkung
PUSH	SFR-Register	*	*	-	-	*	SP <= SP - 2, dann lege SFR-Register auf Stapel
POP	SFR-Register	*	*	-	-	*	lade SFR-Register vom Stapel, dann SP <= SP + 2
PCALL	SFR-Reg , Ziel	*	*	-	-	*	SP <= SP - 2, dann lege SFR-Register auf Stapel SP <= SP - 2, IP auf Stapel, springe zum Ziel
RETP	SFR-Register	*	*	-	-	*	IP vom Stapel, dann SP <= SP + 2 lade SFR-Register vom Stapel, dann SP <= SP + 2
SCXT	SFR , #16 SFR , men	-	-	-	-	-	SP <= SP - 2, SFR auf Stapel, lade SFR mit Konst. SP <= SP - 2, SFR auf Stapel, lade SFR mit Speich.

- die Bedingung wird nicht verändert   * die Bedingung wird verändert

Da Unterprogramme mit den gleichen Registern wie das Hauptprogramm arbeiten, ist es zweckmäßig, die vom Unterprogramm zerstörten Register mit `push`-Befehlen zu retten und mit `pop`-Befehlen wiederherzustellen. Die GPR-Register werden vom Assembler mit ihren SFR-Adressen angesprochen. Beispiel:

```
warte   PROC    near                ; nahes Unterprogramm
        push    r0                  ; rette R0
; Befehle des Unterprogramms zerstören R0
        pop     r0                  ; hole altes R0 zurück
        ret                         ; Rücksprung
warte   ENDP                        ; Endemarke des Unterprogramms
```

Parameter sind Werte, die zwischen dem aufrufenden Programm und dem Unterprogramm übergeben werden. Im einfachsten Fall werden Werte bzw. die Adressen der Werte in Registern übergeben. Das Hauptprogramm *Bild 4-57* übergibt die Adresse des auszugebenden Strings im Register R1. Das Unterprogramm `puts` übergibt den Wert des auszugebenden Zeichens in RL0 an ein weiteres Unterprogramm `putch`.

```
; k4b57.asm   Bild 4-57: Parameterübergabe in Registern
%include "hilfe.inc"        ; Deklarationen
haupt   PROC    far         ; Hauptprogramm Start bei 200h
        mov     r1,#hallo   ; R1 <= Adresse des Textes
        call    puts        ; Text ausgeben
        ret                 ; Rücksprung
haupt   ENDP
;  Unterprogramm gibt nullterminierten String aus R1 = Adresse
puts    PROC    near        ;
        push    r0          ; R0 retten
        push    r1          ; R1 retten
puts1:  movb    rl0,[r1+]   ; RL0 <= Zeichen  Adresse + 1
        jmpr    cc_z,puts2  ; Endemarke Null: fertig
        call    putch       ; sonst Zeichen ausgeben
        jmpr    puts1       ; Schleife
puts2:
        pop     r1          ; R1 zurück
        pop     r0          ; R0 zurück
        ret                 ; Rücksprung
puts    ENDP                ;
; Unterprogramm gibt Zeichen aus RL0 seriell aus
putch   PROC    near        ; SOTIR == 1: Marke für Sender frei
putch1: jnb     SOTIR,putch1 ; warte solange Sender nicht frei
        movb    SOTBUF,rl0  ; SOTIR == 1: Sender <= Zeichen
        bclr    SOTIR       ; SOTIR <= 0: Flag wieder löschen
        ret                 ; Rücksprung
putch   ENDP                ;
; Datenbereich hinter den Befehlen
hallo   DB      10,13,'Hier ist SOS',0  ; Text mit Endemarke 0
        END                 ; Ende des Quelltextes
```

Bild 4-57: Übergabe von Parametern in Registern

Reichen die Register nicht aus, so können Werte bzw. die Adresse der Werte über den *Stapel* übergeben werden. Das Hauptprogramm *Bild 4-58* legt die Adresse des auszugebenden Strings auf den Stapel und bereinigt den Stapel nach dem Aufruf des Unterprogramms. Die Unterprogramme laden ein Adreßregister mit dem Stapelzeiger und greifen indirekt mit konstantem Abstand auf die Adressen bzw. Werte zu, die unter den geretteten Registern und der Rücksprungadresse im Stapel liegen.

```
; k4b58.asm  Bild 4-58: Parameterübergabe über den Stapel
%include  "hilfe.inc"        ; Deklarationen
haupt   PROC    far          ; Hauptprogramm Start bei 200h
        mov     r1,#hallo    ; R1 <= Adresse des Textes
        push    r1           ; Parameter auf Stapel gelegt
        call    puts         ; Text ausgeben
        pop     r1           ; Stapel aufgeräumt
        ret                  ; Rücksprung
haupt   ENDP
; Unterprogramm gibt nullterminierten String aus Adresse auf Stapel
puts    PROC    near         ;
        push    r0           ; R0 retten SP = SP - 2
        push    r8           ; R8 retten SP = SP - 2
        mov     r8,SP        ; R8 = Zeiger auf Stapel (R0)
        mov     r8,[r8+#6]   ; R8 = Zeiger auf Text
puts1:  movb    rl0,[r8+]    ; RL0 <= Zeichen  Adresse + 1
        jmpr    cc_z,puts2   ; Endemarke Null: fertig
        push    r0           ; Parameter auf Stapel gelegt
        call    putch        ; sonst Zeichen ausgeben
        pop     r0           ; Stapel aufgeräumt
        jmpr    puts1        ; Schleife
puts2:
        pop     r8           ; R8 zurück
        pop     r0           ; R0 zurück
        ret                  ; Rücksprung
puts    ENDP                 ;
; Unterprogramm gibt Zeichen aus RL0 seriell aus
putch   PROC    near         ; S0TIR == 1: Marke für Sender frei
putch1: jnb     S0TIR,putch1 ; warte solange Sender nicht frei
        push    r0           ; R0 retten
        mov     r0,SP        ; R0 = Zeiger auf Stapel
        mov     r0,[r0+#4]   ; R0 = Wert vom Stapel
        movb    S0TBUF,rl0   ; S0TIR == 1: Sender <= Zeichen
        pop     r0           ; R0 zurück
        bclr    S0TIR        ; S0TIR <= 0: Flag wieder löschen
        ret                  ; Rücksprung
putch   ENDP                 ;
; Datenbereich hinter den Befehlen
hallo   DB      10,13,'Hier ist SOS',0  ; Text mit Endemarke 0
        END                  ; Ende des Quelltextes
```

Bild 4-58: Übergabe von Parametern über den Stapel

Bei der Arbeit mit dem Stapel ist darauf zu achten, daß die Anzahl der Schreiboperationen (call bzw. push) mit der Anzahl der Leseoperationen (ret bzw. pop) übereinstimmt. Der Stapelzeiger SP sollte immer auf einen freien Stapelbereich zeigen, wenn mit Interrupts (Kapitel 5) gerechnet werden muß, die ebenfalls den Stapel benötigen. Daher wird zur Adressierung der Parameter ein Adreßregister und nicht der Stapelzeiger verwendet.

Das Unterprogramm *Bild 4-59* legt mit dem Befehl sub   SP,#4 einen lokalen Variablenbereich auf dem Stapel an, der aus 4 Bytes (2 Wörtern) besteht. Die Adressierung der beiden Variablen erfolgt wieder mit einem Adreßregister. Der Stapelzeiger weist auf freien Stapel, der die Rücksprungadresse für den Aufruf eines weiteren Unterprogramms aufnimmt. Der Befehl add   SP,#4 gibt den Variablenbereich wieder frei, die Daten können nun durch Stapeloperationen überschrieben werden und sind verloren.

```
; k4b59.asm  Bild 4-59: lokale Variablen
%include  "hilfe.inc"          ; Deklarationen
haupt   PROC    far            ; Hauptprogramm Start bei 200h
        mov     DP2,#0ffffh    ; Port 2 ist Ausgang
schleife:
        mov     r0,p7          ; R0 <= Port P7
        jmpr    cc_z,ende      ; Ende für Eingabe P7 == 0
        call    test           ; Unterprogramm aufrufen
        mov     p2,r0          ; P2 <= Ausgabe
        jmpr    schleife       ; Schleife
ende:   rets                   ; Rücksprung
haupt   ENDP
; Unterprogramm mit 2 lokalen Variablen im Stapel
test    PROC    near           ;
        push    r8             ; R8 = Zeiger auf Variablen retten
        sub     SP,#4          ; 4 Bytes = 2 Wörter Variablen
        mov     r8,SP          ; R8 = SP = Zeiger auf Variablen
        mov     [r8+#0],r0     ; Variable X <= R0
        mov     r0,[r8+#0]     ; R0 <= Variable X
        call    kompl          ; Testwert komplementieren
        mov     [r8+#2],r0     ; Variable Y <= R0
        mov     r0,[r8+#2]     ; R0 <= Variable Y
        add     SP,#4          ; Variablen wieder freigeben
        pop     r8             ; R8 wieder zurück
        ret                    ; Rücksprung
test    ENDP                   ;
; Unterprogramm in test aufgerufen
kompl   PROC    near           ;
        cpl     r0             ; R0 <= NICHT R0
        ret                    ; Rücksprung
kompl   ENDP                   ;
        END                    ; Ende des Quelltextes
```

Bild 4-59: Lokale Variablen auf dem Stapel

Durch Umschalten des Context Pointers **CP** können Unterprogramme ohne Retten von Registern mit einer eigenen Registerbank arbeiten. *Bild 4-60* zeigt dazu Beispiele mit den Befehlen `pcall` und `retp` bzw. `scxt` (Switch Context). Nach Angaben des Herstellers sollte unmittelbar auf den Befehl `scxt` kein GPR-Zugriff erfolgen.

```
; k4b60.asm Bild 4-60: Registerbankumschaltung PCALL RETP und SCXT
%include "hilfe.inc"           ; Deklarationen
haupt   PROC    far            ; Hauptprogramm
        mov     DP2,#0ffffh    ; P2 ist Ausgang
schleife:
        mov     r0,p7          ; R0 <= Port P7
        jmpr    cc_z,ende      ; bis P7 == 0 Schleifenkontrolle
        pcall   CP,test1       ; CP -> Stapel  IP -> Stapel
;       DB      0e2h,08h,1ah,02h ; Ersatzlösung
        call    test2          ; IP -> Stapel
        mov     p2,r0          ; P2 <= R0 = P7
        jmpr    schleife       ; Schleife bis P2 == 0
ende:   rets                   ; zurück nach System
haupt   ENDP                   ; Ende des Hauptprogramms
; Unterprogramm zum Testen von PCALL und RETP
test1   PROC    near           ;
        mov     CP,#0fc20h     ; CP <= Registerbank_1
        nop                    ; Verzögerung nach CP-Änderung
        mov     r0,#5555h      ; R0 in Bank_1
        retp    CP             ; IP <- Stapel  CP <= Stapel
test1   ENDP                   ;
```

```
; Unterprogramm zum Testen von SCXT switch context
test2   PROC    near            ;
        scxt    CP,#0fc40h      ; CP -> Stapel CP <= Registerbank_2
        nop                     ; Verzögerung nach scxt
        mov     r0,#0aaaah      ; R0 in Bank_2      GPR-Zugriff
        pop     CP              ; CP <- Stapel
        ret                     ; IP <- Stapel
test2   ENDP                    ;
        END
```

Bild 4-60: Registerbankumschaltung

Der Aufruf von Unterprogrammen kostet durch die Stapeloperationen Zeit und Stapel-
speicher. Daher bieten die meisten Assembler die Möglichkeit, im Programmkopf
Befehlsfolgen als *Makrobefehle* zu definieren, die beim Aufruf in den Programmcode
eingebaut werden. Die formalen Parameter der Definition (offene Stellen) werden später
durch aktuelle Parameter ersetzt. Der verwendete Assembler stellte folgende Direktiven
zur Verfügung; *Bild 4-61* zeigt ein Beispiel:

Direktive	Anwendung
%expand	Code erscheint in Listfile
%defm *Bezeichner* (Liste formaler Parameter) Befehle mit Parametern **%endm**	Makro-Code definieren
Bezeichner (Liste aktueller Parameter)	Makro-Code einbauen
%include " *Datei* "	fügt Zeilen aus der *Datei* ein

```
; k4b61.asm  Bild 4-61: Makro zur Zeichenausgabe
%include        "hilfe.inc"     ; Deklarationen
%expand                         ; Code der Makros in Listfile
%defm   aus     (zeichen)       ; Makrodefinition mit Parameter
@@aus1: jnb     SOTIR,@@aus1    ; lokaler Bezeichner
        movb    SOTBUF,zeichen  ; Parameter einsetzen
        bclr    SOTIR           ;
%endm                           ; Ende der Makrodefinition
haupt   PROC    far             ;
        aus     (cr)            ; Aufruf mit Wagenrücklauf
        aus     (lf)            ; Aufruf mit Zeilenvorschub
        mov     r10,#'*'        ;
        aus     (r10)           ; Aufruf mit Zeichen aus R0
        rets                    ; Rücksprung nach System
haupt   ENDP                    ; Ende des Hauptprogramms
        org     300h            ; Datenbereich
cr      DB      13              ; Code Wagenrücklauf
lf      DB      10              ; Code Zeilenvorschub
        END                     ; Ende des Quelltextes
```

Bild 4-61: Der Einbau von Makrobefehlen

Nur in der Test- und Übungsphase werden Makros *vor* dem Hauptprogramm und
Unterprogramme *dahinter* angeordnet. In der Anwendung verlagert man sie in eigene
Dateien. *Bild 4-62* zeigt die Möglichkeit, Textzeilen mit %include in den Quelltext
einzubauen und übersetzen zu lassen.

Beispiel für eine Datei `k4b62m.asm` mit einer ***Makrodefinition***:

```
; k4b62m.asm  zu Bild 4-62: Makrodefinition in Datei
%expand                         ; Code in Listfile
%defm ein(wert)                 ; Makro mit Parameter
  mov r0,wert                   ; R0 <= Parameter  wert
%endm                           ; Ende der Makrodefinition
```

Beispiel für eine Datei `k4b62u.asm` mit einem ***Unterprogramm***:

```
; k4b62u.asm  zu Bild 4-62: Definition Unterprogramm in Datei
aus      PROC    near           ; nahes Unterprogramm
         mov     P2,R0          ; P2 <= R0
         ret                    ; Rücksprung
aus      ENDP                   ; Prozedurende
```

Beispiel für den Einbau eines Makros und den Aufruf eines Unterprogramms aus Dateien mit `%include`:

```
; k4b62h.asm  Bild 4-62: Einbau von Makros und Unterprogrammen
%include    "hilfe.inc"         ; Einbau von Deklarationen
%include    "k4b62m.asm"        ; Einbau der Makrodefinition ein
haupt       PROC    far         ; Hauptprogramm
            mov     DP2,#0ffffh ; P2 ist Ausgang
schleife:
            ein(P7)             ; Aufruf Eingabe-Makro
            jmpr    cc_z,ende   ;
            call    aus         ; Aufruf Ausgabe-Unterprogramm
            jmpr    schleife    ;
ende:       rets                ; Rücksprung nach System
haupt       ENDP                ; Ende des Hauptprogramms
%include    "k4b62u.asm"        ; Einbau des Unterprogramms aus
            END
```

Bild 4-62: Einbau von Makros und Unterprogrammen mit `%include`

Auch in der Assemblerprogrammierung ist es möglich, auf Systembibliotheken zuzugreifen und Bibliotheken mit eigenen Unterprogrammen anzulegen. Dazu ist jedoch ein Entwicklungssystem mit einem *Linker* (Binder) erforderlich, der das aufrufende Hauptprogramm mit den Unterprogrammen der Bibliothek zu einem gemeinsamen Lademodul verbindet.

4.6.2 C-Funktionen

In der Programmiersprache C gibt es nur den einen Unterprogrammtyp *Funktion*, der sowohl Funktionsergebnisse liefert als auch die Übergabe von Parametern gestattet. Gemäß der Vorgabe *"erst vereinbaren, dann verwenden"* müssen Funktionen vor ihrem Aufruf definiert oder mit einem Prototyp - bestehend aus der Kopfzeile - deklariert werden. In den folgenden Beispielen liegen die Funktionen immer vor der Hauptfunktion `main` bzw. vor ihrem Aufruf in anderen Funktionen. Sie erhalten bei ihrer *Definition* einen Namen (Bezeichner). Allgemeine Form:

```
Ergebnistyp Bezeichner (Liste formaler Parameter)
{
  lokale Vereinbarungen;
  Anweisungen;
}
```

Die Bezeichner der formalen Parameter und lokalen Vereinbarungen sind frei wählbar und nur innerhalb der Funktion sichtbar. Sie müssen in Typ und Anzahl mit den aktuellen Parametern übereinstimmen. Fehlende Ergebnistypen und leere Parameterlisten werden durch **void** (unbestimmt, leer) gekennzeichnet.

Der *Aufruf* einer Funktion erfolgt mit ihrem Bezeichner und, wenn vereinbart, mit einer Liste aktueller Parameter, die an die Stelle der formalen Parameter treten.

```
.... Bezeichner (Liste aktueller Parameter) ....
```

Im einfachsten Fall führt eine Funktion nur eine bestimmte Tätigkeit aus und liefert weder ein Funktionsergebnis noch übergibt sie Parameter. Beispiel:

```
void warte(void)       // Definition: Typ und Liste sind leer
{ unsigned int i; for (i=0; i<65535; i++); } // wartet ca. 33 ms

warte();               // Aufruf: ohne Ergebnis und Parameter
```

Funktionen, die einen mit ihrem Namen verbundenen Wert zurückliefern, müssen diesen mit einem Datentyp definieren. Der Wert des hinter **return** stehenden Ausdrucks wird - meist in Registern - zurückgeliefert und wird im aufrufenden Programm als Operand eines Ausdrucks behandelt. Beispiel:

```
unsigned char getch( void)      // Definition: Ergebnistyp
{ while (~SORIR); SORIR = 0; return SORBUF; }

unsigned char zeichen;
zeichen = getch();              // Aufruf: Funktionsergebnis
```

Bei der Übergabe von *Parametern* unterscheidet man *Wertparameter*, die Werte an die Funktion übergeben, und *Referenzparameter*, die Daten in beiden Richtungen übertragen können. In C sind nur Zeiger für die Übergabe von Ergebnissen aus einer Funktion an das aufrufende Programm möglich, in C++ gibt es zusätzlich die Übergabe mit Referenzen (Aliasnamen).

Definition: Wertparameter	Referenzparameter
`Bezeichner(`**`Typ`** `Name,`	**`Typ`** `*Zeiger . . .)`
Aufruf:	
`Bezeichner(Ausdruck,`	`&Variable . . )`

Wertparameter werden bei der Definition durch ihren Datentyp und Namen definiert. Beim Aufruf wird ein Wert (Kopie einer Variablen, Ergebnis eines Ausdrucks oder eine Konstante) über den Stapel übergeben. Formale Wertparameter erscheinen in der Funktion nur in Ausdrücken, Änderungen werden nicht zurückgeliefert. Beispiel:

```
void warte(unsigned int fakt)      // Definition: Wertparameter
{
 unsigned int i, j;
 for (j=1; j<=fakt; j++) for (i=0; i<65535; i++); //fakt*33ms
}
```

```
warte(30);                         // Aufruf: mit Konstante 30
```

Referenzparameter werden bei der Definition mit einem ***** als **Zeiger** vereinbart und in der Funktion als **Zeiger** auf die aktuellen Parameter behandelt. Beim Aufruf wird mit dem Operator **&** die Adresse einer Variablen über den Stapel übergeben. Erscheint der formale Referenzparameter als Ergebnis, so werden Änderungen an das aufrufende Programm zurückgegeben. Beispiel:

```
void getch(unsigned char *z)       // Definition: Zeiger auf
{ while (~S0RIR); *z = S0RBUF; S0RIR = 0; }
```

```
unsigned char zeichen;
getch(&zeichen);                   // Aufruf: Adresse von
```

Das Programm *Bild 4-63* zeigt Beispiele für den Aufruf von Funktionen mit den einfachen Datentypen als Parameter und Ergebnis.

```
/* k4b63.c  Bild 4-63: Funktionen fuer einfache Datentypen */
#include <reg167.h>
sbit lauf = P7^0;            // Laufkontrolle

void richtung (void)         // Funktion ohne alles
{
 DP2 = 0xffff;
}

unsigned int eingabe(void)   // Funktion liefert Wert
{
 return P7;
}

void komple(unsigned int *x) // Funktion aendert Parameter
{
 *x = ~ *x;                  // Zeigeradressierung
}

void ausgabe(unsigned int x) // Funktion uebernimmt Wertparameter
{
 P2 = x;
}
```

```
int main(void)                  // Hauptfunktion ruft Unterfunktionen auf
{
 unsigned int x;
 richtung();                    // Aufruf ohne Parameter und Ergebnis
 while (lauf)
 {
  x = eingabe();                // Aufruf liefert Funktionsergebnis
  komple(&x);                   // Aufruf mit Parameteradresse
  ausgabe(x);                   // Aufruf mit Wertparameter
 }
 return 0;                      // zurueck nach System
}
```

Bild 4-63: Funktionen für einfache Datentypen

Der *zusammengesetzte* Datentyp Feld wird in C als Zeiger behandelt; der Name des Feldes ist ein Zeiger auf das erste Element [0]. Beim Aufruf einer Funktion mit einem Feld als Parameter wird ohne den Operator & die Adresse des Feldes auf den Stapel gelegt. In der Funktionsdefinition gibt es die beiden Verfahren Indexadressierung und Zeigeradressierung. Für eindimensionale Felder gilt:

```
Definition:   Indexadressierung  Zeigeradressierung
Bezeichner(Typ Name[],    Typ *Zeiger . . .)
Name[Index]               // Indexadressierung
*Zeiger                   // Zeigeradressierung

Aufruf:
Bezeichner(Feldname,       Feldname . . . . )
```

Bei der Vereinbarung des formalen Parameters für ein eindimensionales Feld erscheinen leere eckige Klammern [], die Größe bleibt offen und muß mit einem zusätzlichen Wertparameter übergeben werden. Das Programm *Bild 4-64* zeigt Beispiele. Bei der Zeigeradressierung der Funktion ausgabe ist zu beachten, daß nach dem Ablauf der Schleife der Zeiger durch die Operation x++ hinter das letzte Element zeigt; für eine weitere Behandlung des Feldes wäre die Indexadressierung sicher besser.

```
/* k4b64.c  Bild 4-64: Felder als Funktionsparameter */
#include <reg167.h>
#define N 10
sbit  lauf = P7^0;                     // Laufkontrolle

void ms10(unsigned int fakt)           // Wartefunktion
{                                      // wartet ca. fakt * 10 ms
 unsigned int i, j;
 for (i=1; i<=fakt; i++)               // Faktor fakt
  for (j=0; j<20000; j++);             // ca. 10 ms Wartezeit
}

void werte(unsigned int x[], unsigned int anz)   // Feldparameter
{
 unsigned int i;
 for (i=0; i<anz; i++) x[i] = i+1;     // Indexadressierung
}
```

```
void ausgabe(unsigned int *x, unsigned int anz)     // Zeigerparameter
{
 unsigned int i;
 for(i=0; i<anz; i++)                  // i als Laufkontrolle
 {
  P2 = *(x++);                         // Zeigeradressierung
  ms10(100);                           // Konstante als Wertparameter
 }                                     // Zeiger hinter Ende des Feldes!
}

int main(void)
{
 unsigned int x[N];                    // Feld aus N Elementen
 DP2 = 0xffff;
 werte(x, N);                          // Feld und Anzahl als Parameter
 while(lauf)
 {
  ausgabe(x, N);                       // Feld und Anzahl als Parameter
 }
 return 0;
}
```

Bild 4-64: Felder als Parameter von Funktionen

Anstelle von Funktionen können einfache Anweisungen auch als **Makros** definiert und an der Stelle des Aufrufs in den Code eingebaut werden. In C++ lassen sich auch Funktionen mit dem Kennwort `inline` als Makro behandeln.

#define   SYMBOL   Text
#define   SYMBOL (Parameterliste)   Text mit Parametern

In der einfachen parameterlosen Form wird das Symbol durch den Text ersetzt. Steht hinter dem Symbol eine Liste formaler Parameter, so werden diese beim Aufruf im Text durch aktuelle Parameter ersetzt. Die Symbole werden meist mit großen Buchstaben geschrieben, um sie von Variablen und Funktionen zu unterscheiden. Beispiele:

```
#define   N   100                   // Makro parameterlos
#define   EIN(wert)   x = wert       // Makro mit Parameter wert

unsigned int a[N];                   // wird unsigned int a[100];
EIN(P7);                             // wird x = P7;
```

Bei langen Programmen mit vielen Makros und Funktionen ist es zweckmäßig, diese in eigene Dateien zu verlagern und sie mit `#include` `"Datei.Typ"` in den Programmtext einzufügen. Der Typ `.H` kennzeichnet Header-Dateien, die nur `include`-Anweisungen und Vereinbarungen enthalten. In spitze Klammern < > gesetzte Dateien liegen in einem Standardverzeichnis. Das Beispiel *Bild 4-65* zeigt die Möglichkeit, Programmzeilen mit Makro- und Funktionsdefinitionen in den Quelltext einzubauen und übersetzen zu lassen. Die Dateien liegen im gleichen Verzeichnis wie das Hauptprogramm, in das sie eingefügt werden.

Beispiel für eine Datei `k4b65m.c` mit einer ***Makrodefinition***:

```
/* k4b65m.c  zu Bild 4-65: Makrodefinition in Datei */
#define EIN(wert)  x = wert        // Makro mit Parameter
```

Beispiel für eine Datei `k4b65u.c` mit einer ***Funktion***:

```
/* k4b65u.c  zu Bild 4-65: Funktionsdefinition in Datei */
void aus(unsigned int a)
{
 P2 = a;
}
```

Beispiel für den Einbau eines Makros und den Aufruf einer Funktion aus Dateien mit `#include`:

```
/* k4b65h.c  Bild 4-65: Einbau von Makros und Funktionen */
#include <reg167.h>
#include "k4b65m.c"              // enthaelt Makro EIN
#include "k4b65u.c"              // enthaelt Funktion aus

int main (void)                  // aufrufende Hauptfunktion
{
 unsigned int x;
 DP2 = 0xffff;
 while (1)
  {
   EIN(P7);                      // Makro-Aufruf
   if (x == 0) break;
   aus(x);                       // Funktions-Aufruf
  }
 return 0;                       // Ruecksprung nach System
}
```

Bild 4-65: Einbau von Makros und Funktionen mit `#include`

Die meisten C-Compiler stellen dem Benutzer eine Reihe von Funktionsbibliotheken zur Verfügung, die mit `#include` zugeordnet werden. Beispiele:

`<reg167.h>`	Registerdeklarationen für den Prozessor C167
`<can167.h>`	Registerdeklarationen für CAN Register
`<ctype.h>`	Character-Funktionen
`<intrins.h>`	Funktionen für besondere Prozessorbefehle
`<math.h>`	Mathematische Funktionen
`<float.h>`	Floating Point Arithmetik (reelle Zahlen)
`<stddef.h>`	Standarddefinitionen
`<stdio.h>`	Funktionen für die Eingabe und Ausgabe auf der Konsole
`<stdlib.h>`	Standardfunktionen
`<string.h>`	Stringfunktionen

Weitere Möglichkeiten der Unterprogrammtechnik hängen vom verwendeten C bzw. C++ Compiler ab; in der Mikrocontrollertechnik sind sie nicht immer erforderlich. Dafür sollten die Unterlagen des verwendeten Entwicklungssystems herangezogen werden.

5. Interrupt-Technik

Ein Interrupt bedeutet die Unterbrechung eines laufenden Programms durch ein Ereignis. Dies können sein:
- die fallende Flanke eines Not-Aus-Tasters,
- ein ankommendes Zeichen einer seriellen Schnittstelle,
- das Ende der Laufzeit eines Zählers (Timers) oder
- ein interner Fehler, verursacht durch ein fehlerhaftes Programm.

Nach der Bedienung der auslösenden Ursache wird das Programm an der Stelle der Unterbrechung fortgesetzt. *Bild 5-1* zeigt als Beispiel einen externen Interrupt durch eine fallende Signalflanke, auf die bisher in Schleifen gewartet werden mußte.

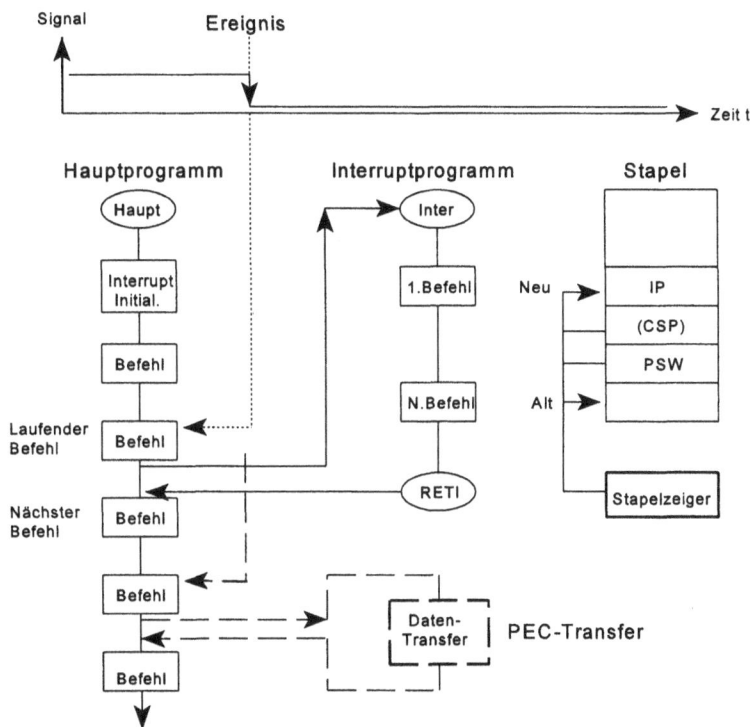

Bild 5-1: Interrupt durch ein (externes) Ereignis

Nach dem Reset bzw. Einschalten der Versorgungsspannung ist die Interruptsteuerung zunächst gesperrt; das anlaufende Hauptprogramm muß die zu erwartenden Interrupts erst freigeben (initialisieren). Tritt das Ereignis ein, so wird der laufende Befehl beendet. Beim Start des *Interruptprogramms* werden die Register PSW, IP und gegebenenfalls auch CSP auf den Stapel gerettet, und das gestartete Programm behandelt die Ursache der Unterbrechung. Mit dem Befehl RETI werden die geretteten Register vom Stapel zurückgeholt, und das unterbrochene Programm setzt seine Arbeit mit dem nächsten Befehl fort. Ein *PEC-Transfer* überträgt nur kurzzeitig ein Byte bzw. ein Wort ohne Register zu retten und ein Interruptprogramm zu starten.

Interrupt-Einsprünge   Interrupt-Steuerung   Interrupt-Quellen

01FCH	Frei
0100H	CAN-Interf.
	Je 4 Bytes
0044H	CAPCOM1
0040H	CAPCOM0
0008H	NMI
0000H	RESET

Prioritäts-
Freigabe-
Bestätigungs-
Steuerung

Nicht
Sperrbar

Befehle SRST TRAP #

CAN-Bus

PWM-Modul

Serielle E/A

A/D-Wandler

Externe Int.

GP-Timer ← P3

P1
CAP-COM ← P2
P8

Fehlerstatus

NMI

Watchdog

RESET

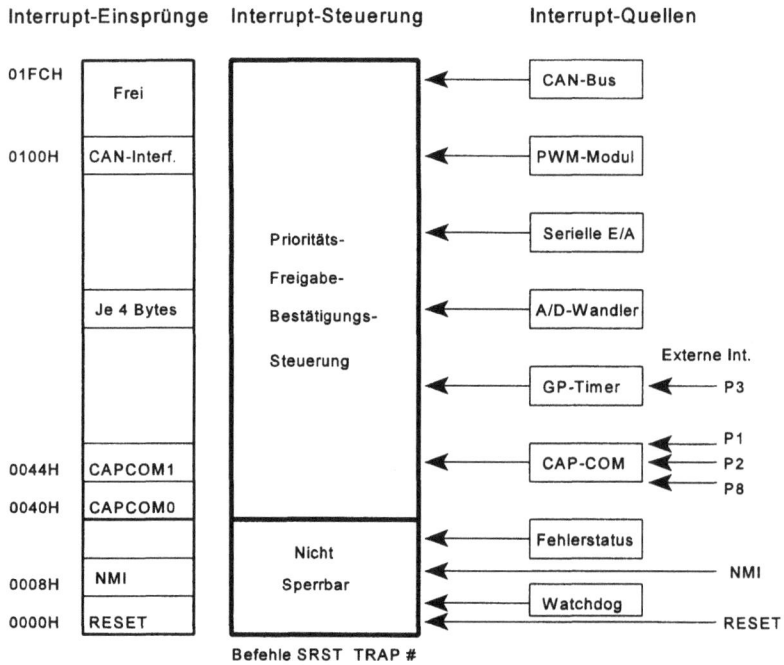

Bild 5-2: Die Interruptsteuerung des C167

Die *nicht sperrbaren* Interruptquellen (*Bild 5-2*) werden auch Traps (Fallen) genannt. Dazu zählen besonders die Eingänge RESET zum Zurücksetzen des Systems und der NMI (Nicht Maskierbarer Interrupt). Ein Sonderfall sind die Befehle SRST (Software Reset) und TRAP, die nicht durch äußere Ereignisse, sondern als Befehle vom Programm ausgelöst werden.

Die *sperrbaren* Interruptquellen unterliegen einer Prioritäts-Steuerung, die entscheidet, welcher Interrupt zuerst bedient wird bzw. ob ein laufendes Interruptprogramm durch einen anderen Interrupt unterbrochen werden kann. Jede Interruptquelle besitzt eigene programmierbare Register, die den Interrupt sperren bzw. freigeben, die Priorität des Interrupts festlegen und die Interruptanforderung bis zu ihrer Bedienung speichern.

Für jede Interruptquelle liegt eine *Einsprungdresse* fest, an der sich der erste Befehl des zu startenden Interruptprogramms befinden muß. Die Liste der Einsprungpunkte liegt im untersten Adreßbereich und wird auch Interrupt-Vektor-Tabelle genannt. Da jeder Eintrag nur 4 Bytes (bei Traps 8 Bytes) umfaßt, stehen dort meist Sprungbefehle in Interruptprogramme, die beliebig lang sein können.

Die *Übergabe von Daten* zwischen dem Interruptprogramm und dem Hauptprogramm geschieht nicht wie bei Assembler-Unterprogrammen in Registern oder über den Stapel bzw. bei C-Funktionen über das Funktionsergebnis oder die Parameterliste, sondern in (globalen) Pufferspeichern. Den Zugriff regeln Marken (Semaphore).

5.1 Einführendes Beispiel

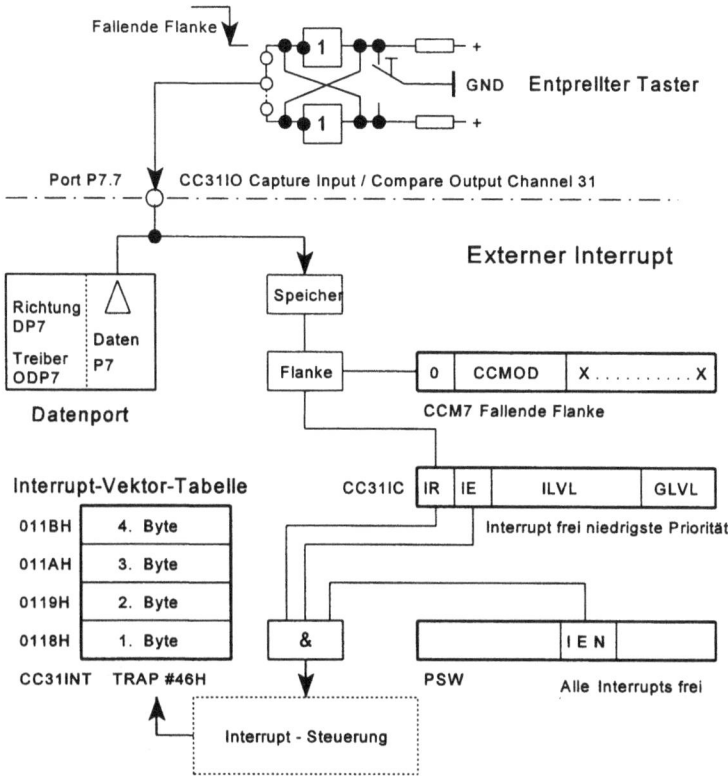

Bild 5-3: Externer Interrupt

Als einführendes Beispiel dient der in *Bild 5-3* dargestellte externe Interrupt, der von einem entprellten Taster ausgelöst wird. Der Controller-Anschluß Stift Nr. 26 kann wahlweise als Datenanschluß P7.7 oder als Anschluß des CAP-COM-Kanals 31 oder als externer Interrupteingang verwendet werden. Das Datenbit P7.7 muß als Eingang programmiert sein. Die Steuerbits 0 010 im CAP-COM-Steuerregister CCM7 programmieren den Kanal als Capture-Eingang mit fallender Flanke, die damit verbundenen Capture-Funktionen werden jedoch nicht ausgewertet. Im Interrupt-Steuerregister CC31IC des Kanals wird das Bit IR (Interrupt Request) durch die auslösende Flanke gesetzt und bei Annahme des Interrupts durch die Steuerung wieder zurückgesetzt. Eine 1 im Bit IE (Interrupt Enable) gibt den Interrupt des Kanals frei. Das Beispiel verwendet mit ILVL = 0001 und GLVL = 00 die niedrigste Priorität. Das Bit IEN (Interrupt Enable Control) des Prozessor-Status-Registers PSW gibt mit einer 1 alle sperrbaren Interrupts frei. Der *Einsprungpunkt* des Interrupts liegt auf der Adresse 0118H mit der vordefinierten Bezeichnung CC31INT und der Interruptnummer TRAP #46H (0x46). Die Adresse ergibt sich aus der Nummer mal 4, also 46H * 4 = 118H. In dem Programmbeispiel wird dort ein Sprungbefehl abgelegt, der in das Interruptprogramm führt. Dieses erhöht bei jedem Interrupt einen Zähler auf dem Port P2 um 1.

```
; k5b4.asm Bild 5-4: Externer Interrupt P7.7
%target 167
%list
CC31IC   EQU     0f194h          ; Capture/Compare-Interrupt-Steuerung

         ORG     118H            ; Einsprung P7.7-Interrupt
         jmp     zaehl           ; nach Interruptprogramm

         ORG     200H            ; Hauptprogramm
haupt    PROC    far             ;
         mov     DP2,#0ffffh     ; Port P2 ist Ausgang
         mov     P2,#0           ; P2 löschen
         or      CCM7,#2000h     ; 0 010 xxxxx   P7.7 fallende Flanke
         mov     r0,#44h         ; 0 1 0001 00   P7.7 Interrupt-Level
         mov     CC31IC,r0       ; Interrupt P7.7 frei
         bset    IEN             ; alle Interrupts frei
loop:    jb      P7.0,loop       ; solange P7.0 High: weiter schlafen
         bclr    IEN             ; alle Interrupts wieder gesperrt
         rets                    ; zurück nach System
haupt    ENDP                    ; Ende des Hauptprogramms
; Interruptprogramm
zaehl    PROC    near            ; bei jeder fallenden Flanke P7.7
         add     P2,#1           ; Port P2 um 1 erhöhen
         reti                    ; Rücksprung von Interruptprogramm
zaehl    ENDP                    ; Ende des Interruptprogramms
         END                     ; Ende des Quelltextes
```

Bild 5-4: Beispiel für externen Interrupt P7.7 (Assembler)

Das Assemblerprogramm (*Bild 5-4*) legt mit ORG 118H am Einsprungpunkt einen Sprungbefehl ab, der in das hinter dem Hauptprogramm liegende Interruptprogramm führt. Dieses wird mit dem Befehl RETI wieder verlassen. Das Retten von Registern oder Umschalten der Registerbank entfällt, da keine GPR Register verwendet werden.

Das C-Programm (*Bild 5-5*) kennzeichnet das Interruptprogramm mit dem Kennwort **interrupt** und gibt dahinter die Nummer des Interrupts an. Es hat kein Ergebnis und keine Parameter, sondern erhöht nur den Zähler um 1.

```
/* k5b5.c Bild 5-5: Externer Interrupt P7.7  */
#include <reg167.h>
sbit lauf = P7^0;                   // Laufkontrolle

void taste (void) interrupt 0x46   // P7.7 Interruptprogramm
{
 P2++;                              // bei jeder fallenden Flanke
}

int main(void)                      // Hauptfunktion
{
 DP2 = 0xffff;                      // Port P2 ist Ausgang
 CCM7 = CCM7 | 0x2000;              // P7.7 fallende Flanke
 CC31IC = 0x44;                     // P7.7 freigeben Level 1
 IEN = 1;                           // alle Interrupts freigeben
 while (lauf);                      // solange P7.0 High
 IEN = 0;                           // Interrupts wieder sperren
 return 0;                          // zurueck nach System
}
```

Bild 5-5: Beispiel für externen Interrupt P7.7 (C-Programm)

5.2 Nichtsperrbare Interrupts (Traps)

Nr.	Adresse	Vektor	Flag	Priorität	Quelle
00H	0000H	RESET		III	Reset-Eingang Stift Nr. 140 Software-Reset Befehl SRST Watch Dog Timer Reset
02H	0008H	NMITRAP	NMI	II	NMI-Eingang Stift Nr. 142
04H	0010H	STOTRAP	STKOF	II	Stapelüberlauf Register STKOV
06H	0018H	STUTRAP	STKUF	II	Stapelunterlauf Register STKUV
0AH	0028H	BTRAP	UNDOPC PRTFLD ILLOPA ILLINA ILLBUS	I	undefinierter Befehlscode Fehler bei geschütztem Befehl Wortzugriff auf ungerade Adr. Sprung auf ungerade Adresse unzulässiger Buszugriff

Bild 5-6: Tabelle der nichtsperrbaren Interrupts (Traps)

Die in *Bild 5-6* zusammengestellten Interrupts lassen sich nicht sperren und belegen acht Bytes in der Vektortabelle. Die höchste Priorität III hat der **Reset**, der entweder durch eine fallende Flanke am Reset-Eingang oder durch den Befehl SRST oder durch den Watch Dog Timer (Abschnitt 6.4) ausgelöst wird. Da der Controller in den Anfangs- zustand wie nach dem Einschalten der Versorgungsspannung (Power-On-Reset) versetzt wird, ist eine Fortsetzung des unterbrochenen Programms nicht möglich. Das Programm wird mit dem ersten Befehl auf der Adresse 0000H gestartet. Die mittlere Priorität II haben der **NMI**, der durch eine fallende Flanke am NMI-Eingang ausgelöst wird, sowie die Überlauf- und Unterlaufbedingung der Stapelkontrolle. Auf der niedrigsten Priorität I liegen mehrere Interruptquellen mit einem gemeinsamen Interrupt-Vektor. Das Regi- ster **TFR** (Trap Flag Register) zeigt mit einer 1 an, welche Quelle den Interrupt ausge- löst hat. Die Anzeige muß vom Interruptprogramm getestet und wieder gelöscht werden.

TFR	**RAM:** 0FFACH	**SFR:** 0D6H	**Reset:** 0000H	*bitadressierbar*

15	14	13	12	11	10	9	8	7	6	5	4	3	2	1	0
NMI	STK OF	STK UF	–	–	–	–	–	UND OPC	–	–	–	PRT FLT	ILL OPA	ILL INA	ILL BUS

Die Felder haben folgende Bedeutung:

ILLBUS	externer Buszugriff ohne entsprechende Definition
ILLINA	Sprungbefehl auf eine ungerade Adresse
ILLOPA	Wortzugriff auf eine ungerade Adresse
PRTFLD	geschützter Befehl nicht im richtigen Format
UNDOPC	nichtdefinierter Operationscode
STKUF	Unterlauf des Stapelzeigers (Kontrolle in Register STKUN)
STKOF	Überlauf des Stapelzeigers (Kontrolle in Register STKON)
NMI	fallende Flanke am Eingang NMI aufgetreten

Die Programmbeispiele *Bild 5-7* übertragen bei jedem NMI-Interrupt die am Port P7 anliegenden Daten zum Port P2. Die Hauptprogramme verharren in unendlichen Schleifen und müssen mit Reset abgebrochen werden.

```
; k5b7.asm Bild 5-7: NMI-Interrupt ohne Schleifenkontrolle
%target 167
%list
         ORG     0008H           ; Einsprung NMI-Interrupt
         mov     P2,P7           ; P2 <= Port P7
         bclr    NMI             ; Flag in TFR löschen
         reti                    ; Rücksprung von Interruptprogramm

         ORG     200H            ; Hauptprogramm
haupt    PROC    far             ; keine Interrupt-Freigabe !!!
         mov     DP2,#0ffffh     ; Port P2 ist Ausgang
loop:    jmp     loop            ; hier tut sich nichts
         rets                    ; Abbruch mit RESET-Taste
haupt    ENDP                    ; Ende des Hauptprogramms
         END                     ; Ende des Quelltextes
```

```
/* k5b7.c Bild 5-7:  NMI-Interrupt ohne Laufkontrolle        */
/* Vektor 0x2 vom System belegt: Aenderungen mit Monitor !! */
#include <reg167.h>

void nmi_int (void) interrupt 0x2 // NMI Interruptprogramm
{
 P2 = P7;                         // P2 <= Port P7
 NMI = 0;                         // Flag in TFR loeschen
}

int main(void)                    // Hauptfunktion
{
 DP2 = 0xffff;                    // Port P2 ist Ausgang
 while (1);                       // Abbruch nur mit RESET-Taste
 return 0;                        // zurueck nach System
}
```

Bild 5-7: NMI-Interrupt-Programme (Assembler und C)

Der nichtsperrbare NMI-Interrupt wird nicht in Registern freigegeben und hat die feste Priorität II innerhalb der Trap-Interrupts. Das Interruptprogramm muß das Anzeigebit NMI in TFR löschen. Das Programm kann nur mit einem Reset (höchste Priorität III) abgebrochen werden, jedoch wäre eine Softwarekontrolle z.B. mit P7.0 möglich.

Beim Test des C-Programms gab es Schwierigkeiten, da ein Teil der Vektortabelle von C-Systemprogrammen, die dem Benutzerprogramm hinzugefügt werden, belegt ist. Nach einer Änderung der entsprechenden Adressen mit dem Monitor konnte der NMI-Interrupt erfolgreich getestet werden.

In der Test- und Übungsphase arbeiten die Programme unter der Kontrolle eines Entwicklungssystems, das z.T. Interrupts und die im RAM befindliche Vektortabelle für eigene Zwecke verwendet. Die Unterlagen der Hersteller sollten entsprechende Angaben enthalten. In der Anwendung liegt die Vektortabelle meist unveränderlich in einem Festwertspeicher (ROM oder EPROM).

5.3 Die Freigabe- und Prioritäts-Steuerung

Der Controller C167 kennt 56 *sperrbare* Interruptquellen, die nach einem mehrstufigen Prioritätsverfahren behandelt werden. *Bild 5-8* zeigt an einem Beispiel, das in Bild 5-9 programmiert wird, die Freigabe- und Prioritätssteuerung. Die nichtsperrbaren Traps (Abschnitt 5.2) haben eigene darüber liegende Prioritäten.

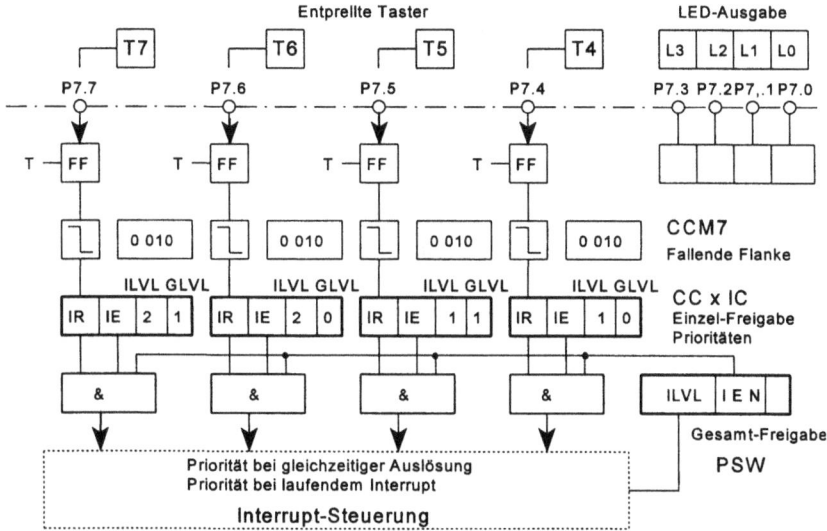

Bild 5-8: Die Freigabe- und Prioritäts-Steuerung (Beispiel Bild 5-9)

Nach einem Reset sind alle Interrupts zunächst gesperrt. Für die **Freigabe** eines Interrupts sind folgende Schritte erforderlich:
1. Festlegung der Auslösebedingung wie z.B. der Flanke eines Signals,
2. Festlegung der Prioriäten in den Feldern **ILVL** (> 0000) und **GLVL** sowie
3. Einzel-Freigabe im Bit **IE** des Interrupt-Steuerregisters der Interruptquelle und
4. Gesamt-Freigabe aller Interrupts im Bit **IEN** (Interrupt Enable Control) des PSW.

Die **Interrupt-Steuerregister** xxIC (Interrupt Control) der Interruptquellen haben alle den gleichen Aufbau. Es wird nur das niederwertige Byte verwendet.

xx**IC**	**RAM:** 0Fxxx		SFR / ESFR		**RESET:** xx00H			*bitadressierbar*	
15	–	8	7	6	5	4	3	2	1	0

–		xxIR	xx**IE**	ILVL				GLVL	

Die Felder haben folgende Bedeutung:
GLVL   Gruppen-Ebene von 00 (niedrigster) bis 11 (höchster) Rang in der Gruppe
ILVL   Interrupt-Ebene von 0000 (gesperrt) bis 1111 (höchste) Priorität
xxIE   Einzel-Freigabe: 0 = gesperrt, 1 = freigegeben
xxIR   Interrupt-Anzeige: 0 = keine Anforderung, 1 = Anforderung aufgetreten

Das höherwertige Byte des Prozessor-Status-Wortes **PSW** wird für die Interrupt-Steuerung verwendet:

PSW   RAM: 0FF10H   **SFR:** 88H   **Reset:** 0000H   *bitadressierbar*

15	14	13	12	11	10	9	8	7							0
		ILVL		IEN	H	–		–		–	U	M	E	Z	V	C	N

Die Felder der Interrupt-Steuerung haben folgende Bedeutung:
IEN   Gesamt-Freigabe: 0 = alle Interrupts gesperrt, 1 = globale Freigabe
ILVL   laufende Interrupt-Priorität von Steuerung eingetragen

Ist die *Auslösebedingung* (z.B. Flanke) des Interrupts erfüllt, so wird in dem entsprechenden Interrupt-Steuerregister xxIC das Anzeigebit xx**IR** = **1** gesetzt. Sind gleichzeitig das Einzel-Freigabebit xx**IE** = **1** und das Gesamt-Freigabebit **IEN** = **1**, so liegt die Anforderung an der Interrupt-Steuerung an (dreifache UND-Verknüpfung). Wird der Interrupt angenommen und damit das Interruptprogramm gestartet, so setzt die Steuerung das Anzeigebit xxIR wieder auf 0 zurück. In Sonderfällen, wenn mehrere Quellen mit einem Steuerregister zusammenarbeiten, muß xxIR durch einen Befehl zurückgesetzt werden.

Die Interruptanforderungen werden in den Anzeigebits xxIR solange gespeichert, bis sie bedient werden. Sind mehrere Interruptquellen freigegeben, so sind zwei Konfliktfälle zu unterscheiden, die durch die Vergabe von Prioritäten behandelt werden:
- mehrere Interrupts treten *gleichzeitig* auf und
- *während* eines laufenden Interruptprogramms treten weitere Interrupts auf.

Die **Priorität** einer Interruptquelle wird durch die Felder ILVL und GLVL ihres Interrupt-Steuerregisters festgelegt. Die vier Bits von ILVL (Interrupt Priority Level) legen die Prioritätsebene fest. Die Ebene 0000 wird nie bedient, die Interruptquelle ist gesperrt. Die Ebene 1111 hat die höchste Priorität, ist jedoch zusammen mit der Ebene 1110 der PEC-Steuerung (Abschnitt 5.5) vorbehalten. Liegen gleichzeitige Anforderungen auf der gleichen Ebene, so entscheidet das Feld GLVL (Group Level) über die Vergabe: 00 hat die niedrigste und 11 hat die höchste Gruppenpriorität.

Bei der Annahme eines Interrupts rettet die Steuerung das alte PSW auf den Stapel und kopiert das Feld ILVL des angenommenen Interrupts in das Feld ILVL des PSW. In jedem Maschinenzyklus prüft die Steuerung, ob eine Interruptanforderung vorliegt. Hat sie eine höhere Priorität als die laufende, so wird das laufende Interruptprogramm durch den neuen Interrupt unterbrochen; Anforderungen gleicher oder niedrigerer Priorität werden bis zur Beendigung des laufenden Interruptprogramms zurückgestellt. Der Befehl IRET holt das PSW vom Stapel zurück und stellt damit die alte Priorität wieder her. Das Feld GLVL entscheidet nur bei gleichzeitiger Anforderung. Das Feld ILVL = 0000 einer Quelle ist immer kleiner oder gleich dem laufenden ILVL im PSW und wird daher nie bedient! Für eine korrekte Interruptvergabe ist es wichtig, daß sich die Interruptquellen in ihrer Priorität eindeutig voneinander unterscheiden. Für jede der 15 Prioritätsebenen ILVL sind vier verschiedene Gruppenprioritäten GLVL möglich.

Das Programmbeispiel *Bild 5-9* untersucht die Frage der Priorität mehrerer Interruptquellen in der Schaltung des Bildes 5-8. Mit entprellten Tastern T7 bis T4 lassen sich die vier externen Interruptquellen P7.7 bis P7.4 auslösen. Über Steckverbinder geschieht dies für mehrere Interrupts gleichzeitig oder für jeden Interrupt einzeln. Durch ein Warteunterprogramm von ca. 3 sek läßt sich die Laufzeit jedes Interruptprogramms an den vier Leuchtdioden L3 (P7.3) bis L0 (P7.0) verfolgen.

Alle vier Interruptquellen sind auf die fallende Flanke programmiert. Die Interrupts P7.7 und P7.6 haben die gleiche Ebene 2 und unterscheiden sich in den Gruppen 1 und 0. Die Interrupts P7.5 und P7.4 liegen eine Ebene niedriger. Nach der Initialisierung der vier Interruptquellen und der Gesamt-Freigabe im Bit IEN wartet das Hauptprogramm auf einen Abbruch mit Reset oder NMI, die in den Monitor zurückführen.

Jedes der vier Interruptprogramme schaltet eine entsprechende Leuchtdiode ein, addiert bzw. subtrahiert einen bestimmten Wert vom Port P2, wartet ca. 3 sek und schaltet vor dem Rücksprung die Leuchtdiode wieder aus. Damit läßt sich verfolgen, welches Interruptprogramm gerade läuft bzw. durch ein anderes unterbrochen wird. Da das Warte-Unterprogramm von allen vier Interruptprogrammen aufgerufen wird, muß es die verwendeten Register auf den Stapel retten, um unterbrechungsfest zu sein.

```
; k5b9.asm Bild 5-9: Freigabe- und Prioritäts-Steuerung
%target 167
%list
zeit      EQU     90              ; Wartezeit 90 * 0.033 = ca. 3 sek
CC31IC    EQU     0f194h          ; Capture/Compare Kanal 31
CC30IC    EQU     0f18ch          ; Capture/Compare Kanal 30
CC29IC    EQU     0f184h          ; Capture/Compare Kanal 29
; CC28IC ist bereits vordefiniert Capture/Compare Kanal 28
; Interrupt-Einsprünge
          ORG     118H            ; Taste P7.7
          jmp     p77             ;
          ORG     114H            ; Taste P7.6
          jmp     p76             ;
          ORG     110H            ; Taste P7.5
          jmp     p75             ;
          ORG     0f0H            ; Taste P7.4
          jmp     p74             ;
; Hauptprogramm
          ORG     200H            ; Hauptprogramm
haupt     PROC    far             ;
          mov     DP2,#0ffffh     ; Port P2 ist Ausgang
          mov     P2,#0           ; P2 löschen
          mov     DP7,#0fh        ; P7.3 - P7.0 sind Ausgänge
          mov     P7,#00h         ; P7.3 - P7.0 LED aus
          mov     CCM7,#2222h     ; P7.7 P7.6 P7.5 P7.4 fallende Flanke
          mov     r0,#49h         ; 0 1 0010 01  ILevel 2  GLevel 1
          mov     CC31IC,r0       ; Interrupt P7.7 frei
          mov     r0,#48h         ; 0 1 0010 00  ILevel 2  GLevel 0
          mov     CC30IC,r0       ; Interrupt P7.6 frei
          mov     r0,#45h         ; 0 1 0001 01  ILevel 1  GLevel 1
          mov     CC29IC,r0       ; Interrupt P7.5 frei
          extr    #1              ; Zugriff auf ESFR-Bereich
          mov     CC28IC,#44h     ; P7.4: 0 1 0001 00 ILevel 1 GLevel 0
          bset    IEN             ; alle Interrupts frei
loop:     jmp     loop            ; schlafen
          rets                    ; zurück nach System
haupt     ENDP                    ; Ende des Hauptprogramms
```

```
; Interruptprogramme liegen hinter dem Hauptprogramm
p77     PROC    near            ; bei jeder fallenden Flanke P7.7
        bset    P7.3            ; LED P7.3 an
        add     P2,#100h        ; Port P2 um 100h erhöhen
        call    warte           ;
        bclr    P7.3            ; LED P7.3 aus
        reti                    ; Rücksprung von Interruptprogramm
p77     ENDP                    ; Ende des Interruptprogramms
p76     PROC    near            ; bei jeder fallenden Flanke P7.6
        bset    P7.2            ; LED P7.2 an
        add     P2,#1           ; Port P2 um 1 erhöhen
        call    warte           ;
        bclr    P7.2            ; LED P7.2 aus
        reti                    ; Rücksprung von Interruptprogramm
p76     ENDP                    ; Ende des Interruptprogramms
p75     PROC    near            ; bei jeder fallenden Flanke P7.5
        bset    P7.1            ; LED P7.1 an
        sub     P2,#100h        ; Port P2 um 100h vermindern
        call    warte           ;
        bclr    P7.1            ; LED P7.1 aus
        reti                    ; Rücksprung von Interruptprogramm
p75     ENDP                    ; Ende des Interruptprogramms
p74     PROC    near            ; bei jeder fallenden Flanke P7.4
        bset    P7.0            ; LED P7.0 an
        sub     P2,#1           ; Port P2 um 1 vermindern
        call    warte           ;
        bclr    P7.0            ; LED P7.0 aus
        reti                    ; Rücksprung von Interruptprogramm
p74     ENDP                    ; Ende des Interruptprogramms

; Warte-Unterprogramm für alle Interrupt-Programme
warte   PROC    near            ; wartet ca. zeit * 0.033 sek
        push    r0              ; R0 retten
        push    r1              ; R1 retten
        mov     r1,#zeit        ; äussere Schleife
warte1: mov     r0,#0           ; innere Schleife
warte2: sub     r0,#1           ;
        jmpr    cc_nz,warte2    ; bis innere Schleife == 0
        sub     r1,#1           ;
        jmpr    cc_nz,warte1    ; bis äussere Schleife == 0
        pop     r1              ; R1 zurück
        pop     r0              ; R0 zurück
        ret                     ; Rücksprung von Unterprogramm
warte   ENDP                    ;
        END                     ; Ende des Quelltextes
```

```c
/* k5b9.c Bild 5-9: Freigabe- und Prioritaets-Steuerung   */
#include <reg167.h>
sbit led70 = P7^0;              // LED P7.0
sbit led71 = P7^1;              // LED P7.1
sbit led72 = P7^2;              // LED P7.2
sbit led73 = P7^3;              // LED P7.3

void warte(void)                // Wartefunktion
{ unsigned long i; for (i=0; i<1575000; i++); } // ca. 3 sek

void p77 (void) interrupt 0x46  // P7.7 Interruptprogramm
{
 led73 = 1;                     // LED P7.3 an
 P2 += 0x100;                   // P2 = P2 + 0x100
 warte();
 led73 = 0;                     // LED P7.3 aus
}
```

```
void p76 (void) interrupt 0x45        // P7.6 Interruptprogramm
{
 led72 = 1;                           // LED P7.2 an
 P2 += 0x1;                           // P2 = P2 + 0x1
 warte();
 led72 = 0;                           // LED P7.2 aus
}
void p75 (void) interrupt 0x44        // P7.5 Interruptprogramm
{
 led71 = 1;                           // LED P7.1 an
 P2 -= 0x100;                         // P2 = P2 - 0x100
 warte();
 led71 = 0;                           // LED P7.1 aus
}
void p74 (void) interrupt 0x3c        // P7.4 Interruptprogramm
{
 led70 = 1;                           // LED P7.0 an
 P2 -= 0x1;                           // P2 = P2 - 0x1
 warte();
 led70 = 0;                           // LED P7.0 aus
}
int main(void)                        // Hauptfunktion
{
 DP2 = 0xffff;                        // Port P2 ist Ausgang
 P2 = 0;                              // Port P2 loeschen
 DP7 = 0x000f;                        // P7.3 bis P7.0 sind Ausgaenge
 P7 = 0;                              // P7.3 bis P7.0 LED aus
 CCM7 = 0x2222;                       // P7.7 bis P7.4 fallende Flanke
 CC31IC = 0x49;                       // P7.7 ILevel 2 GLevel 1
 CC30IC = 0x48;                       // P7.6 ILevel 2 GLevel 0
 CC29IC = 0x45;                       // P7.4 ILevel 1 GLevel 1
 CC28IC = 0x44;                       // P7.4 ILevel 1 GLevel 0
 IEN = 1;                             // alle Interrupts freigeben
 while (1);                           // Abbruch mit Reset
 return 0;                            // zurueck nach System
}
```

Bild 5-9: Test der Prioritätsvergabe (Assembler und C)

Ergebnisse der Testprogramme:
Wurde ein Interrupt *mehrmals* innerhalb der Laufzeit des Interruptprogramms ausgelöst, so wurde nur *eine* neue Anforderung gespeichert; alle folgenden gingen verloren. Die Annahme des Interrupts löscht das IR-Bit, so daß es nur für die Speicherung *einer* folgenden Anforderung zur Verfügung steht.

Wurden zwei Interrupts unterschiedlicher Priorität ILVL *gleichzeitig* ausgelöst, so wurde die höhere Priorität zuerst bedient. Bei gleicher Priorität ILVL und unterschiedlicher Gruppen-Priorität GLVL konnte es vorkommen, daß die niedrigere Gruppen-Priorität zuerst bedient wurde. Laut Handbuch des Herstellers kann dies auf das Abtastverfahren der Eingänge zurückzuführen sein.

Wurde *während* der Laufzeit eines Interruptprogramms ein weiterer Interrupt ausgelöst, so konnte ein Interruptprogramm niedrigerer ILVL nur durch einen Interrupt höherer ILVL unterbrochen werden, nicht umgekehrt. Hatten das laufende Interruptprogramm und der anfordernde Interrupt die gleiche ILVL, so war trotz unterschiedlicher Gruppen-Priorität GLVL keine Unterbrechung des laufenden Interruptprogramms möglich.

5.4 Die externen Interrupts

Externe Interrupt-Quellen liefern Signale, die über die Port-Anschlüsse des Controllers Interrupts auslösen können. Beispiele sind die Portleitungen P7.7 bis P7.4 (Bilder 5-8 und 5-9). Im Gegensatz dazu werden interne Interrupts durch Fehlerzustände oder die internen Peripherieeinheiten (A/D-Wandler, Timer oder CAP-COM-Kanäle) angefordert.

Portleitungen	altern. Funkt.	Steuer-Reg.	Anzeige	Freigabe	Mode
P2.0 - P2.15	Capture/ Compare	CC0IC- CC15IC	CC0IR- CC15IR	CC0EI- CC15EI	CCM0- CCM3
P8.0 - P8.7	Capture/ Compare	CC16IC- CC23IC	CC16IR- CC23IR	CC16EI- CC23EI	CCM4- CCM5
P1H4 - P1H7	Capture/ Compare Adreßbus	CC24IC- CC27IC	CC24IR- CC27IR	CC24EI- CC27EI	CCM6
P7.4 - P7.7	Capture/ Compare	CC28IC- CC31IC	CC28IR- CC31IR	CC28EI- CC31EI	CCM7
P3.7	Timer T2				
P3.5	Timer T4				
P3.2	Timer GPT2				

Der Aufbau und die Programmierung der Interrupt-Steuerregister CCxIC sowie der Anzeige-und Freigabeflags IRx und IEx wurde in Abschnitt 5.3 behandelt. Die Betriebsartregister **CCM0** bis **CCM7** (Capture/Compare Mode Register) legen für jeweils vier Eingänge die Flanken fest.

CCMx   **RAM:** 0FFxx   **SFR:** 0xx   **RESET:** 0000H   *bitadressierbar*

15	14	13	12	11	10	9	8	7	6	5	4	3	2	1	0
ACCX	CCMODx			ACCx	CCMODx			ACCx	CCMODx			ACCx	CCMODx		

Die Felder haben für *externe Interrupts* folgenden Bedeutung:
ACCx   keine (Timer-Zuordnung)
CCMODx   auslösende Flanke: 0 0 0 = Interrupt gesperrt
                             0 0 1 = steigende Flanke
                             0 1 0 = fallende Flanke
                             0 1 1 = beide Flanken

Die Adressen der Register sowie die Programmierung der mit den Timern verbundenen externen Interrupts des Ports P3 werden im Kapitel 6 Timer behandelt. Die folgende Tabelle enthält die Einsprungpunkte der externen Interrupts und die symbolischen Adressen der Steuerregister, die bei den meisten Übersetzern vordefiniert vorliegen.

Nr.	Vektor-Adresse	IC-Register	Mode-Register	Interupt-Quelle
10H	0040H CC0INT	CC0IC	CCM0 .0 - .3	P2.0
11H	0044H CC1INT	CC1IC	CCM0 .4 - .7	P2.1
12H	0048H CC2INT	CC2IC	CCM0 .8 -.11	P2.2
13H	004CH CC3INT	CC3IC	CCM0 .12-.15	P2.3
14H	0050H CC4INT	CC4IC	CCM1 .0 - .3	P2.4
15H	0054H CC5INT	CC5IC	CCM1 .4 - .7	P2.5
16H	0058H CC6INT	CC6IC	CCM1 .8 -.11	P2.6
17H	005CH CC7INT	CC7IC	CCM1 .12-.15	P2.7
18H	0060H CC8INT	CC8IC	CCM2 .0 - .3	P2.8 Fast Mode
19H	0064H CC9INT	CC9IC	CCM2 .4 - .7	P2.9 Fast Mode
1AH	0068H CC10INT	CC10IC	CCM2 .8 -.11	P2.10 Fast Mode
1BH	006CH CC11INT	CC11IC	CCM2 .12-.15	P2.11 Fast Mode
1CH	0070H CC12INT	CC12IC	CCM3 .0 - .3	P2.12 Fast Mode
1DH	0074H CC13INT	CC13IC	CCM3 .4 - .7	P2.13 Fast Mode
1EH	0078H CC14INT	CC14IC	CCM3 .8 -.11	P2.14 Fast Mode
1FH	007CH CC15INT	CC15IC	CCM3 .12-.15	P2.15 Fast Mode
30H	00C0H CC16INT	CC16IC	CCM4 .0 - .3	P8.0
31H	00C4H CC17INT	CC17IC	CCM4 .4 - .7	P8.1
32H	00C8H CC18INT	CC18IC	CCM4 .8 -.11	P8.2
33H	00CCH CC19INT	CC19IC	CCM4 .12-.15	P8.3
34H	00D0H CC20INT	CC20IC	CCM5 .0 - .3	P8.4
35H	00D4H CC21INT	CC21IC	CCM5 .4 - .7	P8.5
36H	00D8H CC22INT	CC22IC	CCM5 .8 -.11	P8.6
37H	00DCH CC23INT	CC23IC	CCM5 .12-.15	P8.7
38H	00E0H CC24INT	CC24IC	CCM6 .0 - .3	P1.4
39H	00E4H CC25INT	CC25IC	CCM6 .4 - .7	P1.5
3AH	00E8H CC26INT	CC26IC	CCM6 .8 -.11	P1.6
3BH	00ECH CC27INT	CC27IC	CCM6 .12-.15	P1.7
3CH	00F0H CC28INT	CC28IC	CCM7 .0 - .3	P7.4
44H	0110H CC29INT	CC29IC	CCM7 .4 - .7	P7.5
45H	0114H CC30INT	CC30IC	CCM7 .8 -.11	P7.6
46H	0118H CC31INT	CC31IC	CCM7 .12-.15	P7.7

Die Portleitungen P2.8 bis P2.15 können im *Fast Mode* alle 50 ns statt alle 400 ns abgetastet werden und liefern kürzere Antwortzeiten als die CAP-COM-Kanäle. An die Stelle von CCMx tritt das Register **EXICON** (External Interrupt Control Register); die anderen Register und Einsprünge bleiben bestehen. *Bild 5-10* zeigt ein Beispiel.

EXICON   **RAM:** 0F1COH   **ESFR:** 0E0H   **RESET:** 0000H   *bitadressierbar*

15 14	13 12	11 10	9 8	7 6	5 4	3 2	1 0
EXI7ES P2.15	EXI6ES P2.14	EXI5ES P2.13	EXI4ES P2.12	EXI3ES P2.11	EXI2ES P2.10	EXI1ES P2.9	EXI0ES P2.8

Das Feld EXIxES hat folgende Bedeutung:

0 0 = Fast Interrupt gesperrt

0 1 = Interruptauslösung durch die steigende Flanke

1 0 = Interruptauslösung durch die fallende Flanke

1 1 = Interruptauslösung durch beide Flanken

```
; k5b10.asm Bild 5-10: Schneller externer Interrupt P2.15
%target 167                         ;jede fallende Flanke P2.15
%list                               ; erhöht Port P7 um 1
           ORG      007Ch           ; Einsprung P2.15-Interrupt
           jmp      zaehl           ; nach Interruptprogramm
           ORG      200H            ; Hauptprogramm
haupt      PROC     far             ;
           mov      DP7,#0ffffh     ; Port P7 ist Ausgang
           mov      P7,#0           ; P7 löschen
           extr     #1              ; es folgt ESFR-Zugriff
           or       EXICON,#8000h   ; 10x..x EXI7ES P2.15 fallende Flanke
           mov      CC15IC,#44h     ; 0 1 0001 00 P2.15 ILVL=1 GLVL=0
           bset     IEN             ; alle Interrupts frei
loop:      jmpr     loop            ; schlafen bis Reset
           rets                     ; zurück nach System
haupt      ENDP                     ; Ende des Hauptprogramms
; Interruptprogramm gestartet mit fallender Flanke P2.15
zaehl      PROC     near            ;
           add      P7,#1           ; Port P7 um 1 erhöhen
           reti                     ; Rücksprung von Interruptprogramm
zaehl      ENDP                     ; Ende des Interruptprogramms
           END                      ; Ende des Quelltextes
```

```c
/* k5b10.c Bild 5-10: Schneller externer Interrupt P2.15   */
#include <reg167.h>
void taste (void) interrupt 0x1f   // P2.15 Interruptprogramm
{ P7++; }                          // bei jeder fallenden Flanke
int main(void)                     // Hauptfunktion
{
 DP7 = 0xffff;                     // Port P7 ist Ausgang
 P7 = 0;                           // Zaehler P7 loeschen
 EXICON = EXICON | 0x8000;         // P2.15 schnelle fallende Flanke
 CC15IC = 0x44;                    // P2.15 freigeben LLVL=1 GLVL=0
 IEN = 1;                          // alle Interrupts freigeben
 while (1);                        // Abbruch mit Reset
 return 0;                         // zurueck nach System
}
```

Bild 5-10: Schneller (Fast) externer Interrupt (Assembler und C)

5.5 Der PEC-Datentransfer

Jeder *sperrbare Interrupt* kann anstelle eines Interruptprogramms einen Datentransfer von einem Byte oder einem Wort über die PEC-Einheit (Peripheral Event Control) durchführen. Dazu ist die Priorität ILVL des entsprechenden Interrupt-Steuerregisters auf **1111** oder **1110** zu setzen. Diese ergibt zusammen mit der Priorität GLVL die Nummer eines von acht PEC-Kanälen, der den Datentransfer durchführt. Enthält jedoch das Feld COUNT des entsprechenden PEC-Steuerregisters den Wert 00H, so wird durch Setzen des IR-Flags ein Interruptprogramm aufgerufen und kein PEC-Transfer durchgeführt. Die acht Register **PECC**x (PEC Channel Control Register) legen für jeden der acht Kanäle die Parameter fest.

PECCx   **RAM:** *Tabelle*   **SFR:** *Tabelle*   **RESET:** 0000H

15	14	13	12	11	10	9	8	7	6	5	4	3	2	1	0
–	–	–	–	–	INC		BWT	COUNT							

Die Felder haben folgende Bedeutung:

COUNT   wird mit dem Zähleranfangswert initialisiert
　　　　Anfangswert **0FFH**: Dauertransfer ohne Änderung des Zählers
　　　　Anfangswert **00H**: kein Transfer, IR=1: Interrupt entsprechend Level
　　　　Event vermindert den Zähler um 1 bis COUNT = 0, dann IR=1: Interrupt

BWT　　Byte/Wort-Auswahl: 0 = Worttransfer 1 = Bytetransfer

INC　　Steuerung des Zielzeigers DSTPx bzw. Quellzeigers SRCPx
　　　　00: beide Zeiger werden nicht verändert
　　　　01: erhöhe den Zielzeiger DSTPx um 1 (Byte) oder 2 (Wort)
　　　　10: erhöhe den Quellzeiger SRCPx um 1 (Byte) oder 2 (Wort)

Die Ziele und die Quellen müssen *Datenspeicherstellen* im Segment 0 (Datenseiten 0 bis 3) sein. Die *Adressen* der Ziele werden in acht Zielregistern DSTPx, die *Adressen* der Quellen in acht Quellzeigern SRCPx abgelegt, die sich nicht im SFR-Bereich, sondern im internen RAM befinden. Die folgende Tabelle zeigt die Register und Adressen der PEC-Kanäle.

Nr.	ILVL	GLVL	PECCx-Register (SFR)	Zielzeiger Adr.	Quellzeiger Adr.
7	1111	11	PECC7 FECEH (67H)	DSTP7 FCFEH	SRCP7 FCFCH
6	1111	10	PECC6 FECCH (66H)	DSTP6 FCFAH	SRCP6 FCF8H
5	1111	01	PECC5 FECAH (65H)	DSTP5 FCF6H	SRCP5 FCF4H
4	1111	00	PECC4 FEC8H (64H)	DSTP4 FCF2H	SRCP4 FCF0H
3	1110	11	PECC3 FEC6H (63H)	DSTP3 FCEEH	SRCP3 FCECH
2	1110	10	PECC2 FEC4H (62H)	DSTP2 FCEAH	SRCP2 FCE8H
1	1110	01	PECC1 FEC2H (61H)	DSTP1 FCE6H	SRCP1 FCE4H
0	1110	00	PECC0 FEC0H (60H)	DSTP0 FCE2H	SRCP0 FCE0H

Die PEC-Transfers haben die höchste Priorität und verzögern das laufende Programm nur um einen Maschinenzyklus, in dem der Datentransfer durchgeführt wird. Es müssen keine Register auf den Stapel gerettet und zurückgeladen werden. Eine Bewertung der übertragenen Daten z.B. auf eine bestimmte Endemarke ist nicht möglich. Es kann nur die Anzahl der Übertragungen im Feld count kontrolliert werden. *Bild 5-11* zeigt die Register eines PEC-Transfers, der in Bild 5-12 programmiert wird. Die Quelle ist eine Tabelle aus 10 Wörtern, das Ziel ist der Port P2. Bei jeder fallenden Flanke am Eingang P7.7 wird ein neues Wort ausgegeben. Nach dem letzten Wert beginnt die Ausgabe wieder von vorn.

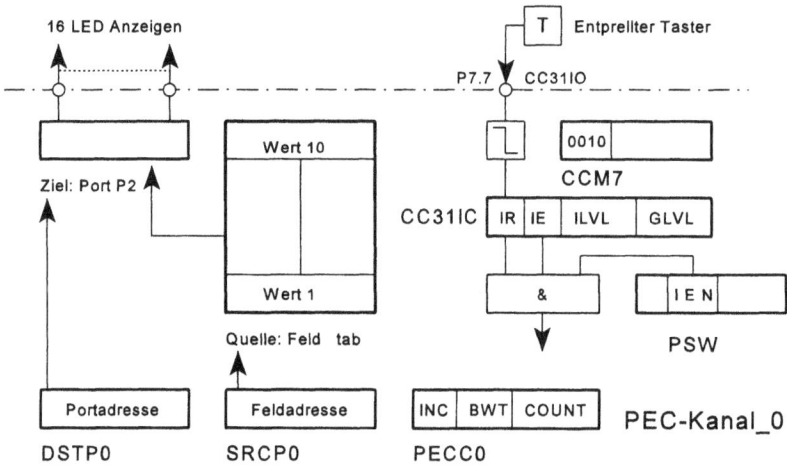

Bild 5-11: Der PEC-Transfer mit dem Kanal_0

```
; k5b12.asm Bild 5-12: PEC-Transfer mit Interrupt P7.7
%target 167
%list
CC31IC  EQU     0f194h              ; Capture/Compare-Interrupt-Steuerung
        ORG     118h                ; Einsprung P7.7-Interrupt
        jmp     neuini              ; nach Interruptprogramm

        ORG     200H                ; Hauptprogramm
haupt   PROC    far                 ;
        mov     DP2,#0ffffh         ; Port P2 ist Ausgang
        mov     P2,#0               ; P2 löschen
        mov     PECC0,#40ah         ; 10 0 00001010 SRCP+ 10 Wörter
        mov     r0,#P2              ; R0 = Adresse Port 2
        mov     DSTP0,r0            ; Zielzeiger <= Port 2
        mov     r0,#tab             ; R0 = Adresse Tabelle
        mov     SRCP0,r0            ; Quellzeiger <= Tabelle
        or      CCM7,#2000h         ; 0 010 xxxxx   P7.7 fallende Flanke
        mov     r0,#78h             ; 0 1 1110 00   P7.7 PEC-Kanal Nr. 0
        mov     CC31IC,r0           ; Interrupt P7.7 frei
        bset    IEN                 ; alle Interrupts frei
loop:   jb      P7.0,loop           ; solange P7.0 High: weiter schlafen
        bclr    IEN                 ; alle Interrupts wieder gesperrt
        rets                        ; zurück nach System
haupt   ENDP                        ; Ende des Hauptprogramms
```

```
; Interruptprogramm am Ende der Tabelle ausgeführt
neuini  PROC    near            ; PEC-Kanal wieder initalisieren
        push    r0              ; R0 gerettet
        mov     PECC0,#40ah     ; 10 0 00001010 SRCP+ 10 Wörter
        mov     r0,#P2          ; R0 = Adresse Port 2
        mov     DSTP0,r0        ; Zielzeiger <= Port 2
        mov     r0,#tab         ; R0 = Adresse Tabelle
        mov     SRCP0,r0        ; Quellzeiger <= Tabelle
        pop     r0              ; R0 zurück
        reti                    ; Rücksprung von Interruptprogramm
neuini  ENDP                    ; Ende des Interruptprogramms
; Datenbereich mit Ausgabetabelle
tab     DW 1,2,3,4,5,6,7,8,9,10 ; 10 Wörter mit Werten von 1 bis 10
        END                     ; Ende des Quelltextes
```

```c
/* k5b12.c Bild 5-12: PEC-Transfer mit Interrupt P7.7  */
#include <reg167.h>
sbit lauf = P7^0;                   // Laufkontrolle
unsigned int tab[10];               // Globales Feld

int main(void)                      // Hauptfunktion
{
  unsigned int i;
  for (i=0; i<10; i++) tab[i] = i + 1;  // Werte von 1 bis 10
  DP2 = 0xffff;                     // Port P2 ist Ausgang
  P2 = 0;                           // Port P2 loeschen
  PECC0 = 0x40a;                    // 10 0 0000 1010 SRCP+ 10 Woerter
  DSTP0 = (unsigned int) &P2;       // Zielzeiger <= Adresse Port 2
  SRCP0 = (unsigned int) &tab;      // Quellzeiger <= Tabelle
  CCM7 = CCM7 | 0x2000;             // P7.7 fallende Flanke
  CC31IC = 0x78;                    // 0 1 1110 00 P7.7 PEC-Kanal
  IEN = 1;                          // alle Interrupts freigeben
  while (lauf);                     // solange P7.0 High
  IEN = 0;                          // alle Interrupts sperren
  return 0;                         // zurueck nach System
}

void neu (void) interrupt 0x46      // P7.7 Interruptprogramm
{
  PECC0 = 0x40a;                    // 10 0 0000 1010 SRCP+ 10 Woerter
  DSTP0 = (unsigned int) &P2;       // Zielzeiger <= Adresse Port 2
  SRCP0 = (unsigned int) &tab;      // Quellzeiger <= Tabelle
}
```

Bild 5-12: PEC-Transfer durch Flanke P7.7 (Assembler und C)

Das Beispiel *Bild 5-12* programmiert einen PEC-Transfer, der über den Eingang P7.7 (Capture-Compare-Kanal 31) ausgelöst wird. Jede fallende Flanke überträgt ein Wort aus einer Tabelle (Quelle) aus 10 Elementen zum Port P2 (Ziel), erhöht den Tabellenzeiger um 2 und vermindert den Durchlaufzähler um 1. Nach der Übertragung von 10 Wörtern ist das Ende der Tabelle erreicht, das nunmehr gestartete Interruptprogramm setzt den Zähler und die Zeiger wieder auf die Anfangswerte. Die Ausgabe der Tabelle beginnt wieder mit dem ersten Eintrag. Die Programme können mit dem Taster P7.0 abgebrochen werden.

5.6 Software-Interrupts

Als Software-Interrupt bezeichnet man den Start eines Interruptprogramms nicht durch ein externes oder internes Ereignis (z.B. Signalflanke oder Timer-Ende), sondern durch einen *Befehl*; das Programm unterbricht sich selbst. Jeder sperrbare Interrupt kann durch Setzen des IR-Flags im entsprechenden Interrupt-Steuerregister einen Interrupt auslösen, der genauso behandelt wird wie das entsprechende Ereignis. Die Freigabe- und Prioritätensteuerungen sind wie bei sperrbaren Interrupts wirksam. Beispiele:

```
bset    CC31IR    ;  Interrupt P7.7 CC-Kanal 31 (Assembler)
CC31IR = 1;       // Interrupt P7.7 CC-Kanal 31 (C-Beispiel)
```

Mit dem *Trap-Befehl* kann jedes der 128 möglichen Interrupt-Programme gestartet werden. Der Vektor im Bereich von 0 bis 127 wird mit 4 multipliziert und ergibt die Startadresse in der Vektortabelle. Das laufende Programm wird unterbrochen, und das Interruptprogramm wird mit der laufenden Priorität des PSW gestartet. Die Freigabelogik ist unwirksam; der Trap-Befehl wirkt also auch bei IEN = 0! Beispiel

```
trap   #46h ; Start auf Adresse 0x118 wie P7.7-Flanke
```

Befehl	Operand	E	Z	V	C	N	Wirkung
TRAP	#Vektor	-	-	-	-	-	Vektor von 0 - 127 startet Interrupt-Programm

– alle Flags bleiben unverändert

Für die Ausführung des Trap-Befehls stellte der untersuchte C-Compiler in der Datei <intrins.h> eine vordefinierte Funktion zur Verfügung. Beispiel:

```
_trap_(0x46);   // Start auf Adresse 0x118 wie P7.7-Flanke
```

Ergebnistyp	Funktion	Wirkung
void	_trap_(**int**)	startet Interrupt-Programm mit Vektor

Die Programme *Bild 5-13* lösen mit P7.7 und P7.6 externe Interrupts aus. P7.5 und P7.4 werden mit Schleifen kontrolliert: P7.5 setzt IR auf 1; P7.4 führt einen Trap-Befehl aus.

```
; k5b13.asm Bild 5-13: Software-Interrupts
%target 167
%list
CC31IC  EQU     0f194h          ; Capture/Compare-Interrupt 31 P7.7
CC30IC  EQU     0f18ch          ; Capture/Compare-Interrupt 30 P7.6
        ORG     114h            ; Einsprung P7.6 Interrupt
        jmp     minus           ;
        ORG     118h            ; Einsprung P7.7 Interrupt
        jmp     plus            ;
        ORG     200h            ; Startadresse
haupt   PROC    far             ; Hauptprogramm
        mov     DP2,#0ffffh     ; Port 2 ist Ausgang
        mov     P2,#0           ; Port 2 löschen
        mov     CCM7,#2200h     ; 0 010 0 010   fallende Flanken
        mov     r0,#48h         ; 0 1 0010 00   P7.7 ILVL 2 GLVL 0
        mov     CC31IC,r0       ;
        mov     r0,#44h         ; 0 1 0001 00   P7.6 ILVL 1 GLVL 0
        mov     CC30IC,r0       ;
        bset    IEN             ; alle Interrups frei
```

```
; wie mühsam ist die Flankenkontrolle an P7.5 und P7.4
loop:   jnb     P7.0,ende       ; Schleifenkontrolle
        jnb     P7.5,ein75      ; P7.5 fallende Flanke
        jnb     P7.4,ein74      ; P7.4 fallende Flanke
        jmp     loop            ;
ein75:  mov     r0,CC31IC       ;
        or      r0,#80h         ; CC31IR = 1 Software-Anforderung
        mov     CC31IC,r0       ;
ein75a: jnb     P7.5,ein75a     ; warte auf steigende Flanke
        jmp     loop            ;
ein74:  trap    #45h            ; TRAP-Befehl Software-Interrupt
ein74a: jnb     P7.4,ein74a     ; warte auf steigende Flanke
        jmp     loop            ;
ende:   bclr    IEN             ; P7.0 = Low bricht Programm ab
        rets                    ;
haupt   ENDP                    ;
; Interruptprogramme hinter dem Hauptprogramm
plus    PROC    near            ; Taste P7.7 oder P7.5
        add     P2,#1           ; P2 + 1
        reti                    ;
plus    ENDP                    ;
minus   PROC    near            ; Taste P7.6 oder P7.4
        sub     P2,#1           ; P2 - 1
        reti                    ;
minus   ENDP                    ;
        END                     ; Ende des Quelltextes
haupt   ENDP

/* k5b13.c Bild 5-13: Software-Interrupts  */
#include <reg167.h>
#include <intrins.h>                // fuer _TRAP_()-Funktion
sbit lauf = P7^0;                   // Laufkontrolle
sbit t75  = P7^5;                   // Taste P7.5
sbit t74  = P7^4;                   // Taste P7.4

int main(void)                      // Hauptfunktion
{
 DP2 = 0xffff;                      // Port P2 ist Ausgang
 CCM7 = CCM7 | 0x2200;              // P7.7 P7.6 fallende Flanken
 CC31IC = 0x48;                     // P7.7 freigeben Level 2
 CC30IC = 0x44;                     // P7.6 freigeben Level 1
 IEN = 1;                           // alle Interrupts freigeben
 while (lauf)                       // solange P7.0 High
  {
   while (t75 && t74);              // keine Flanke
   if (~t75) { CC31IR = 1;   while(~t75); } // P7.5 betaetigt: IR = 1
   if (~t74) { _trap_(0x45); while(~t74); } // P7.4 betaetigt: TRAP
  }
 IEN = 0;                           // Interrupts wieder sperren
 return 0;                          // zurueck nach System
}
// Interrupt-Funktionen koennen auch hinter main liegen
void plus (void) interrupt 0x46  // P7.7 Interruptprogramm
{                                   // bei jeder fallenden Flanke
 P2++;                              // P7.7 oder P7.5
}
void minus (void) interrupt 0x45 // P7.6 Interruptprogramm
{                                   // bei jeder fallenden Flanke
 P2--;                              // P7.6 oder P7.4
}
```

Bild 5-13: Software-Interrupts (Assembler und C)

5.7 Die Antwortzeiten

Als Antwortzeit (Interrupt Response Time) bezeichnet man die Zeit vom Auftreten des Ereignisses bis zu seiner Bedienung durch das Interrupt-Programm. Der Hersteller gibt als Minimum ca. 250 ns (PEC 150 ns) an. Der zu erwartende maximale Wert hängt von folgenden Einflüssen ab:

- Buszugriffszeiten des gerade laufenden Befehls,
- Wirkung von Umschaltbefehlen,
- Retten von Registern oder Umschalten der Registerbank und
- Laufzeit höher priorisierter Interruptprogramme.

Die *Umschaltbefehle* ATOMIC, EXTR, EXTP, EXTPR, EXTS und EXTSR verzögern den Ablauf aller sperrbaren Interrupts, PEC-Transfers sowie der nichtsperrbaren Interrupts NMI, STKOF und STKUF während des Ablaufs der nächsten 1 bis 4 Befehle.

Für zeitkritische Anwendungen sollte eine hohe Priorität oder ein PEC-Transfer gewählt werden. Von der Möglichkeit, Programmteile mit ATOMIC oder durch Löschen von IEN vor einer Unterbrechung durch einen Interrupt zu schützen, sollte mit Rücksicht auf die Antwortzeit von Interrupts nur sparsam Gebrauch gemacht werden.

Mit Rücksicht auf kurze Antwortzeiten verwendet der Controller C167 für die Multiplikations- und Divisionsbefehle ein besonderes Ablaufverfahren. Da diese Befehle mehr Maschinenzyklen als die anderen benötigen, sind sie in ihrem Ablauf unterbrechbar. Interruptprogramme, die nun ebenfalls Multiplikations- und Divisionsbefehle verwenden, müssen den Status der unterbrochener Multiplikations- und Divisionsbefehle retten und wiederherstellen. Eine Multiplikations- bzw. Divisions-Sequenz (Abschnitt 4.3) besteht aus dem Laden der Register MDL und/oder MDH, dem eigentlichen Multiplikations- bzw. Divisionsbefehl und dem Speichern des Ergebnisses aus MDL und/oder MDH. Das Bit **MDRIU** des Registers **MDC** wird während des Ablaufs dieser Sequenz gesetzt. Das Bit **MULIP** des **PSW** wird gesetzt, wenn ein Multiplikations- oder Divisionsbefehl durch einen Interrupt unterbrochen wurde. Interruptprogramme, die ebenfalls diese Operationen durchführen, müssen diese Flags prüfen und gegebenenfalls die Register MDC, MDL und MDH retten und wiederherstellen.

Interruptprogramme, die ohne Multiplikation und Division arbeiten, brauchen nur die von ihnen benutzten Register zu retten und wiederherzustellen, die Zustände dieser Operationen bleiben unberücksichtigt!

6. Die Timereinheiten

Ein Timer ist ein Hardware-Zähler, der zwar mit Befehlen initialisiert wird, aber dann programmunabhängig läuft und bei seinem Nulldurchgang einen Interrupt auslösen kann. Er wird für viele Aufgaben eingesetzt, die sich durch Software nur sehr aufwendig programmieren lassen. Beispiele:
- periodische Interrupts als Zeitgeber,
- Einsatz als Ereigniszähler für Signalflanken,
- Frequenzgenerator und Frequenzmesser sowie
- Pulsweitenmodulation zur Ansteuerung von Motoren.

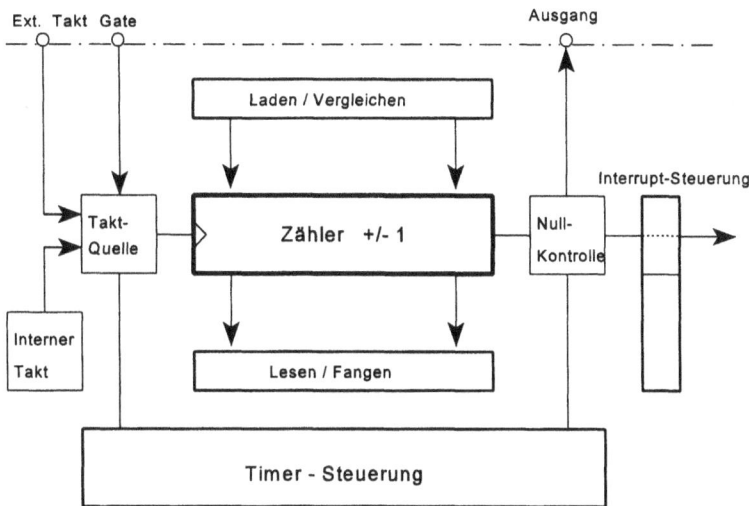

Bild 6-1: Der Aufbau einer Timer-Einheit

Durch Programmieren der Timer-Steuerung (*Bild 6-1*) kann der Timer auf verschiedene Betriebsarten eingestellt werden. Als Taktquelle dient entweder der interne Prozessortakt oder ein externes Signal. Mit dem Gate-Eingang wird der Takt gesteuert. Bei einem Nulldurchgang des Zählers kann ein Signal nach außen abgegeben oder ein Interrupt ausgelöst werden. Hilfsregister dienen zum Nachladen, Vergleichen und Auslesen des Zählerstandes. Die wichtigsten Betriebsarten sind:
- programmierbarer Frequenzteiler (Timer-Mode) mit internem Takt,
- Frequenzteiler mit Gate-Steuerung (Gated Timer-Mode),
- Ereigniszähler (Count-Mode) für externe Signalflanken,
- nachladbarer Frequenzteiler (Reload-Mode),
- Auslesen des Zählerstandes bei einem bestimmten Ereignis (Capture-Mode) und
- Ausgabe eines Signals bei einem bestimmten Zählerstand (Compare-Mode).

Das einführende Beispiel *Bild 6-2* zeigt den Einsatz des Timers T3 als Frequenzteiler. Am Ausgang P3.3 erscheint eine Rechteckfrequenz von ca. 1.2 Hz. Sie wird vom Prozessortakt $f_{CPU} = 20$ MHz durch den festen Teiler : 8, den programmierbaren Teiler : 32 und den Timer T3 : 65536 abgeleitet. *Bild 6-3* zeigt die Programme.

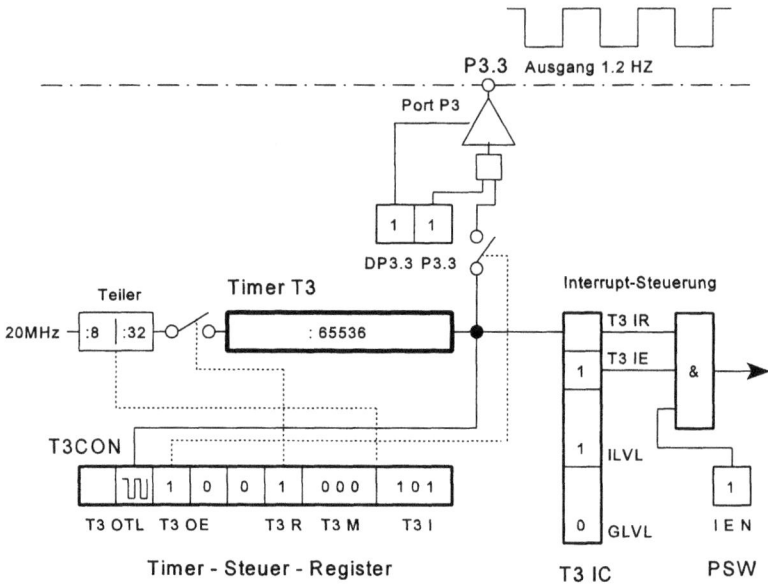

Bild 6-2: Timer T3 als Frequenzteiler Ausgang P3.3

```
; k6b3.asm  Bild 6-3: Timer T3 Timerbetrieb Frequenzausgabe P3.3
%target 167
%list
        ORG     200h            ; Hauptprogramm
haupt   PROC    far             ;
        bset    DP3.3           ; P3.3 Richtung Ausgabe
        bset    P3.3            ; P3.3 Datenbit = 1
        mov     T3CON,#245h     ; 00000 0 1 0 0 1 000 101 T3R=1
loop:   jb      P7.0,loop       ; solange P7.0 High
        bclr    T3R             ; Timer T3 sperren
        rets                    ; zurück nach System
haupt   ENDP                    ;
        END                     ; Ende des Quelltextes
```

```c
/* k6b3.c  Bild 6-3: Timer T3 Timerbetrieb Frequenzausgabe P3.3 */
#include <reg167.h>
sbit lauf = P7^0;               // Laufkontrolle
sbit richt = DP3^3;             // Richtung P3.3
sbit daten = P3^3;              // Daten P3.3

int main(void)
{
 richt = 1;                     // P3.3 ist Ausgang
 daten = 1;                     // P3.3 Daten sind high
 T3CON = 0x245;                 // 00000 0 1 0 0 1 000 101 T3R=1
 while (lauf);                  // solange P7.0 High
 T3R = 0;                       // Timer  T3 sperren
 return 0;                      // zurueck nach System
}
```

Bild 6-3: Timer T3 als Frequenzteiler (Assembler und C)

6.1 Die Mehrzweck-Timer GPT

Die beiden Timereinheiten GPT1 und GPT2 (General Purpose Timer) arbeiten unabhängig voneinander. Sie bestehen aus je drei 16-bit Zählern, die sich nach Bedarf auch zu einen 32-bit Zähler zusammenschalten lassen. Jeder Timer hat ein eigenes Steuerregister zur Einstellung der Betriebsarten *Frequenzteiler* (Timer) und *Ereigniszähler* (Counter), mit denen sich sperrbare Interrupts auslösen lassen.

Die **Interrupt-Steuerregister** xxIC der beiden Timer-Einheiten GPT1 und GPT2 haben den gleichen Aufbau wie die Register der anderen Interruptquellen. Die Bezeichnungen sind in der Tabelle enthalten. Die symbolischen Speicher- und SFR-Adressen sind in den meisten Übersetzern bereits vordefiniert.

xxIC	RAM: 0FFxx	SFR: 0xx	RESET: xx00H	*bitadressierbar*

15	-	8	7	6	5	4	3	2	1	0
	-		xxIR	xxIE		ILVL			GLVL	

Die Felder haben folgende Bedeutung:
GLVL   Gruppen-Ebene von 00 (niedrigster) bis 11 (höchster) Rang in der Gruppe
ILVL   Interrupt-Ebene von 0000 (keine) bis 1111 (höchste) Priorität
xxIE   Einzel-Freigabe: 0 = gesperrt, 1 = freigegeben
xxIR   Interrupt-Anzeige: 0 = keine Anforderung, 1 = Anforderung aufgetreten

Nr.	Vektor-Adresse	IC-Register	Anford.	Freigabe	Interrupt-Quelle
22H	0088H T2INT	T2IC	T2IR	T2IE	Timer T2
23H	008CH T3INT	T3IC	T3IR	T3IE	Timer T3
24H	0090H T4INT	T4IC	T4IR	T4IE	Timer T4
25H	0094H T5INT	T5IC	T5IR	T5IE	Timer T5
26H	0098H T6INT	T6IC	T6IR	T6IE	Timer T6
27H	009CH CRINT	CRIC	CRIR	CRIE	CAPREL-Register

Die Programme *Bild 6-4* erweitern das einführende Beispiel des Frequenzteilers, indem bei jedem Nulldurchgang des Timers T3 ein Interrupt ausgelöst wird. Dies geschieht bei einer Frequenz von 1.2 Hz ca. alle 840 ms. Die Initialisierung des Interrupts erfolgt nach der Einstellung der Betriebsart des Timers, der jedoch mit T3R = 0 zunächst noch gesperrt bleibt. Erst vor dem Start der Warteschleife wird mit T3R = 1 der Timer gestartet und mit IEN= 1 die Interruptsteuerung frei gegeben. Nach dem Abbruch der Warteschleife wird zuerst mit IEN = 0 die Interruptsteuerung und dann mit T3R = 0 auch der Timer gesperrt. Damit ist sichergestellt, daß die Arbeit des Monitors nicht beeinträchtigt wird. Das Interruptprogramm erhöht einen Zähler auf dem Port P2 um 1; dies läßt sich gut an den Leuchtdioden verfolgen. Ein Takt von genau 1 Sekunde für eine Uhr kann in dieser Betriebsart, die mit festen Taktteilern arbeitet, nicht eingestellt werden. Bild 6-15 zeigt ein Beispiel für einen Uhrentakt.

```
; k6b4.asm  Bild 6-4: Timer T3 Timerbetrieb mit Interrupt
%target 167
%list
        ORG     T3INT           ; Interrupt-Einsprung Timer 3
        jmp     zaehl           ; weiter nach Interrupt-Programm

        ORG     200h            ; Hauptprogramm
haupt   PROC    far             ;
        mov     DP2,#0ffffh     ; Port P2 als Ausgabe
        mov     P2,#0           ; Zähler löschen
        bset    DP3.3           ; P3.3 Richtung Ausgabe
        bset    P3.3            ; P3.3 Datenbit = 1
        mov     T3CON,#205h     ; 00000 1 0 0 0 000 101 T3R=0!
        mov     T3IC,#44h       ; 01 0001 00 T3IE=1 ILVL= 1 GLVL=0
        bset    T3R             ; Timer T3 ein
        bset    IEN             ; alle Interrupts frei
loop:   jb      P7.0,loop       ; solange P7.0 High
        bclr    IEN             ; alle Interrupts gesperrt
        bclr    T3R             ; Timer T3 sperren
        rets                    ;
haupt   ENDP                    ;

; Interruptprogramm ca. alle 840 ms (1.19 . . . Hz)
zaehl   PROC    near            ;
        add     p2,#1           ; Port P2 + 1
        reti                    ;
zaehl   ENDP                    ;
        END                     ; Ende des Quelltextes
```

```c
/* k6b4.c  Bild 6-4: Timer T3 im Timerbetrieb mit Interrupt */
#include <reg167.h>
sbit lauf = P7^0;               // Laufkontrolle
sbit richt = DP3^3;             // Richtungsbit P3.3
sbit daten = P3^3;              // Datenbit P3.3

int main(void)                  // Hauptfunktion
{
 DP2 = 0xffff;                  // Port P2 ist Ausgang
 P2 = 0;                        // Zaehler loeschen
 richt = 1;                     // Pin P3.3 ist Ausgang
 daten = 1;                     // Pin P3.3 Daten sind high
 T3CON = 0x205;                 // 00000 0 1 0 0 1 000 101 T3R=0
 T3IC = 0x44;                   // 0 1 0001 00 T3IE=1 ILVL=1 GLVL=0
 T3R = 1;                       // Timer T3 ein
 IEN = 1;                       // alle Interrupts frei
 while (lauf);                  // solange P7.0 High
 IEN = 0;                       // Interrupts wieder gesperrt
 T3R = 0;                       // Timer T3 sperren
 return 0;                      // zurueck nach System
}

void zaehl(void) interrupt 0x23 // T3 Interruptprogramm
{
 P2++;
}                               // Port P2 + 1
```

Bild 6-4: Timer T3 mit Interruptauslösung (Assembler und C)

6.1.1 Die Timereinheit GPT1

Bild 6-5 gibt einen Überblick über die Steuerung des Kerntimers (Core) T3 und der
beiden Hilfstimer (Auxiliary) T2 und T4. Nur Timer T3 hat einen Ausgang für die
Anzeige des Nulldurchgangs. Die Timer T2 und T4 können zum Nachladen und
Speichern des Timers T3 verwendet werden. Sie lassen sich so programmieren, daß sie
den Kerntimer T3 als Vorteiler verwenden (32-bit Zähler).

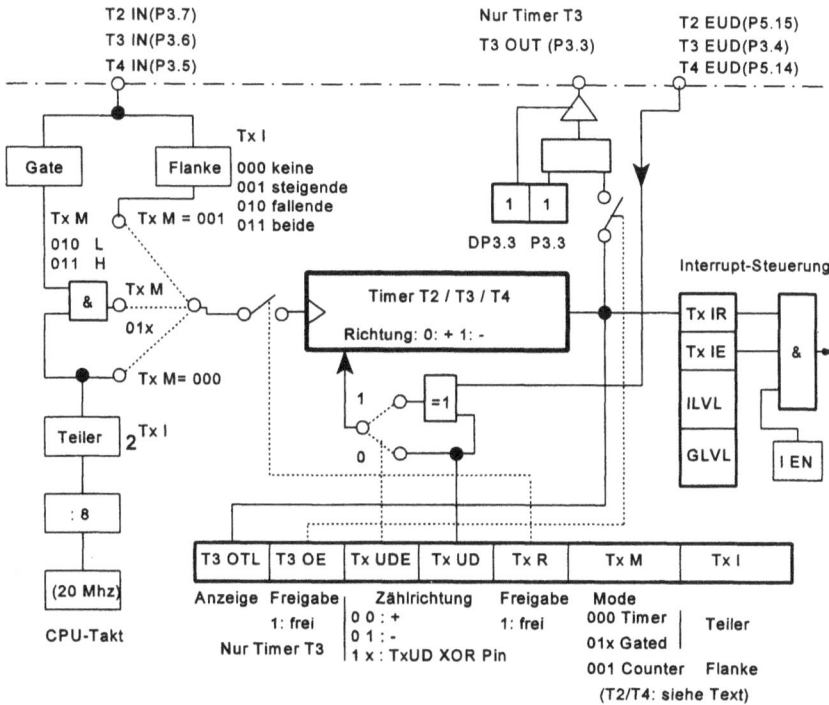

T2 IN(P3.7)
T3 IN(P3.6)
T4 IN(P3.5)

Nur Timer T3
T3 OUT (P3.3)

T2 EUD(P5.15)
T3 EUD(P3.4)
T4 EUD(P5.14)

Gate

Flanke

Tx I
000 keine
001 steigende
010 fallende
011 beide

Tx M
010 L
011 H

Tx M = 001

1 1

DP3.3 P3.3

Interrupt-Steuerung

&

Tx M

01x

Tx M= 000

Teiler 2$^{Tx I}$

: 8

(20 Mhz)

CPU-Takt

Timer T2 / T3 / T4

Richtung: 0: + 1: -

1

0

=1

Tx IR

Tx IE   &

ILVL

GLVL   I EN

T3 OTL	T3 OE	Tx UDE	Tx UD	Tx R	Tx M	Tx I

Anzeige Freigabe

1: frei

Nur Timer T3

Zählrichtung
0 0 : +
0 1 : -
1 x : TxUD XOR Pin

Freigabe

1: frei

Mode
000 Timer
01x Gated
001 Counter
(T2/T4: siehe Text)

Teiler

Flanke

Bild 6-5: Die Steuerung der Timer T2, T3 und T4 der Timereinheit GPT1

Die drei 16-bit Zähler können als Timer-Datenregister **T2**, **T3** und **T4** durch Befehle
gelesen und beschrieben werden. Die drei Steuerregister **TxCON** legen für jeden Timer
die Betriebsart (Mode) fest. Abschnitt 6.1 beschreibt den Aufbau und die Programmierung der Interrupt-Steuerregister **TxIC**. Die symbolischen Speicher- und SFR-Adressen
sind in den meisten Übersetzern bereits vordefiniert.

Timer	Daten-Reg. (SFR)	Steuer-Reg. (SFR)	Interrupt-Reg. (SFR)
Timer 2	T2 FE40H (20H)	T2CON FF40H (A0H)	T2IC FF60H (B0H)
Timer 3	T3 FE42H (21H)	T3CON FF42H (A1H)	T3IC FF62H (B1H)
Timer 4	T4 FE44H (22H)	T4CON FF44H (A2H)	T4IC FF64H (B2H)

TxCON   **RAM:** *Tabelle*   **SFR:** *Tabelle*   **RESET:** 0000H   *bitadressierbar*

15	14	13	12	11	10	9	8	7	6	5	4	3	2	1	0
–	–	–	–	–	T3 OTL	T3 OE	Tx UDE	Tx UD	TxR		TxM			TxI	

Die Felder haben folgende Bedeutung:

TxI   Taktsteuerung (Input) je nach Mode und Timer

   Timer und Timer mit Gate   Ereigniszähler (Count)

   000: Teiler 8*1=8   000: keine Flanke (Timer gesperrt)

   001: Teiler 8*2=16   001: steigende Flanke an TxIN

   010: Teiler 8*4=32   010: fallende Flanke an TxIN

   011: Teiler 8*8=64   011: beide Flanken an TxIN

   100: Teiler 8*16=128   100: ***nur*** T2 T4: keine Flanke von T3OTL

   101: Teiler 8*32=256   101: ***nur*** T2 T4: steigende Flanke von T3OTL

   101: Teiler 8*64=512   110: ***nur*** T2 T4: fallende Flanke von T3OTL

   111: Teiler 8*128=1024   111: ***nur*** T2 T4: beide Flanken von T3OTL

TxM   Betriebsart (Mode)

   000: Timer ohne Gate

   001: Ereigniszähler (Count)

   010: Timer mit Gate aktiv Low

   011: Timer mit Gate aktiv High

   1xx: für Timer T3 ***nicht*** verwendbar!

   100: ***nur*** Timer T2 und T4: Reload Mode (nachladen von T3)

   101: ***nur*** Timer T2 und T4: Capture Mode (speichern von T3)

   11x: für keinen der Timer verwendbar!

TxR   Laufkontrolle 0 = aus, 1 = Run (Lauf)

TxUD   Zählrichtung 0 = auf (Up), 1 = ab (Down)

TxUDE   Mode der Zählrichtung 0 = nur von TxUD abhängig, 1 = XOR mit TxEUD

T3OE   Ausgangssteuerung (Timer T3) 0 = P3.3 ist Port, 1 = P3.3 ist Timerausgang

T3OTL   Timer T3 Umschaltung bei jedem Nulldurchgang bzw. durch Befehl

Der Timertakt ist $f_T = f_{cpu} / (8 * 2^{<TxI>})$. Die Tabelle gilt für f_{cpu} = 20 MHz. Die Angaben für den Takt und die Periode bei einem festen Teiler von 65 536 wurden gerundet.

TxI	Teiler	Timer Takt	Timer Periode	Takt : 65536	Periode*65536
000	8	2.5 MHz	0.400 µs	38.14 Hz	26.2 ms
001	16	1.25 MHz	0.800 µs	19.07 Hz	52.4 ms
010	32	625 kHz	1.6 µs	9.5 Hz	105 ms
011	64	312.5 kHz	3.2 µs	4.77 Hz	210 ms
100	128	156.25 kHz	6.4 µs	2.38 Hz	420 ms
101	256	78.125 kHz	12.8 µs	1.19 Hz	840 ms
110	512	39.0625 kHz	25.6 µs	0.60 Hz	1.68 sek
111	1024	19.53125 kHz	51.2 µs	0.30 Hz	3.36 sek

In der Betriebsart *Timer* arbeiten die Zähler als feste periodische Teiler durch 65 536. Unabhängig von der Zählrichtung wird nach jedem Nulldurchgang wieder mit dem Anfangswert 0 begonnen (modulo 65 536). Dabei kann jeder der drei Timer einen Interrupt auslösen, nur für Timer T3 wird zusätzlich das Anzeigebit T3OTL umgeschaltet und wahlweise auf dem Ausgang T3OUT (P3.3) ausgegeben. Bild 6-3 zeigt den Betrieb als Teiler durch 65 536, Bild 6-4 zusätzlich die Interruptauslösung. In der Betriebsart *Reload* ist der Teilerfaktor variabel. In der Betriebsart *Timer mit Gate* wird der Takt der drei Zähler durch ein äußeres Signal gesperrt bzw. freigegeben. Das Feld TxM bestimmt den aktiven Zustand der Gatesteuerung.

Im *Start-Stop-Betrieb* wird der Timer gestartet und löst nach einer voreingestellten Zeit einen Interrupt aus, der ihn wieder sperrt. Diese Betriebsart dient zur Einstellung von definierten *einmaligen* Verzögerungszeiten. Die Programme *Bild 6-6* programmieren den Timer T3 auf eine Wartezeit von ca. 3 sek und löschen den Ausgabeport P2. Nach Ablauf der Wartezeit setzt das Interruptprogramm den Port P2 wieder auf 1 und schaltet den Timer ab.

```
; k6b6.asm  Bild 6-6: Timer T3 Einmalauslösung nach ca. 3 sek
%target 167
%list
            ORG     T3INT           ; Interrupt-Einsprung Timer 3
            jmp     zaehl           ; weiter nach Interrupt-Programm

            ORG     200h            ; Hauptprogramm
haupt   PROC    far             ;
            mov     DP2,#0ffffh     ; Port P2 als Ausgabe
            mov     P2,#0           ; Ausgabe löschen
            mov     T3,#58593       ; Timer-Anfangswert
            mov     T3CON,#287h     ; 00000 1 0 1 0 000 111 T3R=0!
            mov     T3IC,#44h       ; 01 0001 00 T3IE=1 ILVL= 1 GLVL=0
            bset    T3R             ; Timer T3 ein
            bset    IEN             ; alle Interrupts frei
loop:   jb      P7.0,loop       ; solange P7.0 High
            rets                    ;
haupt   ENDP                    ;
; Interruptprogramm nach 50*1024*58593 = 2 999 961 600 ns
zaehl   PROC    near            ;
            mov     P2,#0ffffh      ; Ausgabe wieder High
            bclr    IEN             ; alle Interrupts gesperrt
            bclr    T3R             ; Timer T3 sperren
            reti                    ;
zaehl   ENDP                    ;
            END                     ; Ende des Quelltextes
```

```c
/* k6b6.c  Bild 6-6: Timer T3 Einmalausloesung nach ca. 3 sek */
#include <reg167.h>
sbit lauf = P7^0;               // Laufkontrolle
int main (void)
{
  DP2 = 0xffff;                 // Port P2 als Ausgabe
  P2 = 0;                       // Ausgabe loeschen
  T3 = 58593;                   // Timer-Anfangswert
  T3CON = 0x287;                // 00000 1 0 1 0 000 111 T3R=0!
  T3IC = 0x44;                  // 01 0001 00 T3IE=1 ILVL= 1 GLVL=0
  T3R = 1;                      // Timer T3 ein
  IEN = 1;                      // alle Interrupts frei
  while (lauf);                 // solange P7.0 High
  return 0;
}
```

```
// Interruptprogramm nach 50*1024*58593 = 2 999 961 600 ns
void zaehl (void) interrupt 0x23
{
 P2 = 0xffff;                        // Ausgabe wieder High
 IEN = 0;                            // alle Interrupts gesperrt
 T3R = 0;                            // Timer T3 sperren
}
```

Bild 6-6: Timer T3 im Start-Stop-Betrieb (Assembler und C)

In der Betriebsart **Ereigniszähler** (Count) wird anstelle des internen Prozessortaktes eine externe Taktquelle an dem entsprechenden Eingang TxIN verwendet. Bei jeder (programmierbaren) Flanke wird der Zähler um 1 erhöht bzw. vermindert. Als Quelle kann ein periodischer Taktgenerator z.B. für einen Uhrentakt oder ein Impulsgeber z.B. zur Zählung von vorbeifahrenden Autos dienen. Die Programme *Bild 6-7* verwenden einen entprellten Taster am Eingang T3IN. Der laufende Zählerstand des Aufwärtszählers wird auf dem Port P2 als Dualzahl ausgegeben. Für eine dezimale Ausgabe z.B. auf Sieben-Segment-Anzeigen wäre sowohl im Assembler als auch in C eine Dual-Dezimalumwandlung ähnlich Bild 6-11 erforderlich.

```
; k6b7.asm  Bild 6-7: Timer T3 als Ereigniszähler
; zählt fallende Flanken an P3.6   T3 auf P2 ausgegeben
%target 167
%list
        ORG     200h            ; Hauptprogramm
haupt   PROC    far             ;
        mov     DP2,#0ffffh     ; P2 ist Ausgang
        mov     T3,#0           ; Timer T3 löschen
        mov     T3CON,#24ah     ; 00000 0 1 0 0 1 001 010 T3R=1
loop:   mov     P2,T3           ; laufenden Zähler anzeigen
        jb      P7.0,loop       ; solange P7.0 High
        bclr    T3R             ; Timer T3 sperren
        rets                    ; zurück nach System
haupt   ENDP                    ;
        END                     ; Ende des Quelltextes
```

```
/* k6b7.asm  Bild 6-7: Timer T3 als Ereigniszaehler */
// zaehlt fallende Flanken an P3.6   T3 auf P2 ausgegeben
#include <reg167.h>
sbit lauf = P7^0;                    // Laufkontrolle
int main(void)
{
 DP2 = 0xffff;                       // P2 ist Ausgang
 T3 = 0;                             // Timer T3 loeschen
 T3CON = 0x24a;                      // 00000 0 1 0 0 1 001 010 T3R=1
while (lauf)
{
 P2 = T3;                            // laufenden Zaehler anzeigen
}
 T3R = 0;                            // Timer T3 wieder sperren
 return 0;                           // vor Rueckkehr nach System
}
```

Bild 6-7: Timer T3 als Ereigniszähler (Assembler und C)

In der Betriebsart *Nachladen* (Reload) wird der Kerntimer T3 aus einem der beiden Hilfstimer T3 bzw. T4 mit einem Anfangswert nachgeladen. Der Zeitpunkt des Nachladens wird entweder durch den Nulldurchgang des Timers T3 oder durch eine Flanke an einem der Eingänge T2IN bzw.T4IN bestimmt. Die Timer T2 bzw. T4 sind in dieser Betriebsart von jeder Taktquelle abgeschaltet und speichern nur den Nachladewert. Im Timerbetrieb ist damit der Teilerfaktor von T3 nicht mehr konstant 65 536, sondern eine ganze Zahl von 1 bis zum Maximalwert; reelle Faktoren mit Stellen hinter dem Dezimalkomma lassen sich nicht realisieren!

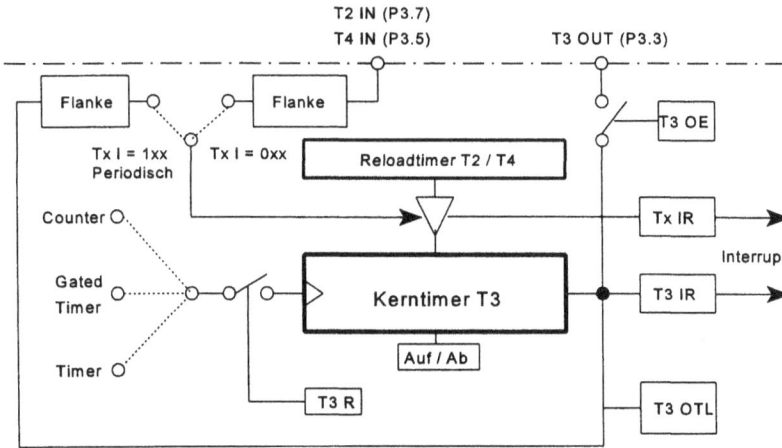

Timer T3 nachgeladen von T2 bzw. T4 (Reload)

Das Beispiel *Bild 6-8* gibt eine Frequenz von 50 Hz am Ausgang T3OUT aus. Der Kerntimer T3 läuft als Timer mit einem Takt von 20 MHz : 8 = 2.5 MHz. Der Reload-Wert von 25 000 teilt die 2 500 000 Hz : 25 000 = 100 Hz und bedeutet alle 10 ms einen Nulldurchgang, der T3 nachlädt. Der Ausgang T3OUT wird alle 10 ms *umgeschaltet* und liefert T/2 = 10 ms bzw. T = 20 ms bzw. f = 50 Hz.

```
; k6b8.asm  Bild 6-8: Timer T3 nachgeladen von T2: 50 Hz
; 50 Hz T=20ms T/2=10 000 000 ns : 400 ns = 25 000 Teiler
%target 167
%list
          ORG      200h              ; Hauptprogramm
haupt     PROC     far               ;
          bset     DP3.3             ; P3.3 Richtung Ausgabe
          bset     P3.3              ; P3.3 Datenbit = 1
          mov      T2CON,#27h        ; 00000 0 0 0 0 0 100 111 Reload
          mov      T2,#25000         ; Nachladewert
          mov      T3CON,#2c0h       ; 00000 0 1 0 1 1 000 000 T3R=1
loop:     jb       P7.0,loop         ; solange P7.0 High
          bclr     T3R               ; Timer T3 sperren
          rets                       ; zurück nach System
haupt     ENDP                       ;
          END                        ; Ende des Quelltextes
```

```
/* k6b8.c  Bild 6-8: Timer T3 nachgeladen von T2: 50 Hz */
// 50 Hz T=20ms T/2=10 000 000 ns : 400 ns = 25 000 Teiler
#include <reg167.h>
sbit lauf = P7^0;                  // Laufkontrolle
sbit richt = DP3^3;                // Richtungsbit DP3.3
sbit daten = P3^3;                 // Datenbit P3.3
int main(void)
{
 richt = 1;                        // P3.3 Richtung Ausgabe
 daten = 1;                        // P3.3 High
 T2CON = 0x27;                     // 00000 0 0 0 0 0 100 111 Reload
 T2 = 25000;                       // Nachladewert
 T3CON = 0x2c0;                    // 00000 0 1 0 1 1 000 000 T3R=1
 while(lauf);                      // solange P7.0 High
 T3R = 0;                          // Timer T3 sperren
 return 0;                         // zurueck nach System
}
```

Bild 6-8: Reload-Betrieb als Frequenzgenerator (Assembler und C)

Ein *pulsweitenmoduliertes* (PWM) Ausgangssignal an T3OUT entsteht, wenn man beide Hilfstimer zum Nachladen von T3 verwendet. Einer wird mit der steigenden Flanke von T3OTL getriggert und bestimmt mit seinem Nachladewert die High-Länge der Ausgabe; der andere wird mit der fallenden Flanke getriggert und bestimmt die Low-Länge. Das Verhältnis der beiden Nachladewerte ergibt das Tastverhältnis (Low zu High) und damit den Mittelwert des Ausgangssignals. PWM Signale werden als Digital/Analogwandler z.B. für die Steuerung von Gleichstrommotoren verwendet.

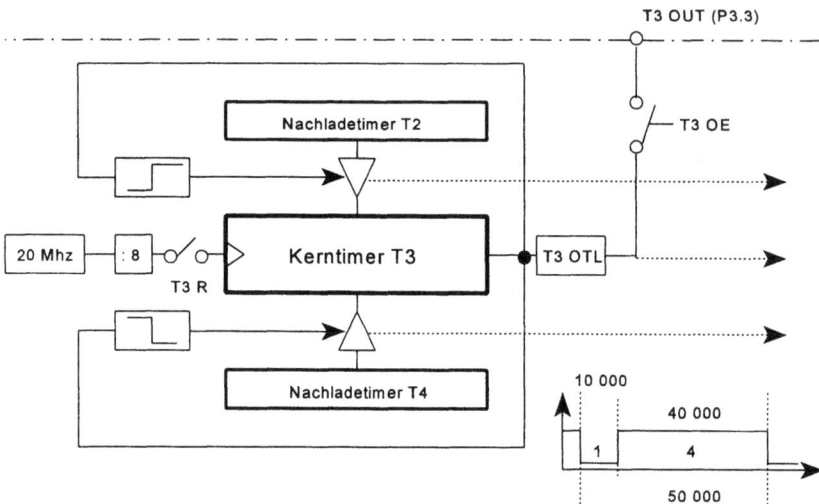

Pulsweitenmodulation (PWM) Nachladen von T3 durch T2 und T4

Die Programme *Bild 6-9* geben ein periodisches PWM-Signal am Ausgang T3OUT aus. Die Länge der High-Zeit wird durch die Eingabe vom Port P2 bestimmt, die Länge der Low-Zeit durch die Differenz 50 000 - P2. Dadurch ist die Summe beider Zeiten immer 50 000; dies entspricht einer Grundfrequenz von 50 Hz mit variablem Tastverhältnis.

```
; k6b9.asm  Bild 6-9: Timer T3 Pulsweitenmodulation PWM-Ausgang
; 50 Hz T=20ms T/2=10 000 000 ns : 400 ns = 25 000 Teiler für 1:1
%target 167
%list
          ORG     200h          ; Hauptprogramm
haupt     PROC    far           ;
          bset    DP3.3         ; P3.3 Richtung Ausgabe
          bset    P3.3          ; P3.3 Datenbit = 1
          mov     T2CON,#25h    ; 00000 0 0 0 0 0 100 101 Rel. steig.
          mov     T2,#25000     ; Nachladewert von T2 Anfangswert
          mov     T4CON,#26h    ; 00000 0 0 0 0 0 100 110 Rel. fall.
          mov     T4,#25000     ; Nachladewert von T4 Anfangswert
          mov     T3CON,#2c0h   ; 00000 0 1 0 1 1 000 000 T3R=1
loop:     mov     T2,P2         ; T2 Nachladewert von P2
          mov     r0,#50000     ;
          sub     r0,P2         ; ohne Unterlaufkontrolle !!!!!
          mov     T4,r0         ; T4 Nachladewert = 50 000 - P2
          jb      P7.0,loop     ; solange P7.0 High
          bclr    T3R           ; Timer T3 sperren
          rets                  ; zurück nach System
haupt     ENDP                  ;
          END                   ; Ende des Quelltextes


/* k6b9.c  Bild 6-9: Timer T3 Pulsweitenmodulation PWM-Ausgang */
// 50 Hz T=20ms T/2=10 000 000 ns : 400 ns = 25 000 Teiler fuer 1:1
#include <reg167.h>
sbit lauf = P7^0;               // Laufkontrolle
sbit richt = DP3^3;             // Richtungsbit P3.3
sbit daten = P3^3;              // Datenbit P3.3
int main (void)
{
 richt = 1;                     // P3.3 Richtung Ausgabe
 daten = 1;                     // P3.3 Datenbit = 1
 T2CON = 0x25;                  // 00000 0 0 0 0 0 100 101 Reload
 T2 = 25000;                    // Nachladewert von T2 Anfangswert
 T4CON = 0x26;                  // 00000 0 0 0 0 0 100 110 Reload
 T4 = 25000;                    // Nachladewert von T4 Anfangswert
 T3CON = 0x2c0;                 // 00000 0 1 0 1 1 000 000 T3R=1
 while (lauf)
 {
  T2 = P2;                      // T2 Nachladewert von P2
  T4 = 50000 - P2;             // T4 Nachladewert = 50 000 - P2
 }
 T3R = 0;                       // Timer T3 sperren
 return 0;                      // zurueck nach System
}
```

Bild 6-9: Timer T3 im PWM-Betrieb (Assembler und C)

In der Betriebsart **Speichern** (Capture) wird der laufende Zählerstand des Kerntimers T3 in einen der beiden Hilfstimer T2 bzw. T4 gespeichert; T3 läuft weiter. Der Übernahmezeitpunkt kann durch eine Flanke an einem der Eingänge T2IN bzw. T4IN bestimmt werden. Das Triggersignal muß mindestens acht CPU-Takte stabil anliegen und kann einen Interrupt auslösen, der den Zählerwert aus dem Hilfstimer ausliest und weiter verarbeitet. Die beiden Timer T2 und T4 dienen nur als Auffangregister und sind in der Betriebsart Capture vom Takt getrennt. Der Fall, daß während eines Durchlaufs von T3 keine Triggerung erfolgte, kann durch einen Interrupt von T3 abgefangen werden.

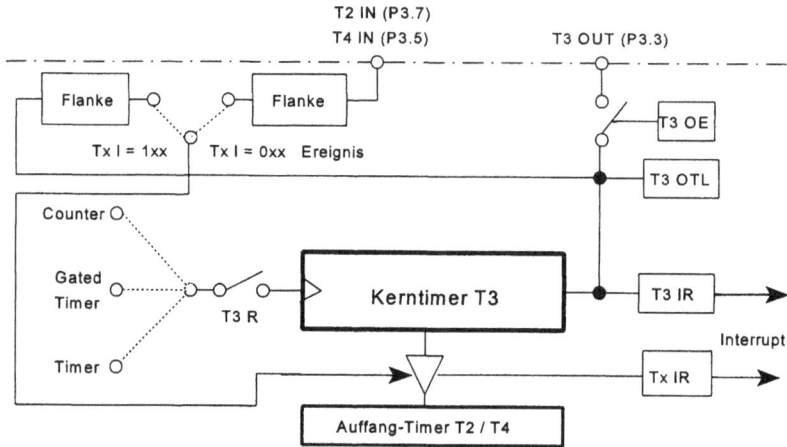

Timer T3 gespeichert nach T2 bzw. T4 (Capture)

Die Programme *Bild 6-10* speichern bei einer fallenden Flanke am Eingang T4IN (P3.5) den laufenden Wert des Timers T3 nach T4, geben ihn auf dem Port P2 aus und löschen T3. Damit wird die Zeit zwischen dem Start des Programms und dem Triggersignal bzw. zwischen den folgenden Triggersignalen gemessen. Ein Überlauf des Zählers wird durch Blinken am Ausgang T3OUT angezeigt; er könnte auch durch einen entsprechenden Interrupt von T3 abgefangen werden.

```
; k6b10.asm  Bild 6-10: Timer T3 Capture-Betrieb T4 Auffang-Register
%target 167
%list
        ORG     T4INT           ; Interrupt-Einsprung Timer 4
        jmp     aus             ; weiter nach Interrupt-Programm

        ORG     200h            ; Hauptprogramm
haupt   PROC    far             ;
        mov     DP2,#0ffffh     ; Port P2 als Ausgabe
        mov     P2,#0           ; Ausgabe löschen
        bset    DP3.3           ; P3.3 Ausgang
        bset    P3.3            ; P3.3 Datenbit High
        mov     T3CON,#207h     ; 00000 1 0 0 0 000 111 T3R=0!
        mov     T3,#0           ; Timer T3 löschen
        mov     T4CON,#2ah      ; 00000 0 0 0 0 101 010 Cap.fallende
        mov     T4IC,#44h       ; 01 0001 00 T4IE=1 ILVL= 1 GLVL=0
        bset    T3R             ; Timer T3 ein
        bset    IEN             ; alle Interrupts frei
loop:   jb      P7.0,loop       ; solange P7.0 High
        bclr    IEN             ; alle Interrupts gesperrt
        bclr    T3R             ; Timer T3 sperren
        rets                    ;
haupt   ENDP                    ;
; Interruptprogramm gibt T4 auf P2 aus
aus     PROC    near            ;
        mov     P2,T4           ; Port P2 <= Capture-Wert
        mov     T3,#0           ; Timer T3 löschen
        reti                    ;
aus     ENDP                    ;
        END                     ; Ende des Quelltextes
```

```
/* k6b10.c  Bild 6-10: Timer T3 Capture-Betrieb T4 Auffang-Register */
#include <reg167.h>
sbit lauf = P7^0;                    // Laufkontrolle
sbit richt = DP3^3;                  // Richtungsbit DP3.3
sbit daten = P3^3;                   // Datenbit P3.3
int main(void)
{
 DP2 = 0x0ffff;                      // Port P2 als Ausgabe
 P2 = 0;                             // Ausgabe loeschen
 richt = 1;                          // P3.3 Ausgang
 daten = 1;                          // P3.3 Datenbit High
 T3CON = 0x207;                      // 00000 1 0 0 0 000 111 T3R=0!
 T3 = 0;                             // Timer T3 loeschen
 T4CON = 0x2a;                       // 00000 0 0 0 0 101 010 Cap.fallende
 T4IC = 0x44;                        // 01 0001 00 T4IE=1 ILVL= 1 GLVL=0
 T3R = 1;                            // Timer T3 ein
 IEN = 1;                            // alle Interrupts frei
 while (lauf);                       // solange P7.0 High
 IEN = 0;                            // alle Interrupts gesperrt
 T3R = 0;                            // Timer T3 sperren
 return 0;
}
// Interruptprogramm gibt T4 auf P2 aus
void aus (void) interrupt 0x24
{
 P2 =T4;                             // Port P2 <= Capture-Wert
 T3 = 0;                             // Timer T3 loeschen
}
```

Bild 6-10: Zeitmessung im Capture-Betrieb (Assembler und C)

In der Betriebsart *Zusammenschaltung* (Concatenation) bildet der Kernteiler T3 den Vorteiler für die Hilfstimer T2 bzw. T4; die Teilerfaktoren beider Timer multiplizieren sich. Auf diese Weise ist es möglich, die maximale Wartezeit eines Timers von 3.36 sek (Teiler 1024 bei 20 MHz) zu verlängern. Dazu wird ein Hilfstimer in der Betriebsart TxI = 1xx als Counter mit dem Takt von T3 betrieben. Verwendet man den anderen Hilfstimer zum Nachladen von T3, so läßt sich der Teilerfaktor der Timerkette feinstufig einstellen.

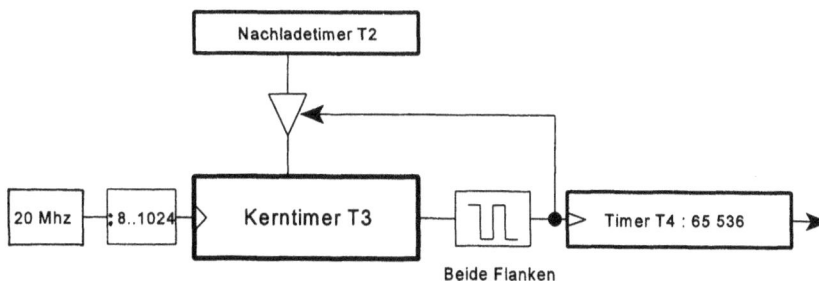

Timer T3 als ladbarer Vorteiler für festen Timer T4

Das Beispiel *Bild 6-11* gibt einen Sekundenzähler auf den Port P2 aus. Für einen Nachladewert von 2289 läuft ein Minutenzähler, der sich mit einer Teilerstufe nicht realisieren läßt.

```
; k6b11.asm  Bild 6-11: Timerkette T3->T4 mit Reload durch T2
; 20 000 000 :8 :38 = 65 790 : 1.0038 Hz
%target 167
%list
        ORG     T4INT           ; Interrupt-Einsprung Timer 4
        jmp     sek             ; weiter nach Interrupt-Programm

        ORG     200h            ; Hauptprogramm
haupt   PROC    far             ;
        mov     DP2,#0ffffh     ; Port P2 als Ausgabe
        mov     P2,#0           ; Ausgabe löschen
        bset    DP3.3           ; Zwischenausgabe
        bset    P3.3            ; von T3 auf P3.3
        mov     T2CON,#27h      ; 00000 0 0 0 0 100 111 Reload beide
        mov     T2,#38          ; T2 Nachladewert für T3
        mov     T3CON,#280h     ; 00000 1 0 1 0 000 000 T3R=0!
        mov     T4CON,#4fh      ; 00000 0 0 0 1 001 111 Takt von T3
        mov     T4IC,#44h       ; 01 0001 00 T4IE=1 ILVL= 1 GLVL=0
        bset    T3R             ; Timer T3 ein
        bset    IEN             ; alle Interrupts frei
loop:   jb      P7.0,loop       ; solange P7.0 High
        bclr    IEN             ; alle Interrupts gesperrt
        bclr    T3R             ; Timer T3 sperren
        rets                    ;
haupt   ENDP                    ;
; Interruptprogramm erhöht alle 1.004 sek. P2 um 1
sek     PROC    near            ;
        mov     r0,P2           ; R0 <= P2
        addb    rl0,#1          ; RL0 = RL0 + 1
        call    dualbcd         ; RH0 bcd <= RL0 dual
        mov     P2,r0           ; Ausgabe
        reti                    ;
sek     ENDP                    ;
; Unterprogramm RL0 dual nach RH0 bcd zweistellig!!!!
dualbcd PROC    near
        push    r1              ; R1 retten
        push    r2              ; R2 retten
        mov     r1,#10          ; R1 = Divisor 10
        movbz   MDL,rl0         ; MDL = Dividend
        divu    r1              ; MDL = Quotient  MDH = Rest
        mov     r2,MDH          ; RL2 = Einer
        divu    r1              ; MDL = Quotient  MDH = Rest
        mov     r1,MDH          ; RL1 = Zehner  Hunderter verworfen
        shl     r1,#4           ; Zehner 4 bit links
        or      rl1,rl2         ; Einer dazu
        mov     rh0,rl1         ; RH0 = Zehner | Einer
        pop     r2              ; R2 zurück
        pop     r1              ; R1 zurück
        ret                     ;
dualbcd ENDP
        END                     ; Ende des Quelltextes
```

```c
/* k6b11.c  Bild 6-11: Timerkette T3->T4 mit Reload durch T2 */
// 20 000 000 :8 :38 = 65 790 : 1.0038 Hz
#include <reg167.h>
sbit lauf = P7^0;               // Laufkontrolle
sbit dp33 = DP3^3;              // Richtungsbit DP3.3
sbit p33  = P3^3;               // Datenbit P3.3
int main(void)
{
 DP2 = 0xffff;                  // Port P2 als Ausgabe
 P2 = 0;                        // Ausgabe loeschen
 dp33 = 1;                      // fuer Zwischenausgabe
 p33 = 1;                       // von T3 auf P3.3
 T2CON = 0x27;                  // 00000 0 0 0 0 100 111 Reload beide
```

```
T2 = 38;                        // T2 Nachladewert fuer T3
T3CON = 0x280;                  // 00000 1 0 1 0 000 000 T3R=0!
T4CON = 0x4f;                   // 00000 0 0 0 1 001 111 Takt von T3
T4IC = 0x44;                    // 01 0001 00 T4IE=1 ILVL= 1 GLVL=0
T3R = 1;                        // Timer T3 ein
IEN = 1;                        // alle Interrupts frei
while (lauf);                   // solange P7.0 high
IEN = 0;                        // alle Interrupts gesperrt
T3R = 0;                        // Timer T3 sperren
return 0;
}


// Funktion dualbcd liegt vor Aufruf in sek
// linkes Byte bcd <= rechtes Byte dual
void dualbcd(unsigned int *x)
{
 unsigned int einer, zehner;    // Hilfvariablen
 *x = *x & 0x00ff;              // linkes Byte loeschen
 einer = *x % 10;               // dual : 10 = Rest Einer
 zehner = (*x % 100) / 10;      // dual : 100 = Rest / 10 Zehner
 *x = *x | (zehner << 12) | (einer << 8);        // zusammensetzen
}


// Interruptprogramm erhoeht alle 1.004 sek. P2 um 1
void sek(void) interrupt 0x24
{
 unsigned int bcd;              // Hilfvariable
 bcd = P2;                      // fuer Parameteruebergabe
 bcd++;                         // addiere 1
 dualbcd(&bcd);                 // dual nach BCD-Umwandlung
 P2 = bcd;
}
```

Bild 6-11: Timerkette als Sekundenzähler (Assembler und C)

Die Ausgabe auf dem Port P2 ist dual und kann z.B. mit 16 Leuchtdioden angezeigt werden. Schließt man vier BCD-Ausgaben an, so entsteht eine vierstellige dezimale Anzeigeeinheit, die jedoch eine Umrechnung in die BCD-Darstellung erfordert. Eine BCD-Arithmetik ist weder im Befehlssatz des C167 vorgesehen noch können die Timer in diesem Code arbeiten.

Das Unterprogramm dualbcd wandelt eine Dualzahl im Bereich von 0 bis 99_{10} um in eine entsprechende zweistellige BCD-codierte Dezimalzahl. Auf der Ausgabe erscheint im linken Byte von P2 die dezimale und im rechten Byte die duale Darstellung. Man beachte, daß auch in C dual gerechnet wird und daß die gewohnte dezimale Ausgabe von Systemfunktionen vorgenommen wird.

6.1.2 Die Timereinheit GPT2

Der Blockschaltplan *Bild 6-12* zeigt den Kerntimer (Core) T6 mit dem Hilfstimer (Auxiliary) T5 und dem Auffang/Nachladeregister CAPREL. Die Funktionen und die Interruptauslösung arbeiten wie die der Timereinheit GPT1. Jedoch dividiert der feste Vorteiler den CPU-Takt durch 4 und ermöglich damit eine Auflösung von 200 ns gegenüber dem Teiler 8 (Auflösung 400 ns) der Timereinheit GPT1. Anschlüsse:

```
T6IN(P5.12)  CAPIN(P3.2)  T5IN(P5.13)  T5EUD(P5.11  T6EUD(P5.10)  T6OUT(P3.1)
```

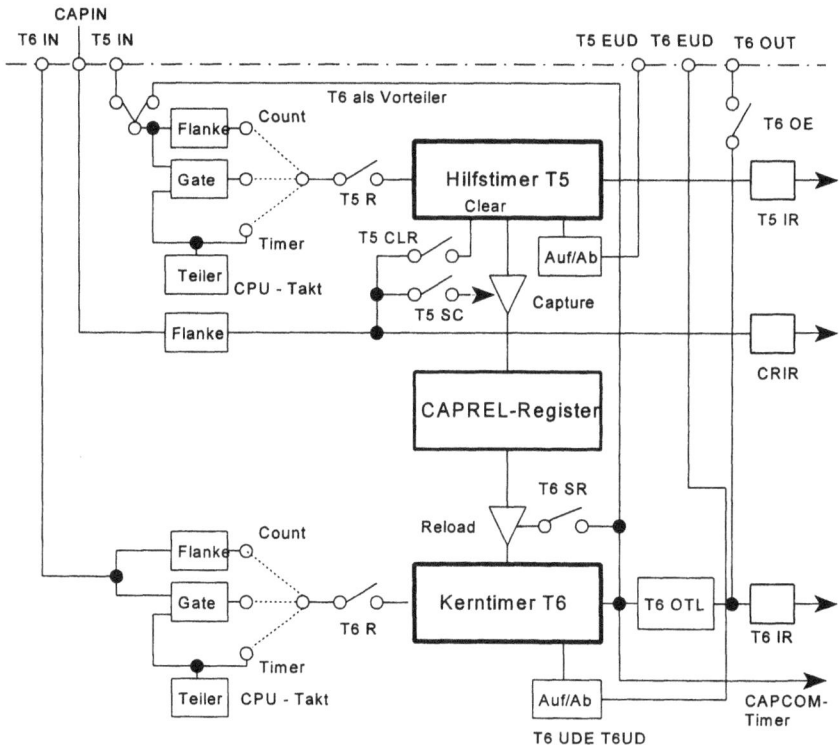

Bild 6-12: Blockschaltplan der Timereinheit GPT2

Die beiden 16-bit Zähler **T5** und **T6** und das Register **CAPREL** können durch Befehle gelesen und beschrieben werden. Die beiden Steuerregister **TxCON** legen für jeden Timer und CAPREL die Betriebsart (Mode) fest. Abschnitt 6.1 beschreibt den Aufbau und die Programmierung der Interrupt-Steuerregister **TxIC**. Die symbolischen Speicher- und SFR-Adressen sind in den meisten Übersetzern bereits vordefiniert.

Register	Daten-Reg. (SFR)	Steuer-Register (SFR)	Interrupt-Reg. (SFR)
Timer 5	T5 FE46H (23H)	T5CON FF46H (A3H)	T5IC FF66H (B3H)
Timer 6	T6 FE48H (24H)	T6CON FF48H (A4H)	T6IC FF68H (B4H)
CAPREL	FE4AH (25H)	Steuerung durch TxCON	CRIC FF6AH (B5H)

T5CON   **RAM:** 0FF46H   **SFR:** 0A3H   **RESET:** 0000H   *bitadressierbar*

15	14	13	12	11	10	9	8	7	6	5	4	3	2	1	0
T5 SC	T5 CLR	CI		–	–	–	T5 UDE	T5 UD	T5R	–	T5M		T5I		

T5I   ***Timertakt (mit Gate)***   ***Ereigniszähler (Count)***

      000: Teiler 4*1=4   000: keine Flanke (Timer gesperrt)
      001: Teiler 4*2=8   001: steigende Flanke an T5IN
      010: Teiler 4*4=16   010: fallende Flanke an T5IN
      011: Teiler 4*8=32   011: beide Flanken an T5IN
      100: Teiler 4*16=64   100: keine Flanke (Timer gesperrt)
      101: Teiler 4*32=128   101: steigende Flanke von T6OTL
      101: Teiler 4*64=256   110: fallende Flanke von T6OTL
      111: Teiler 4*128=512   111: beide Flanken von T6OTL

T5M   00: Betriebsart (Mode) Timer ohne Gate
        01: Betriebsart (Mode) Ereigniszähler (Count)
        10: Betriebsart (Mode) Timer mit Gate aktiv Low
        11: Betriebsart (Mode) Timer mit Gate aktiv High

T5R   Laufkontrolle: 0 = aus, 1 = Run (Lauf)

T5UD   Zählrichtung: 0 = auf (Up), 1 = ab (Down)

T5UDE   Mode der Zählrichtung: 0 = nur von T5UD abhängig, 1 = XOR mit T5EUD

        CAPREL-Register Steuerung

CI   00: Capture von T5 nach CAPREL gesperrt
      01: Capture von T5 nach CAPREL mit steigender Flanke von CAPIN
      10: Capture von T5 nach CAPREL mit fallender Flanke von CAPIN
      11: Capture von T5 nach CAPREL mit beiden Flanken von CAPIN

T5CLR   Löschfunktion: 0 = nicht löschen,   1 = lösche T5 bei Capture

T5SC   Capturefreigabe: 0 = kein Capture,   1 = Capture freigegeben

T6CON   **RAM:** 0FF48H   **SFR:** 0A4H   **RESET:** 0000H   *bitadressierbar*

15	14	13	12	11	10	9	8	7	6	5	4	3	2	1	0
T6 SR	–	–	–	–	T6 OTL	T6 OE	T6 UDE	T6 UD	T6R	T6M			T6I		

T6I   ***Timertakt (mit Gate)***   ***Ereigniszähler (Count)***

                                   000: keine Flanke (Timer gesperrt)
      Siehe   001: steigende Flanke an T6IN
      Tabelle   010: fallende Flanke an T6IN
                                   011: beide Flanken an T6IN

T6M   000: Betriebsart (Mode) Timer ohne Gate
        001: Betriebsart (Mode) Ereigniszähler (Count)
        010: Betriebsart (Mode) Timer mit Gate aktiv Low
        011: Betriebsart (Mode) Timer mit Gate aktiv High
        1xx: für Timer T6 **nicht** verwendbar!

T6R   Laufkontrolle: 0 = aus, 1 = Run (Lauf)

T6UD   Zählrichtung: 0 = auf (Up), 1 = ab (Down)

T6UDE   Mode der Zählrichtung: 0 = nur von T6UD abhängig, 1 = XOR mit T6EUD

T6OE   Ausgangssteuerung: 0 = P3.1 ist Port, 1 = P3.1 ist Timerausgang

T6OTL   Umschaltung bei jedem Nulldurchgang bzw. durch Befehl

T6SR   ***Reloadfreigabe***: 0 = kein Reload, 1 = Reload von Register CAPREL

Der Timertakt ist $f_T = f_{cpu} / (4 * 2^{<TxI>})$. Die Tabelle gilt für $f_{cpu} = 20$ MHz. Die Angaben für den Takt und die Periode bei einem Teiler von 65 536 wurden gerundet.

TxI	Teiler	Timer Takt	Timer Periode	Takt : 65536	Periode*65536
000	4	5 MHz	0.200 µs	76.28 Hz	13.1 ms
001	8	2.5 MHz	0.400 µs	38.14 Hz	26.2 ms
010	16	1.25 MHz	0.800 µs	19.07 Hz	52.4 ms
011	32	625 kHz	1.6 µs	9.5 Hz	105 ms
100	64	312.5 kHz	3.2 µs	4.77 Hz	210 ms
101	128	156.25 kHz	6.4 µs	2.38 Hz	420 ms
110	256	78.125 kHz	12.8 µs	1.19 Hz	840 ms
111	512	39.0635 kHz	25.6 µs	0.60 Hz	1.68 sek

In der Betriebsart *Timer* arbeiten T5 und T6 als feste periodische Teiler durch 65 536. Nach jedem Nulldurchgang beginnt der Zähler wieder mit dem Anfangswert 0 (modulo 65 536). Für Timer T6 wird zusätzlich das Anzeigebit T6OTL umgeschaltet und wahlweise auf dem Ausgang T6OUT (P3.1) ausgegeben. In der Betriebsart *Timer mit Gate* wird der Takt der beiden Timer durch ein äußeres Signal gesperrt bzw. freigegeben. Das Feld TxM bestimmt den aktiven Zustand der Gatesteuerung. Im *Start-Stop-Betrieb* wird der Timer gestartet und löst nach einer voreingestellten Zeit einen Interrupt aus, der ihn wieder sperrt. Diese Programmierung dient zur Einstellung von definierten *einmaligen* Verzögerungszeiten. In der Betriebsart *Count* (Ereigniszähler) wird anstelle des internen Prozessortaktes eine externe Taktquelle an dem entsprechenden Eingang TxIN verwendet, die bei jeder (programmierbaren) Flanke den Zähler um 1 erhöht bzw. vermindert. Verwendet man im Count-Betrieb des Hilfstimers T5 die Nulldurchgangsanzeige T6OTL des Kerntimers T6 als Quelle, so entsteht eine *Timerkette* (32-bit Zähler). Die Programmbeispiele der Timereinheit GPT1 (Bild 6-2 bis 6-12) lassen sich auch auf die Timer T5 und T6 übertragen.

In der Betriebsart *Reload* (T6SR = 1) wird Timer T6 bei jedem Nulldurchgang mit dem Inhalt des Registers CAPREL nachgeladen. Der Teiler ist nicht mehr konstant 65 536, sondern durch Laden von CAPREL einstellbar. In der Betriebsart *Capture* (T5SC = 1) wird der Inhalt des Timers T5 beim Auftreten einer programmierbaren Flanke (Feld CI) am Eingang CAPIN in das Register CAPREL gespeichert. Gleichzeitig kann T5 gelöscht (T5CLR = 1) und ein Interrupt ausgelöst werden.

Die Kombination Capture T5 und Reload T6 läßt sich für die *Vervielfachung* einer Eingangsfrequenz verwenden. Timer T5 tastet das Eingangssignal, das an CPIN anliegt, mit einem festen Takt ab. Im Mode *beide Flanken* und *Aufwärtszähler* wird die Länge einer Halbwelle nach CAPREL gespeichert. Mit diesem Wert erzeugt Timer T6 ein Rechteck an T6OUT (Abwärtszähler). Ist die Taktfrequenz von T6 ein Vielfaches des Taktes von T5, so ist auch die Frequenz des Ausgangs entsprechend höher. Das Beispiel *Bild 6-13* tastet den Eingang mit 312.5 kHz (Teiler 64) ab und gibt das Ausgangssignal mit 625 kHz (Teiler 32) aus. Die Frequenz des Signals wird verdoppelt.

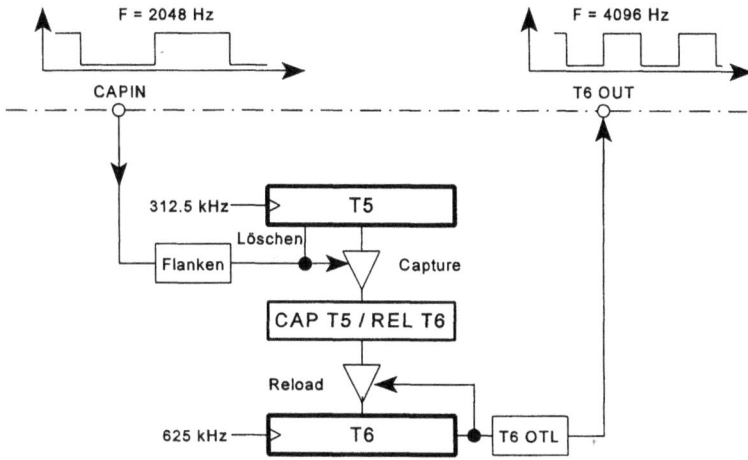

F = 2048 Hz   F = 4096 Hz

CAPIN   T6 OUT

312.5 kHz → T5

Löschen

Flanken   Capture

CAP T5 / REL T6

Reload

625 kHz → T6   T6 OTL

Frequenzvervielfachung durch Capture-Reload

```
; k6b13.asm Bild 6-13: Frequenzvervielfachung
; Eingang: CAPIN P3.2  Ausgang: T6OUT P3.1  Faktor 2
%target 167
%list
        ORG    200h          ;
haupt   PROC   far           ;
        bset   DP3.1         ; T6OUT Richtung
        bset   P3.1          ;  T6OUT Datenbit
        mov    T5CON,#0f044h ; 1 1 11 000 00 10 00 100 : 64
        mov    T6CON,#086c3h ; 1 0 00 011 01 10 00 011 : 32
loop:   jb     P7.0,loop     ; solange P7.0 High
        bclr   T5R           ; Timer T5 aus
        bclr   T6R           ; Timer T6 aus
        rets                 ; zurück nach System
haupt   ENDP                 ;
        END                  ; Ende des Quelltextes
```

```c
/* k6b13.c Bild 6-13: Frequenzvervielfachung */
// Eingang: CAPIN P3.2  Ausgang: T6OUT P3.1  Faktor 2
#include <reg167.h>
sbit lauf = P7^0;            // Laufkontrolle
sbit dp31 = DP3^1;           // T6OUT Richtung
sbit p31  = P3^1;            // T6OUT Daten
int main(void)
{
 dp31 = 1;                   // DP3.1 = 1: Ausgang
 p31 = 1;                    // P3.1  = 1: Daten High
 T5CON = 0xf044;             // 1 1 11 000 00 10 00 100 : 64
 T6CON = 0x86c3;             // 1 0 00 011 01 10 00 011 : 32
 while (lauf);               // solange P7.0 High
 T5R = 0;                    // T5 sperren
 T6R = 0;                    // T6 sperren
 return 0;                   // zurueck nach System
}
```

Bild 6-13: Frequenzvervielfachung im Capture-Reload-Betrieb (Assembler und C)

6.2 Die Capture/Compare-Einheiten CAPCOM

Die Untereinheit CAPCOM1 besteht aus den beiden Timern T0 und T1 sowie den 16 Registern CC0 bis CC15, die einem der beiden Timer T0 oder T1 zugeordnet werden können. In der Untereinheit CAPCOM2 arbeiten die 16 Register CC16 bis CC31 mit einem der beiden Timer T7 oder T8 zusammen. Jeder Timer hat ein eigenes Reload-Register TxREL. *Bild 6-14* zeigt den Aufbau und die Betriebsarten.

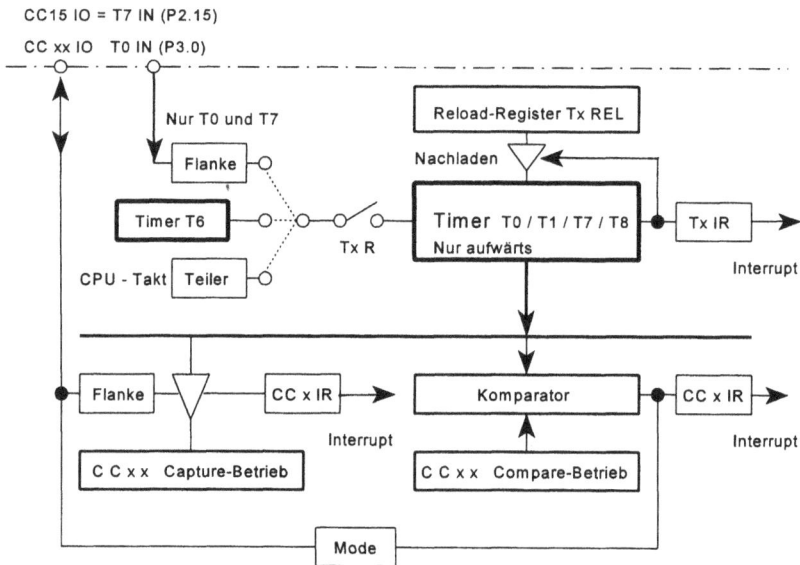

Bild 6-14: Aufbau und Betriebsarten der CAPCOM-Einheiten

In der Betriebsart *Timer* arbeiten die Timer nur aufwärtszählend mit den Taktquellen *intern* (geteilter CPU-Takt) oder mit dem *Ausgang* von GPT Timer **T6** (Abschnitt 6.1.2 Bild 6-12). Die Timer T0 und T7 haben zusätzlich externe flankenprogrammierbare Eingänge (Count-Betrieb). Bei jedem Nulldurchgang werden die Timer automatisch aus dem entsprechenden Nachladeregister TxREL nachgeladen, und es kann ein Interrupt ausgelöst werden.

In der Betriebsart *Capture* (Auffangen) wird der laufende Zählerstand des zugeordneten Timers in einem der Register CCxx gespeichert, und es kann ein Interrupt ausgelöst werden. Dies geschieht mit einer programmierbaren Flanke an einem der Eingänge CCxxIO, die im Abschnitt 5.4 zur Auslösung externer Interrupts verwendet wurden.

In der Betriebsart *Compare* (Vergleichen) wird eines der Register CCxx über einen Komparator mit dem laufenden Zählerstand des zugeordneten Timers verglichen. Stimmen sie überein, so wird ein Signal am entsprechenden Ausgang CCxxIO ausgegeben, und es kann ein Interrupt ausgelöst werden.

Die 16-bit Aufwärtszähler **T0, T1, T7** und **T8** mit ihren Nachladeregistern **TxREL** können durch Befehle gelesen und beschrieben werden. Die beiden Steuerregister **T01CON** und **T78CON** legen für die beiden Timer einer Untereinheit die Betriebsart (Mode) fest. Die Interrupt-Steuerregister **TxIC** legen die Prioritäten des Interrupts fest. Abschnitt 5.3 behandelt ihren Aufbau. Für die Register stellen die meisten Übersetzer vordefinierte Bezeichner zur Verfügung.

Timer-Reg. (SFR)	Reload-Reg. (SFR)	Steuer-Reg. (SFR)	Interrupt-Reg. (SFR)
T0 FE50H　(28H)	**T0REL** FE54H　(2AH)	**T01CON** (Low) FF50H (A8H)	**T0IC** FF9CH　(CEH)
T1 FE52H　(29H)	**T1REL** FE56H　(2BH)	**T01CON** (High) FF50H　(A8H)	**T1IC** FF9EH　(CFH)
T7　　(ESFR) F050H　(28H)	**T7REL**　(ESFR) F054H　(2AH)	**T78CON** (Low) FF20H　(90H)	**T7IC**　　(ESFR) F17AH　(BDH)
T8　　(ESFR) FE52H　(29H)	**T8REL**　(ESFR) F056H　(2BH)	**T78CON** (High) FF20H　(90H)	**T8IC**　　(ESFR) F17CH　(BEH)

Das Steuerregister **T01CON** programmiert die Betriebsart der Timer 0 und 1. Das Register **T78CON** ist für die Timer T7 und T8 vorgesehen.

```
T01CON   RAM: 0FF50H   SFR: 0A8H   RESET: 0000H      bitadressierbar
15   14   13   12   11   10    9    8    7    6    5    4    3    2    1    0
 -  | T1R |  -  |  -  | T1M |   T1I    |  -  | T0R |  -  |  -  | T0M |   T0I
        Timer 1                    |                 Timer 0
```

```
T78CON   RAM: 0FF20H   SFR: 090H   RESET: 0000H      bitadressierbar
15   14   13   12   11   10    9    8    7    6    5    4    3    2    1    0
 -  | T8R |  -  |  -  | T8M |   T8I    |  -  | T7R |  -  |  -  | T7M |   T7I
        Timer 8                    |                 Timer 7
```

TxI　　*Takt (Timer TxM=0)*　　*Ereigniszähler (Count TxM = 1)*

　　　　　　　　　　　　　　　x00: Änderung von Timer T6
　　　　Siehe　　　　　　　x01: *nur* T0 und T7 steigende Flanke an TxIN
　　　　Tabelle　　　　　　x10: *nur* T0 und T7 fallende Flanke an TxIN
　　　　　　　　　　　　　　　x11: *nur* T0 und T7 beide Flanken an TxIN

TxM　　Betriebsart: 0 = Timer (interner Takt),　1 = Counter (Timer T6 oder extern)

TxR　　Laufkontrolle: 0 = aus,　1 = Run (Lauf)

Soll nur einer der beiden Timer in seiner Betriebsart geändert werden, so müssen Bit- oder Bitfeldbefehle verwendet werden, um die Betriebsart des anderen Timers nicht zu beeinträchtigen. Beispiel:

```
   bfldl   T01CON,#02h,#02h    ; nur Timer T0 0000 0010 Timer :32
   bset    T0R                 ; Timer 0 starten
```

Der Timertakt ist $f_T = f_{cpu} / (8 * 2^{<TxI>})$. Die Tabelle gilt für $f_{cpu} = 20$ MHz. Die Angaben für den Takt und die Periode bei einem festen Teiler von 65 536 sind gerundet.

TxI	Teiler	Timer Takt	Timer Periode	Takt : 65536	Periode*65536
000	8	2.5 MHz	0.400 µs	38.14 Hz	26.2 ms
001	16	1.25 MHz	0.800 µs	19.07 Hz	52.4 ms
010	32	625 kHz	1.6 µs	9.5 Hz	105 ms
011	64	312.5 kHz	3.2 µs	4.77 Hz	210 ms
100	128	156.25 kHz	6.4 µs	2.38 Hz	420 ms
101	256	78.125 kHz	12.8 µs	1.19 Hz	840 ms
110	512	39.0625 kHz	25.6 µs	0.60 Hz	1.68 sek
111	1024	19.53125 kHz	51.2 µs	0.30 Hz	3.36 sek

Nach dem Start bzw. Nachladen eines Timers erfolgt der erste Zählschritt **nach** Ablauf der ersten Timerperiode (z.B. 0.4 µs bei 2.5 MHz). Für den Betrieb der Timer ist zu beachten, daß sie nur **aufwärts** zählen und daß sie bei jedem Nulldurchgang (Übergang vom höchsten Wert 0FFFFH nach 0000) nicht mit dem Anfangswert Null beginnen, sondern aus dem entsprechenden Nachladeregister TxREL **nachgeladen** werden. Der Nachladewert für die Berechnung von Teilern ergibt sich aus der Differenz zwischen dem Wert 10000H = 65 536 und dem gewünschten Faktor. Beispiele:
Teiler 1: 65 536 − 1 = 65 535 = 0FFFFH als Nachladewert (1 Durchlauf)
Teiler 2: 65 536 − 2 = 65 534 = 0FFFEH als Nachladewert (2 Durchläufe)
Teiler 10: 65 536 − 10 = 65 526 als Nachladewert (10 Durchläufe)
Der Reload-Wert 0 ergibt 65 536 Durchläufe.

Verwendet man den Ausgang von Timer T6 als Eingang für einen der CAPCOM-Timer, so entsteht eine **Timerkette**, in der sich zwei Timer mit variablen Teilerfaktoren einstellen lassen. Im Beispiel *Bild 6-15* wird der CPU-Takt 20 MHz durch den festen Vorteiler (: 32), den aus CAPREL nachgeladenen Timer T6 (: 62 500) und den aus T0REL nach geladenen Timer T0 (: 10) auf 1 Hz heruntergeteilt. Am Ausgang T6OUT (P3.1) ergibt sich eine Frequenz von 5 Hz, da der Ausgang bei jedem Nulldurchgang (10 Hz = 100 ms) **umgeschaltet** wird.

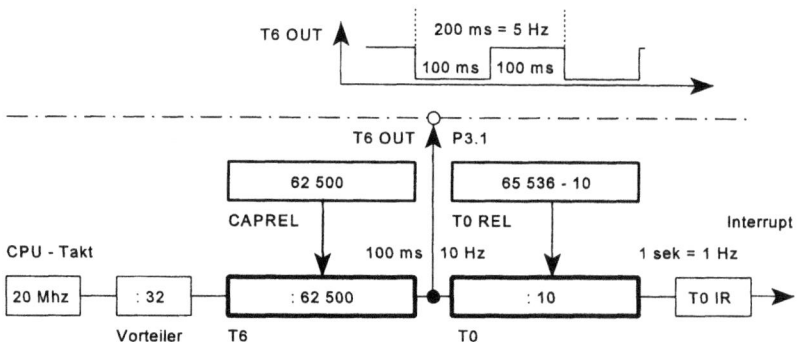

```
; k6b15.asm Bild 6-15: Timerkette: T6 als Takt für T0
; 20 000 000 Hz : 32 : 62 500 = 10 Hz  : 10 = 1 Hz = 1 sek
%target 167
%list
          ORG    T0INT              ; Interrupt Timer T0
          jmp    zaehl              ; nach Interruptprogramm

          ORG    200H               ; Startadresse
haupt     PROC   far                ; Hauptprogramm
          mov    DP2,#0ffffh        ; Port P2 ist Ausgang
          mov    P2,#0              ; Zähler löschen
          bset   DP3.1              ; Ausgang T6
          bset   P3.1               ; Datenbit High
          mov    CAPREL,#62500      ; Nachladeteiler T6
          mov    T6,#62500          ; Startteiler T6
          mov    T6CON,#8283h       ; T6: 1 0000 0 1 0 1 0 000 011
          mov    T0REL,#65536-10    ; Nachladeteiler T0 = 10
          mov    T0,#65536-10       ; Startteiler T0
          or     T01CON,#0008h      ; T0: 00000000 0 0 00 1 000
          mov    T0IC,#0044h        ; T0 Intr. 00000000 0 1 0001 00
          bset   T0R                ; Timer T0 frei
          bset   T6R                ; Timer T6 frei
          bset   IEN                ; alle Interrupts frei
loop:     jb     P7.0,loop          ; solange P7.0 High
          bclr   IEN                ; alle Interrupts gesperrt
          bclr   T6R                ; Timer T6 gesperrt
          bclr   T0R                ; Timer T0 gesperrt
          rets                      ; zurück nach System
haupt     ENDP                      ; Ende Hauptprogramm
; Interruptprogramm jede Sekunde aufgerufen
zaehl     PROC   near
          add    P2,#1              ; Zähler P2 erhöhen
          reti                      ;
zaehl     ENDP                      ;
          END                       ; Ende des Quelltextes


/* k6b15.c Bild 6-15: Timerkette: T6 als Takt fuer T0  */
// 20 000 000 Hz : 32 : 62 500 = 10 Hz  : 10 = 1 Hz  T = 1 sek
#include <reg167.h>
sbit lauf = P7^0;                   // Laufkontrolle
sbit dp31 = DP3^1;                  // Richtung T6 Ausgang
sbit p31  = P3^1;                   // Datenbit T6 Ausgang
int main(void)
{
 DP2 = 0xffff;                      // Port P2 ist Ausgang
 P2 = 0;                            // Zaehler loeschen
 dp31 = 1;                          // Ausgang T6
 p31 = 1;                           // Datenbit High
 CAPREL = 62500;                    // Nachladeteiler T6
 T6 = 62500;                        // Startteiler T6
 T6CON = 0x8283;                    // T6: 1 0000 0 1 0 1 0 000 011
 T0REL = 65536-10;                  // Nachladeteiler T0 = 10
 T0 = 65536-10;                     // Startteiler T0 = 10
 T01CON |= 0x0008;                  // T0: 00000000 0 0 00 1 000
 T0IC = 0x0044;                     // T0 Intr. 00000000 0 1 0001 00
 T0R = 1;                           // Timer T0 frei
 T6R = 1;                           // Timer T6 frei
 IEN = 1;                           // alle Interrupts frei
 while (lauf);                      // solange P7.0 High
 IEN = 0;                           // alle Interrupts gesperrt
 T6R = 0;                           // Timer T6 gesperrt
 T0R = 0;                           // Timer T0 gesperrt
 return 0;                          // zurueck nach System
}
```

```
// Interruptprogramm jede Sekunde aufgerufen
void zaehl(void) interrupt 0x20
{
 P2++;                                   // Zaehler P2 erhoehen
}
```

Bild 6-15: Timerkette aus T6 und T0 für 1 Hz (Assembler und C)

Die **Capture/Compare-Register** CC00 bis CC15 nehmen die aufgefangenen Zähler-stände oder die Vergleichswerte der Timer T0 und T1 auf. Ihre Betriebsart (Mode) wird in einem 4 bit langen Feld eines der vier Betriebsartregister CCM0 bis CCM3 festgelegt. Die Register CC16 bis CC31 arbeiten mit den Timern T7 und T8 zusammen und werden in CCM4 bis CCM7 programmiert.

Die Steuerregister **CCMx** legen die Betriebsart von jeweils vier Capture/Compare-Kanälen fest. Bei der Programmierung eines Eintrags ist gegebenenfalls darauf zu achten, daß die Werte der anderen drei Einträge nicht verändert werden.

CCMx   RAM: *Tabelle*   **SFR:** *Tabelle*   **RESET:** 0000H   *bitadressierbar*

15	14	13	12	11	10	9	8	7	6	5	4	3	2	1	0
ACCx	CCMODx		ACCx	CCMODx			ACCx	CCMODx			ACCx	CCMODx			

CCMODx   Auswahl der Betriebsart

              000: Capture und Compare gesperrt, Anschluß als Interrupt verwendbar

              001: Capture bei steigender Flanke am Anschluß CCxIO

              010: Capture bei fallender Flanke am Anschluß CCxIO

              011: Capture bei beiden Flanken am Anschluß CCxIO

              100: *Compare-Mode 0:* mehrere Interrupts während der Timer Periode
                    Doppel-Register-Mode möglich für CC8..CC15 und CC24..CC31

              101: *Compare-Mode 1:* mehrere Interrupts während der Timer Periode
                    Anschluß CCxIO bei Gleichheit umschalten
                    Doppel-Register-Mode möglich für CC0..CC7 und CC16..CC23

              110: *Compare-Mode 2:* nur ein Interrupt während der Timer Periode

              111: *Compare-Mode 3:* nur ein Interrupt während der Timer Periode
                    Anschluß CCxIO bei Gleichheit auf 1 gesetzt
                    Anschluß CCxIO bei Timer-Überlauf auf 0 gelöscht

ACCx   Zuordnung des Timers: 0 = T0 bzw. T7,   1= T1 bzw. T8

Der *Doppel-Register-Mode* ist eine besondere Kombination der Betriebsarten zweier CCxx-Register, von denen das eine in der Betriebsart 100 (Compare-Mode 0) und das andere in der Betriebsart 101 (Compare-Mode 1) programmiert ist.

Die folgende Tabelle enthält die Adressen der Compare/Capture-Register und der zugeordneten Betriebsartregister. Die mit einem * gekennzeichneten Anschlüsse CC24IO (P1.4) bis CC27IO (P1.7) sind nur Ausgänge! Die Interrupt-Register **CCxxIC** und Interrupt-Vektoren **CCxxINT** werden von den externen Interrupts (Abschnitt 5.4) mitbenutzt. Ihre Adressen sind in der dortigen Tabelle enthalten. Die meisten Übersetzer stellen vordefinierte Bezeichner für die Register und Bitpositionen zur Verfügung.

Capture/Compare-Rg.	Mode-Register	Anschluß	Timer	Interrupt
CC0 FE80H (40H)	CCM0 .0 - .3	CC0IO P2.0	T0,T1	CC0IC
CC1 FE82H (41H)	CCM0 .4 - .7	CC1IO P2.1	T0,T1	CC1IC
CC2 FE84H (42H)	CCM0 .8 -.11	CC2IO P2.2	T0,T1	CC2IC
CC3 FE86H (43H)	CCM0 .12-.15	CC3IO P2.3	T0,T1	CC3IC
CC4 FE88H (44H)	CCM1 .0 - .3	CC4IO P2.4	T0,T1	CC4IC
CC5 FE8AH (45H)	CCM1 .4 - .7	CC5IO P2.5	T0,T1	CC5IC
CC6 FE8CH (46H)	CCM1 .8 -.11	CC6IO P2.6	T0,T1	CC6IC
CC7 FE8EH (47H)	CCM1 .12-.15	CC7IO P2.7	T0,T1	CC7IC
CC8 FE90H (48H)	CCM2 .0 - .3	CC8IO P2.8	T0,T1	CC8IC
CC9 FE92H (49H)	CCM2 .4 - .7	CC9IO P2.9	T0,T1	CC9IC
CC10 FE94H (4AH)	CCM2 .8 -.11	CC10IO P2.10	T0,T1	CC10IC
CC11 FE96H (4BH)	CCM2 .12-.15	CC11IO P2.11	T0,T1	CC1IC
CC12 FE98H (4CH)	CCM3 .0 - .3	CC12IO P2.12	T0,T1	CC12IC
CC13 FE9AH (4DH)	CCM3 .4 - .7	CC13IO P2.13	T0,T1	CC13IC
CC14 FE9CH (4EH)	CCM3 .8 -.11	CC14IO P2.14	T0,T1	CC14IC
CC15 FE9EH (4FH)	CCM3 .12-.15	CC15IO P2.15	T0,T1	CC15IC
CC16 FE60H (30H)	CCM4 .0 - .3	CC16IO P8.0	T7,T8	CC16IC
CC17 FE62H (31H)	CCM4 .4 - .7	CC17IO P8.1	T7,T8	CC17IC
CC18 FE64H (32H)	CCM4 .8 -.11	CC18IO P8.2	T7,T8	CC18IC
CC19 FE66H (33H)	CCM4 .12-.15	CC19IO P8.3	T7,T8	CC19IC
CC20 FE68H (34H)	CCM5 .0 - .3	CC20IO P8.4	T7,T8	CC20IC
CC21 FE6AH (35H)	CCM5 .4 - .7	CC21IO P8.5	T7,T8	CC21IC
CC22 FE6CH (36H)	CCM5 .8 -.11	CC22IO P8.6	T7,T8	CC22IC
CC23 FE6EH (37H)	CCM5 .12-.15	CC23IO P8.7	T7,T8	CC23IC
CC24 FE70H (38H)	CCM6 .0 - .3	CC24IO P1.4*	T7,T8	CC24IC
CC25 FE72H (39H)	CCM6 .4 - .7	CC25IO P1.5*	T7,T8	CC25IC
CC26 FE74H (3AH)	CCM6 .8 -.11	CC26IO P1.6*	T7,T8	CC26IC
CC27 FE76H (3BH)	CCM6 .12-.15	CC27IO P1.7*	T7,T8	CC27IC
CC28 FE78H (3CH)	CCM7 .0 - .3	CC28IO P7.4	T7,T8	CC28IC
CC29 FE7AH (3DH)	CCM7 .4 - .7	CC29IO P7.5	T7,T8	CC29IC
CC30 FE7CH (3EH)	CCM7 .8 -.11	CC30IO P7.6	T7,T8	CC30IC
CC31 FE7EH (3FH)	CCM7 .12-.15	CC31IO P7.7	T7,T8	CC31IC

Im *Capture-Betrieb* wird der laufende Zählerstand eines der vier Timer durch eine programmierbare Flanke am Eingang CCxxIO eines Capture/Compare-Kanals in das entsprechende CCxx-Register gespeichert. Der Wert kann von dem gleichzeitig ausgelösten Interruptprogramm (Vektor-Adresse CCxxINT) gelesen und ausgewertet werden. Dabei ist zu beachten, daß der Timer üblicherweise periodisch nachgeladen wird. Tritt das den Speicherimpuls auslösende Ereignis erst nach mehreren Timerdurchläufen auf, so müssen diese durch Timer-Interrupts gezählt und bei der Auswertung berücksichtigt werden. Daher wird man die Nachladeperiode möglichst so wählen, daß sie größer ist als die zu erwartende Zeit. *Bild 6-16* zeigt als Anwendungsbeispiel die Messung der Periodendauer eines Signals. Gemessen wird die Differenz zwischen zwei fallenden Flanken. Bei einer Nachladeperiode von ca. 26 ms beträgt die kleinste meßbare Frequenz ca. 38 Hz. Da der Timer aufwärts zählt (Zeitdiagramm Bild 6-16), ergibt sich die Periodendauer aus der Differenz zwischen einer neuen Messung und der vorhergehenden. Für den Nachladewert 0 = 65 536 können zwei Fälle auftreten.

Liegen beide Messungen innerhalb einer Timerperiode, so wird der Überlauf des Timers nicht berücksichtigt. Zahlenbeispiel:
```
60 000 - 10 000 = 50 000 Takte * 0.4 µs = 20 000 µs = 20 ms
```

Liegen beide Messungen in zwei aufeinander folgenden Timerperioden, so wäre der Nachladewert zu addieren. Zahlenbeispiel:
```
44 464 + 65 536 = 110 000 - 60 000 = 50 000 * 0.4 µs = 20 ms
```

Die vorzeichenlose 16-bit Arithmetik (`unsigned int`) arbeitet modulo 65 536, wenn man das Borgen (Carry = Borrow) nicht berücksichtigt. Wird der Timer während der Meßzeit nur einmal nachgeladen, so wird einfach subtrahiert. Zahlenbeispiel:
```
44 464 - 60 000 = (- 15 536 + 65 536) = 50 000
```

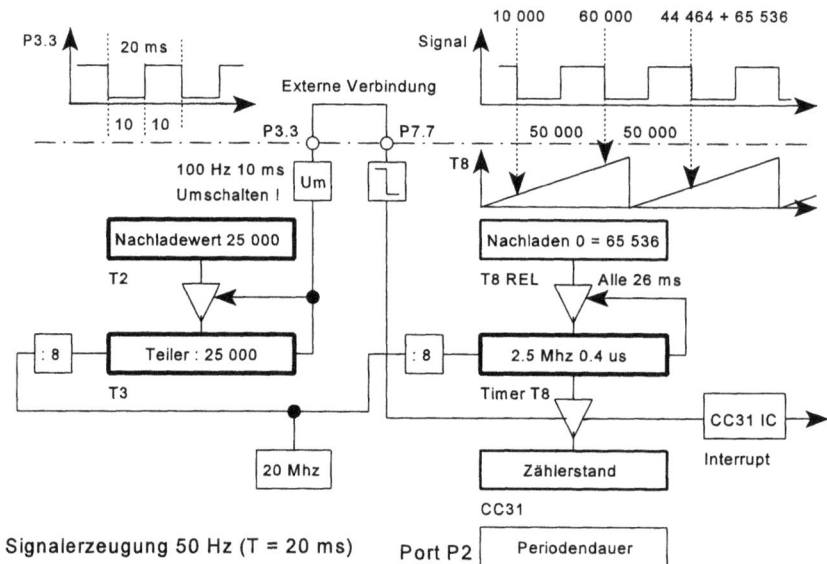

Periodendauermessung im Capture-Betrieb

Das zu messende Signal wird vom Timer T3 auf dem Anschluß T3OUT (P3.3) ausgegeben und über eine externe Verbindung dem Eingang CC31IO (P7.7) zugeführt. Jede fallende Flanke löst einen Interrupt aus und speichert den laufenden Zähler des Timers T8 im Capture/Compare-Register CC31. Die Interrupt-Programme bilden die Differenz zwischen dem neuen Wert und dem alten Wert der vorhergehenden Messung und geben sie als Dualzahl auf dem Port P2 aus. Die Timerüberläufe und damit die Anzahl der Nachladeoperationen werden nicht erfaßt, die Frequenz des Signals muß größer sein als 38 Hz. Wegen des Nachladewertes 0 = 65 536 genügt in der vorzeichenlosen 16-bit Arithmetik (modulo 65 536) eine einfache Subtraktion zweier aufeinander folgender Zählerwerte.

```
; k6b16.asm Bild 6-16: Capture-Mode Kanal CC31 (P7.7) mit T8
; Signalquelle: Timerausgang T3OUT = P3.3 liefert 50 Hz
; Eingang CC31IO = P7.7 fallende Flanken (20 ms bei 50 Hz)
%target 167
%list
CC31INT EQU     0118h           ; Einsprung für CC31
CC31IC  EQU     0f194h          ; Interruptreg. für CC31
        ORG     CC31INT         ; Interrupt bei fallender Flanke
        jmp     ausgabe         ; an P7.7
        ORG     200H            ; Start Hauptprogramm
haupt   PROC    far
        mov     DP2,#0ffffh     ; Port P2 ist Ausgang
        mov     P2,#0           ; Port P2 löschen
; Ausgang P3.3 liefert 50 Hz (T = 20 ms)
        bset    DP3.3           ; P3.3 ist Ausgang
        bset    P3.3            ; Datenbit High
        mov     T2CON,#27h      ; T2 Reload-Register
        mov     T2,#25000       ; Nachladewert alle 10 ms umschalten
        mov     T3CON,#2c0h     ; 20 MHz : 8 : 25000 = 100 Hz 10ms
; Eingang P7.7 speichert bei fallender Flanke T8 -> CC31
        extr    #1              ; T8REL im ESFR
        mov     T8REL,#0        ; T8 Nachladewert 65 536 = 26.2 ms
        extr    #1              ; T8 im ESFR
        mov     T8,#0           ; T8 max. 26.2 ms
        or      T78CON,#4000h   ; T8 0 1 00 0 000 00000000 T8 2.5 MHz
        or      CCM7,#0a000h    ; CC31 1 010 0000 0000 0000 fall. Fl.
        mov     r0,#0044h       ; Interrupt 00000000 0 1 0001 00
        mov     CC31IC,r0       ; CC31 Interrupt freigeben
        bset    IEN             ; alle Interrupts frei
loop:   jb      p7.0,loop       ; solange P7.0 High
        bclr    IEN             ; alle Interrupts gesperrt
        rets                    ; zurück nach System
haupt   ENDP
;Interruptprogramm bei jeder fallenden Flanke an P7.7 (50 Hz 20 ms)
ausgabe PROC    near
        push    r0              ; R0 retten
        push    r1              ; R1 retten
        mov     r1,CC31         ; R1 = neuer Zählerwert
        mov     r0,r1           ; R0 = neuer Zählerwert
        sub     r0,zaehler      ; R0 = neuer - alter Zähler
        mov     P2,r0           ; P2 = Differenz
        mov     zaehler,r1      ; neuen Zählerwert speichern
        pop     r1              ; R1 zurück
        pop     r0              ; R0 zurück
        reti                    ; zurück
ausgabe ENDP
; Datenbereich für alten Zähler
zaehler DW      0               ; Wort Anfangswert 0
        END
```

```
/* k6b16.c Bild 6-16: Capture-Mode Kanal CC31 (P7.7) mit T8 */
// Signalquelle: Timerausgang T3OUT = P3.3 liefert 50 Hz
// Eingang CC31IO = P7.7 fallende Flanken (20 ms bei 50 Hz)
#include <reg167.h>
sbit lauf = P7^0;                  // Laufkontrolle
sbit dp33 = DP3^3;                 // Steuerbit
sbit p33  = P3^3;                  // Datenbit

unsigned int zaehler;              // alter Zaehler fuer Differenz global
int main (void)
{
 DP2 = 0xffff;                     // Port P2 ist Ausgang
 P2 = 0;                           // Port P2 loeschen
// Ausgang P3.3 liefert 50 Hz (T = 20 ms)
 dp33 = 1;                         // P3.3 ist Ausgang
 p33 = 1;                          // Datenbit High
 T2CON = 0x27;                     // T2 Reload-Register
 T2 = 25000;                       // Nachladewert alle 10 ms umschalten
 T3CON = 0x2c0;                    // 20 MHz :8 :25000= 100Hz 10ms umsch.
// Eingang P7.7 speichert bei fallender Flanke T8 -> CC31
 T8REL = 0;                        // T8 Nachladewert 65 536 max. 26.2 ms
 T8 = 0;                           // T8 max. 26.2 ms
 T78CON |= 0x4000;                 // T8 0 1 00 0 000 00000000 Timer 2.5M
 CCM7 |= 0xa000;                   // CC31 1 010 0000 0000 0000 T8 fl.Fl.
 CC31IC = 0x0044;                  // CC31 Interrupt freigeben
 IEN = 1;                          // alle Interrupts frei
 while(lauf);                      // solange P7.0 High
 IEN = 0;                          // alle Interrupts gesperrt
 return 0;                         // zurueck nach System
}

// Interruptprogramm bei jeder fallenden Flanke an P7.7 (50 Hz 20 ms)
void ausgabe (void) interrupt 0x46
{
 unsigned int hilfe;               // Hilfvariable fuer neuen Zaehler
 hilfe = CC31;                     // neuen Zaehlerstand retten
 P2 = hilfe - zaehler;             // Differenz neu - alt ausgeben
 zaehler = hilfe;                  // neuen Zaehler retten CC31
}
```

Bild 6-16: Periodendauermessung im Capture-Betrieb (Assembler und C)

Eine verbesserte Version könnte die Timerüberläufe während der Meßzeit erfassen und in einer 32-bit Arithmetik mitberücksichtigen. Anstelle der einfachen dualen Ausgabe der Zählerdifferenz wäre es möglich, die Periode bzw. die Frequenz zu berechnen und dezimal auf BCD-Anzeigen auszugeben.

Im Capture-Betrieb werden die Eingänge im Abstand von 50 ns (bei 20 MHz) abgetastet. Für jeweils ein Registerpaar (siehe Doppel-Register-Betrieb) einer Bank geschieht dies gleichzeitig, für die anderen jeweils 50 ns später. Schaltet man mehrere Eingänge parallel, so kann man durch den zeitlichen Versatz der aufgefangenen Zähler eine höhere Auflösung als 400 ns erreichen. In der Spezialliteratur finden sich weitere Ausführungen und Beispiele.

Im *Compare-Betrieb* wird der Inhalt eines Capture/Compare-Registers CCxx mit dem laufenden Zähler des zugeordneten Timers verglichen, der meist periodisch nachgeladen wird. Bei Übereinstimmung kann ein Interrupt ausgelöst werden, je nach Betriebsart wird zusätzlich ein Ausgangssignal am zugeordneten Anschluß erzeugt. Dies kann auch durch Befehle geschehen. Die Kanäle CC24 (P1.4) bis CC27 (P1.7) sind nicht als Ausgang verwendbar! Für den Reload-Wert 0 durchläuft der Timer alle Werte von 0 bis 65 535, also muß jeder Vergleichswert innerhalb einer Timerperiode zu einer Übereinstimmung führen. Für Reload-Werte ungleich 0 muß der Vergleichswert größer sein. Vergleichswerte lassen sich jederzeit z.B. durch das ausgelöste Interruptprogramm ändern. *Bild 6-17* zeigt die vier Betriebsarten. Es ist darauf zu achten, daß der Doppel-Register-Compare-Mode auftritt, wenn das eine Register eines Paares im Mode 0 und das andere im Mode 1 programmiert ist!

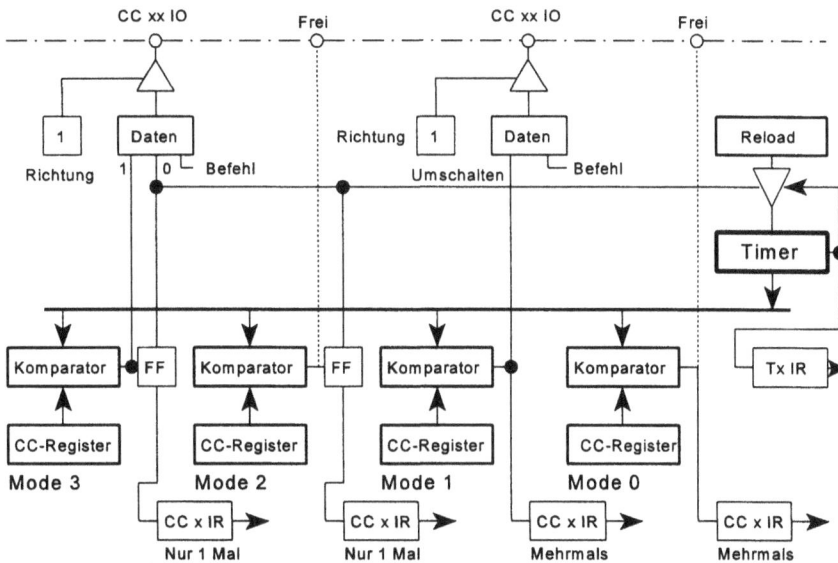

Bild 6-17: Die Compare-Betriebsarten

In der *Betriebsart Mode 0* (Feld CCMODx = 100) kann bei Übereinstimmung ein Interrupt ausgelöst werden, der Anschluß CCxIO wird nicht beeinflußt und ist für andere Zwecke frei verwendbar. Bei einer Neuprogrammierung des Vergleichswertes während einer Timerperiode können mehrere Interrupts ausgelöst werden.

In der *Betriebsart Mode 1* (Feld CCMODx = 101) kann bei Übereinstimmung ein Interrupt ausgelöst werden, der Anschluß CCxxIO wird *umgeschaltet* und muß daher als Ausgang programmiert sein. Bei einer Neuprogrammierung des Vergleichswertes während einer Timerperiode können mehrere Interrupts ausgelöst werden.

In der *Betriebsart Mode 2* (Feld CCMODx = 110) kann bei Übereinstimmung ein Interrupt ausgelöst werden, der Anschluß CCxIO wird nicht beeinflußt und ist für andere Zwecke frei. Bei einer Neuprogrammierung des Vergleichswertes während einer Timerperiode ist bis zum nächsten Nachladen kein neuer Interrupt möglich.

In der *Betriebsart Mode 3* (Feld CCMODx = 111) kann bei Übereinstimmung ein Interrupt ausgelöst werden, der Anschluß CCxxIO wird auf **1** gesetzt und muß daher als Ausgang programmiert sein. Bis zum nächsten Nachladen, das auch den Ausgang wieder auf **0** zurücksetzt, ist kein Interrupt möglich.

Im *Doppelregister-Compare-Betrieb* bilden jeweils zwei Register einer Untereinheit ein Paar, das bei Übereinstimmung einer der beiden Komparatoren (ODER-Verknüpfung) einen gemeinsamen Ausgang umschaltet. Ein Register ist dabei im *Mode 0* (Feld CCMODx = 100) programmiert, das andere im *Mode 1* (Feld CCMODx = 101). Die Register können verschiedenen Timern zugeordnet sein und lösen eigene Interrupts aus.

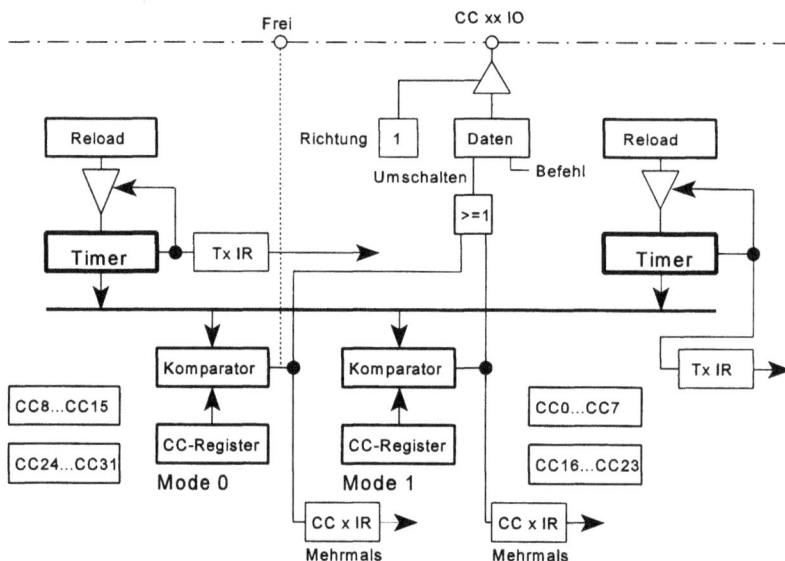

Bild 6-18: Die Betriebsart Doppelregister-Compare

Die folgenden *Registerpaare* liegen in der Untereinheit CAPCOM1 und bilden die Registerbank Nr. 1.

Compare Mode 0		Compare Mode 1		Anschluß	Timer
CC8	FE90H (48H)	**CC0**	FE80H (40H)	CC0IO P2.0	T0,T1
CC9	FE92H (49H)	**CC1**	FE82H (41H)	CC1IO P2.1	T0,T1
CC10	FE94H (4AH)	**CC2**	FE84H (42H)	CC2IO P2.2	T0,T1
CC11	FE96H (4BH)	**CC3**	FE86H (43H)	CC3IO P2.3	T0,T1
CC12	FE98H (4CH)	**CC4**	FE88H (44H)	CC4IO P2.4	T0,T1
CC13	FE9AH (4DH)	**CC5**	FE8AH (45H)	CC5IO P2.5	T0,T1
CC14	FE9CH (4EH)	**CC6**	FE8CH (46H)	CC6IO P2.6	T0,T1
CC15	FE9EH (4FH)	**CC7**	FE8EH (47H)	CC7IO P2.7	T0,T1

Die folgenden *Registerpaare* liegen in der Untereinheit CAPCOM2 und bilden die Registerbank Nr. 2.

Compare Mode 0	Compare Mode 1	Anschluß	Timer
CC24 FE70H (38H)	**CC16** FE60H (30H)	CC16IO P8.0	T7,T8
CC25 FE72H (39H)	**CC17** FE62H (31H)	CC17IO P8.1	T7,T8
CC26 FE74H (3AH)	**CC18** FE64H (32H)	CC18IO P8.2	T7,T8
CC27 FE76H (3BH)	**CC19** FE66H (33H)	CC19IO P8.3	T7,T8
CC28 FE78H (3CH)	**CC20** FE68H (34H)	CC20IO P8.4	T7,T8
CC29 FE7AH (3DH)	**CC21** FE6AH (35H)	CC21IO P8.5	T7,T8
CC30 FE7CH (3EH)	**CC22** FE6CH (36H)	CC22IO P8.6	T7,T8
CC31 FE7EH (3FH)	**CC23** FE6EH (37H)	CC23IO P8.7	T7,T8

Bild 6-19 zeigt als Anwendungsbeispiel für den Compare-Betrieb die Ausgabe zweier phasenverschobener Rechtecksignale. Der Timer T8 läuft mit einem Takt von 2.5 MHz und wird nach 65 536 Takten entsprechend 26 ms (38 Hz) nachgeladen. Der CC-Kanal CC31 mit dem konstanten Vergleichswert 0 schaltet den Ausgang P7.7 alle 26 ms um und gibt ein Rechtecksignal von 19 Hz aus. Der Kanal CC30 gibt ebenfalls 19 Hz aus; jedoch wird der Vergleichswert und damit der Zeitpunkt der Umschaltung vom Port P2 als Variable eingegeben. Für einen Vergleichswert von 8000H liegt er in der Mitte der Timerperiode; die Phasenverschiebung beträgt 90 Grad.

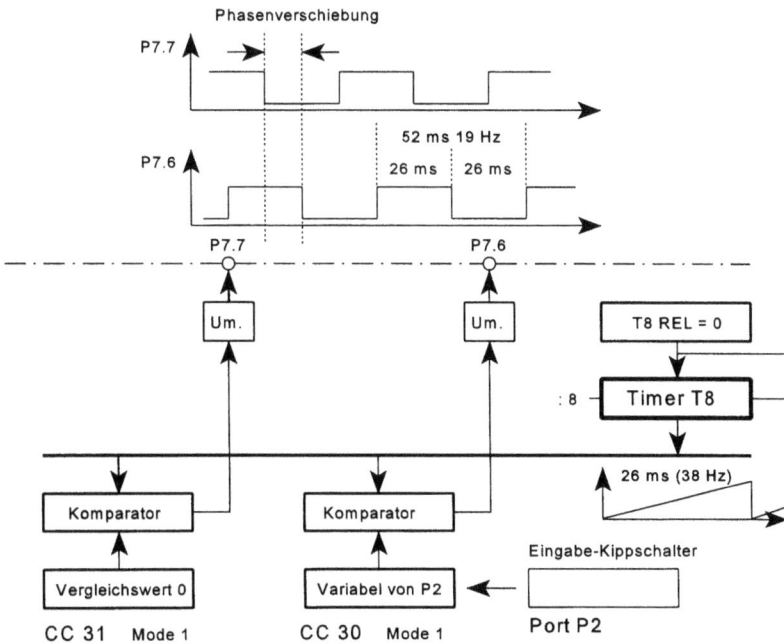

```
; k6b19.asm Bild 6-19: Phasenverschiebung zweier Signale
%target 167
%list
        ORG     200H            ; Startadresse
haupt   PROC    far
        bset    DP7.7           ; CC31IO als Ausgang
        bset    DP7.6           ; CC30IO als Ausgang
        mov     CCM7,#0dd00h    ; 1 101 1 101 0000 0000 Mode 1
        mov     T78CON,#4000h   ; 0 1 00 0 000 00000000 26 ms
        mov     CC31,#0         ; fester Vergleichswert 0
loop:   mov     CC30,P2         ; variabler Vergleichswert
        jb      P7.0,loop       ; solange P7.0 High
        mov     T78CON,#0       ; T8 sperren
        mov     CCM7,#0         ; CC-Kanäle sperren
        rets                    ; zurück nach System
haupt   ENDP                    ;
        END                     ; Ende des Quelltextes
```

```c
/* k6b19.c Bild 6-19: Phasenverschiebung zweier Signale */
#include <reg167.h>
sbit lauf = P7^0;                  // Laufkontrolle
sbit DP77 = DP7^7;                 // P7.7 Richtung
sbit DP76 = DP7^6;                 // P7.6 Richtung
int main(void)
{
 DP77 = 1;                         // CC31IO als Ausgang
 DP76 = 1;                         // CC30IO als Ausgang
 CCM7 = 0xdd00;                    // 1 101 1 101 0000 0000 Mode 1
 T78CON = 0x4000;                  // 0 1 00 0 000 00000000 26 ms
 CC31 = 0;                         // fester Vergleichswert 0
 while(lauf)                       // solange P7.0 High
 {
  CC30 = P2;                       // variabler Vergleichswert
 }
 T78CON = 0;                       // T8 sperren
 CCM7 = 0;                         // CC-Kanaele sperren
 return 0;                         // zurueck nach System
}
```

Bild 6-19: Ausgabe zweier phasenverschobener Signale (Assembler und C)

6.3 Die Pulsweiten-Einheit PWM

Die Pulsweiten-Modulation oder Pulsbreiten-Modulation verändert das Tastverhältnis eines periodischen Rechtecksignals, d.h. das Verhältnis von Low-Zeit zu High-Zeit. Ein Tastverhältnis (Duty Cycle) von 1 : 3 liefert als *Mittelwert* 75 % des Maximalwertes, ein Verhältnis von 3 : 1 nur 25 %. Bei genügender Glättung (arithmetisches Mittel) liegt ein analoges Ausgangssignal vor, das oft zur Steuerung von Gleichstrommotoren verwendet wird.

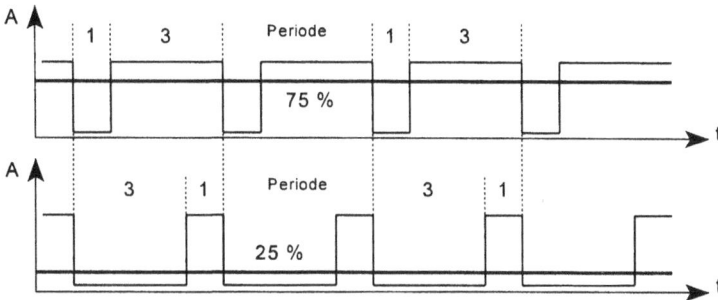

PWM-Signale lassen sich auch mit den GPT-Timern (Beispiel Bild 6-9) und mit CAPCOM-Einheiten erzeugen. *Bild 6-20* zeigt den Aufbau eines von vier Kanälen der PWM-Einheit, die Signale in vier Betriebsarten ausgeben kann.

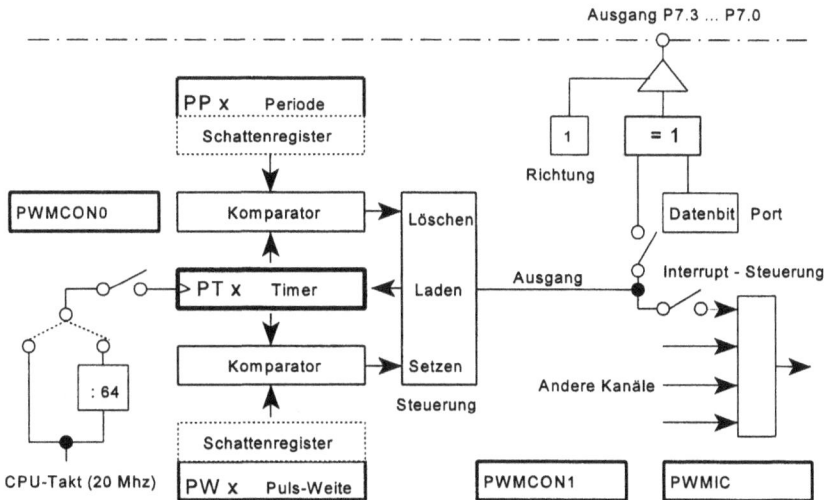

Bild 6-20: Der Aufbau eines PWM-Kanals

Jeder der vier Kanäle enthält einen eigenen Timer PTx, der vom CPU-Takt bzw. über einen Teiler die Zählimpulse erhält. Die Periode des Signals ergibt sich aus einem Vergleich des laufenden Zählers mit dem Periodenregister PPx, die Low-Zeit aus einem Vergleich mit dem Pulsweitenregister PWx. Die Periode und Pulsweite können durch Schreiboperationen jederzeit verändert werden, da die Vergleichswerte während der laufenden Periode den Hilfs- oder Schattenregistern (Shadow) entnommen werden. Das vom PWM-Kanal erzeugte Signal wird mit dem Datenbit des Ports P7 logisch durch ein EODER (XOR) verknüpft. Ist das Datenbit eine 0, bleibt das Signal unverändert, und der Wert in PWx bestimmt die Low-Zeit. Für eine 1 im Datenbit wird das Signal invertiert, und der Wert in PWx bestimmt die High-Zeit. Für die Einstellung des Taktes, der Betriebsart und des Interrupts verwenden alle vier Kanäle die *gemeinsamen* Steuerregister PWMCON0, PWMCON1 und PWMIC. Für *jeden* Kanal gibt es einen eigenen Timer **PTx**, ein eigenes Periodenregister **PPx**, ein eigenes Weitenregister **PWx** und einen eigenen Ausgang P7.x.

Kanal	Timer (ESFR)	Periode (ESFR)	Weite (SFR)	Port-Ausgang
0	**PT0** F030H (18H)	**PP0** F038H (1CH)	**PW0** FE30H (18H)	P7.0
1	**PT1** F032H (19H)	**PP1** F03AH (1DH)	**PW1** FE32H (19H)	P7.1
2	**PT2** F034H (1AH)	**PP2** F03CH (1EH)	**PW2** FE34H (1AH)	P7.2
3	**PT3** F036H (1BH)	**PP3** F03EH (1FH)	**PW3** FE36H (1BH)	P7.3

Das Steuerregister **PWMCON0** legt für jeden der vier PWM-Kanäle den Takt und die Interruptauslösung fest. Die Steuerbits der vier Kanäle liegen nebeneinander und können mit Bitfeldoperationen programmiert werden.

PWMCON0   **RAM:** 0FF30H   **SFR:** 98H   **Reset:** 0000H   *bitadressierbar*

15	14	13	12	11	10	9	8	7	6	5	4	3	2	1	0
PI R3	PI R2	PI R1	PI R0	PI E3	PI E2	PI E1	PI E0	PT I3	PT I2	PT I1	PT I0	PT R3	PT R2	PT R1	PT R0

Interrupt-Anzeige   Interrupt-Freigabe   Taktauswahl   Laufkontrolle

PTRx   Timer-Laufkontrolle: 0 = aus, 1 = laufen
PTIx   Timer-Taktauswahl: 0 = CPU-Takt, 1 = CPU-Takt : 64
PIEx   Interrupt-Freigabe: 0 = Interrupt des Kanals gesperrt, 1 = Interrupt frei
PIRx   Interrupt-Anzeige: 0 = kein Interrupt des Kanals, 1 = Interrupt aufgetreten
         Zurücksetzen (Löschen) von PIRx durch Befehl erforderlich!

Das allen Kanälen gemeinsame Interrupt-Steuerregister **PWMIC** übernimmt die Interruptkontrolle der gesamten PWM-Einheit. Für die Freigabe eines Kanals müssen das Freigabebit PIEx des Kanals in PWMCON0 *und* das Freigabebit PWMIE im Register PWMIR gesetzt werden; die Interrupt-Ebene muß ungleich 0 sein. Mit der fallenden Flanke des Signals wird ein Interrupt ausgelöst. Bei der Annahme des Interrupts wird das Anzeigebit PWMIR wieder gelöscht. Das am Einsprungpunkt PWMINT (Adresse 00FCH Vektor Nr. 3FH) gestartete Interruptprogramm muß durch Auswertung der Felder PIR0 bis PIR3 den auslösenden Kanal erkennen und das entsprechende Anzeigebit wieder zurücksetzen.

PWMIC	**RAM:**	0F17EH	**ESFR:**	0BFH	**RESET:**	xx00H	*bitadressierbar*
15	–	8	7	6	5	4	3	2	1	0

–	PWMIR	PWMIE	ILVL	GLVL

GLVL   Gruppen-Ebene von 00 (niedrigster) bis 11 (höchster) Rang in der Gruppe
ILVL   Interrupt-Ebene von 0000 (gesperrt) bis 1111 (höchste) Priorität
PWMIE   Einzel-Freigabe: 0 = gesperrt, 1 = freigegeben
PWMIR   Interrupt-Anzeige: 0 = keine Anforderung, 1 = Anforderung aufgetreten
            PWMIR wird bei der Annahme des Interrupts automatisch zurückgesetzt

Das Steuerregister **PWMCON1** legt für jeden der vier PWM-Kanäle die Betriebsart (*Bild 6-21*) fest und gibt die Ausgänge frei.

PWMCON1	**RAM:** 0FF32H	**SFR:** 99H	**Reset:** 0000H	*bitadressierbar*
15	14	13	12	11	10	9	8	7	6	5	4	3	2	1	0

PS3	PS2	–	PB01	–	–	–	–	PM3	PM2	PM1	PM0	PEN 3	PEN 2	PEN 1	PEN 0
Sonderbetriebsarten							*Betriebsart*					*Ausgang*			

PENx   Ausgangssteuerung: 0 = Ausgang gesperrt, 1 = Ausgang frei
PMx   Betriebsart (Mode) 0 = Aufwärtszähler, 1 = Auf-/Abwärtszähler
PB01   Nur Kanal 0 und 1: 0 = Einzelausgang, 1 = Ausgang: Kanal 0 **UND** Kanal 1
PS2   Nur Kanal 2: 0 = Normalbetrieb (periodisch), 1 = Einzelimpuls
PS3   Nur Kanal 3: 0 = Normalbetrieb (periodisch), 1 = Einzelimpuls

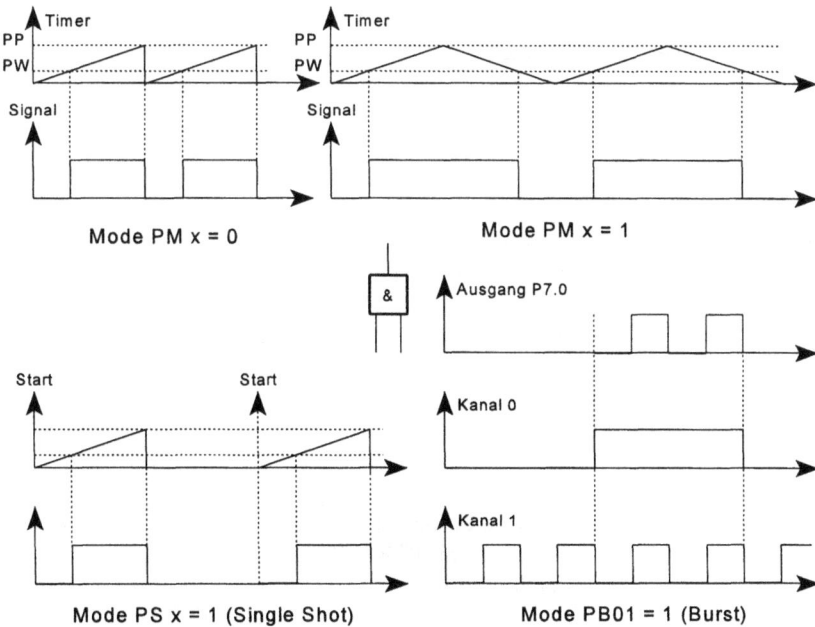

Bild 6-21: Die Betriebsarten der PWM-Kanäle

Bei der Programmierung der Ausgänge ist zu beachten, daß die von der PWM-Einheit erzeugten Signale von der Steuerung des Ports P7 mit dem entsprechenden Datenbit durch ein EODER (XOR) verknüpft werden. Für das Datenbit = 0 werden die Signale unverändert ausgegeben, für das Datenbit = 1 werden sie invertiert!

In der Betriebsart Mode PMx = **0** zählt der Timer PTx beginnend mit dem Anfangswert 0 nur aufwärts. Wird der Zähler des Timers gleich oder größer als der Vergleichswert im entsprechenden Weitenregister PWx, so wird der Ausgang auf 1 (High) gesetzt. Erreicht der Zähler den Vergleichswert des entsprechenden Periodenregisters PPx, so wird im nächsten Zähltakt der Ausgang auf 0 (Low) gesetzt und der Timer mit dem Anfangswert 0 erneut gestartet. Zu diesem Zeitpunkt werden die Schattenregister mit den Vergleichswerten aus PPx und PWx geladen und es kann ein Interrupt ausgelöst werden. Die Periode des Signals ergibt sich unter Berücksichtigung der Taktperiode zu

$$T = PPx - Wert + 1$$

Der Wert des Weitenregisters PWx bestimmt die Länge der Low-Zeit und damit das Tastverhältnis. Für PWx = 0 ist der Timer immer größer/gleich dem Vergleichswert, und der Ausgang ist immer 1 (High). Für PWx größer als PPx wird der Ausgang nie auf High geschaltet, und er bleibt dauernd 0 (Low).

In der Betriebsart Mode PMx = **1** zählt der Timer PTx beginnend mit dem Anfangswert 0 zunächst aufwärts, bis er den Wert des Periodenregisters PPx erreicht. Dann wird die Zählrichtung umgeschaltet, und er zählt abwärts bis zum Endwert 0. Zu diesem Zeitpunkt werden die Schattenregister mit den Vergleichswerten neu geladen und es kann ein Interrupt ausgelöst werden. Der Timer läuft anschließend wieder aufwärts. Die Periode des Signals ergibt sich unter Berücksichtigung der Taktperiode zu

$$T = 2 * (PPx - Wert + 1)$$

Gegenüber der Betriebsart 0 ist die Periode verdoppelt und die Frequenz halbiert. Das Ausgangssignal wird 1 (High) gesetzt, wenn der Timer beim Aufwärtszählen größer/gleich dem Vergleichswert aus PWx ist. Er wird wieder auf 0 (Low) gelegt, wenn der Timer beim Abwärtszählen kleiner als der Vergleichswert wird.

In der Betriebsart PB01 = **1** arbeiten die Kanäle 0 und 1 als Impulsgeber. Die logische **UND**-Verknüpfung ihrer beiden Ausgänge wird auf dem Ausgang von Kanal 0 (P7.0) ausgegeben; P7.1 ist frei. Arbeiten die beiden Kanäle mit unterschiedlichen Frequenzen, so ist der Kanal der höheren Frequenz während der Low-Zeit des langsameren Kanals gesperrt (Low). Dies bezeichnet man als *Burstmode* (getakteten Impulsbetrieb).

In der Betriebsart PS2 = **1** bzw. PS3 = **1** arbeiten die Kanäle 2 bzw. 3 im Einzelimpulsbetrieb (*Single Shot*). Nach dem Start mit PTR2 (PTR3) = 1 wird nur ein Impuls erzeugt. Dann wird der Timer gelöscht und mit PTR2 (PTR3) = 0 von der Hardware wieder abgeschaltet. Er muß durch Setzen des entsprechenden PTR-Feldes durch das Programm erneut gestartet werden. Durch Laden des Timers während der laufenden Periode ist es möglich, die Low- bzw. High- Zeit zu verkürzen oder zu verlängern (*Retrigger*).

Das Programmbeispiel *Bild 6-22* gibt auf dem Kanal Nr. 3 (P7.3) ein pulsweitenmoduliertes Signal von 20 MHz : 65 536 = 305 Hz aus. Das Tastverhältnis ist einstellbar; die Low-Zeit in PW3 wird vom Port P2 übernommen. Das Datenbit P7.3 wird vom Port P7.4 übernommen. Für P7.3 = 1 wird das Ausgangssignal invertiert (EODER-Verknüpfung).

```
; k6b22.asm Bild 6-22: Puls-Weiten-Modulation mit PWM-Einheit
; Ausgabe: PWM-Signal auf P7.3    ohne Interrupt
; Eingabe: PW-Zeit an Port P2     Datenbit P7.3 von P7.4
%target 167
%list
          ORG    200h              ; Startadresse
haupt     PROC   far               ;
          bset   DP7.3             ; P7.3 ist Ausgang
          bset   P7.3              ; P7.3 Daten Anfangswert High
          extr   #1                ; PP3 im ESFR
          mov    PP3,#0ffffh       ; max. Periode
          extr   #1                ; PT3 im ESFR
          mov    PW3,#8000h        ; Anfangswert
          mov    PWMCON0,#0008h    ; 0000 0000 0 000 1 000 CPU-Takt
          mov    PWMCON1,#0008h    ; 00000000 0 000 1 000  Kanal Mode 0
loop:     mov    PW3,P2            ; Low-Zeit von Port P2
          bmov   P7.3,P7.4         ; Datenbit von P7.4
          jb     P7.0,loop         ; solange P7.0 High
          mov    PWMCON0,#0        ; Timer aus
          mov    PWMCON1,#0        ; Kanal aus
          rets
haupt     ENDP                     ;
          END                      ;

/* k6b22.c Bild 6-22: Puls-Weiten-Modulation mit PWM-Einheit */
// Ausgabe: PWM-Signal auf P7.3     ohne Interrupt
// Eingabe: PW-Zeit an Port P2      Datenbit P7.3 von P7.4
#include <reg167.h>
sbit lauf = P7^0;              // Laufkontrolle
sbit DP73 = DP7^3;             // Richtungsbit Ausgabe
sbit P73 = P7^3;               // Datenbit Ausgabe
sbit P74 = P7^4;               // Eingabe fuer Datenbit-Test

int main(void)
{
  DP73 = 1;                    // P7.3 ist Ausgang
  P73 = 1;                     // P7.3 Daten Anfangswert High
  PP3 = 0xffff;                // max. Periode
  PW3 = 0x8000;                // Anfangswert
  PWMCON0 = 0x0008;            // 0000 0000 0 000 1 000 Timer
  PWMCON1 = 0x0008;            // 00000000 0 000 1 000 Kanal Mode 0
  while (lauf)                 // solange P7.0 High
  {
    PW3 =P2;                   // Low-Zeit von Port P2
    P73 = P74;                 // Datenbit von P7.4
  }
  PWMCON0 = 0;                 // Timer aus
  PWMCON1 = 0;                 // Kanal aus
  return 0;                    // zurueck nach System
}
```

Bild 6-22: Pulsweiten-Modulation Mode 0 (Assembler und C)

6.4 Der Watchdog-Timer

Der Watchdog-Timer (Wachhund) ist ein 16-bit Timer, der nach einem Reset mit 0 beginnend aufwärts zählt. Bei einem CPU-Takt von 20 MHz und einem Vorteiler von 2 läuft er nach 6.55 ms über und löst einen Reset aus, wenn er nicht vorher mit dem Befehl DISWDT abgeschaltet oder mit dem Befehl SRVWDT zurückgesetzt wurde. Ist der Watchdog-Timer eingeschaltet, so muß ihn das Programm in bestimmten Abständen wieder zurücksetzen, sonst wird es abgebrochen und mit einem Reset neu gestartet. Der High-Teil des Registers **WDT** wird bei jedem Service-Befehl SRVWDT aus **WDTCON** nachgeladen, der Low-Teil des Registers wird immer gelöscht.

WDT   RAM: 0FEAEH   **SFR:** 57H   **Reset:** 0000H

15	14	13	12	11	10	9	8	7	6	5	4	3	2	1	0
durch SRVWDT nachgeladen								durch SRVWDT gelöscht							

WDTCON   RAM: 0FFAEH   **SFR:** 0D7H   **Reset:** 0000H   *bitadressierbar*

15	14	13	12	11	10	9	8	7	6	5	4	3	2	1	0
WDTREL								–	–	–	–	–	–	WDT R	WDT IN

WDTIN   Taktfrequenz: 0 = Teiler : 2, 1 = Teiler : 128
WDTR   Anzeigebit: gesetzt durch Überlauf, gelöscht durch Reset oder SRVWDT
WDTREL Nachladewert für den High-Teil des Timers, Beispiele:
        Teiler = 2:   Nachladewert 00H Auslösezeit 6.55 ms (Vorgabe nach Reset)
        Teiler = 128: Nachladewert 00H Auslösezeit 419 ms (Maximalwert)

Bei der Programmentwicklung wird der Watchdog-Timer oft durch den Befehl DISWDT vom Monitorprogramm abgeschaltet. Die folgenden Befehle bzw. Funktionen werden meist erst in der Anwendung oder zur Systemprogrammierung verwendet.

Befehl	Operand	E	Z	V	C	N	Wirkung
DISWDT		–	–	–	–	–	Watchdog-Timer abschalten
SRVWDT		–	–	–	–	–	Watchdog-Timer bedienen
EINIT		-	-	-	-	-	Initialisierungsende (RSTOUT Low)
SRST		0	0	0	0	0	Software-Reset (wie Hardware-Reset)

Ergebnistyp	Funktion	Wirkung
void	_diswdt_ (**void**)	Watchdog-Timer abschalten
void	_srvwdt_ (**void**)	Watchdog-Timer bedienen
void	_einit_ (**void**)	Initialisierungsende (RSTOUT Low)

7. Die seriellen Schnittstellen

Bei der seriellen Datenübertragung *(Bild 7-1)* werden die parallel beim Sender anliegenden Daten mit einem Schieberegister in einen seriellen Datenstrom umgewandelt und über die Verbindungsleitung geschickt. Der Empfänger verwandelt den seriellen Bitstrom wieder in ein paralleles Format. Für längere Übertragungsstrecken sind Pegelwandler und Modems (Modulator/Demodulator) erforderlich.

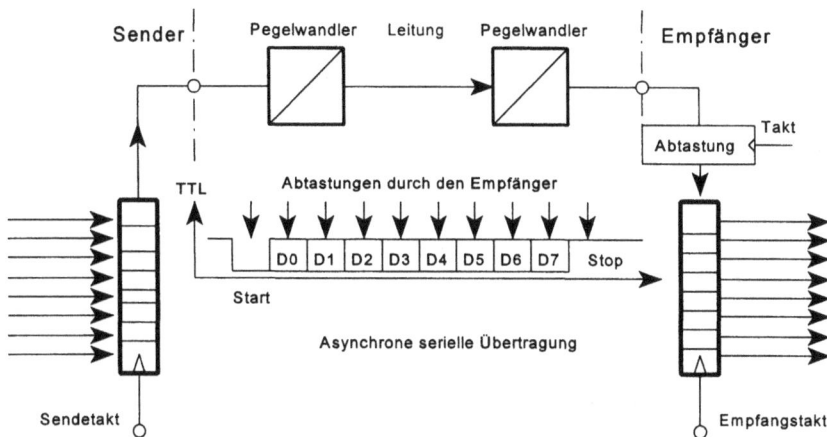

Bild 7-1: Die serielle Datenübertragung (Beispiel V.24 asynchron)

Bei der als Beispiel dargestellten *asynchronen* Übertragung (V.24-Schnittstelle) arbeiten Sender und Empfänger mit der gleichen Taktfrequenz, aber aus unterschiedlichen Taktquellen. Der Ruhezustand der Leitung ist High (TTL-Pegel), der Empfänger tastet die Leitung mit dem 16fachen Schiebetakt ab. Nach dem Erkennen des Startbits, das immer Low ist, werden die Datenbits in der Mitte der Bitzeit bewertet und im Empfangsschieberegister zusammengeschoben. Auf die Datenbits folgen ein oder zwei Stopbits, die immer High sein müssen. Die Synchronisation erfolgt am Anfang eines Zeichens durch das Startbit. Bei einer synchronen Übertragung werden Taktimpulse in die Datenbits eingebaut oder es werden fortlaufend besondere Synchronzeichen übertragen oder man verwendet wie bei den Schnittstellen des C167 eine zusätzliche Taktleitung vom Sender zum Empfänger.

In vielen Anwendungen müssen zwei Geräte Nachrichten in beiden Richtungen übertragen. Im Halbduplexbetrieb gibt es nur eine Leitung, die je nach Bedarf in der Richtung umgeschaltet werden muß. Der *Vollduplexbetrieb* verwendet zwei getrennte Kanäle, die gleichzeitig Daten übertragen können. Für den Austausch von Steuerinformationen zwischen den Geräten wie z.B. Anhalten des Senders oder Meldung von Übertragungsfehlern gibt es eine Reihe von genormten Steuerzeichen (z.B. XON und XOFF), die zusammen mit den Daten übertragen werden. Das Hardware-Handshake-Verfahren verwendet Modemleitungen (z.B. RTS und CTS) zur Übertragung von Steuersignalen.

7.1 Die asynchrone Betriebsart

Die in *Bild 7-2* dargestellten Register der Schnittstelle haben die Bezeichnungen **S0**xx (Serial Interface Nr. 0). Der Buchstabe **T** bedeutet Transmitter (Sender), der Buchstabe **R** bedeutet Receiver (Empfänger). Hier wird nur die asynchrone Betriebsart zur Verbindung mit einer seriellen Schnittstelle des PC (COMx) behandelt, Abschnitt 7.2 beschreibt den synchronen Betrieb. Als zweite Schnittstelle enthält der C167 eine schnelle synchrone Schnittstelle SSC (Abschnitt 7.3).

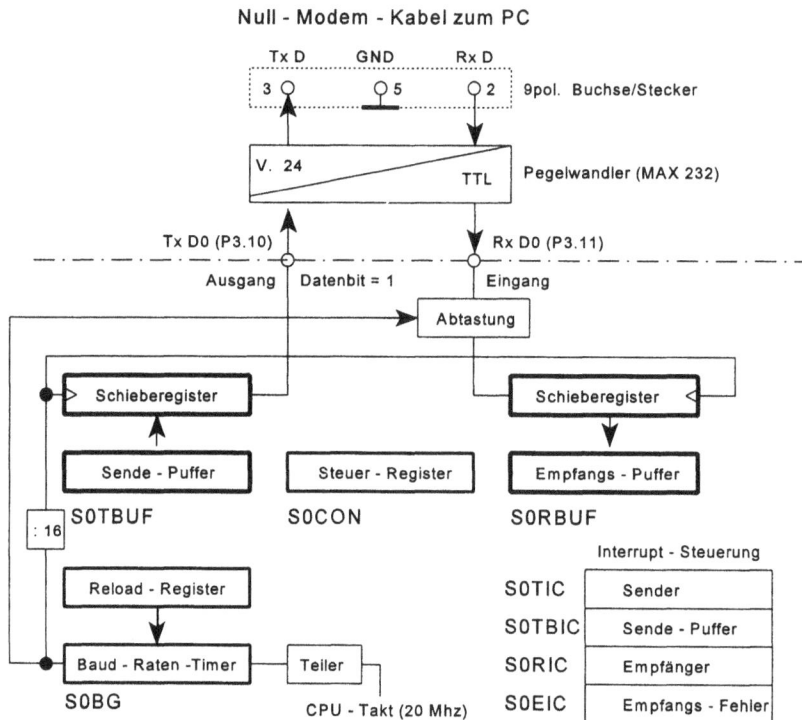

Bild 7-2: Die Register der asynchronen seriellen Schnittstelle

Das Steuerregister S0CON legt die Übertragungsparameter fest, der Übertragungstakt wird im Register S0BG (Baudratengenerator) eingestellt. Die zu sendenden Daten werden vom Programm in das Sendedatenregister **S0TBUF** geschrieben und vom Sendeschieberegister über den Anschluß P3.10 (TxD0) herausgeschoben. Dieser muß in den Registern des Ports P3 als Ausgang (z.B. Push/Pull) und mit dem Datenwert 1 (Ruhezustand High) programmiert werden. Der *Zustand des Senders* wird in den Registern S0TIC (für das Schieberegister) und S0TBIC (für das Datenregister) angezeigt. Der Anschluß P3.11 (RxD0) muß als Eingang programmiert werden. Die empfangenen Daten werden vom Empfangsschieberegister in das Empfangsdatenregister **S0RBUF** gebracht und müssen vom Programm abgeholt werden. Der *Zustand des Empfängers* wird in den Registern S0RIC (für das Datenregister) und S0REIC (für die Fehlerbedingungen) angezeigt. Die vier Anzeigebits können entweder einen Interrupt auslösen oder vom Programm kontrolliert werden.

Das Register **S0CON** (Serial Channel 0 Control) legt die Übertragungsparameter fest. Die drei Fehlermarken werden von der Empfängersteuerung gesetzt und müssen vom Programm wieder gelöscht werden.

S0CON **RAM:** 0FFB0H **SFR:** 0D8H **Reset:** 0000H *bitadressierbar*

15	14	13	12	11	10	9	8	7	6	5	4	3	2	1	0
SO R	SO LB	SO BRS	SO ODD	–	SO OE	SO FE	SO PE	SO OEN	SO FEN	SO PEN	SO REN	SO STP		SOM	

Die Felder haben folgende Bedeutung:

S0M Betriebsart (Mode) der Schnittstelle

    0 0 0: synchron 8-bit Daten (Abschnitt 7.2)
    0 0 1: asynchron 8-bit Daten
    0 1 0: reserviert, nicht verwenden!
    0 1 1: asynchron 7-bit Daten + Parität
    1 0 0: asynchron 9-bit Daten
    1 0 1: asynchron 8-bit Daten + Wake-Up-Bit
    1 1 0: reserviert, nicht verwenden!
    1 1 1: asynchron 8-bit Daten + Parität

S0STP Anzahl der Stopbits (0 = eins, 1 = zwei)
S0REN Freigabe des Empfängers (0 = gesperrt, 1 = frei)
S0PEN Freigabe der Paritätsprüfung (0 = keine Prüfung, 1 = freigegeben)
S0FEN Freigabe der Rahmenprüfung (0 = keine Prüfung, 1 = freigegeben)
S0OEN Freigabe der Überlaufprüfung (0 = keine Prüfung, 1 = freigegeben)
S0PE *Fehlermarke* Paritätsprüfung (1 = aufgetreten), Bit durch Befehl löschen!
S0FE *Fehlermarke* Rahmenprüfung (1 = aufgetreten), Bit durch Befehl löschen!
S0OE *Fehlermarke* Überlaufprüfung (1 = aufgetreten), Bit durch Befehl löschen!
S0ODD Auswahl der Parität (0 = gerade, 1 = ungerade) wenn in S0M festgelegt
S0BRS Baudratenauswahl (0 =Teiler durch zwei, 1 = Zusatzteiler)
S0LB Freigabe Rückführung (Loop-Back) (0 = nein, 1 = Sender nach Empfänger)
S0R Freigabe Baudratengenerator (0 = kein Takt, 1 = Takt freigegeben)

Das Register **S0BG** (Baudratengenerator) legt den Takt sowohl für den Sender als auch für den Empfänger fest.

S0BG **RAM:** 0FEB4H **SFR:** 05AH **Reset:** 0000H

15	14	13	12	11	10	9	8	7	6	5	4	3	2	1	0
	–						**S0BRL** 13 - bit Teiler								

Der durch 2 geteilte Systemtakt (CPU-Takt) wird durch den 13-bit Teiler S0BRL (Baud Reload) auf den Abtasttakt des Empfängers heruntergeteilt; das Feld S0BRS von S0CON legt fest, ob eine weitere Teilung durch 2/3 erfolgt. Der feste Teiler 16 ergibt den Schiebetakt, der als Baudrate [bps] bezeichnet wird. Nach Ablauf einer Taktperiode wird der Teilerfaktor S0BRL aus einem Reload-Register erneut in den Timer geladen.

$$\text{Baudrate} = \frac{\text{Systemtakt}}{16*(2 + \text{S0BRS})*(\text{S0BRL}+1)} \qquad \text{S0BRL} = \frac{\text{Systemtakt}}{16*(2 + \text{S0BRS})*\text{Baudrate}} - 1$$

Für einen Systemtakt von 20 MHz und S0BRS = 0 (kein Zusatzteiler) ergeben sich als Beispiel die folgenden (gerundeten) Teilerfaktoren:

Baudrate	Teiler S0BRL		Bitzeit ca.	Zeichenzeit (10 bit)
19200 Baud	20H =	32 dezimal	0.05 ms	0.5 ms
9600 Baud	40H =	64 dezimal	0.10 ms	1.0 ms
4800 Baud	81H =	129 dezimal	0.21 ms	2.1 ms
2400 Baud	104H =	259 dezimal	0.42 ms	4.2 ms

Die Anzeigebits der vier **Interruptsteuerregister** der seriellen Schnittstelle werden von der Hardware des Senders bzw. Empfängers gesetzt und bei der Annahme des Interrupts automatisch wieder zurückgesetzt (gelöscht). Bei gesperrtem Interrupt und einer Softwarekontrolle muß dies durch das Programm geschehen.

Register	RAM-Adr.	SFR-Adr.	Anzeige	Freigabe	Anzeige durch
S0TIC	0FF6CH	0B6H	S0TIR	S0TIE	Daten gesendet
S0TBIC	0F19CH	0CEH **ESFR**	S0TBIR	S0TBIE	Daten nach Schiebereg.
S0RIC	0FF6EH	0B7H	S0RIR	S0RIE	Daten empfangen
S0EIC	0FF70H	0B8H	S0EIR	S0EIE	Fehler aufgetreten

Die Anfangswerte nach Reset sind 0000H, die Register sind *bitadressierbar*.

15	14	13	12	11	10	9	8	7	6	5	4	3	2	1	0
-								An-zeige	Frei-gabe	ILVL				GLVL	

Die Felder haben folgende Bedeutung:

GLVL   Gruppen-Ebene von 00 (niedrigster) bis 11 (höchster) Rang in der Gruppe
ILVL   Interrupt-Ebene von 0000 (gesperrt) bis 1111 (höchste Priorität)
Freigabe   des Interrupts (0 = gesperrt, 1 = frei)
Anzeige   der Auslösebedingung (1 = aufgetreten)

Das Register **S0TBUF** (Sende-Puffer) nimmt die zu sendenden Daten auf, die anschließend vom Sendeschieberegister übernommen und herausgeschoben werden. Vor dem Schreiben sind die Anzeigebits **S0TIR** bzw. S0TBIR zu kontrollieren, ob der Sender frei ist. Die Übertragung erfolgt in der durch das Feld S0M von S0CON festgelegten Länge.

S0TBUF   **RAM:** 0FEB0H   **SFR:** 058H   **Reset:** 0000H

15	14	13	12	11	10	9	8	7	6	5	4	3	2	1	0
-								Datenlänge je nach Betriebsart							

Das Register **S0RBUF** (Empfangs-Puffer) nimmt die empfangenen Daten des Empfangsschieberegisters auf. Dabei wird das Anzeigebit **S0RIR** gesetzt. Ist der Empfängerinterrupt mit S0RIE = 1 freigegeben, so wird ein Interrupt ausgelöst. Bei einer Softwarekontrolle des Anzeigebits muß S0RIR durch einen Befehl wieder zurückgesetzt werden. Werden die alten Daten nicht abgeholt und durch neue Daten überschrieben, so tritt die

Überlauf-Fehlerbedingung auf. Die Übertragung erfolgt in der durch das Feld S0M von S0CON festgelegten Länge, nicht empfangene Bits sind 0.

S0RBUF   RAM: 0FEB2H   **SFR:** 059H   **Reset:** xxxxH

15	14	13	12	11	10	9	8	7	6	5	4	3	2	1	0
			–							Datenlänge je nach Betriebsart					

Das Programmbeispiel *Bild 7-3* initialisiert die serielle Schnittstelle auf 9600 Baud bei acht Datenbits und einem Stopbit ohne Parität. Die beiden Unterprogramme (Funktionen) send und empf übernehmen das Senden bzw. Empfangen eines Zeichens. Die Anzeigeflags S0TIR und S0RIR lösen keine Interrupts aus, sondern werden in Schleifen kontrolliert. Die Gegenstation ist z.B. eine der seriellen Schnittstellen des PC. Ein entsprechendes Terminalprogramm sendet alle auf der Tastatur des PC eingegebenen Zeichen seriell aus und stellt alle seriell ankommenden Zeichen auf dem Bildschirm des PC dar. Das Programm wird durch die Eingabe von ESC (Code 1BH) abgebrochen.

```
; k7b3.asm Bild 7-3: Test der V.24-Schnittstelle
%target 167
%list
        ORG     200H            ; Startadresse
haupt   PROC    far             ; Hauptfunktion
; Serielle Schnittstelle initialisieren
        bset    dp3.10          ; TxD = Richtung aus
        bset    p3.10           ; TxD = High
        bclr    dp3.11          ; RxD = Richtung ein
        mov     S0TIC,#0080h    ; Sender frei
        mov     S0RIC,#0000h    ; Empfänger leer
        mov     S0BG,#64        ; 9600 Baud
        mov     S0CON,#8011h    ; asynchron 8 bit 1 stop
; neue Zeile und Prompt
        movb    r10,#10         ; lf
        call    send            ;
        mov     r10,#13         ; cr
        call    send            ;
        mov     r10,#'>'        ; Prompt
        call    send            ;
schleife:                       ; Zeichen im Echo zurück senden
        call    empf            ; RL0 <= Konsole
        call    send            ; RL0 => Konsole ECHO
        cmpb    r10,#1bh        ; ESC = Ende ?
        jmpr    cc_eq,ende      ; ja: zurück nach Monitor
        jmpr    schleife        ; Schleife
ende:   rets                    ;
haupt   ENDP
; Unterprogramm wartet auf Zeichen Rückgabe in RL0
empf    PROC    near            ; RL0 <= Zeichen von Tastatur
empf1:  jnb     S0RIR,empf1     ; warte bis Zeichen da
        bclr    S0RIR           ; bestätigen
        movb    r10,S0RBUF      ; Zeichen abholen
        ret
empf    ENDP
; Unterprogramm sendet seriell Zeichen aus RL0
send    PROC    near            ; RL0 => Bildschirm
send1:  jnb     S0TIR,send1     ; warte bis Sender frei
        bclr    S0TIR           ; bestätigen
        movb    S0TBUF,r10      ; Zeichen nach Sender
        ret                     ;
send    ENDP
        END                     ; Ende des Quelltextes
```

```
/* k7b3.c Bild 7-3: Test der V.24-Schnittstelle */
#include <reg167.h>
sbit   dp310 = DP3^10;
sbit   p310  = P3^10;
sbit   dp311 = DP3^11;

// Unterprogramm wartet auf Zeichen Rueckgabe als Funktionsergebnis
unsigned int empf(void)          // holt Zeichen von Tastatur
{
 while (!S0RIR);                 // warte bis Zeichen da
 S0RIR = 0;                      // bestaetigen
 return S0RBUF;                  // Zeichen abholen
}

// Unterprogramm sendet Zeichen seriell
void send(unsigned int zeichen)
{
 while(!S0TIR)                   // warte bis Sender frei
 S0TIR = 0;                      // bestaetigen
 S0TBUF = zeichen;               // Zeichen nach Sender
}


int main(void)
{
 unsigned int x;                 // Hilfsvariable fuer Zeichen
 dp310 = 1;                      // TxD = Richtung aus
 p310 = 1;                       // TxD = High
 dp311 = 0;                      // RxD = Richtung ein
 S0TIC = 0x0080;                 // Sender frei
 S0RIC = 0x0000;                 // Empfaenger leer
 S0BG = 64;                      // 9600 Baud
 S0CON = 0x8011;                 // asynchron 8 bit 1 stop
// neue Zeile und Prompt
 send(10);                       // lf
 send(13);                       // cr
 send('>');                      // Prompt >
// Schleife bis ESC
 do
 {
  x = empf();                    // Zeichen von Konsole
  send(x);                       // Ausgabe im ECHO
 } while (x != 0x1b);            // solange kein ESC
 return 0;                       // zurueck nach System
}
```

Bild 7-3: Test der V.24-Schnittstelle (Assembler und C)

Abschnitt 10.1 benutzt die beiden Funktionen send und empf als Basisfunktionen für die Eingabe und Ausgabe von Texten (Strings) sowie von hexadezimalen und dezimalen Zahlen. In der Testphase lassen sich damit Kommandos und Daten ein- und ausgeben. In der Anwendung steht nur in Sonderfällen ein PC als Terminal zur Verfügung, mit dem die serielle asynchrone Schnittstelle zusammenarbeiten könnte. Stattdessen können in der *synchronen* Betriebsart der seriellen Schnittstelle Peripherieeinheiten angesteuert werden.

7.2 Die synchrone Betriebsart

In der synchronen Betriebsart ist im Steuerregister S0CON das Feld S0M = **000** zu setzen. Die Anschlußleitungen P3.10 und P3.11 ändern ihre Bedeutung (*Bild 7-4*). Der Datenausgang TxD0 (P3.10) der asynchronen Betriebsart wird nun zum Ausgang für den Schiebetakt. Der Dateneingang RxD0 (P3.11) der asynchronen Betriebsart kann wahlweise zum Eingang oder Ausgang für Daten programmiert werden. Die Schnittstelle kann im synchronen Betrieb nicht mehr gleichzeitig senden und empfangen (Vollduplex), sondern muß entsprechend umgeschaltet werden (Halbduplex).

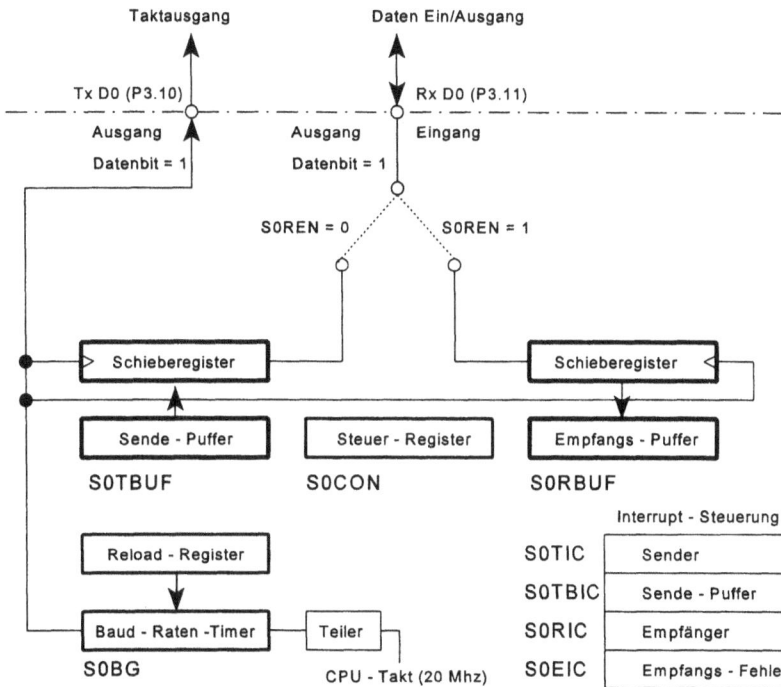

Bild 7-4: Die synchrone Betriebsart

Der Anschluß P3.10 ist sowohl während des Sendens als auch während des Empfangens der Ausgang für den Schiebetakt, in den Übertragungspausen ist die Leitung High. Die Eingabe eines externen Schiebetaktes ist nicht möglich. Die Portleitung wird als Ausgang programmiert, und das Datenbit wird auf 1 gesetzt. Der durch 2 geteilte Systemtakt (CPU-Takt) wird durch den 13-bit Teiler S0BRL (Baud Reload) und einen Teiler durch 4 auf den Schiebetakt heruntergeteilt; das Feld S0BRS von S0CON legt fest, ob eine weitere Teilung durch 2/3 erfolgt.

$$\text{Baudrate} = \frac{\text{Systemtakt}}{4*(2 + \text{S0BRS})*(\text{S0BRL} + 1)} \qquad \text{S0BRL} = \frac{\text{Systemtakt}}{4*(2 + \text{S0BRS})*\text{Baudrate}} - 1$$

Für das synchrone **Senden** wird der Empfänger durch das Programm abgeschaltet (**S0REN = 0**). Die Portleitung P3.11 wird als Ausgang programmiert; das Datenbit ist auf 1 zu setzen. Nach dem Schreiben der Daten nach S0TBUF werden diese in das Schieberegister des Senders übertragen. Zu diesem Zeitpunkt wird das Anzeigebit S0TBIR gesetzt, und es können neue Daten nach S0TBUF geschrieben werden (Doppelpuffer). Es werden immer acht Datenbits *ohne* Startbit, Stopbits und Paritätsbit übertragen. Nach dem Senden des achten Datenbits gehen die Taktleitung P3.10 und die Datenleitung P3.11 wieder in den High-Zustand, und das Anzeigebit S0TIR wird auf 1 gesetzt.

Für das synchrone **Empfangen** wird die Portleitung P3.11 als Eingang programmiert. Mit dem Einschalten des Empfängers (**S0REN = 1**) durch das Programm beginnt der Empfang von acht Datenbits *ohne* Startbit, Stopbits und Paritätsbit. Dabei wird der Schiebetakt auf der Taktleitung P3.10 ausgegeben. Nach dem achten Bit wird das abgetastete Bitmuster in das Datenregister S0RBUF übertragen, und das Empfänger-Anzeigebit S0RIR wird auf 1 gesetzt. Die Steuerung setzt das Empfänger-Freigabebit S0REN *automatisch* auf **0** zurück und beendet den Empfang. Rahmen- und Paritätsfehler können nicht mehr auftreten; Überlauffehler werden in S0EIR angezeigt und können einen Interrupt auslösen.

Das Senden beginnt mit dem Schreiben der Daten nach S0TBUF. Das Empfangen beginnt mit dem Einschalten des Empfängers (**S0REN = 1**). Während der Übertragung werden immer acht Taktimpulse für genau acht Datenbits ausgegeben, Rahmenbits entfallen. Die Daten sind bei der fallenden Taktflanke gültig bzw. der Eingang wird mit der fallenden Taktflanke abgefragt. Anwendung findet die synchrone Betriebsart bei der Eingabe und Ausgabe von Daten mit seriellen Schieberegistern und analogen Schnittstellen. Andere synchrone Schnittstellen wie z.B. der Baustein 8251A haben zusätzlich einen externen Takteingang und übertragen in den Sendepausen Synchronzeichen.

Beim Test des Synchronbetriebes ist zu beachten, daß in vielen Entwicklungssystemen über die serielle Schnittstelle und V.24-Pegelwandler ein PC als Terminal betrieben wird. Für den Anschluß serieller Bausteine sollte dann besser die SSC-Schnittstelle (Abschnitt 7.3) verwendet werden. In Anwendungen ohne serielle Übertragung können die Anschlüsse P3.10 und P3.11 als Portleitungen dienen.

7.3 Die schnelle synchrone serielle Schnittstelle (SSC)

Die Schnittstelle wird zum Anschluß von seriellen Peripheriebausteinen sowie in seriellen Bussystemen verwendet. Im **Masterbetrieb** bestimmt die Schnittstelle den Zeitpunkt der Datenübertragung und sendet auf dem Ausgang SCLK den Schiebetakt aus. Die am Ausgang **MTSR** (**M**aster **T**ransmit **S**lave **R**eceive) seriell herausgeschobenen Daten werden von einem externen Empfänger (Slave) mit dem Schiebetakt aufgenommen. *Gleichzeitig* werden Daten vom Eingang **MRST** (**M**aster **R**eceive **S**lave **T**ransmit) empfangen und im internen Schieberegister gespeichert. Der Schiebetakt schiebt die Daten aus dem externen Sender (Slave) heraus. Im **Slavebetrieb** bestimmt ein äußerer Busmaster den Zeitpunkt der Übertragung und liefert den Schiebetakt; der Anschluß SCLK ist ein Eingang (Richtungsbit = 0). Der Anschluß MTSR (Master Transmit **S**lave **R**eceive) ist nun ein Eingang, und MRST (Master Receive **S**lave Transmit) ist ein Ausgang. Die Umschaltung erfolgt durch die Betriebsartsteuerung. *Bild 7-5* zeigt den Vollduplexbetrieb mit getrennten Sende- und Empfangsleitungen, mehrere parallel betriebene Bausteine müssen entsprechend ausgewählt werden. In seriellen Bussystemen verwendet man den Halbduplexbetrieb, in dem die Anschlüsse MTSR und MRST *extern* miteinander verbunden werden.

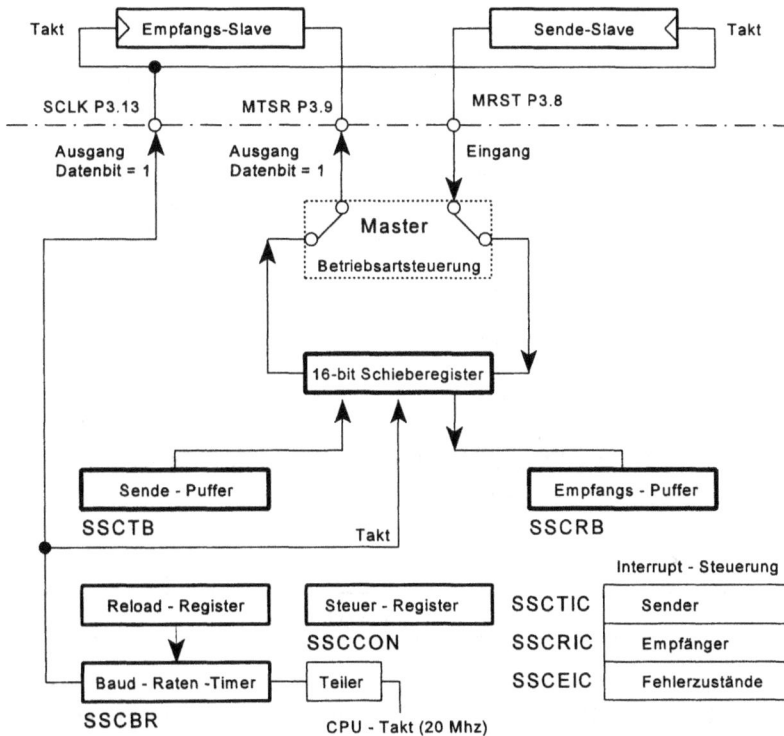

Bild 7-5: Die SSC-Schnittstelle im Masterbetrieb

Im Gegensatz zur *asynchronen* Übertragung (Abschnitt 7.1 Bild 7-2), bei der Sender und Empfänger völlig unabhängig voneinander arbeiten, und zur *synchronen* Übertragung (Abschnitt 7.2 Bild 7-4), bei der zwischen Senden und Empfangen umgeschaltet wird, gibt es bei der *SSC-Schnittstelle* nur ein einziges Schieberegister, aus dem die Sendedaten herausgeschoben und in das *gleichzeitig* die Empfangsdaten hineingeschoben werden.

Das Register **SSCBR** (SSC Baudrate Register) legt zusammen mit einem entsprechenden Reload-Register den Schiebetakt fest.

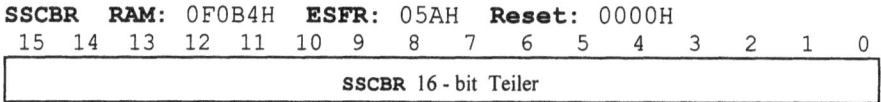

```
SSCBR   RAM:  0F0B4H   ESFR:  05AH   Reset:  0000H
  15   14   13   12   11   10   9    8    7    6    5    4    3    2    1    0
```

SSCBR 16 - bit Teiler

Der Schiebetakt ergibt sich aus einem festen Vorteiler durch 2 und dem 16-bit Wert in SSCBR. Er kann mit dem Feld SSCEN im Register SSCCON gesperrt und freigegeben werden.

$$\text{Baudrate} = \frac{\text{Systemtakt}}{2 * (\text{SSCBR} + 1)} \qquad \text{SSCBR} = \frac{\text{Systemtakt}}{2 * \text{Baudrate}} - 1$$

Für einen Systemtakt von 20 MHz ergeben sich als Beispiele die folgenden Baudraten und Bitzeiten:

Reload-Wert	Baudrate	Bitzeit
0000H = 0	*nicht verwendbar!*	
0001H = 1	5 MBaud	200 ns
0002H = 2	3.3 MBaud	300 ns
0009H = 9	1 MBaud	1 µs
0063H = 99	100 KBaud	10 µs
03E7H = 999	10 KBaud	100 µs
270FH = 9999	1 KBaud	1 ms
FFFFH = 65535	153 Baud	6.5 ms

Die Sendedaten werden vom Programm in den Sende-Puffer **SSCTB** (Transmit Buffer) geschrieben und dann automatisch dem Schieberegister zugeführt.

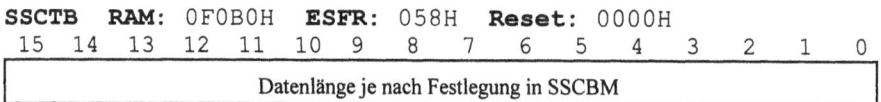

```
SSCTB   RAM:  0F0B0H   ESFR:  058H   Reset:  0000H
  15   14   13   12   11   10   9    8    7    6    5    4    3    2    1    0
```

Datenlänge je nach Festlegung in SSCBM

Die empfangenen Daten werden aus dem Schieberegister automatisch dem Empfangs-Puffer **SSCRB** (Receive Buffer) übergeben und können dort vom Programm gelesen werden.

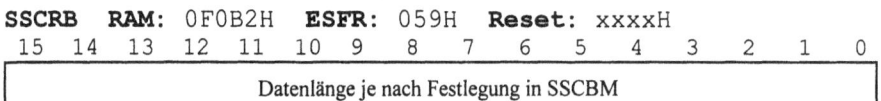

```
SSCRB   RAM:  0F0B2H   ESFR:  059H   Reset:  xxxxH
  15   14   13   12   11   10   9    8    7    6    5    4    3    2    1    0
```

Datenlänge je nach Festlegung in SSCBM

Die Anzeigebits der drei **Interruptsteuerregister** der SSC-Schnittstelle werden von der Hardware gesetzt und bei der Annahme des Interrupts automatisch wieder zurückgesetzt (gelöscht). Bei gesperrtem Interrupt und einer Softwarekontrolle muß dies durch das Programm geschehen. Die Fehleranzeigebits des Steuerregisters SSCCON geben an, welche Fehlerart aufgetreten ist. Sie müssen immer durch Software zurückgesetzt werden. Die Anfangswerte nach Reset sind 0000H, die Register sind *bitadressierbar*.

Register	RAM	SFR	Anzeige	Freigabe	Anzeige durch
`SSCTIC`	0FF72H	0B9H	**SSCTIR**	**SSCTIE**	Start der Übertrag. (SSCTB frei)
`SSCRIC`	0FF74H	0BAH	**SSCRIR**	**SSCRIE**	Ende der Übertrag. (SSCRB lesen)
`SSCEIC`	0FF76H	0BBH	**SSCEIR**	**SSCEIE**	Übertragungsfehler aufgetreten

15	14	13	12	11	10	9	8	7	6	5	4	3	2	1	0
				-				An-zeige	Frei-gabe		ILVL			GLVL	

GLVL   Gruppen-Ebene von 00 (niedrigster) bis 11 (höchster) Rang in der Gruppe
ILVL   Interrupt-Ebene von 0000 (gesperrt) bis 1111 (höchste Priorität)
Freigabe   des Interrupts (0 = gesperrt, 1 = frei)
Anzeige   der Auslösebedingung (1 = aufgetreten)

Das Register **SSCCON** (SSC Control) legt die Übertragungsparameter fest. Das werthöchste Bit `SSCEN` bestimmt den Zugriff (Programmierung oder Anzeige). Ist das Bit `SSCEN = ` **0** , so werden mit dem folgenden Befehl *Parameter programmiert*.

SSCCON   **RAM:** 0FFB2H   **SFR:** 0D9H   **Reset:** 0000H   *bitadressierbar*

15	14	13	12	11	10	9	8	7	6	5	4	3	2	1	0
SSC **EN=0**	SSC MS	-	SSC AREN	SSC BEN	SSC PEN	SSC REN	SSC TEN	-	SSC PO	SSC PH	SSC HB	SSCBM			

SSCBM   Datenlänge: Anzahl der Datenbits = SSCBM + 1
            (0 = reserviert, von 1 = 2-bit bis 15 = 16-bit Datenlänge)
SSCHB   Übertragungsrichtung (0 = LSB zuerst, 1 = MSB zuerst)
SSCPH   Taktphase zum Schieben Sendedaten und Speichern Empfangsdaten
            0 = mit Vorderflanke schieben und bei Rückflanke speichern
            1 = bei Vorderflanke speichern und mit Rückflanke schieben
SSCPO   Ruhezustand der Taktleitung und Polarität des Taktsignals
            0 = Ruhezustand ist Low, steigende Vorderflanke, fallende Rückflanke
            1 = Ruhezustand ist High, fallende Vorderflanke, steigende Rückflanke
SSCTEN   Senderfehler (0 = nicht beachten, 1 = testen)
SSCREN   Empfängerfehler (0 = nicht beachten, 1 = testen)
SSCPEN   Phasenfehler (0 = nicht beachten, 1 = testen)
SSCBEN   Baudratenfehler (0 = nicht beachten, 1 = testen)
SSCAREN   Zurücksetzen bei Baudratenfehler (0 = nein, 1 = ja SSC - Reset)
SSCMS   Betriebsart (0 = Slave Takt empfangen, **1 = Master** Takt ausgeben)
SSCEN   Freigabe (0 = SSC gesperrt, 1 = SSC frei für Übertragung)

Ist das Bit SSCEN = **1** , so ist die Übertragung freigegeben, und es werden mit dem folgenden Befehl *Anzeigeflags gelesen* bzw. verändert.

SSCCON   **RAM:** 0FFB2H   **SFR:** 0D9H   **Reset:** 0000H   *bitadressierbar*

15	14	13	12	11	10	9	8	7	6	5	4	3	2	1	0
SSC EN=1	SSC MS	–	SSC BSY	SSC BE	SSC PE	SSC RE	SSC TE	–	–	–	–			SSCBC	

SSCBC	Bitzähler der laufenden Übertragung (nur lesen!)
SSCTE	Senderfehler (1 = aufgetreten)
SSCRE	Empfängerfehler (1 = aufgetreten)
SSCPE	Phasenfehler (1 = aufgetreten)
SSCBE	Baudratenfehler (1 = aufgetreten)
SSCBSY	Busy (1 = Übertragung läuft, nur lesen!)
SSCMS	Betriebsart (0 = Slave Takt empfangen, **1** = **Master** Takt ausgeben)
SSCEN	Freigabe (0 = SSC gesperrt, 1 = SSC frei für Übertragung)

Bild 7-6 zeigt das Taktsignal und seine Phasenbeziehungen zwischen dem Herausschieben von Ausgabedaten und dem Abtasten der Eingabeleitung. Die Vorderflanke (leading edge) ist der Übergang vom Ruhezustand des Taktes zum ersten Taktimpuls, die folgende Signaländerung wird Rückflanke (trailing edge) genannt.

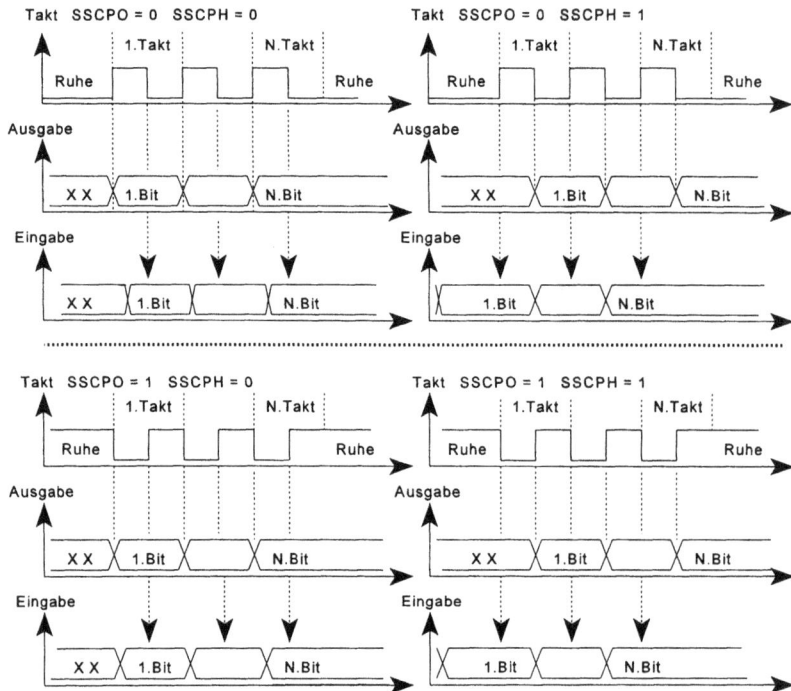

Bild 7-6: Die Phasenbeziehungen zwischen Takt und Daten

Nach der Programmierung der Anschlußleitungen und Festlegung der Betriebsart im Steuerregister (Feld SSCEN = 1) ist die Schnittstelle bereit. Im **Masterbetrieb** wird die Übertragung mit dem Schreiben der Ausgabedaten in den Ausgabepuffer SSCTB durch das Programm begonnen. Ist das Schieberegister frei, so werden die Daten dorthin gespeichert. Die Anzeige SSCTIR wird 1 gesetzt, so daß neue Daten in den Ausgabepuffer gebracht werden können. Während der Übertragung setzt die Steuerung das Anzeigebit SSCBSY auf **1**; die Schnittstelle ist *busy* (belegt, tätig). Nach der Übertragung in der programmierten Datenlänge werden die automatisch mitempfangenen Daten vom Schieberegister in den Empfangspuffer SSCRB gebracht, und SSCRIR wird 1 gesetzt. Ist der Ausgabepuffer SSCTB leer (keine neuen Daten), so wird das Anzeigebit SSCBSY auf **0** zurückgesetzt.

Ein Senderfehler (SSCTE = 1) tritt nur im Slave-Betrieb auf, wenn im Sendepuffer keine neuen Daten enthalten sind. Ein Empfängerfehler (SSCRE = 1) tritt auf, wenn alte Daten im Empfangspuffer nicht abgeholt und überschrieben werden. Ein Phasenfehler (SSCPE = 1) tritt auf, wenn sich die Empfangsleitung kurz vor bzw. hinter dem Abtastzeitpunkt geändert hat. Ein Baudratenfehler (SSCBE = 1) tritt nur im Slave-Betrieb auf, wenn die Baudrate des eingespeisten Taktes um mehr als 100% von der programmierten Baudrate abweicht. Jeder der vier Fehler kann, wenn er in SSCCON freigegeben ist, den Fehlerinterrupt SSCEINT auslösen. Bei einer Annahme des Interrupts wird das Anzeigebit SSCEIR automatisch zurückgesetzt. Das Interruptserviceprogramm muß die Fehlerquelle identifizieren und die entsprechende Anzeige wieder zurücksetzen.

```
; k7b7.asm  Bild 7-7: Test der SSC-Schnittstelle
; Port P7 -> MTSR 0----0 MRST -> Port P2
%target 167        ; es fehlen  SSC-Deklarationen !!!!!
%list
          ORG    200H          ; Startadresse
haupt     PROC   far           ;
          mov    DP2,#0ffffh   ; Port P2 ist Ausgang
; SSC - Anschlüsse programmieren
          bset   DP3.13        ; SCLK ist Ausgang
          bset   P3.13         ; Leitung High
          bset   DP3.9         ; MTSR ist Ausgang
          bset   P3.9          ; Leitung High
          bclr   DP3.8         ; MRST ist Eingang Leitung x
          extr   #1            ; SSCBR im ESFR
          mov    SSCBR,#9999   ; 1 KBaud Bitzeit 1 ms
; Freigabe Master - keine Fehlerprüfung - Taktphasen  LSB 8 Bits
          mov    SSCCON,#0c007h ; 1 1 0000000 0 0 0 0111 Parameter
loop:                          ; Endlosschleife Abbruch mit RESET
          mov    r1,P7         ; R1 als Hilfsregister
          extr   #1            ; SSCTB im ESFR
          mov    SSCTB,r1      ; Start Sendedaten von P7
warte:                         ; Warteschleife auf Daten
          mov    r0,SSCRIC     ; R0 als Hilfsregister
          jnb    r0.7,warte    ; solange keine Daten da
          bclr   r0.7          ; Flag löschen
          mov    SSCRIC,r0     ; und zurückschreiben
          extr   #1            ; SSCRB im ESFR
          mov    r2,SSCRB      ; R2 als Hilfsregister
          mov    p2,r2         ; Empfangsdaten nach P2
          jmp    loop          ; Endlosschleife
haupt     ENDP                 ;
          END                  ; Ende des Quelltextes
```

```
/* k7b7.c  Bild 7-7: Test der SSC-Schnittstelle  */
// Port P7 -> MTSR 0----0 MRST -> Port P2
#include <reg167.h>
sbit   dp313 = DP3^13;              // SCLK Richtung
sbit   p313  = P3^13;              // SCLK Daten
sbit   dp39  = DP3^9;              // MTSR Richtung
sbit   p39   = P3^9;              // MTSR Daten
sbit   dp38  = DP3^8;              // MRST Richtung Daten x

int main(void)
{
 DP2 = 0xffff;                     // Port P2 ist Ausgang
// SSC - Anschluesse programmieren
 dp313 = 1;                        // SCLK ist Ausgang
 p313 = 1;                         // Leitung High
 dp39 = 1;                         // MTSR ist Ausgang
 p39 = 1;                          // Leitung High
 dp38 = 0;                         // MRST ist Eingang Leitung x
 SSCBR = 9999;                     // 1 KBaud Bitzeit 1 ms
// Freigabe Master - keine Fehlerpruefung - Taktphasen  LSB 8 Bits
 SSCCON = 0xc007;                  // 1 1 0000000 0 0 0 0111 Parameter
while (1)                          // Endlosschleife Abbruch mit RESET
{
 SSCTB = P7;                       // Start Sendedaten von P7
 while (!SSCRIR);                  // Warteschleife solange SSCRIR = 0
 SSCRIR = 0;                       // Flag zuruecksetzen
 P2 = SSCRB;                       // Empfangsdaten nach P2
}                                  // Endlosschleife
 return 0;
}
```

Bild 7-7: Test der SSC-Schnittstelle (Assembler und C)

Das Testprogramm *Bild 7-7* arbeitet ohne externe Sender und Empfänger (Slaves). Die am Ausgang MTSR (P3.9) herausgeschobenen seriellen Daten werden über eine *Brücke* dem Eingang MRST (P3.8) wieder zugeführt. Die Sendedaten werden vom Eingabeport P7 gelesen. Die empfangenen Daten erscheinen zur Kontrolle auf dem Ausgabeport P2. Der Takt (Baudrate 1 KBaud, Bitzeit 1 ms) und die seriellen Daten lassen sich mit einem Oszilloskop an den Anschlüssen verfolgen. Der Betrieb mit SSCPO = 0 und SSCPH = 0 arbeitet mit positiven Taktimpulsen (Ruhezustand Low). Die steigende Flanke schiebt das Bit auf der Ausgabeleitung heraus; die folgende fallende Flanke tastet die Eingabeleitung ab und speichert das zu diesem Zeitpunkt anliegende Potential der Leitung als Empfangsbit. Nur in dieser Betriebsart *erst schieben, dann abtasten* können die ausgegebenen Daten zurückgelesen werden. Bei der Assemblerprogrammierung mußten Hilfsregister verwendet werden, da in der verwendeten Assemblerversion einige Bezeichner nicht vordefiniert waren.

Kapitel 8 (Analoge Schnittstellen) zeigt die SSC-Schnittstelle im Betrieb mit seriellen analogen Wandlerbausteinen.

8. Die analogen Schnittstellen

Die in *Bild 8-1* dargestellten analogen Peripherieeinheiten verbinden den digital und parallel arbeitenden Controller mit seiner analogen Umwelt.

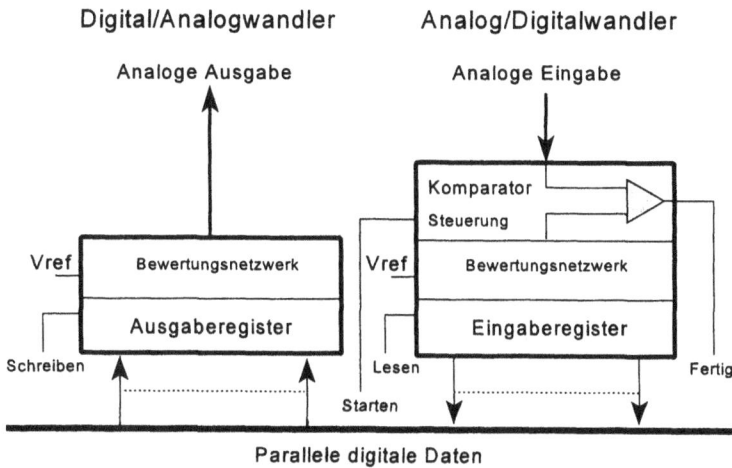

Digital/Analogwandler   Analog/Digitalwandler

Analoge Ausgabe   Analoge Eingabe

Komparator
Steuerung

Vref   Bewertungsnetzwerk   Vref   Bewertungsnetzwerk

Ausgaberegister   Eingaberegister

Schreiben   Lesen   Fertig

Starten

Parallele digitale Daten

Bild 8-1: Analoge Schnittstellen

Ein *Digital/Analogwandler* setzt einen binären Eingangswert in eine analoge Ausgangsspannung um. Der Wert 0 liefert z.B. eine Ausgangsspannung von 0 Volt, der Wert 255 eine Spannung von +5 Volt. Dazwischen liegen bei einem 8-bit Wandler noch 253 weitere Spannungsstufen. Die auszugebenden Daten werden vom Programm in ein Ausgaberegister geschrieben und bleiben dort bis zum nächsten Schreibvorgang gespeichert. Ein Netzwerk bewertet die Bitpositionen und summiert sie über eine Referenzspannung V_{ref}. Die Umsetzzeit zwischen dem Einschreiben des digitalen Wertes und der analogen Ausgabe hängt nur von der Schaltzeit der Bauteile ab und liegt bei etwa 1 µs.

Der dargestellte *Analog/Digitalwandler* vergleicht die zu messende Eingangsspannung mit einer von einem internen Digital/Analogwandler erzeugten Vergleichsspannung. Die Umsetzzeit liegt beim Rampenverfahren bei ca. 10 ms, beim Verfahren der schrittweisenden Näherung bei ca. 10 µs und bei Parallelumsetzern unter 500 ns. Das Umwandlungsverfahren wird durch einen Befehl vom Programm gestartet. Der Wandler meldet das Ende der Umsetzung durch ein Fertigsignal, und der gewandelte digitalisierte Wert kann vom Programm abgeholt und ausgewertet werden. Bei einem 8-bit Wandler liefert z.B. die analoge Eingangsspannung von 0 Volt den digitalen Wert 0 und ein Eingang von +5 Volt den Wert 255, dazwischen liegen weitere 253 Stufen.

Neben den dargestellten parallelen Wandlern gibt es serielle Wandler, die einen digitalen seriellen Bitstrom in einen analogen Wert bzw. einen analogen Wert in einen digitalen seriellen Bitstrom umsetzen.

8.1 Digital/Analogwandler am C167

Der Controller C167 hat keine analogen Ausgänge nach dem in Bild 8-1 dargestellten Umsetzverfahren. Als Ersatz dient meist die Pulsweiten-Modulation (Abschnitt 6.3), die ein periodisches **Rechtecksignal** liefert, dessen *Mittelwert* je nach Tastverhältnis zwischen 0% und 100% eines Maximalwertes von z.B. 5 Volt liegt. In Anwendungen, die einen statischen analogen Ausgang erfordern, müssen Wandlerbausteine entweder an den externen Bus oder an einen Parallelport angeschlossen werden. *Bild 8-2* zeigt einen 8-bit Digital/Analogwandler ZN 428 des Herstellers Ferranti am Port P2.

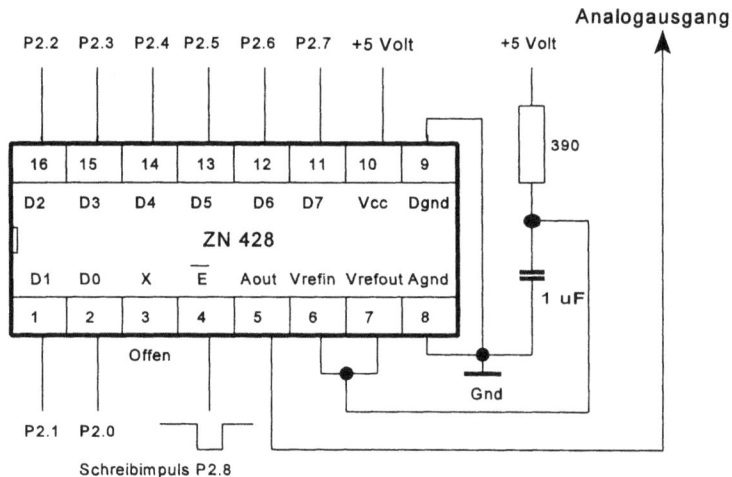

Bild 8-2: Digital/Analogwandler ZN 428 am Port P2

Der Baustein ZN 428 hat einen internen Referenzspannungsgenerator zur Speisung des Bewertungsnetzwerkes. In der angegebenen Schaltung beträgt die Vergleichsspannung 2.55 Volt; die analoge Ausgangsspannung liegt daher zwischen 0 und +2.55 Volt. Sie ist nur durch ein hochohmiges Digitalvoltmeter belastbar und muß für Anwendungen auf z.B. +10 Volt verstärkt oder im Potential z.B. auf den Bereich von -5 Volt bis +5 Volt verschoben werden. Für die Spannungsversorgung und Masseanschlüsse (Gnd) sind getrennte Stromkreise vorzusehen. Die auszugebenden Daten werden an die Anschlüsse D0 (P2.0) bis D7 (P2.7) angelegt und mit einem Schreibimpuls /E (P2.8) in das Ausgaberegister übernommen. Der Impuls ist aktiv Low und sollte lt. Herstellerangaben mindestens 0.3 μs dauern. Der in das Ausgaberegister geschriebene digitale Wert erscheint ca. 1 μs später am analogen Ausgang und bleibt bis zum nächsten Schreibvorgang erhalten. In der vorliegenden Schaltung werden die Daten in den Low-Teil des Ports P2 geschrieben. Der Schreibimpuls entsteht durch Löschen und anschließendes Setzen der Portleitung P2.8 mit Bitbefehlen. Die Testprogramme *Bild 8-3* geben die am Port P7 eingestellte vorzeichenlose Dualzahl im Bereich von 0 bis 255 als analoge Spannung im Bereich von 0 bis 2.55 Volt am Digital/Analogwandler aus.

```
; k8b3.asm Bild 8-3: Analoge Ausgabe mit D/A-Wandler
; Eingabe: Schalter Port P7   Ausgabe: ZN 428 an P2
; Speicherimpuls E an P2.8 ausgeben
%target 167
%list
          ORG     200H           ; Startadresse
haupt     PROC    far
          mov     dp2,#0ffffh    ; Port P2 ist Ausgang
          bset    P2.8           ; E-Signal High
          movb    rh0,#0ffh      ; RH0 = High
loop:     movb    rl0,p7         ; RL0 <= Eingabe von P7
          mov     p2,r0          ; P2_High <= 1  P2_Low <= Eingabe
          bclr    p2.8           ; E-Signal Low: Schreibimpuls
          bset    p2.8           ; E-Signal High
          jmpr    loop           ; Abbruch mit STOP oder Reset
          rets                   ; wird nie erreicht!!
haupt     ENDP                   ;
          END                    ; Ende des Quelltextes
```

```c
/*; k8b3.c Bild 8-3: Analoge Ausgabe mit D/A-Wandler */
// Eingabe: Schalter Port P7   Ausgabe: ZN 428 an P2
// Speicherimpuls E an P2.8 ausgeben
#include <reg167.h>
sbit p28 = P2^8;               // Ausgang fuer E-Impuls
int main(void)
{
 unsigned int wert;            // Hilfvariable Wort
 DP2 = 0xffff;                 // Port P2 ist Ausgang
 p28 = 1;                      // E-Signal High
 while (1)                     // Abbruch nur mit STOP oder RESET
  {
  wert = P7;                   // Low-Byte <= Eingabe-Port P7
  wert = wert | 0xff00;        // High-Byte <= 1 gesetzt
  P2 = wert;                   // P2 <= analoge Ausgabe
  p28 = 0;                     // E-Signal Low: Schreibimpuls
  p28 = 1;                     // E-Signal High
  }
 return 0;                     // wird nie erreicht !!!!
}
```

Bild 8-3: Analoge Ausgabe (Assembler und C)

Beim Start setzt das Programm die Portleitung P2.8, die den Schreibimpuls für den Wandlerbaustein ausgibt, zunächst auf High. Beim Schreiben der Ausgabedaten muß der High-Teil des Ausgabeports P2 unverändert High bleiben, da der Schreibimpuls am Ausgang P2.8 mit Bitbefehlen erzeugt wird. Eine *alternative Lösung* legt den Schreibeingang /E fest auf Low, da die auszugebenden Daten bereits im Port P2 gespeichert werden. Dadurch entfällt der Schreibimpuls und die Programme werden kürzer.

```
          mov     dp2,#0ffffh    ; Port P2 ist Ausgang
loop:     mov     p2,p7          ; analoge Ausgabe <= digitale Eingabe
          jmpr    loop           ; Abbruch nur mit STOP oder RESET
```

```c
DP2 = 0xffff;                  // Port P2 ist Ausgang
while (1)                      // Abbruch nur mit STOP oder RESET
 {
 P2 = P7;                      // Analog Aus <= digital Ein
 }
```

8.2 Die Analog/Digitalwandler-Einheit

Bild 8-4 zeigt die Analog/Digitalwandler-Einheit des C167. Sie besteht aus einem 10-bit Wandler nach dem Verfahren der schrittweisen Näherung (sukzessive Approximation). Durch eine Multiplexschaltung wird einer von 16 Eingängen ausgewählt und gewandelt. Man unterscheidet folgende Betriebsarten:
- einmalige Wandlung eines festen Kanals,
- fortlaufende Wandlungen eines festen Kanals,
- einmalige Wandlung mehrerer Kanäle und
- fortlaufende Wandlungen mehrerer Kanäle.

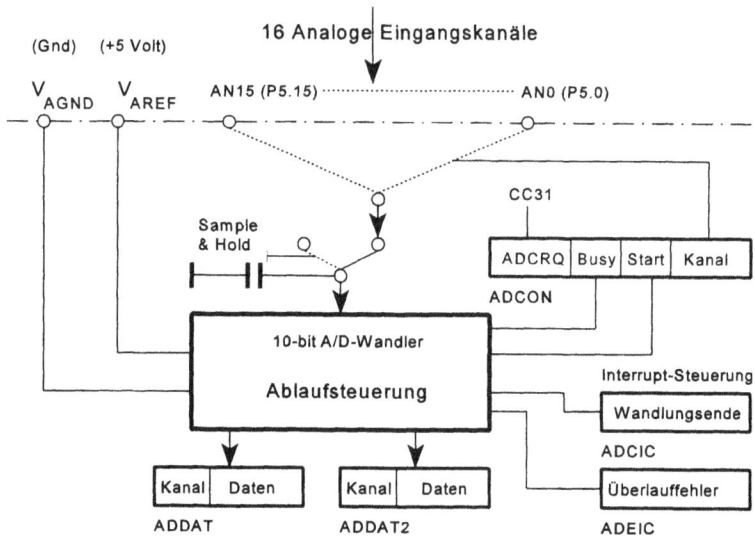

Bild 8-4: Die Analog/Digitalwandler-Einheit

Die 16 analogen Eingänge AN0 bis AN15 des Ports P5 können wahlweise auch als digitale Eingänge, nicht aber als digitale Ausgänge verwendet werden. Nach dem Start des Wandlers lädt eine interne Sample&Hold-Schaltung zunächst interne Kondensatoren mit der zu messenden Spannung auf (Sample). Die Wandlung erfolgt anschließend in zehn Schritten entsprechend der Auflösung von 10 bit (Conversion). Während der Messung setzt die Steuerung das Anzeigeflag ADBSY (Busy) auf 1. Am Ende der Wandlung wird das Anzeigeflag ADCIR auf 1 gesetzt, mit dem ein Interrupt oder ein PEC-Transfer ausgelöst werden kann, der die gewandelten Daten aus dem Datenregister ADDAT abholt. Werden sie vor den nächsten Wandlungsergebnis nicht gelesen, sondern überschrieben, so kann ein Fehlerinterrupt ausgelöst werden.

Die Referenzspannungen V_{AGND} und V_{AREF} bestimmen den zu messenden Spannungsbereich. Sie wurden in der vorliegenden Schaltung auf Masse (Gnd) bzw. auf die Versorgungsspannung von +5 Volt des Controllers gelegt. In Anwendungen sind getrennte, genaue und rauscharme Spannungsversorgungen erforderlich!

Das Register **ADCON** (A/D Converter Control) bestimmt die zu messenden Kanäle und die Betriebsart. Die Busy-Anzeige wird während der Wandlung auf 1 gesetzt.

ADCON   **RAM:** 0FFA0H   **SFR:** 0D0H   **Reset:** 0000H   *bitadressierbar*

15	14	13	12	11	10	9	8	7	6	5	4	3	2	1	0
ADCTC		ADSTC		AD CRQ	AD CIN	AD WR	AD BSY	AD ST	–	ADM		ADCH			

ADCH	Kanalauswahl bzw. Startkanal von 0000 (AN0) bis 1111 (AN15)
ADM	Betriebsart 00: ein Kanal, einmalige Messung
	01: ein Kanal, fortlaufende Messungen
	10: mehrere Kanäle, einmalige Messung (von ADCH bis 0000)
	11: mehrere Kanäle, fortlaufende Messungen (ADCH bis 0000)
ADST	Start der Wandlung durch Setzen auf **1** durch das Programm
ADBSY	wird während der Wandlung von der Steuerung auf **1** gesetzt
ADWR	warten bis Daten gelesen (0 = nein, 1 = ja)
ADCIN	Einfügen einer Einzelmessung freigeben (0 = gesperrt, 1 = frei)
ADCRQ	Einzelmessung einfügen (1 = ja) Programm oder CAPCOM Kanal CC31
ADSTC	Sample-Zeit (00 = 1 Takt, 01 = 2 Takte, 10 = 4 Takte, 11 = 8 Takte)
ADCTC	Wandlungszeit (00 = 24 Takte, 01 = --, 10 = 96 Takte, 11 = 48 Takte)

Das Register **ADDAT** enthält nach einer normalen Wandlung den gewandelten Wert und die Nr. des gemessenen Kanals.

ADDAT   **RAM:** 0FEA0H   **SFR:** 050H   **Reset:** 0000H

15	14	13	12	11	10	9	8	7	6	5	4	3	2	1	0
Kanal-Nr.				–	–	10-bit Wert									

Das Register **ADDAT2** enthält nach einer *eingefügten* Wandlung den gewandelten Wert. *Vor* der Anforderung ist die Nr. des einzufügenden Kanals einzutragen.

ADDAT2   **RAM:** 0F0A0H   **ESFR:** 050H   **Reset:** 0000H

15	14	13	12	11	10	9	8	7	6	5	4	3	2	1	0
Kanal-Nr.				–	–	10-bit Wert									

Das Interrupt-Steuerregister **ADCIC** zeigt das Ende der Wandlung an. Bei einer Softwarekontrolle muß ADCIR vom Programm wieder gelöscht werden.

ADCIC RAM: 0FF98H   **SFR:** 0CCH   **Reset:** 0000H   *bitadressierbar*

15	14	13	12	11	10	9	8	7	6	5	4	3	2	1	0
-								ADC IR	ADC IE	ILVL				GLVL	

GLVL	Gruppen-Ebene von 00 (niedrigster) bis 11 (höchster) Rang in der Gruppe
ILVL	Interrupt-Ebene von 0000 (gesperrt) bis 1111 (höchste Priorität)
ADCIE	Freigabe des Interrupts (0 = gesperrt, 1 = frei)
ADCIR	Ende der Wandlung (1 = aufgetreten)

Das Interrupt-Fehlerregister **ADEIC** zeigt einen Überlauffehler an. Bei einer Software-kontrolle muß ADEIR vom Programm gelöscht werden.

ADEIC RAM: 0FF9AH   **SFR:** 0CDH   **Reset:** 0000H   *bitadressierbar*

15	14	13	12	11	10	9	8	7	6	5	4	3	2	1	0
			-					ADE IR	ADE IE		ILVL			GLVL	

GLVL   Gruppen-Ebene von 00 (niedrigster) bis 11 (höchster) Rang in der Gruppe
ILVL   Interrupt-Ebene von 0000 (gesperrt) bis 1111 (höchste Priorität)
ADEIE   Freigabe des Fehler-Interrupts (0 = gesperrt, 1 = frei)
ADEIR   Überlauffehler (1 = aufgetreten)

Die Testprogramme *Bild 8-5* führen bei einer fallenden Flanke am Eingang P7.7 eine *einmalige* Wandlung des Kanals AN0 (P5.0) durch. Sie geben den gewandelten Wert auf dem Port P2 digital und mit einem D/A-Wandler (Bild 8-2) auch analog aus. Das Ende der Wandlung wird durch Kontrolle des Anzeigeflags ADCIR abgewartet; das Bit wird durch das Programm auch wieder zurückgesetzt. Das im Register ADDAT erscheinende Ergebnis enthält in den oberen Bitpositionen die Nr. des gemessenen Kanals, die mit einer Maske ausgeblendet wird. Zur Ausgabe des 10-bit Wertes auf einem 8-bit D/A-Wandler werden die beiden untersten Bits durch Verschieben unterdrückt.

Als analoge Signalquelle diente ein Potentiometer, mit dem die Spannung am Eingang AN0 zwischen 0 und +5 Volt eingestellt wurde. Die Messung erfolgte erst bei Tastendruck am Portanschluß P7.7. Der Meßwert erschien digital am Port P2 und wurde dort wieder analog ausgegeben. Die analogen Eingabe- und Ausgabespannungen konnten mit hochohmigen Digitalvoltmetern kontrolliert werden.

```
; k8b5.asm Bild 8-5: Test der Analog/Digitalwandlung
; Eingabe: AN0 Potentiometer 0..5 Volt  Ausgabe: D/A-Wandler
; Einmalige Wandlung mit P7.7 Ende des Programms mit P7.0
%target 167
%list
         ORG     200H            ;
haupt    PROC    far             ;
         mov     P2,#0           ; Ausgabe löschen
         mov     DP2,#0ffffh     ; Analoge Ausgabe
loop:    jnb     p7.0,ende       ; Schleifenkontrolle
         jb      p7.7,loop       ; warte auf P7.7 fallende Flanke
         mov     ADCON,#0f080h   ; 11 11 0000 1 0 00 0000  Start
warte:   jnb     ADCIR,warte     ; Warte auf Ende der Wandlung
         bclr    ADCIR           ; Flag zurücksetzen
         mov     r0,ADDAT        ; Kanal und Daten lesen
         and     r0,#03ffh       ; 0000 00 11 1111 1111  Kanal ausbl.
         shr     r0,#2           ; auf 8 bit verkürzen
         mov     P2,r0           ; und analog ausgeben
flanke:  jnb     p7.7,flanke     ; warte auf P7.7 steigende Flanke
         jmp     loop            ;
ende:    mov     P2,#0           ; Ausgabe löschen
         rets                    ;
haupt    ENDP                    ;
         END                     ;
```

```
/* k8b5.c Bild 8-5: Test der Analog/Digitalwandlung            */
// Eingabe: AN0 Potentiometer 0..5 Volt  Ausgabe: D/A-Wandler
// Einmalige Wandlung mit P7.7 Ende des Programms mit P7.0
#include <reg167.h>
sbit lauf = P7^0;                // Laufkontrolle
sbit warte = P7^7;               // startet Wandlung
int main(void)
{
 P2 = 0;                         // Ausgabe loeschen
 DP2 = 0xffff;                   // Analoge Ausgabe
 while(1)                        // Schleifenkontrolle mit P7.0
 {
  while(warte && lauf);          // warte auf fallende Flanke P7.7
  if (!lauf) break;              // Abbruch bei P7.0 = Low
  ADCON = 0xf080;                // 11 11 0000 1 0 00 0000  Start
  while(!ADCIR);                 // warte bis Ende der Wandlung
  ADCIR = 0;                     // Flag zuruecksetzen
  P2 = (ADDAT & 0x03ff) >> 2;    // Kanal ausblenden Daten verkuerzen
  while(!warte);                 // warte auf steigende Flanke P7.7
 }
 P2 = 0;                         // Ausgabe loeschen
 return 0;                       // zurueck nach System
}
```

Bild 8-5: Test der Analog/Digitalwandlung (Assembler und C)

Die Programme *Bild 8-6* führen *fortlaufende* Wandlungen des analogen Eingabekanals AN0 durch und geben den gewandelten Wert mit einem PEC-Transfer (Abschnitt 5.5) auf dem Port P2 aus. Die Programme warten in einer Schleife auf einen Abbruch mit der Taste P7.0. Nach dem Stoppen des Wandlers mit ADST = 0 wird durch Kontrolle des Busy-Flags ADBSY auf das Ende der laufenden Wandlung gewartet.

```
; k8b6.asm Bild 8-6: Fortlaufende Wandlungen mit PEC-Transfer
; Eingabe: AN0 (P5.0)  Ausgabe: D/A-Wandler an P2 Kontrolle P7.0
; D/A-Wandler: D7-P2.9  D6-P2.8  D5-P2.7 .... D1-P2.3 D0-P2.2 !!!
%target 167
%list
        ORG     200H            ;
haupt   PROC    far             ;
        mov     P2,#0           ; Ausgabe löschen
        mov     DP2,#0ffffh     ; P2 ist Ausgang
; PEC-Transfer Kanal 0 ADDAT -> P2 initialisieren
        mov     PECC0,#00ffh    ; 00000 00 0 1111 1111 Dauertransfer
        mov     r0,#P2          ; R0 = Zieladresse
        mov     DSTP0,r0        ; Ziel = Port P2
        mov     r0,#ADDAT       ; R0 = Quelladresse
        mov     SRCP0,r0        ; Quelle = analoges Datenregister
; Wandler-Interrupt und Wandler initialisieren
        mov     ADCIC,#0078h    ; 0000000 0 1 1110 00 PEC-Kanal_0
        mov     ADCON,#0f290h   ; 11 11 0 0 1 0 1 0 01 0000  starten
        bset    IEN             ; globale Interruptfreigabe
loop:   jb      P7.0,loop       ; bis P7.0 Low
        bclr    ADST            ; Wandler stoppen
warte:  jb      ADBSY,warte     ; warte bis fertig
        bclr    IEN             ; alle Interrupts sperren
        mov     P2,#0           ; Ausgabe löschen
        rets                    ; zurück nach System
haupt   ENDP                    ;
        END                     ; Ende des Quelltextes
```

```
/* k8b6.c Bild 8-6: Fortlaufende Wandlungen mit PEC-Transfer */
// Eingabe: AN0 (P5.0)   Ausgabe: D/A-Wandler an P2 Kontrolle P7.0
// D/A-Wandler: D7-P2.9  D6-P2.8  D5-P2.7 .... D1-P2.3 D0-P2.2 !!!
#include <reg167.h>
sbit lauf = P7^0;                  // Laufkontrolle
int main(void)
{
 P2 = 0;                           // Ausgabe loeschen
 DP2 = 0xffff;                     // P2 ist Ausgang
// PEC-Transfer Kanal 0 ADDAT -> P2 initialisieren
 PECC0 = 0x00ff;                   // 00000 00 0 1111 1111 Dauertransfer
 DSTP0 = (unsigned int) &P2;       // Ziel = Port P2
 SRCP0 = (unsigned int) &ADDAT;    // Quelle = analoges Datenregister
// Wandler-Interrupt und Wandler initialisieren
 ADCIC = 0x0078;                   // 0000000 0 1 1110 00 PEC-Kanal_0
 ADCON = 0x0f290;                  // 11 11 0 0 1 0 1 0 01 0000  starten
 IEN = 1;                          // globale Interruptfreigabe
 while(lauf);                      // Schleife bis P7.0 Low
 ADST = 0;                         // Wandler stoppen
 while(ADBSY);                     // warte bis fertig
 IEN = 0;                          // alle Interrupts sperren
 P2 = 0;                           // Ausgabe loeschen
 return 0;                         // zurueck nach System
}
```

Bild 8-6: Fortlaufende Analogwandlungen mit PEC-Transfer (Assembler und C)

Eine Reduzierung des gewandelten 10-bit Wertes auf 8 bit durch das Programm ist wegen des PEC-Transfers nicht möglich, da in einem Zyklus nur Daten übertragen werden. Der Digital/Analogwandler muß daher versetzt an den Port P2 angeschlossen werden, so daß die beiden wertniedrigsten Bits P2.0 und P2.1 nicht gewandelt werden. Der Anschluß beginnt also mit P2.2 des Ports an D0 des Bausteins. Da auch kein Speicherimpuls ausgegeben werden kann, muß der Freigabeeingang /E des ZN 428 fest auf Low gelegt werden; Port P2 hält die umzuwandelnden Werte fest. Bei flanken-gesteuerten Bausteinen ist dies nicht möglich!

8.3 Serielle analoge Bausteine

Serielle analoge Bausteine enthalten parallel arbeitende Wandler (Bild 8-1). Die Daten werden durch interne Schieberegister im Format umgeformt. Sie können mit der schnellen seriellen Schnittstelle SSC (Abschnitt 7.3) übertragen werden. *Bild 8-7* zeigt als Beispiel einen 12-bit Digital/Analogwandler mit einem digitalen seriellen Eingang und einem analogen Ausgang.

Der Baustein enthält einen 12-bit Digital/Analogwandler. Die Daten werden im seriellen Format mit den werthöchsten Bit zuerst zugeführt und mit der steigenden Flanke des Taktes in einem Schieberegister gespeichert. Ein Ladeimpuls überträgt das Bitmuster parallel in den Wandlerteil. In der Schaltung wird der Ladeimpuls durch das Programm am willkürlich gewählten Ausgang P7.7 ausgegeben. Der Ausgang SCLK liefert im Masterbetrieb des Controllers den Schiebetakt für den Slave (Wandler). Die Daten werden am Ausgang MTSR herausgeschoben.

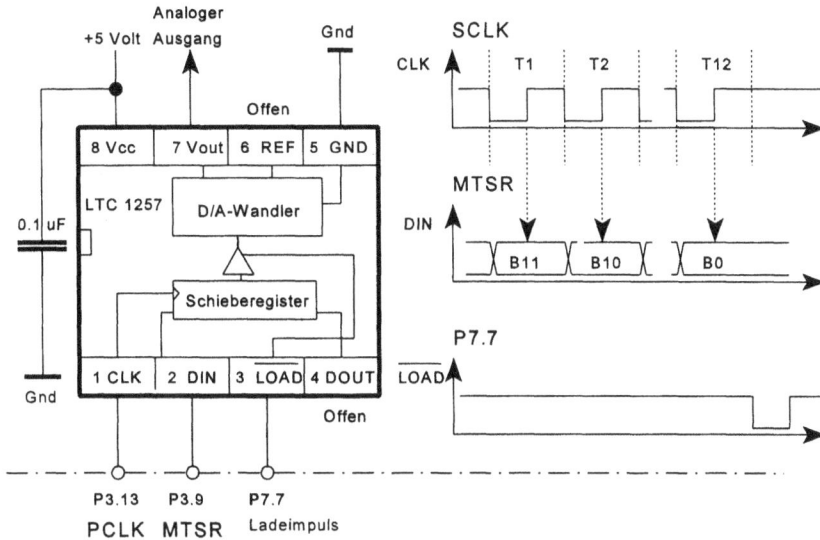

Bild 8-7: Der serielle D/A-Wandler LTC 1257

Die Programme *Bild 8-8* senden die am Port P2 parallel eingestellten Daten seriell an den D/A-Wandler. Am Ausgang ergab sich ein Spannungsbereich von 0 bis 2.056 Volt.

```
; k8b8.asm Bild 8-8: Serieller D/A-Wandler an SSC-Schnittstelle
; Eingabe: Port P2  Ausgabe: SSC  /LOAD-Impuls: P7.7  Abbruch: P7.0
%target 167      ; es fehlen SSC-Deklarationen !!!
%list
           ORG      200H              ; Startadresse
haupt      PROC     far               ;
           bset     P7.7              ; /LOAD = High
           bset     DP7.7             ; /LOAD ist Ausgang
           bset     DP3.13            ; SCLK = Ausgang
           bset     P3.13             ; SCLK = High
           bset     P3.9              ; MTSR = High
           bset     DP3.9             ; MTSR = Ausgang
           mov      SSCTIC,#0         ; kein Interruptbetrieb Sender
           mov      SSCRIC,#0         ; kein Interruptbetrieb Empfänger
           extr     #1                ; SSCBR im ESFR-Bereich
           mov      SSCBR,#9          ; 1 MBaud = 1 us
; Frei Master kein Fehlertest Ruhe High Vorderflanke MSB 12 bit
           mov      SSCCON,#0c05bh    ; 1 1 0000000 1 0 1 1011
loop:      jnb      P7.0,ende         ; solange P7.0 High
           mov      r0,P2             ; R0 <= digitale Eingabe Port P2
           extr     #1                ; SSCTB im ESFR-Bereich
           mov      SSCTB,r0          ; Start der Sendung
warte:     mov      r0,SSCRIC         ; SSCTIR nicht deklariert
           jnb      r0.7,warte        ; bis Ende der Sendung
           bclr     r0.7              ; Flag löschen
           mov      SSCRIC,r0         ; Speicherimpuls:
           bclr     P7.7              ; /LOAD Low
           bset     P7.7              ; /LOAD High
           jmpr     loop              ;
ende:      rets                       ; zurück nach System
haupt      ENDP
```

```
/* k8b8.c Bild 8-8: Serieller D/A-Wandler an SSC-Schnittstelle */
// Eingabe: Port P2  Ausgabe: SSC  /LOAD-Impuls: P7.7  Abbruch: P7.0
#include <reg167.h>
sbit lauf = P7^0;                  // Laufkontrolle
sbit p77 = P7^7;                   // Ladeimpuls
sbit dp77 = DP7^7;                 // Ladeimpuls Richtung
sbit dp313 = DP3^13;               // SCLK
sbit p313 = P3^13;                 // SCLK Richtung
sbit p39 = P3^9;                   // MTSR Sender
sbit dp39 = DP3^9;                 // MTSR Richtung
int main(void)
{
 p77= 1;                           // /LOAD = High
 dp77= 1;                          // /LOAD ist Ausgang
 dp313 = 1;                        // SCLK = Ausgang
 p313 = 1;                         // SCLK = High
 p39 = 1;                          // MTSR = High
 dp39 = 1;                         // MTSR = Ausgang
 SSCTIC = 0;                       // kein Interruptbetrieb Sender
 SSCRIC = 0;                       // kein Interruptbetrieb Empfaenger
 SSCBR = 9;                        // 1 MBaud = 1 us
// Frei Master kein_Fehlertest Ruhe_High Vorderflanke MSB 12 bit
 SSCCON = 0xc05b;                  // 1 1 0000000 1 0 1 1011
 while (lauf)                      // solange P7.0 High
 {
  SSCTB = P2;                      // Start der Uebertragung
  while (!SSCRIC);                 // warte bis Ende der Uebertragung
  SSCRIC = 0;                      // Flag loeschen
  p77 = 0;                         // Speicherimpuls /LOAD Low
  p77 = 1;                         //              /LOAD High
 }
 return 0;                         // zurueck nach System
}
```

Bild 8-8: Serielle analoge Ausgabe (Assembler und C)

Der in *Bild 8-9* dargestellte serielle 12-bit Analog/Digitalwandler-Baustein arbeitet nach dem Verfahren der schrittweisen Näherung. Die Wandlung beginnt mit einem Low des Auswahleingangs /CS. Die beiden ersten Takte speichern die analoge Eingangsspannung (sample). Während der Wandlung (convert) wird das Ergebnis seriell herausgeschoben. Der dritte Takt liefert immer eine 0, dann kommen die Datenbits beginnend mit der werthöchsten Bitposition. In der dargestellten Betriebsart wird die Messung mit /CS = High beendet. In den Unterlagen des Herstellers finden sich Hinweise auf weitere Betriebsarten wie z.B. fortlaufende Wandlungen.

Beim Betrieb des Bausteins mit dem C167 liefert der Controller im Masterbetrieb den Umwandlungs- und Schiebetakt am Ausgang SCLK. Die seriellen Daten werden am Eingang MRST im Empfang genommen und in der SSC-Einheit in das parallele Format umgesetzt. Dabei ist zu beachten, daß für eine Wandlung insgesamt 15 Takte erforderlich sind, aber nur 12 Datenbits übertragen werden. In der Schaltung wird der Start- und Freigabeimpuls /CS durch das Programm am willkürlich gewählten Ausgang P7.7 ausgegeben.

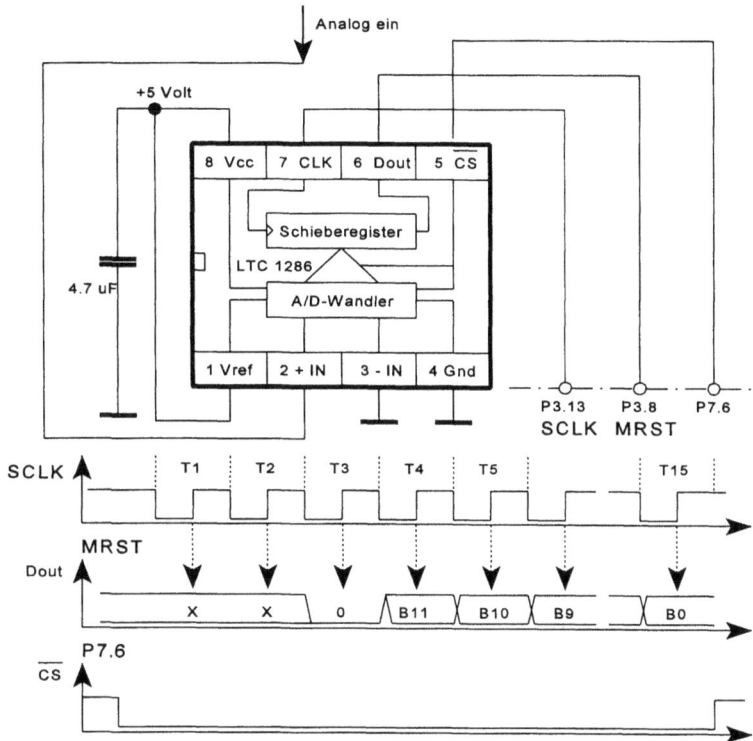

Bild 8-9: Der serielle A/D-Wandler LTC 1286

Die in *Bild 8-10* dargestellten Programme lesen den seriellen Analog/Digitalwandler in der Schaltung *Bild 8-9* und geben das Ergebnis auf dem Port P2 aus. Die analoge Eingangsspannung lag zwischen 0 und +4.96 Volt. Bedingt durch einen "fliegenden" Aufbau der Schaltung und den Anschluß der Versorgungs- und Referenzspannung an die Spannungsversorgung des Controllers ergaben sich starke Schwankungen in den beiden letzten Bitpositionen des Ergebnisses.

```
; k8b10.asm Bild 8-10: Serieller A/D-Wandler an SSC-Schnittstelle
; Eingabe: SSC  Ausgabe: P2  /CS-Impuls: P7.6  Abbruch: P7.0
%target 167     ; es fehlen SSC-Deklarationen !!!
%list
        ORG     200H            ; Startadresse
haupt   PROC    far             ;
        mov     P2,#0           ; P2 Ausgabeport löschen
        mov     DP2,#0ffffh     ; P2  ist  Ausgang
        bset    P7.6            ; /CS = High
        bset    DP7.6           ; /CS ist Ausgang
        bset    DP3.13          ; SCLK = Ausgang
        bset    P3.13           ; SCLK = High
        bclr    DP3.8           ; MRST ist Eingang
        mov     SSCTIC,#0       ; kein Interruptbetrieb Sender
        mov     SSCRIC,#0       ; kein Interruptbetrieb Empfänger
        extr    #1              ; SSCBR im ESFR-Bereich
        mov     SSCBR,#99       ; 100 kBaud = 10 us
; Frei Master kein_Fehlertest Ruhe_High Rückflanke MSB 15 bit
        mov     SSCCON,#0c05eh  ; 1 1 0000000 1 0 1 1110
```

```
loop:   jnb     P7.0,ende       ; bis P7.0 Low: Abbruch
        bclr    P7.6            ; /CS = Low: Wandler-Startimpuls
        mov     r0,#0           ; R0 <= beliebige Daten
        extr    #1              ; SSCTB im ESFR-Bereich
        mov     SSCTB,r0        ; Start der Übertragung
warte:  mov     r0,SSCRIC       ; SSCTIR nicht deklariert
        jnb     r0.7,warte      ; bis Ende der Sendung
        bclr    r0.7            ; Flag löschen
        mov     SSCRIC,r0       ; und nach Interrupt-Register
        bset    P7.6            ; /CS High
        mov     r0,SSCRB        ; R0 <= gelesener Wert
        and     r0,#0fffh       ; 0000 1111 1111 1111 Maske 12-bit
        mov     P2,r0           ; und auf P2 ausgeben        .
        jmpr    loop            ; Schleife bis P7.0 Low
ende:   mov     P2,#0           ; Ausgabe löschen
        rets                    ; zurück nach System
haupt   ENDP
        END                     ; Ende des Quelltextes
```

```c
/* k8b10.c Bild 8-10: Serieller A/D-Wandler an SSC-Schnittstelle */
// Eingabe: SSC  Ausgabe: P2  /CS-Impuls: P7.6  Abbruch: P7.0
#include <reg167.h>
sbit    lauf = P7^0;            // Laufkontrolle P7.0
sbit    dp76 = DP7^6;           // /CS-Richtung
sbit    p76 = P7^6;             // /CS-Daten
sbit    dp313 = DP3^13;         // SCLK-Richtung
sbit    p313 = P3^13;           // SCLK-Daten
sbit    dp38 = P3^8;            // MRST-Richtung
int main(void)
{
 P2 = 0;                        // P2 Ausgabeport loeschen
 DP2 = 0xffff;                  // P2  ist  Ausgang
 p76 = 1;                       // /CS = High
 dp76 = 1;                      // /CS ist Ausgang
 dp313 = 1;                     // SCLK = Ausgang
 p313 = 1;                      // SCLK = High
 dp38 = 0;                      // MRST ist Eingang
 SSCTIC = 0;                    // kein Interruptbetrieb Sender
 SSCRIC = 0;                    // kein Interruptbetrieb Empfaenger
 SSCBR = 99;                    // 100 kBaud = 10 us
// Frei Master kein_Fehlertest Ruhe_High Rueckflanke MSB 15 bit
 SSCCON = 0xc05e;               // 1 1 0000000 1 0 1 1110
while (lauf)
{
 p76 = 0;                       // /CS = Low: Wandler-Startimpuls
 SSCTB = 0;                     // Start der Uebertragung Daten bel.
 while (!SSCRIR);               // Warte auf Ende der Uebertragung
 SSCRIR = 0;                    // Flag zuruecksetzen
 p76 = 1;                       // /CS High gesetzt
 P2 = SSCRB & 0x0fff;           // 0000 1111 1111 1111 Maske 12-bit
}
 P2 = 0;                        // Ausgabe loeschen
 return 0;                      // zurueck nach System
}
```

Bild 8-10: Serielle analoge Eingabe (Assembler und C)

9. Die CAN-Schnittstelle

Der CAN-Bus (Controller Area Network) ist ein serieller Bus, der z.B. in der Automobilindustrie zur Vernetzung mehrerer Funktionseinheiten verwendet wird. Einige Controller der C16x-Familie wie z.B. der C167 enthalten eine Schnittstelle (*Bild 9-1*) für die Abwicklung des genormten CAN-Protokolls. Dieses Kapitel zeigt nur eine Übersicht, für Anwendungen sollte die Literatur des Herstellers herangezogen werden.

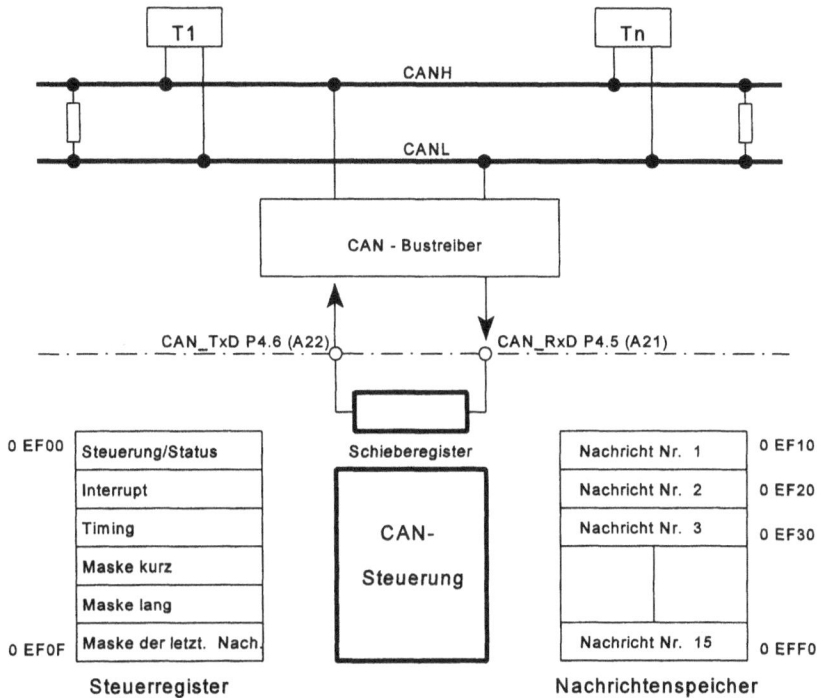

Bild 9-1: Die CAN-Bus Schnittstelle

Für die Anpassung des Ausgangssignals CAN_TxD (P4.6) und des Eingangssignals CAN_RxD (P4.5) an den CAN-Bus ist ein besonderer Bustreiber erforderlich, der oft mit zusätzlichen Optokopplern versehen die Anpassung an die Signale CANH und CANL vornimmt. Die über den Bus ausgetauschten Nachrichten enthalten neben den Nutzdaten (max. acht Bytes) einen Rahmen aus Adressen (identifier), Steuerbits (control), Prüfbits (CRC), Bestätigungbits (acknowledge) und Endemarken (EOF). Es ist Aufgabe der CAN-Steuerung, die Nutzdaten vom Rahmen zu trennen bzw. ihn hinzuzufügen.

Die Register und Nachrichtenspeicher der CAN-Schnittstelle liegen nicht im SFR- bzw. ESFR-Bereich, sondern in einem als XRAM bezeichneten internen RAM-Bereich des Controllers. Die globalen Steuerregister belegen einen Bereich von 16 Bytes; für jede der 15 Nachrichten gibt es weitere 16 Bytes für lokale Steuer- und Statusregister sowie für max. acht Datenbytes.

Das *Steuer/Statusregister* auf der Adresse 0EF00H legt allgemeine Parameter für alle Nachrichten fest und zeigt Fehlerzustände an.

15	14	13	12	11	10	9	8	7	6	5	4	3	2	1	0
B OFF	E WRN	–	RX OK	TX OK		LEC		0	CCE	0	0	EIE	SIE	IE	INIT

INIT   Start der Initialisierung 1 = Start (Vorgabe nach Reset)
IE   Freigabe des XINTR-Interrupts 1 = frei
SIE   Freigabe des Status-Interrupts 1 = frei
EIE   Freigabe des Fehler-Interrupts 1 = frei
CCE   Freigabe des Bit-Timing-Registers 1 = frei
LEC   Anzeige des Fehlercodes
        000 = kein Fehler
        001 = Stuff-Fehler (unzulässige Bitfolge)
        010 = Form-Fehler
        011 = Bestätigungs-Fehler
        100 = Bit_1-Fehler
        101 = Bit_0-Fehler
        110 = CRC-Fehler
TXOK   Nachricht erfolgreich gesendet
RXOK   Nachricht erfolgreich empfangen
EWRN   Fehler-Warnung
BOFF   Bus-Off-Zustand

Das CAN Interruptregister **XP0IC** im ESFR-Bereich dient zum Freigeben und Anzeigen der von der CAN-Schnittstelle ausgelösten Interrupts. Die Einsprungadresse des Interrupts XP0INT ist 0100H (Vektor 40H).

XP0IC   **RAM:** 0F186H   **ESFR:** 0C3H   **Reset:** 0000H   *bitadressierbar*

15	14	13	12	11	10	9	8	7	6	5	4	3	2	1	0
			–					XP0 IR	XP0 IE		ILVL			GLVL	

GLVL   Gruppen-Ebene von 00 (niedrigster) bis 11 (höchster) Rang in der Gruppe
ILVL   Interrupt-Ebene von 0000 (gesperrt) bis 1111 (höchste Priorität)
XP0IE   Interruptfreigabe (0 = gesperrt, 1 = frei)
XP0IR   Interruptanzeige (1 = aufgetreten)

Das *Interruptregister* auf der Adresse 0EF02H zeigt die Ursache des Interrupts an.

15	14	13	12	11	10	9	8	7	6	5	4	3	2	1	0
			reserviert								INTID				

INTID   Kenn-Nummer des Interrupts 0 = kein Interrupt anstehend
         1 = neuer Status im Steuerregister
         2 = Interrupt durch Nachricht Nr. 15
         3 bis 16 = Interrupt durch Nachricht Nr. 1 bis 14

Das *Bit Timing Register* auf der Adresse 0EF04H bestimmt das zeitliche Verhalten (Timing) der Bitabtastung für alle Nachrichten.

15	14	13	12	11	10	9	8	7	6	5	4	3	2	1	0
0	TSEG2			TSEG1				SJW		BRP					

BRP   Baudratenteiler: Bitzeit = f_{cpu} durch $2 * (BRP +1)$
SJW   Synchronisationszeit
TSEG1   Zeitsegment vor Abtastpunkt
TSEG2   Zeitsegment nach Abtastpunkt

Das *Global Mask Short Register* auf der Adresse 0EF06H bestimmt die Maske für ankommende 11-bit Adressen (standard identifier) der Nachrichten 1 bis 14.

15	14	13	12	11	10	9	8	7	6	5	4	3	2	1	0
ID20_18			1	1	1	1	1	ID28_21							

Die beiden *Global Mask Long* Register bestimmen die Maske für ankommende 29-bit Adressen (extended identifier) der Nachrichten 1 bis 14.

Upper *Global Mask Long Register* auf der Adresse 0EF08H für den High-Teil:

15	14	13	12	11	10	9	8	7	6	5	4	3	2	1	0
ID20_13			1	1	1	1	1	ID28_21							

Lower *Global Mask Long Register* auf der Adresse 0EF0AH für den Low-Teil:

15	14	13	12	11	10	9	8	7	6	5	4	3	2	1	0
ID4_0			1	1	1	1	1	ID12_5							

Die beiden *Mask of Last Message* Register bestimmen die Maske für ankommende Adressen (standard und extended identifier) der Nachricht Nr. 15.

Upper *Mask of Last Message Register* auf der Adresse 0EF0CH für den High-Teil:

15	14	13	12	11	10	9	8	7	6	5	4	3	2	1	0
ID20_18			ID17_13					ID28_21							

Lower *Mask of Last Message Register* auf der Adresse 0EF0EH für den Low-Teil:

15	14	13	12	11	10	9	8	7	6	5	4	3	2	1	0
ID4_0				0	0	0		ID12_5							

Jede der von 1 bis 15 durchnumerierten *Nachrichten* belegt einen Bereich von fortlaufenden 16 Bytes mit Steuerfeldern und den Nutzdaten. Die Anfangsadresse des Bereiches **n** ist 0EFn0H für n = 1 bis 15_{10} (1 bis F_{16}). Aufbau des Bereiches:

0EFn0 + 0: ein Wort mit dem Feld *Steuerung* (Message Control)
0EFn0 + 2: zwei Wörter mit dem Feld *Busvergabe* (Arbitration)
0EFn0 + 6: ein Byte mit dem Feld *Konfiguration* (Message Configuration)
0EFn0 + 7: acht Bytes *Nutzdaten*
0EFn0 + 15: ein Byte reserviert

Die *Steuerwörter* auf den Adressen 0EFn0H bestehen aus acht je 2 bit langen Feldern, die nach einem besonderen Verfahren verändert und ausgewertet werden.

Wert	Funktion beim Schreiben	Funktion beim Lesen
0 0	reserviert	reserviert
0 1	Feld zurücksetzen	Feld ist zurückgesetzt
1 0	Feld setzen	Feld ist gesetzt
1 1	Feld unverändert lassen	reserviert

15	14	13	12	11	10	9	8	7	6	5	4	3	2	1	0
RMTPND		TXRQ		MSGLST CPUUPD		NEWDAT		MSGVAL		TXIE		RXIE		INTPND	

INTPDN   Interrupt anstehend
RXIE   Empfänger-Interrupt freigeben
TXIE   Sender-Interrupt freigeben
MSGVAL   Sendung gültig
NEWDAT   neue Daten
MSGLST   Empfangene Sendung verloren (überschrieben)
CPUUPD   Sendung nicht möglich
TXRQ   Sendung anfordern
RMTPND   Anforderung anstehend

Die beiden *Vergabewörter* (arbitration) enthalten die Adresse (identifier) der Nachricht in der Länge 11 bit (standard) oder 29 bit (extended) entsprechend dem Feld XTD des Konfigurationswortes.

Upper Arbitration Wort auf der Adresse 0EFn2H:

15	14	13	12	11	10	9	8	7	6	5	4	3	2	1	0
ID20_18			ID17_13					ID28_21							

Lower Arbitration Wort auf der Adresse 0EFn4H:

15	14	13	12	11	10	9	8	7	6	5	4	3	2	1	0
ID4_0					0	0	0	ID12_5							

Das *Konfiguration Byte* auf der Adresse 0EFn6H bestimmt die Länge der Adresse (identifier), die Richtung der Datenübertragung und die Länge der Daten.

15	14	13	12	11	10	9	8	7	6	5	4	3	2	1	0
(Datenbyte Nr. 0)								DLC				DIR	XTD	0	0

XTD   Länge der Adresse (identifier) 0 = standard (11 bit) 1 = extended (29 bit)
DIR   Richtung der Übertragung 0 = empfangen, 1 = senden
DLC   Länge der Nachricht: 0 bis 8 Bytes

Die *Datenbytes* liegen im Bereich der Byteadressen von 0EFn7 bis 0EFnEH. Das Byte auf der Adresse 0EFnFH ist reserviert.

10. Anwendungsbeispiele

Die Auswahl der Beispiele beschränkt sich auf Probleme, die in Anwendungen häufig auftreten. Die Programme setzen voraus, daß der Port P2 (16-bit) und der Port P7 (8-bit) mit Eingaben (Kippschaltern bzw. Tastern) und Ausgaben (Leuchtdioden) beschaltet sind. Auf zusätzliche Peripherie wird besonders hingewiesen.

10.1 Die Konsol-Ein/Ausgabe

Als Konsole bezeichnet man bei Personal Computern die Eingabetastatur und den Ausgabebildschirm. In den meisten Controlleranwendungen sind diese Geräte nur in der Test- und Entwicklungsphase zusammen mit einem Entwicklungssystem verfügbar; in der Anwendung werden andere Möglichkeiten der Eingabe von Daten (Sensoren) und der Ausgabe von Ergebnissen (BCD-Anzeige) verwendet. Die Beispiele dieses Abschnitts setzen den Anschluß eines Terminals über die asynchrone serielle Schnittstelle (Abschnitt 7.1) voraus.

Die meisten Assembler und C-Compiler stellen dem Benutzer vordefinierte Konsolfunktionen zur Verfügung. Dieser Abschnitt beschreibt die zugrunde liegenden Verfahren mit eigenen Unterprogrammen, die in einer Bibliothek zusammengefaßt wurden. Sie werden mit **include** dem aufrufenden Hauptprogramm zugeordnet und mit diesem zusammen übersetzt. Die Bezeichner der Assembler- und der C-Funktionen stimmen trotz der unterschiedlichen Übergabetechnik überein.

Die Funktion **coninit** initialisiert die serielle asynchrone Schnittstelle auf 9600 Baud bei acht Datenbits ohne Parität; die entsprechende Gegenstation wie z.B. eine COM-Schnittstelle des PC muß mit den gleichen Parametern betrieben werden. Da die Übertragung durch Abfrage der Anzeigeflags S0TIR bzw. S0RIR in Warteschleifen und nicht durch Interrupts vorgenommen wird, testet die Funktion **kbhit** den Empfänger, ob ein Zeichen zur Abholung bereit liegt, und kehrt mit dem Ergebnis *sofort* zurück.

Die Grundfunktionen zur Eingabe und Ausgabe von Zeichen **getch**, **getche** (mit Echo) und **putch** werten die Anzeigeflags in Warteschleifen aus und setzen sie wieder zurück. Die Stringfunktionen **gets** und **puts** erwarten die Übergabe der Anfangsadresse eines nullterminierten Strings und erwarten bzw. setzen hinter das letzte Zeichen die Endemarke 0. Die Eingabe läßt sich durch die BS-Taste korrigieren. Sie ist auf max. 80 Zeichen beschränkt und wird durch den Wagenrücklauf abgeschlossen.

Bei der hexadezimalen Eingabe **einwhex** und Ausgabe **auswhex** von Bitmustern werden jeweils vier Bitpositionen als Zeichen von 0 bis 9 bzw. A bis F behandelt. Die Bewertung der Stellen geschieht durch Schiebeoperationen. Für die dezimale Eingabe **einwdez** und Ausgabe **auswdez** sind Umwandlungen des Zahlensystems mit Multiplikationen und Divisionen der Basis 10 erforderlich.

Bild 10-1 zeigt das ***Assemblerhauptprogramm***, mit dem die Unterprogramme der Konsolbibliothek conio.asm (*Bild 10-2*) getestet werden können.

```
; k10b1.asm Bild 10-1: Die Konsol-Ein/Ausgabe %include "conio.asm"
%target 167            ;
%list                  ;
        ORG    200H          ; Startadresse
haupt   PROC   far           ; Hauptprogramm
        call   coninit       ; 9600 Bd asynchron ohne Parität
warte:  mov    r0,#meld4     ; Meldung
        call   puts          ;
        call   kbhit         ; Taste ?
        cmpb   rl0,#0        ; RL0 = Ergebnis ?
        jmpr   cc_eq,warte   ; == 0: keine Taste
loop:   mov    r0,#meld1     ; Eingabemarke für Text
        call   puts          ; Funktion Stringausgabe
        mov    r0,#text      ; R0 = Speicheradresse
        call   gets          ; String lesen bis < 20h
        cmpb   rl0,#1bh      ; RL0 = Endemarke ?
        jmp    cc_eq,ende    ; ja: fertig
        movbz  r1,rh0        ; R1 = Anzahl der Zeichen
        movb   r0,#'='       ; Trennzeichen
        call   putch         ; ausgeben
        mov    r0,#text      ; R0 = Speicheradresse
        call   puts          ; Kontrollausgabe
        mov    rl0,#' '      ; Leerzeichen
        call   putch         ; ausgeben
        mov    r0,r1         ; R0 = Anzahl der Zeichen
        call   auswdez       ; als Wort dezimal
        mov    r0,#meld2     ; Eingabemarke für hexadezimal
        call   puts          ;
        call   einhex        ; R0 = Hexaeingabe
        mov    r1,r0         ; R1 = Zahl
        movb   rl0,#' '      ; lz
        call   putch         ;
        mov    r0,r1         ; R0 = Zahl
        call   auswhex       ; als Wort hexa
        movb   rl0,#' '      ; lz
        call   putch         ;
        mov    r0,r1         ; R0 = Zahl
        call   auswdez       ; als Wort dezimal
        mov    r0,#meld3     ; Eingabemarke für dezimal
        call   puts          ;
        call   eindez        ; R0 = Dezimaleingabe
        mov    r1,r0         ; R1 = Zahl
        movb   rl0,#' '      ; lz
        call   putch         ;
        mov    r0,r1         ; R0 = Zahl
        call   auswdez       ; als Wort dezimal
        movb   rl0,#' '      ; lz
        call   putch         ;
        mov    r0,r1         ; R0 = Zahl
        call   auswhex       ; als Wort hexadezimal
        jmp    loop          ; Schleife bis ESC
ende:   rets                 ; zurück nach System
haupt   ENDP                 ; Ende des Hauptprogramms
%include "conio.asm"   ; Einbau der Unterprogramme aus Bibliothek
; Datenbereich hinter Befehlen
meld1   DB     10,13,'Text bis cr -> ',0  ;
meld2   DB     10,13,'Hexadezimal -> ',0  ;
meld3   DB     10,13,'Dezimalzahl -> ',0  ;
meld4   DB     10,13,'Warte auf Taste -> ',0   ;
text    DS     81                  ; 81 Bytes für Texteingabe
        END
```

Bild 10-1: Test der Konsolunterprogramme (Assembler)

```
; conio.asm Bild 10-2: Bibliothek mit Konsol-Ein/Ausgabefunktionen
; einbauen mit %include "conio.asm"
; coninit = Schnittstelle initialisieren 9600 Bd asyn 8 bit 1 Stop
coninit PROC    near
        bset    dp3.10          ; TxD = Richtung aus
        bset    p3.10           ; TxD = High
        bclr    dp3.11          ; RxD = Richtung ein
        mov     S0TIC,#0080h    ; Sender frei ohne Interrupt
        mov     S0RIC,#0000h    ; Empfänger leer ohne Interrupt
        mov     S0BG,#64        ; 9600 Baud
        mov     S0CON,#8011h    ; asynchron 8 bit 1 stop ohne Par.
        ret                     ;
coninit ENDP
; kbhit = Tastaturtest ohne Warten RL0==0: kein Zeichen sonst abgeholt
kbhit   PROC    near            ;
        mov     rl0,#0          ; RL0 = 0: kein Zeichen
        jnb     S0RIR,kbhit1    ; kein Zeichen da
        bclr    S0RIR           ; Zeichen da Flag löschen
        movb    rl0,S0RBUF      ; und Zeichen abholen
kbhit1: ret                     ;
kbhit   ENDP                    ;
; getch = Zeichen von Konsole nach RL0 lesen  mit warten
getch   PROC    near            ;
getch1: jnb     S0RIR,getch1    ; warte bis Zeichen da
        bclr    S0RIR           ; Flag löschen
        movb    rl0,S0RBUF      ; Zeichen abholen
        ret                     ;
getch   ENDP
; putch = Zeichen aus RL0 auf Konsole ausgeben
putch   PROC    near            ;
putch1: jnb     S0TIR,putch1    ; warte bis Sender frei
        bclr    S0TIR           ; Flag löschen
        movb    S0TBUF,rl0      ; Zeichen nach Puffer
        ret                     ;
putch   ENDP
; getche = Zeichen von Konsole nach RL0 lesen mit Echo
getche  PROC    near            ;
        call    getch           ; RL0 <= Konsoleingabe
        call    putch           ; als Echo wieder ausgeben
        ret                     ;
getche  ENDP
; puts = String [R0] bis Endemarke 0 ausgeben
puts    PROC    near            ;
        push    r0              ; Register retten
        push    r1              ;
        mov     r1,r0           ; R1 = Zeiger auf Ausgabestring
puts1:  movb    rl0,[r1+]       ; RL0 = Zeichen
        cmpb    rl0,#0          ; Endemarke 0 ?
        jmpr    cc_eq,puts2     ;   ja: fertig
        call    putch           ; nein: ausgeben
        jmpr    puts1           ;
puts2:  pop     r1              ; Register zurück
        pop     r0              ;
        ret                     ;
puts    ENDP
; gets = String nach [R0+] lesen und Endemarke 0 anhängen
; max. 80 Zeichen  BS = Rücktaste   Ende bei < 20h  (kein Echo!!!)
; zurück: RH0 = Zeichenzähler  RL0 = Abbruchzeichen < 20h
gets    PROC    near            ;
        push    r1              ;
        mov     r1,r0           ; R1 = Adresse
        movb    rh0,#0          ; RH0 = Zeichenzähler
gets1:  call    getch           ; RL0 = Konsolzeichen
        cmpb    rl0,#8          ; BS-Rücktaste ?
```

```
        jmpr    cc_ne,gets2     ; nein: weiter
        cmpb    rh0,#0          ; Zeichenzähler == 0 ?
        jmpr    cc_eq,gets1     ;    ja: am Zeilenanfang
        subb    rh0,#1          ; nein: Zähler - 1
        sub     r1,#1           ; Zeiger - 1
        call    putch           ; BS Echo
        movb    rl0,#' '        ; Leerzeichen
        call    putch           ;
        movb    rl0,#8          ; BS nochmals
        call    putch           ;
        jmpr    gets1           ; neue Eingabe
gets2:  cmpb    rl0,#20h        ; Abbruch ?
        jmpr    cc_ult,gets3    ;    ja: fertig
        call    putch           ; nein: Echo
        movb    [r1],rl0        ; speichern
        add     r1,#1           ; Adresse + 1
        addb    rh0,#1          ; Zähler + 1
        cmpb    rh0,#80         ; max. 80 Zeichen
        jmpr    cc_ult,gets1    ; < 80: weiter
gets3:  movb    [r1],ZEROS      ; Endemarke 0 anhängen
        pop     r1              ;
        ret                     ;
gets    ENDP
; aushex = rechtes Nibble von RL0 hexa ausgeben
aushex  PROC    near            ;
        push    r0              ;
        andb    rl0,#0fh        ; Maske 0000 1111
        addb    rl0,#30h        ; ASCII codier
        cmpb    rl0,#'9'        ; <= 9 ?
        jmpr    cc_ule,aushex1  ;    ja: Ziffer 0..9
        addb    rl0,#7          ; nein: A..F
aushex1: call   putch           ; ausgeben
        pop     r0              ;
        ret                     ;
aushex  ENDP
; ausbhex = RL0 Byte mit 2 Hexaziffern ausgeben
ausbhex PROC    near            ;
        ror     r0,#4           ; linkes Nibble
        call    aushex          ;
        rol     r0,#4           ; rechtes Nibble
        call    aushex          ;
        ret                     ;
ausbhex ENDP
; auswhex = R0 Wort mit 4 Hexaziffern ausgeben
auswhex PROC    near            ;
        rol     r0,#4           ;
        call    aushex          ;
        rol     r0,#4           ;
        call    aushex          ;
        rol     r0,#4           ;
        call    aushex          ;
        rol     r0,#4           ;
        call    aushex          ;
        ret                     ;
auswhex ENDP
; auswdez = R0 Wort dezimal nur Ziffern ausgeben
auswdez PROC                    ; MD-Register zerstört!!!!
        push    r0              ; Register retten
        push    r1              ;
        push    r2              ;
        mov     MDL,r0          ; MDL = Dividend
        mov     r1,#10          ; R1 = Divisor 10
        mov     r2,#0           ; R2 = Ziffernzähler
auswdez1:
```

```
          divu      r1             ; MDL = MDL : 10
          mov       r0,MDH         ; R0 = Rest
          add       r0,#30h        ; nach ASCII
          push      r0             ; und auf Stapel
          add       r2,#1          ; und zählen in R2
          mov       r0,MDL         ; R0 = Quotient
          jmpr      cc_nz,auswdez1 ; ungleich 0: weiter
auswdez2:
          pop       r0             ; Ziffer vom Stapel
          call      putch          ; ausgeben
          sub       r2,#1          ; Zifferzähler - 1
          jmpr      cc_nz,auswdez2 ;
          pop       r2             ; Register zurück
          pop       r1             ;
          pop       r0             ;
          ret                      ;
auswdez ENDP
; einhex = hexadezimale Eingabe nach R0
; Ende mit Nicht-Hexa, keine Korrektur, keine Überlaufkontrolle
einhex  PROC      near           ;
          push      r1             ; Register retten
          mov       r1,#0          ;
einhex1: call      getch          ; RL0 = Lesen ohne Echo
          cmpb      rl0,#'0'       ;
          jmpr      cc_ult,einhex4 ; < 0: Nicht-Hexa
          cmpb      rl0,#'9'       ;
          jmpr      cc_ugt,einhex3 ; > 9: weiter
          call      putch          ; Echo
          subb      rl0,#30h       ; 0..9: decodieren
einhex2: shl       r1,#4          ; alte Zahl 4 bit links
          orb       rl1,rl0        ; neue Stelle dazu
          jmpr      einhex1        ; weiter
einhex3: andb      rl0,#0dfh      ; 11 0 1 1111 klein -> gross
          cmpb      rl0,#'A'       ;
          jmpr      cc_ult,einhex4 ; < A: Nicht-Hexa
          cmpb      rl0,#'F'       ;
          jmpr      cc_ugt,einhex4 ; > F: Nicht-Hexa
          call      putch          ; Ech0
          subb      rl0,#55        ; A..F: decodieren -> 10 .. 15
          jmpr      einhex2        ; und einbauen
einhex4: mov       r0,r1          ; R0 <= Ergebnis
          pop       r1             ; Register zurück
          ret                      ;
einhex  ENDP
; eindez = dezimale Eingabe nach R0   keine Korrekturen möglich
; Ende mit Nicht-Dezi Überlauf: Hupe und Ergebnis R0 = 0
eindez  PROC      near           ; Register MD zerstört !!!!
          push      r1             ; Register retten
          push      r2             ;
          mov       r1,#0          ; R1 = Ergebnis löschen
          mov       r2,#10         ; R2 = Faktor 10
          mov       rh0,#0         ; R0_High löschen
eindez1: call      getch          ; RL0 = Lesen ohne Echo
          cmpb      rl0,#'0'       ;
          jmpr      cc_ult,eindez3 ; < 0: Nicht-Dezi
          cmpb      rl0,#'9'       ;
          jmpr      cc_ugt,eindez3 ; > 9: Nicht-Dezi
          mulu      r1,r2          ; MD = Alt_Zahl * 10
          jmpr      cc_v,eindez2   ; Produkt > 16 bit
          mov       r1,MDL         ; R1 = Alt_Zahl * 10
          subb      rl0,#30h       ; Ziffer 0..9: decodieren
          add       r1,r0          ; neue Ziffer dazu
          jmpr      cc_c,eindez2   ; Neu_Zahl > 16 bit
          addb      rl0,#30h       ; war gut: codieren
```

```
            call    putch           ; und im Echo ausgeben
            jmpr    eindez1         ; weiter
eindez2: mov    r10,#7          ; Hupe
            call    putch           ; bei Überlauf
            mov     r1,#0           ; R0 = Ergebnis NULL
eindez3: mov    r0,r1           ; R0 <= Ergebnis
            pop     r2              ; Register zurück
            pop     r1              ;
            ret                     ;
eindez  ENDP
```

Bild 10-2: Die Konsolbibliothek conio (Assembler)

Bild 10-3 zeigt die **C-Hauptfunktion**, mit der die Funktionen der Konsolbibliothek
conio.c (*Bild 10-4*) getestet werden können. Diese Bibliothek ist *nicht* identisch mit
der Datei conio.h, die von den meisten C-Systemen für die Eingabe und Ausgabe von
der Konsole zur Verfügung gestellt wird.

```
/* k10b3.c Bild 10-3: Die Konsol-Ein/Ausgabe mit Funktionen */
#include <reg167.h>
#include "conio.c"              // Funktionsbibliothek hier einbauen
int main(void)                  // Hauptfunktion
{
 unsigned char meld1[] = "\n\rText bis cr -> ";
 unsigned char meld2[] = "\n\rHexadezimal -> ";
 unsigned char meld3[] = "\n\rDezimalzahl -> ";
 unsigned char meld4[] = "\n\rWarte auf Taste -> ";
 unsigned char text[81];        // 81 Bytes fuer Texteingabe
 unsigned char abb, anz;        // Hilfsbytes
 unsigned int  zahl;            // Hilfswort
 coninit();                     // 9600 Bd asynchron ohne Paritaet
 while (!kbhit())               // solange keine Taste gedrueckt
 {
 puts(meld4);                   // Meldung ausgeben
 }                              // Schleife bis ESC in Texteingabe
 while (1)
 {
  puts(meld1);                  // Meldung fuer Texteingabe
  gets(&abb, &anz, text);       // Abbruchzeichen Anzahl Textadresse
  if (abb == 0x1b) break;       // Abbruch der Schleife bei ESC
  putch('=');                   // Trennzeichen
  puts(text);                   // Kontrollausgabe
  putch(' ');                   // Leerzeichen
  auswdez(anz);                 // Anzahl dezimal ausgeben
  puts(meld2);                  // Meldung fuer Hexaeingabe
  zahl = einhex();              // Wort hexa eingeben
  putch(' ');                   // Leerzeichen
  auswhex(zahl);                // Kontrollausgabe hexa
  putch(' ');                   // Leerzeichen
  auswdez(zahl);                // Kontrollausgabe dezimal
  puts(meld3);                  // Meldung fuer Dezimaleingabe
  zahl = eindez();              // Wort dezimal eingeben
  putch(' ');                   // Leerzeichen
  auswdez(zahl);                // Kontrollausgabe dezimal
  putch(' ');                   // Leerzeichen
  auswhex(zahl);                // Kontrollausgabe hexadezimal
 }
 return 0;
}
```

Bild 10-3: Test der Konsolfunktionen (C-Programm)

```
/* conio.c Bild 10-4: Bibliothek mit Konsol-Ein/Ausgabefunktionen */
// einbauen mit #include "conio.c"
sbit dp310 = DP3^10;
sbit p310  = P3^10;
sbit dp311 = DP3^11;
// coninit = Schnittstelle initialisieren 9600 Bd asyn 8 bit 1 Stop
void coninit (void)
{
 dp310 = 1;                    // TxD = Richtung aus
 p310 = 1;                     // TxD = High
 dp311 = 0;                    // RxD = Richtung ein
 S0TIC = 0x0080;               // Sender frei ohne Interrupt
 S0RIC = 0x0000;               // Empfaenger leer ohne Interrupt
 S0BG = 64;                    // 9600 Baud
 S0CON = 0x8011;               // asynchron 8 bit 1 stop ohne Par.
}

// kbhit = Tastaturtest ohne Warten ==0: kein Zeichen sonst abgeholt
unsigned char kbhit(void)
{
 if (S0RIR)
 {
  S0RIR = 0;
  return S0RBUF;
 }
 else return 0;
}

// getch = Zeichen von Konsole lesen mit warten
unsigned char getch(void)
{
 while(~S0RIR);                // warte bis Zeichen da
 S0RIR = 0;                    // Flag loeschen
 return S0RBUF;                // Zeichen abholen
}

// putch = Zeichen auf Konsole ausgeben
void putch(unsigned char z)
{
 while(~S0TIR);                // warte bis Sender frei
 S0TIR = 0;                    // Flag loeschen
 S0TBUF = z;                   // Zeichen nach Sender
}

// getche = Zeichen von Konsole lesen mit Echo
unsigned char getche(void)
{
 unsigned char z;             // Hilfsvariable
 while(~S0RIR);               // warte bis Zeichen da
 S0RIR = 0;                   // Flag loeschen
 z = S0RBUF;                  // Zeichen abholen
 putch(z);                    // im Echo ausgeben
 return z;                    // und zurueckliefern
}

// puts = String bis Endemarke 0 ausgeben
void puts(unsigned char x[])
{
 unsigned int i = 0;          // Zaehler
 while (x[i] != 0) putch(x[i++]);
}
```

```
// gets = String lesen und Endemarke 0 anhaengen
// max. 80 Zeichen  BS = Ruecktaste   Ende bei < 0x20  (kein Echo!!!)
// zurueck: abb = Abbruchzeichen < 0x20, anz = Zeichenzaehler
void gets(unsigned char *abb, unsigned char *anz, unsigned char x[])
{
 unsigned char z, i=0;           // Hilfsvariable Zeichen und Zaehler=0
 while (1)                       // bis max. 80 oder Zeichen < 0x20
 {
  z = getch();                   // Zeichen lesen von Konsole ohne Echo
  if (z == 0x8 && i == 0) continue;   // BS am Zeilenanfang
  if (z == 0x8)                  // BS-Korrektur-Taste
  {
   i--;                          // Zaehler - 1
   putch(z); putch(' '); putch(0x8);      // BS  Lz  BS ausgeben
  }
  else
  {
   if (z < 0x20) break;          // Abbruch mit Zeichen < 0x20
   x[i++] = z;                   // Zeichen speichern Adresse + 1
   putch(z);                     // Echo
   if (i == 81) break;           // Abbruch bei max. Zeichen
  }
 }                               // Ende der Eingabe:
 x[i] = 0;                       // Endemarke anhaengen
 *abb = z;                       // Abbruchzeichen
 *anz = i;                       // Anzahl der Zeichen + Null
}

//  aushex = rechtes Nibble von x hexa ausgeben
void aushex(unsigned char x)
{
 unsigned char z[16] = {'0','1','2','3','4','5','6','7',
                        '8','9','A','B','C','D','E','F'};
 putch(z [x & 0x0f]);           // Maske 0000 1111 nur linkes Nibble
}

//  ausbhex = Byte mit 2 Hexaziffern ausgeben
void ausbhex(unsigned char x)
{
 aushex(x >> 4);                // linkes  Nibble verschoben
 aushex(x);                     // rechtes Nibble maskiert
}

// auswhex = Wort mit 4 Hexaziffern ausgeben
void auswhex(unsigned int x)
{
 aushex(x >> 12);               // nnnn xxxx xxxx xxxx linkes Nibble
 aushex(x >> 8);                // xxxx nnnn xxxx xxxx
 aushex(x >> 4);                // xxxx xxxx nnnn xxxx
 aushex(x);                     // xxxx xxxx xxxx nnnn rechtes Nibble
}

// auswdez =Wort dezimal nur Ziffern ausgeben
void auswdez(unsigned int wort)
{
 unsigned char x[10];           // Hilfsfeld fuer Ziffern
 int i, n = 0;                  // Zeichenzaehler
 do
 {
  x[n++] = (wort % 10) + 0x30; // Ziffer abspalten und speichern
  wort = wort / 10;             // Zahl durch Basis 10
 } while (wort != 0);           // bis Zahl == 0
 for (i = n; i != 0; i--) putch (x[i-1]);
}
```

```
// einhex = hexadezimale Eingabe nach Wort
// Ende mit Nicht-Hexa, keine Korrektur, keine Ueberlaufkontrolle
unsigned int einhex(void)
{
 unsigned int x = 0;            // Hilfsvariable Wort
 unsigned char z;               // Hilfvariable Zeichen
 while (1)
 {
  z = getch();                  // lesen ohne Echo
  if (z >= '0' && z <= '9')     // Bereich 0..9
  { x = (x << 4) | (z - 0x30); putch (z); }          // ja:
  else                                               // sonst:
  {
   z = z & 0xdf;                // klein -> gross
   if (z >= 'A' && z <= 'F')    // Bereich A..F
   { x = (x << 4) | (z - 55); putch (z); }           // ja:
   else break;                  // sonst kein Hexazeichen: Abbruch!
  }
 }
 return x;                      // Ergebnis im Wort zurueck
}

// eindez = dezimale Eingabe nach Wort keine Korrekturen moeglich
// Ende mit Nicht-Dezi,  Ueberlauf: Hupe und Ergebnis 0
unsigned int eindez(void)
{
 unsigned long x = 0;           // Hilfsvariable Langwort
 unsigned char z;               // Hilfvariable Zeichen
 while (1)
 {
  z = getch();                  // lesen ohne Echo
  if (z >= '0' && z <= '9')     // Bereich 0..9
  {
   x = (x*10) + (z - 0x30);     // Ziffer addieren
   if (x > 65535) { putch(7); x = 0; break; }        // Ueberlauf
   putch (z);                   // Echo
  }
  else break;                   // Nicht-Dezi: Abbruch
 }
 return (unsigned int) x;       // Wort zurueck
}
```

Bild 10-4: Die Konsolbibliothek conio (C-Programme)

Das **Beispiel** gibt die auf der Konsole eingegebenen Codes auf P2L aus. Es wird die gesamte Bibliothek "conio.asm" übersetzt und geladen, obwohl nur kbhit aufgerufen wird. Ein Linker (Binder) würde nur die verwendeten Funktionen einbinden.

```
        mov     DP2,#0ffh       ; P2H = Eingang  P2L = Ausgang
loop:   call    kbhit           ; Funktion Konsoltest
        cmpb    rl0,#0          ; RL0 = Zeichen da?
        jmpr    cc_eq,loop      ; RL0 == 0: kein Zeichen da
        cmpb    rl0,#1bh        ; ESC = Ende ?
        jmpr    cc_eq,ende      ; ja: fertig
        mov     p2,r0           ; P2 <= Zeichen aus RL0
        jmpr    loop            ; Schleife
ende:   mov     p2,#0           ; Ende: P2 löschen
        rets                    ; zurück nach System
%include "conio.asm"            ; alle Funktionen der Bibliothek!!!!
```

10.2 Die Beschaltung der parallelen Ports

Dieser Abschnitt setzt die normalen Betriebsbedingungen voraus: Versorgungsspannung V_{cc} = 5 Volt ± 10 %, Masseanschluß V_{ss} = 0 Volt, f_{cpu} = 20 MHz, T = 0 bis 70° C.

Die *Eingänge* (Bild 2-13a) sind durch Dioden und einen Widerstand gegen kurzzeitige Überspannungen geschützt. Für Eingangsspannungen V_{IN} zwischen V_{cc} und V_{ss} liegt die Stromaufnahme unter 1 µA. Für Spannungen außerhalb dieses Bereiches ($V_{IN} > V_{cc}$ bzw. $V_{IN} < V_{ss}$) müssen die Ströme auf maximal ± 5 mA (insgesamt 50 mA) begrenzt werden. In kritischen Fällen kann es zweckmäßig sein, vor die Eingänge Logikgatter bzw. Optokoppler zu schalten. Porteingänge werden alle 50 ns abgetastet und gespeichert. Für die interne Abtastung alternativer Funktionen wie z.B. Interrupt und Timer gelten andere Werte (z.B. CAPCOM-Timer alle 400 ns).

Die *Bewertung* der Eingangspegel entspricht standardmäßig (PICON = 00H nach Reset) etwa der TTL-Logikfamilie: *Eingänge < 0.9 Volt sind Low*; *Eingänge > 1.9 Volt sind High*. Mit dem Register PICON (Abschnitt 2.6) kann der Eingangspegel der Ports P2, P3, P7 und P8 ähnlich CMOS eingestellt werden: *Eingänge < 2.0 Volt sind Low*; *Eingänge > 3.8 Volt sind High*. Die 16 Anschlüsse des Ports P5 können wahlweise als analoge oder als digitale Eingänge verwendet werden; die Ausgabe von Daten ist nicht möglich. *Bild 10-5* zeigt den Test der drei Eingangsschaltungen TTL, CMOS und analog. Die am Port P5.0 anliegende analoge Spannung wurde auf dem Port P2 dezimal im Bereich von 0 bis 5000 mVolt ausgegeben. Der Eingang P3.8 war auf TTL-Verhalten eingestellt und wurde mit einer Leuchtdiode (LED) an P7.7 ausgegeben. Bei einem Anstieg der Spannung schaltete der Eingang bei etwa 1.5 Volt von Low auf High. Bei einem Abfall der Spannung lag der Umschaltpunkt von High nach Low bei etwa 1.4 Volt. Der Eingang P3.0 war auf CMOS-Verhalten eingestellt und wurde mit einer Leuchtdiode an P7.0 ausgegeben. Der Umschaltpunkt bei einem Spannungsanstieg lag bei ca. 3.1 Volt, bei einem Abfall bei ca. 2.7 Volt (Hysterese ca. 0.4 Volt).

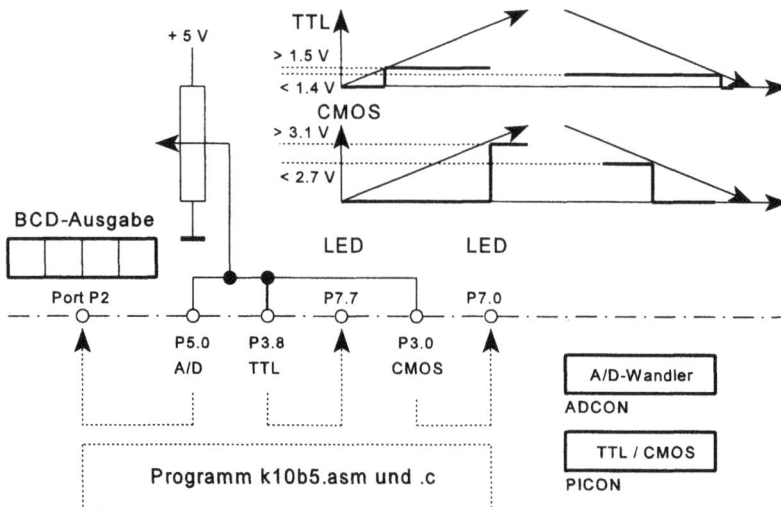

```
; k10b5.asm Bild 10-5: Untersuchung der Porteingänge
; Eingang AIN0 P5.0   Spannung 0..5 Volt P2 BCD-Ausgabe  0..5000 mV
; Eingang P3.8 TTL -> Ausg. P7.7  Eingang P3.0 CMOS -> Ausg. P7.0
%target 167
%list
picon   EQU     0f1c4h       ; RAM-Adresse (ESFR) nicht vordef.
        ORG     200H         ;
haupt   PROC    far          ;
        mov     p2,#0        ; Ausgabe löschen
        mov     dp2,#0ffffh  ; Port P2 ist Ausgabe Push/Pull
        bset    dp7.7        ; P7.7 ist Ausgang Push/Pull
        bset    dp7.0        ; P7.6 ist Ausgang Push/Pull
        mov     r0,picon     ; PICON als RAM adressiert
        bset    r0.2         ; P3L ist CMOS-Eingang
        mov     picon,r0     ; PICON als RAM adressiert
loop:   mov     ADCON,#0f080h ; 11 11 0000 1 0 00 0000  Start
warte:  jnb     ADCIR,warte  ; Warte auf Ende der Wandlung
        bclr    ADCIR        ; Flag zurücksetzen
        mov     r0,ADDAT     ; Kanal und Daten lesen
        and     r0,#03ffh    ; 0000 00 11 1111 1111 Kanal ausbl.
        mov     r1,#48875    ; Umrechnung auf 5000 mV + Korrektur
        mulu    r0,r1        ; MD = 1023 * 48875 = 49 999 125
        mov     r1,#10000    ; 49 999 125 : 10 000
        divlu   r1           ; 4999 mV
        mov     r0,mdl       ; R0 = Dualzahl 0.. 4999
        call    bcd4         ; R0 <= BCD 4 stellig
        mov     p2,r0        ; P2 <= BCD-Ausgabe der Spannung
        bmov    p7.7,p3.8    ; LED <- TTL-Eingang
        bmov    p7.0,p3.0    ; LED <= CMOS-Eingang
        jmp     loop         ; Endlosschleife Abbruch mit Reset
haupt   ENDP                 ;

; bdc4: R0 dual -> R0 BCD  max. 9999 =  | T | H | Z | E |
bcd4    PROC    near         ;
        push    r1           ; R1 retten
        push    r2           ; R2 retten
        push    mdh          ; MDH retten
        push    mdl          ; MDL retten
        mov     mdl,r0       ; MDL = Dualzahl = Dividend
        mov     r1,#10       ; R1 = Divisor 10
        mov     r2,#4        ; R2 = Stellenzähler
bcd4a:  divu    r1           ; MDL = MDL : 10
        push    mdh          ; MDH = Rest = Stelle auf Stapel
        sub     r2,#1        ; Zähler - 1
        jmpr    cc_nz,bcd4a  ; für alle 4 Stellen
        mov     r0,#0        ; R0 = BCD-Speicher
        mov     r2,#4        ; R2 = Stellenzähler
bcd4b:  pop     r1           ; R1 = Stelle
        shl     r0,#4        ; R0 = Speicher 4 bit links
        orb     rl0,rl1      ; Stelle einbauen
        sub     r2,#1        ; Zähler - 1
        jmpr    cc_nz,bcd4b  ; für alle 4 Stellen
        pop     mdl          ; MDL von Stapel
        pop     mdh          ; MDH vom Stapel
        pop     r2           ; R2 vom Stapel
        pop     r1           ; R1 vom Stapel
        ret                  ; R0 = BCD-Ergebnis
bcd4    ENDP                 ;
        END                  ;
```

```
/* k10b5.c Bild 10-5: Untersuchung der Porteingaenge           */
/* Eingang AIN0 P5.0 Spannung 0..5 Volt P2 BCD-Ausgabe 0..5000 mV */
/* Eingang P3.8 TTL -> Ausg. P7.7 Eingang P3.0 CMOS -> Ausg. P7.0 */
#include <reg167.h>
sfr  picon = 0xf1c4;            // RAM-Adresse (ESFR) vordefiniert
sbit   dp77 = DP7^7;            // Richtung P7.7
sbit   p77 = P7^7;              // Datenbit P7.7
sbit   dp70 = DP7^0;            // Richtung P7.0
sbit   p70 = P7^0;              // Datenbit P7.0
sbit   p38 = P3^8;              // Datenbit P3.8
sbit   p30 = P3^0;              // Datenbit P3.0
/* bdc4: R0 dual -> R0 BCD  max. 9999 =  | T | H | Z | E |     */
unsigned int bcd4(unsigned int dual)
{
  unsigned int x[4], bcd = 0, i;
  for(i=0; i<4 ; i++) { x[i] = dual % 10; dual = dual / 10; }
  for(i=3; i>=0; i--) bcd = (bcd << 4) | x[i];
  return bcd;
}

int main(void)
{
  unsigned long lang;          // fuer Normierung auf 5000 mVolt
  P2 =0;                       // Ausgabe loeschen
  DP2 = 0xffff;                // Port P2 ist Ausgang Push/Pull
  dp77 = 1;                    // P7.7 ist Ausgang Push/Pull
  dp70 = 1;                    // P7.6 ist Ausgang Push/Pull
  picon = picon | 0x4;         // 0100 PICON.2 = P3LIN = 1
  while (1)                    // Endlosschleife Abbruch mit STOP
  {
   ADCON = 0xf080;             // 11 11 0000 1 0 00 0000  Start
   while (!ADCIR);             // Warte auf Ende der Wandlung
   ADCIR = 0;                  // Flag zuruecksetzen
   lang = ADDAT & 0x3ff;       // Kanal ausblenden
   lang = (lang * 48875) / 10000;    // Normierung auf 0..5000 mVolt
   P2 = bcd4(lang);            // BCD <= dual
   p77 = p38;                  // LED <- TTL-Eingang
   p70 = p30;                  // LED <= CMOS-Eingang
  }
}
```

Bild 10-5: Untersuchung der Porteingänge (Assembler und C)

Nach einem **Reset** sind die Anschlüsse zunächst als Eingänge geschaltet und hochohmig. Unbeschaltete Eingänge können durch Einstreuungen undefinierte Potentiale annehmen und werden meist mit Pull-Up-Widerständen gegen High bzw. mit Pull-Down-Widerständen gegen Low auf festes Potential gelegt. Dies betrifft auch Anschlüsse, die später durch Programmieren zu Ausgängen umgeschaltet werden.

Die *Ausgänge* (Bild 2-13b und c) liefern unter Einhaltung der garantierten Pegel sowohl bei High als auch bei Low einen Strom von + 1.6 mA bzw. - 1.6 mA. Diese Werte sollten nach Angaben des Herstellers nicht wesentlich überschritten werden, auch dann nicht, wenn z.B. zum Treiben einer Leuchtdiode der Ausgangspegel keine Rolle spielt. Bei einem Widerstand von 2.2 KOhm gegen V_{cc} bzw. V_{ss} ergaben sich Ströme von ca. 2.3 mA, bei 1 KOhm ca. 4.6 mA. *Bild 10-6* zeigt verschiedene Schaltungen am Port P7, an denen die Spannungen und Ströme am Ausgang gemessen wurden. Die Meßergebnisse sind wesentlich günstiger als die von den Herstellern angegebenen Grenzwerte, die unter "Worst-Case-Bedingungen" garantiert werden.

+ 5 V

4 x 390 Ohm   Gemessene Ströme

4 x LED   Ohne Angabe der Richtung

74 LS 540

+ 5 V   Gnd   + 5 V   + 5 V

TTL   LS   ALS   HCT

LED

10 K   10 K   10 K

74 xx 00   &   &   &   &

1.8 Kohm

1.3 mA   230 uA   16 uA   < 1 uA   0.5 mA   0.5 mA   0.5 mA   1.7 mA

Port P7   Low   Low   Low   Low   Low   High   Low   Low

Push / Pull - Ausgänge   Open - Drain Ausgänge

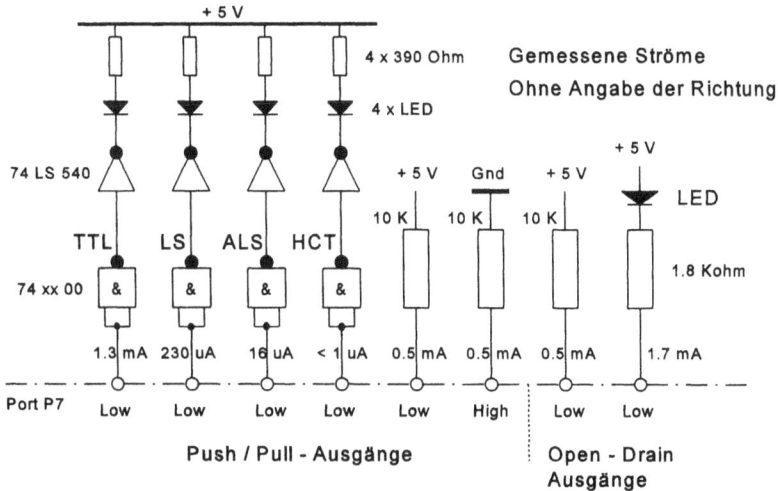

Bild 10-6: Ausgangsschaltungen am Port P7

Als Bezugsgröße für *Lastberechnungen* dient der Baustein 7400, der vier NAND-Schaltungen mit je zwei Eingängen enthält. Als Fan-In bezeichnet man die Last, die ein Eingang des 7400 darstellt. Das Fan-Out gibt an, wieviele Eingänge (Fan-In = 1) ein Ausgang treiben kann. Die meisten Bausteine haben ein Fan-In von 1 und ein Fan-Out von 10 bis 20; sie können also 10 bis 20 Schaltungen der gleichen Logikfamilie treiben. Die Tabelle *Bild 10-7* zeigt zur Orientierung Angaben zur Belastung von Logikbausteinen aus den Handbüchern der Hersteller sowie die Meßergebnisse. Die High-Spannungen lagen über 4.8 Volt; die gemessenen Low-Spannungen unter 0.02 Volt. Die Ströme sind Absolutwerte ohne Angabe einer Stromrichtung.

Lastangabe	TTL-Logik	LS-Logik	ALS-Logik	HCT-Logik
High-Strom (Fan-Out 10)	0.4 mA	0.4 mA	0.4 mA	5...20 mA
Low-Strom (Fan-Out 10)	16 mA	8 mA	8 mA	5...20 mA
Standard-Fan-Out	10	20	20	> 50
High-Strom (Fan-In = 1)	0.040 mA	0.020 mA	0.020 mA	< 1 µA
Low-Strom (Fan-In = 1)	1.6 mA	0.4 mA	0.1 mA	< 1 µA
High-Strom (gemessen)	4.3 µA	< 1 µA	< 1 µA	< 1 µA
Low-Strom (gemessen)	1.3 mA	0.230 mA	0.016 mA	< 1 µA

Bild 10-7: Richtwerte und Meßergebnisse für die Belastung der Ports und Bausteine

Open-Collector-Ausgänge benötigen einen Arbeitswiderstand gegen V_{cc} und können parallel geschaltet werden. Sie lassen höhere Betriebsspannungen und höhere Ausgangsströme zu. Der Baustein 7416 liefert z.B. max. 40 mA bei V_{cc} = 15 Volt. Bustreiber (z.B. 74LS540) geben bei Low max. 24 mA ab und liefern bei High max. 15 mA.

10.3 Anzeige-Einheiten

Die einfachste Ausgabeeinheit ist die *Leuchtdiode* (LED). Im statischen Betrieb beträgt der Strom in Durchlaßrichtung je nach Bauform, Farbe und Helligkeit zwischen 1 und 20 mA. Im Multiplexbetrieb sind höhere Ströme erforderlich, da jede Leuchtdiode nur kurzzeitig eingeschaltet ist. Die Schaltungen der Bilder 2-15 und 10-6 zeigen Beispiele für die Ansteuerung einzelner Leuchtdioden mit einem invertierenden Bustreiber oder direkt von einem Portausgang. Bild 10-16 enthält die Ansteuerung eines Lautsprechers.

7-Segment-Anzeigen enthalten sieben Leuchtdioden mit gemeinsamer Anode bzw. Kathode, eine achte Leuchtdiode zeigt den Dezimalpunkt an. Für ihre Ansteuerung gibt es besondere Decoder und Treiber wie z.B. den in *Bild 10-8* dargestellten 74LS47 mit Offenen-Collector-Ausgängen, die max. 24 mA bei V_{CC} von max. +15 V liefern können. Es wurden vier Anzeigeeinheiten mit gemeinsamer Anode und Widerständen von 390 Ohm in den Segmentzweigen verwendet. Die Bausteine setzen den an den Eingängen A bis D anliegenden BCD-Code um in die Ansteuerung der Segmente a bis g; die sechs Pseudotetraden von 1010 bis 1111 liefern Sonderzeichen. Das Anwendungsbeispiel Bild 10-5 zeigt die Ausgabe einer vierstelligen Dezimalzahl.

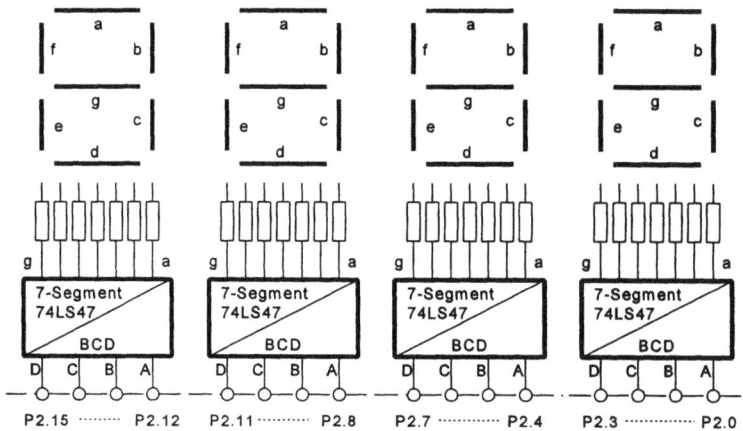

Bild 10-8: Die Ansteuerung von 7-Segment-Anzeigen mit Decodern

Mit sieben Segmenten lassen sich nicht nur die Ziffern 0 bis 9, sondern - in beschränktem Umfang - auch Buchstaben und Sonderzeichen darstellen. Das Beispiel *Bild 10-9* steuert die Segmente zweier 7-Segment-Anzeigen direkt an. Die gemeinsamen Anoden liegen auf +5 Volt; die invertierenden Bustreiber nehmen über Strombegrenzungswiderstände den Strom nach Low auf. Die Eingabe erfolgt von der Konsole. Für die Ausgabe der Ziffern von 0 bis 9 auf der linken Anzeige (P2H) wird für die Umcodierung eine Tabelle im direkten Zugriff verwendet. Die rechte Anzeige (P2L) gibt Buchstaben und Sonderzeichen aus. Dazu wird eine zweite Tabelle nach den Eingabezeichen durchsucht. Sind die auf der Konsole eingegebenen Zeichen nicht in den Tabellen enthalten, so wird als Fehlermeldung die Ausgabe dunkel gesteuert.

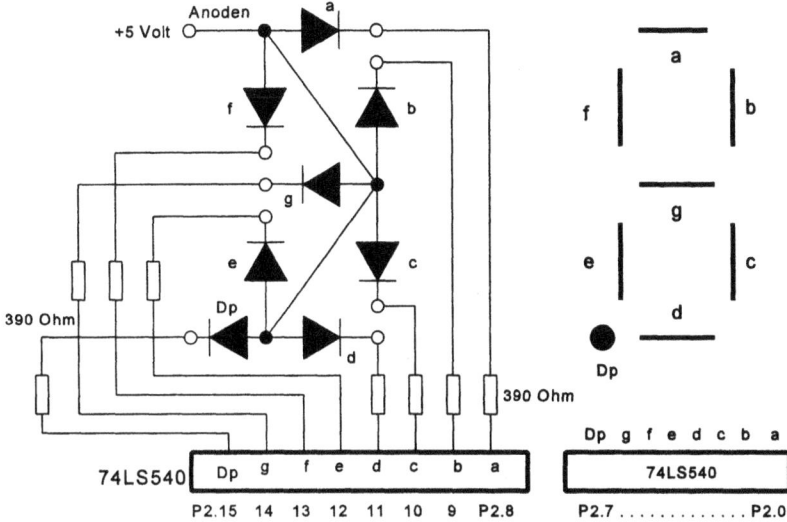

```
; k10b9.asm Bild 10-9: Direkte 7-Segment-Ansteuerung
; Eingabe: Konsole    Ausgabe: 2stellige Anzeige Port P2
%target 167
%list
          ORG      200H              ;
haupt     PROC     far               ;
          mov      DP2,#0ffffh       ; P2 ist Ausgabe
          mov      P2,#0             ; Ausgabe löschen
loop:     mov      r0,#zahl          ; Meldung Ziffer
          call     puts              ;
          call     getche            ; RL0 = Ziffer 0..9
          cmpb     rl0,#1bh          ; ESC ?
          jmpr     cc_eq,ende        ; ja: Ende
          cmpb     rl0,#'0'          ; < "0" ?
          jmpr     cc_ult,error1     ; ja: Fehler
          cmpb     rl0,#'9'          ; > "9"
          jmpr     cc_ugt,error1     ; ja: Fehler
          subb     rl0,#30h          ; 0..9: decodieren
          mov      rh0,#0            ; RH0 = 0
          movb     rh1,[r0+#tab1]    ; direkter Tabellenzugriff
next:     mov      r0,#zeichen       ; Meldung Zeichen
          call     puts              ;
          call     getche            ; RL0 = Zeichen
          cmpb     rl0,#1bh          ; ESC ?
          jmpr     cc_eq,ende        ; ja: Ende
          mov      r2,#tab2          ; R2 = Adresse Suchtabelle
suche:    movb     rl3,[r2+]         ; RL3 = Tabelle Eingangswert
          jmpr     cc_z,error2       ; Endemarke 0: nicht gefunden
          cmpb     rl0,rl3           ; Eingabe - Tabellenwert
          jmpr     cc_eq,gefu        ; gleich: gefunden
          add      r2,#1             ; nicht gefunden Adresse +1
          jmpr     suche             ; weiter suchen
gefu:     mov      rl1,[r2]          ; RL1 = Ausgabewert aus Tabelle
ausgabe:  mov      p2,r1             ; beide Codes ausgeben
          jmpr     loop              ; Schleife bis ESC
error1:   mov      rh1,#00h          ; Fehler-Code leer
          jmpr     next              ;
error2:   mov      rl1,#00h          ; Fehler-Code leer
          jmpr     ausgabe           ;
```

```
ende:     mov      p2,#0                   ; Ausgabe löschen
          rets                             ;
haupt     ENDP                             ;
%include "conio.asm"                       ; Konsolfunktionen
; Datenbereich hinter den Befehlen
zahl      DB       10,13," Ziffer  0...9  -> ",0 ; Meldung
zeichen   DB       10,13," A C F H L = -  -> ",0 ; Meldung
tab1      DB       3fh,06h,5bh,4fh,66h,6dh,7dh,07h,7fh,6fh ; Direkttabelle
tab2      DB       'A',77h,'C',39h,'F',71h,'H',76h,'L',38h,'=',48h,'-',40h,0
          END
```

```c
/* k10b9.asm Bild 10-9: Direkte 7-Segment-Ansteuerung      */
/* Eingabe: Konsole   Ausgabe: 2stellige Anzeige Port P2    */
#include <reg167.h>
#include "conio.c"
int main(void)
{
 unsigned char    zahl[] = "\nZiffer  0...9  -> ";       // Meldung
 unsigned char zeichen[] = "\nA C F H L = -  -> ";        // Meldung
 unsigned char tab1[10]={ 0x3f,0x06,0x5b,0x4f,0x66,\
                          0x6d,0x7d,0x07,0x7f,0x6f };
 unsigned char tab2[15]={'A',0x77,'C',0x39,'F',0x71,'H',0x76,\
                         'L',0x38,'=',0x48,'-',0x40,0};
 unsigned char ziff1, zahl2;     // Zeichen
 unsigned int links, rechts, i;  // Ausgaben und Zaehler
 DP2 = 0x0ffff;                  // P2 ist Ausgabe
 P2 = 0;                         // Ausgabe loeschen
 while (1)                       // Ende mit ESC und break
 {
  puts(zahl);                    // Meldung Ziffer
  ziff1 = getche();              // Ziffer lesen
  if (ziff1==0x1b) break;        // Abbruch bei ESC
  if (ziff1 >= '0' && ziff1 <= '9') links = tab1[ziff1 - 0x30];
     else links = 0;             // nicht enthalten
  puts(zeichen);                 // Meldung Zeichen
  zahl2 = getche();              // Zeichen lesen
  if (zahl2==0x1b) break;        // Abbruch bei ESC
  i = 0;                         // Index auf Anfang
  while(1)                       // Tabelleneintrag suchen
  {
   if(tab2[i] == 0) {rechts = 0; break; }           // nicht enthalten
   if(tab2[i] == zahl2) {rechts = tab2[i+1]; break; }    // gefunden
   i += 2;                       // Schrittweite 2
  }
  P2 = (links << 8) | rechts;    // Ausgabe
 }
 P2 = 0;                         // Ausgabe loeschen
 return 0;                       // zurueck nach System
}
```

Bild 10-9: Direkte 7-Segment-Ansteuerung (Assembler und C)

Bei der **direkten Segmentansteuerung** sind für eine Dezimalziffer acht Portleitungen erforderlich; bei einem Decoderbaustein nur noch vier. Die Anzeigen der Bilder 10-8 und 10-9 sind statisch; die auszugebenden Daten bleiben im Ausgaberegister P2 bis zum nächsten Ausgabebefehl gespeichert. Das in *Bild 10-10* dargestellte *Multiplexverfahren* benötigt für eine max. 16stellige Anzeige nur vier Portleitungen für die Auswahl der Stellen und acht Leitungen für die Ansteuerung der miteinander verbundenen Segmente. Der 1-aus-16-Decoder wählt eine Dezimalstelle aus, deren Code in einem Zeitintervall von 2 ms auf den Segmenten ausgegeben wird. Dann folgt die nächste Stelle mit dem entsprechenden Code. Die Anzeige erfolgt *dynamisch* mit einer Periode von 9 * 2 ms = 18 ms (56 Hz) und muß ständig wiederaufgefrischt werden. Das Programmbeispiel verwendet dazu den Timer 6, der alle 2 ms einen Interrupt auslöst, um auf die nächste Stelle umzuschalten. Da jede der 9 Stellen nur 1/9 der gesamten Anzeigedauer eingeschaltet ist, ist ein höherer Strom für die Ansteuerung der Leuchtdioden erforderlich. Die Tasten werden in dem Beispiel nicht ausgewertet; die Programme geben ständig die Ziffern von 0 bis 8 aus. Abschnitt 10.4 zeigt die Auswertung von Tastenfeldern.

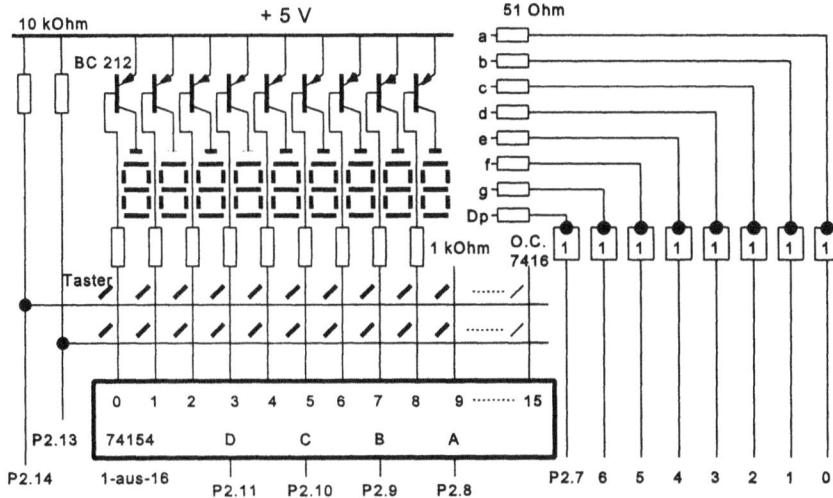

```
; k10b10.asm Bild 10-10: Multiplexanzeige für 9 Stellen
%target 167
%list
            ORG     T6INT           ; Timer_6-Interrupt-Einsprung
            jmp     multi           ; Interrupt-Service-Routine
            ORG     200H            ; Startprogramm
haupt  PROC  far                    ;
; Timer 6 schaltet alle 2 ms Anzeige weiter
            mov     dp2,#0fffh      ; P2.15..12:Eingang  P2.11..0: Ausg.
            movb    stelle,ZEROS    ; Anzeigestelle = 0: links beginnen
            mov     T6,#10000       ; Faktor 10 000*0.2 = 2000 us = 2 ms
            mov     CAPREL,#10000   ; Nachladewert
            mov     T6CON,#80c0h    ; Reload Down Run Timer Periode 0.2us
            mov     T6IC,#44h       ; 01 0001 00 T6IE=1 ILVL=1 GLVL=0
            bset    IEN             ; alle Interrupts frei
loop:       jmp     loop            ; Abbruch mit RESET
haupt  ENDP                         ;
; multi = alle 2 ms eine neue Stelle der Anzeige ausgeben
multi  PROC  near
            push    r0              ; R0 retten
            push    r1              ; R1 retten
            movb    rh0,stelle      ; RH0 = Stelle 0..8
            movbz   r1,rh0          ; R1 = Abstand auf Ausgabe
            movb    rl0,[r1+#ausgabe]  ; RL0 = Ausgabemuster
            mov     p2,r0           ; P2 <= Stelle | Muster
            addb    rh0,#1          ; RH0 = nächste Stelle
            cmpb    rh0,#8          ; Ende bei Stelle 8 ?
            jmpr    cc_ule,multi2   ; nein:
            movb    rh0,#0          ; ja: wieder zum Anfang 0
multi2:     movb    stelle,rh0      ; retten nach RAM
            pop     r1              ; R1 zurück
```

```
        pop     r0                  ; R0 zurück
        reti                        ; zurück nach Unterbrechung
multi   ENDP                        ;
; Datenbereich
stelle  DB 0                        ; laufende Anzeigestelle von 0 bis 8
ausgabe DB 3fh,06h,5bh,4fh,66h,6dh,7dh,07h,7fh,6fh ; Test-Codes 0..9
        END
```

```c
/* k10b10.c Bild 10-10: Multiplexanzeige fuer 9 Stellen   */
#include <reg167.h>
unsigned char stelle;                       // globale Daten
unsigned char ausgabe[10] = { 0x3f, 0x06, 0x5b, 0x4f, 0x66, \
                              0x6d, 0x7d, 0x07, 0x7f, 0x6f };
// multi =  alle 2 ms eine neue Stelle der Anzeige ausgeben
void multi(void) interrupt 0x26         // Timer_6 Interrupt
{
 P2 = (stelle << 8) | ausgabe[stelle]; // Stelle  |  Code
 stelle++;                              // naechste Stelle
 if(stelle > 8) stelle = 0;             // nur 9 Stellen
}

int main(void)
{
 DP2 = 0x0fff;                   // P2.15..12:Ein  P2.11..0: Aus
 stelle = 0;                     // Anzeigestelle=0: links beginnend
// Timer 6 schaltet alle 2 ms Anzeige weiter
 T6 = 10000;                     // Faktor 10 000*0.2 = 2000 us = 2 ms
 CAPREL = 10000;                 // Nachladewert
 T6CON = 0x80c0;                 // Reload Down Run Periode 0.2 us
 T6IC = 0x44;                    // 01 0001 00 T6IE=1 ILVL=1 GLVL=0
 IEN = 1;                        // alle Interrupts frei
 while(1);                       // Abbruch mit RESET
 return 0;                       // kommt nie bis hierher
}
```

Bild 10-10: Multiplex-Anzeige (Assembler und C)

Mit der in *Bild 10-11* dargestellten **Diodenmatrix-Anzeige** lassen sich nicht nur einzelne Zeichen (Ziffern, Buchstaben und Sonderzeichen), sondern auch Symbole darstellen, die sich über die gesamte Breite der Anzeige erstrecken. Diese besteht aus drei aneinandergereihten 5x7-Punktmatrix-Anzeigen im Multiplexbetrieb. Ein 1-aus-16-Decoder wählt für 1 ms eine der 15 Spalten Cn aus, für die gleichzeitig der Zeilencode Rn ausgegeben wird. Beim Multiplexverfahren besteht die Gefahr, daß beim Einschalten eine Stelle dauernd angesteuert wird oder daß die Anzeige im Betrieb stehen bleibt; der Dauerstrom könnte die Leuchtdioden zerstören. Da bei einem Reset die Ports zunächst als Eingang geschaltet und damit hochohmig sind, werden die Ausgänge P2.8 bis P2.11 (Auswahleingänge A bis D) mit Pull-Up-Widerständen auf High gehalten. Damit ist bis zum Anlaufen der Multiplexausgabe zunächst der Ausgang 15 ausgewählt, an den keine Ausgabe angeschlossen ist. Die Hauptprogrammschleife wählt über vier Schiebeschalter an den Eingängen P2.12 bis P2.15 das auszugebende Zeichen aus:

0000: Pfeil nach links

0001: Pfeil nach rechts

0010: drei Pfeile nach oben

0011: drei Pfeile nach unten

Alle anderen Codes sind nicht belegt und schalten die Anzeige dunkel.

C1 C2 C3 C4 C5 : C1 C2 C3 C4 C5 : C1 C2 C3 C4 C5   Leuchtdiode

R1 R2 R3 R4 R5 R6 R7

Ausgang: 0 1 2 3 4 : 5 6 7 8 9 : 10 11 12 13 14 (15)

Cx

BD 678 +5 Volt

1 kOhm

R1 R2 R3 R4 R5 R6 R7

C1 C2 C3 C4 C5 | C1 C2 C5

X

15 Treiberstufen mit BD 678

X

ULN 2804A
8 invertierende Treiber

0 1 2 3 4 5 6 14 15
74 LS 154   1-aus-16-Decoder
G1 G2   D   C   B   A

X P2.6 5 4 3 2 1 0

P2.11   P2.10   P2.9   P2.8

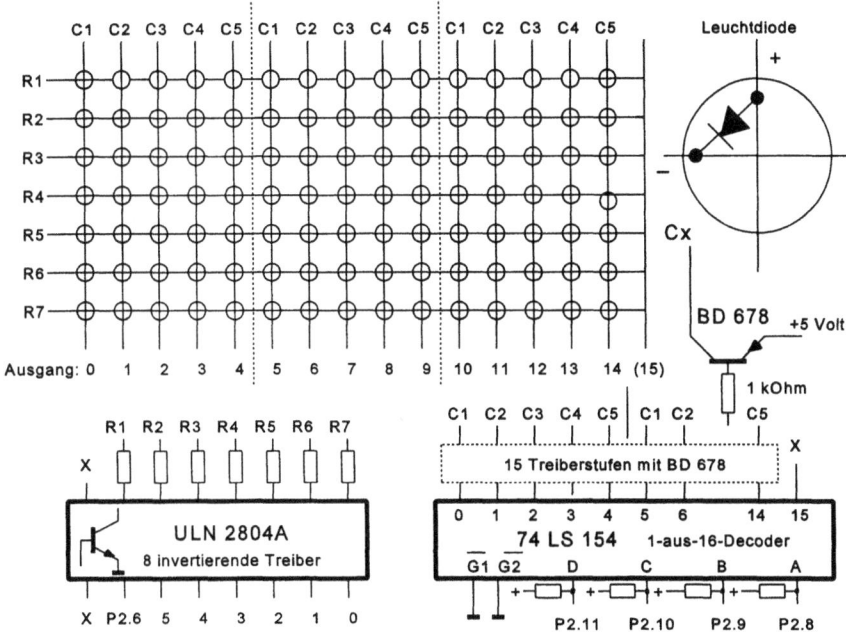

```
; k10b11.asm Bild 10-11: Multiplexanzeige für LED-Matrix
%target 167
%list
         ORG     T6INT         ; Timer_6-Interrupt-Einsprung
         jmp     multi         ; Interrupt-Service-Routine
         ORG     200H          ; Startprogramm
haupt    PROC    far           ; Hauptprogramm wählt Symbol aus
; Timer 6 schaltet jede ms Anzeige weiter
         mov     dp2,#0fffh    ; P2.15..12:Eingang  P2.11..0: Ausg.
         movb    stelle,ZEROS  ; Anzeigestelle = 0: links beginnend
         mov     T6,#5000      ; Faktor 5 000 * 0.2 = 1000 us=1 ms
         mov     CAPREL,#5000  ; Nachladewert
         mov     T6CON,#80c0h  ; Reload Down Run Timer Per. 0.2 us
         mov     T6IC,#44h     ; 01 0001 00 T6IE=1 ILVL=1 GLVL=0
         bset    IEN           ; alle Interrupts frei
loop:                          ; Symbol auswählen
         mov     r1,#dunkel    ; R1 = dunkel vorbesetzt
         mov     r0,p2         ; R0 = Eingabe x .....x
         shr     r0,#12        ; 0..0 Eingabe
         cmp     r0,#3         ; Symbole 0..3 ?
         jmpr    cc_ugt,aussen ; > 3: ausserhalb
         shl     r0,#1         ; Abstand * 2 wegen Wortadressen
         mov     r1,[r0+#richt]; Symboladresse laden
aussen:  mov     text,r1       ; Adresse für laufende Ausgabe
         jmp     loop          ; Abbruch mit RESET
haupt    ENDP                  ;

; multi =  jede ms eine neue Spalte der Anzeige ausgeben
multi    PROC    near
         push    r0            ; R0 retten
         push    r1            ; R1 retten
         movb    rh0,stelle    ; RH0 = Stelle 0..15
         movbz   r1,rh0        ; R1 = Abstand auf Ausgabe
         add     r1,text       ; + Adresse des laufenden Textes
         movb    rl0,[r1]      ; RL0 = Ausgabemuster
         mov     p2,r0         ; P2 <= Stelle | Muster
```

```
              addb    rh0,#1          ; RH0 = nächste Stelle
              cmpb    rh0,#14         ; Ende bei Stelle 14 ?
              jmpr    cc_ule,multi2   ; nein:
              movb    rh0,#0          ; ja: wieder zum Anfang 0
multi2:  movb    stelle,rh0      ; retten nach RAM
              pop     r1              ; R1 zurück
              pop     r0              ; R0 zurück
              reti                    ; zurück nach Unterbrechung
multi    ENDP                         ;
; Datenbereich
              EVEN                    ; Wortadressen geradzahlig
text     DW dunkel                    ; laufender Text vorbesetzt
richt    DW ausre                     ; 0 0 = 0 rechts
              DW ausli                ; 0 1 = 1 links
              DW ausob                ; 1 0 = 2 oben
              DW ausun                ; 1 1 = 3 unten   sonst dunkel
stelle   DB 0                         ; laufende Anzeigestelle von 0 bis 14
ausre    DB 8,8,8,8,8,8,8,8,8,8,8        ; Code für Linie
              DB 7fh,3eh,1ch,08h          ; Pfeil nach rechts
ausli    DB 08h,1ch,3eh,7fh             ; Pfeil nach links
              DB 8,8,8,8,8,8,8,8,8,8,8     ; Linie
ausob    DB 10h,30h,7fh,30h,10h        ; Pfeile nach oben
              DB 10h,30h,7fh,30h,10h      ;
              DB 10h,30h,7fh,30h,10h      ;
ausun    DB 4,6,7fh,6,4                 ; Pfeile nach unten
              DB 4,6,7fh,6,4              ;
              DB 4,6,7fh,6,4              ;
dunkel   DB 0,0,0,0,0,0,0,0,0,0,0,0,0,0,0 ; alles aus
              END
```

```c
/* k10b11.cBild 10-11: Multiplexanzeige fuer LED-Matrix   */
#include <reg167.h>
unsigned char stelle;                        // globale Daten
unsigned char index;                         // Symbolindex
// Codes [0][]:rechts [1][]:links [2][]:oben [3][]:unten [4][]:dunkel
unsigned char ausgabe[5][15] = {                       \
   { 8,8,8,8,8,8,8,8,8,8,8,0x7f,0x3e,0x1c,8 } , \
   { 8,0x1c,0x3e,0x7f,8,8,8,8,8,8,8,8,8 } , \
   { 0x10,0x30,0x7f,0x30,0x10,0x10,0x30,0x7f, \
      0x30,0x10,0x10,0x30,0x7f,0x30,0x10       } , \
   { 4,6,0x7f,6,4,4,6,0x7f,6,4,4,6,0x7f,6,4 } , \
   { 0,0,0,0,0,0,0,0,0,0,0,0,0,0,0           } } ;   // Zeichentabellen

// multi = jede ms eine neue Stelle der Anzeige ausgeben
void multi(void) interrupt 0x26            // Timer_6 Interrupt
{
 P2 = (stelle << 8) | ausgabe[index][stelle];  // Symbol Stelle Code
 stelle++;                                 // naechste Stelle
 if(stelle > 14) stelle = 0;               // nur 15 Stellen
}

int main(void)
{
 unsigned char auswahl;
 DP2 = 0x0fff;                        // P2.15..12:Ein  P2.11..0: Aus
 index = 4;                           // Anzeige dunkel
 stelle = 0;                          // Anzeige = 0: links beginnend
// Timer 6 schaltet jede ms Anzeige weiter
 T6 = 5000;                           // Faktor 5 000*0.2 = 1000 us = 1 ms
 CAPREL = 5000;                       // Nachladewert
 T6CON = 0x80c0;                      // Reload Down Run Timer Per 0.2 us
 T6IC = 0x44;                         // 01 0001 00 T6IE=1 ILVL=1 GLVL=0
 IEN = 1;                             // alle Interrupts frei
 while(1)                             // Abbruch mit RESET
```

```
{
  auswahl = P2 >> 12;              // Auswahl Symbol mit P2.15 .. P2.12
  if (auswahl > 3) index = 4; else index = auswahl;
}
  return 0;                        // kommt nie bis hierher
}
```

Bild 10-11: Ansteuerung einer Leuchtdiodenmatrix (Assembler und C)

Die Matrix läßt sich zu einem Ausgabefeld erweitern. Zur Auswahl weiterer 15 Spaltenelemente wäre ein zweiter Decoder erforderlich, der zeitlich parallel zum ersten Decoder arbeiten muß, wenn man das Tastverhältnis von 1:15 beibehalten will. Zusätzliche Zeilenelemente könnten mit dem vorhandenen Decoder angesteuert werden. Die Dimensionierung der Treiberstufen und der Versorgungsspannung der Anzeige sind abhängig von der gewünschten Helligkeit. In der Versuchsschaltung liefert ein Leistungstransistor BD 678 (max. 4 A) den Spaltenstrom für max. 7 Leuchtdioden, ein Leistungstreiber ULN 2804A (max. 0.5 A) nimmt den Strom einer Leuchtdiode auf.

Wesentlich stromsparender sind *LCD-Anzeige*n (Liquid Crystal Display = Flüssigkristallanzeigen), bei denen meist die Anschlüsse der Segmente einzeln herausgeführt sind. Sie werden oft zusammen mit Meßwerterfassungs- und Ansteuerschaltungen oder sogar als komplette *Anzeigeeinheit* mit integriertem Datenspeicher, Zeichengenerator, Multiplexlogik und Treibern geliefert. Das Beispiel *Bild 10-12* zeigt eine Einheit LTN 211R-10 aus zwei Zeilen zu je 16 Zeichen am Port P7. Jedes Zeichen wird durch eine 5x7-Punktmatrix dargestellt, eine achte Zeile gibt den Cursor aus. Mit ihrer Busschnittstelle läßt sie sich als Peripherieeinheit an den Systembus des Controllers anschließen. Das Beispiel erzeugt die Steuersignale am Port P7 durch das Programm. Die Anschlüsse haben folgende Bedeutung:
Signal E (Enable): Speicherung der Busleitungen mit fallender Flanke von E
Signal R/W (Read/Write): Low: Daten bzw. Kommando schreiben, High: Zustand lesen
Signal RS (Register Select): Low: Kommando übertragen, High: Daten übertragen
D0 bis D7: Busleitungen für Daten und Kommandos (4-bit Betrieb nur D4 bis D7).

Die folgende Tabelle zeigt die verwendeten Kommandos im 4-bit Betrieb. Für weitergehende Anwendungen und insbesondere für die Initialisierungs- und Zeitbedingungen sollten die Unterlagen des Herstellers herangezogen werden.

Kommando	D7	D6	D5	D4	D3	D2	D1	D0	Hexa
8-bit-Betrieb (3 x für Reset)	0	0	1	1	x	x	x	x	3xh
4-bit-Betrieb (1 x für Reset)	0	0	1	0	x	x	x	x	2xh
Funktion 4-bit 2 Zeilen 5x7	0	0	1	0	1	0	0	0	28h
Display ein, Cursor ein	0	0	0	0	1	1	1	0	0Eh
Display löschen	0	0	0	0	0	0	0	1	01h
Cursor home (links oben)	0	0	0	0	0	0	1	0	02h
Cursor pos. auf Adresse x....x	1	x	x	x	x	x	x	x	80h+x

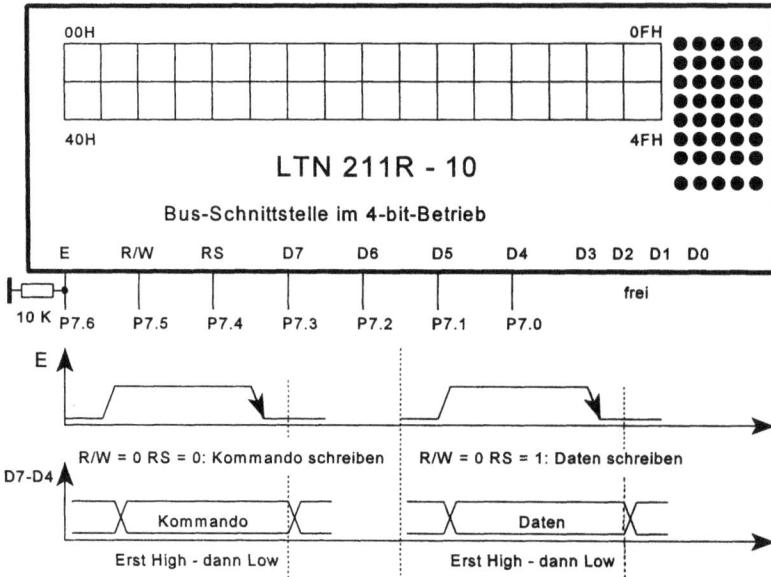

```
; k10b12.asm Bild 10-12: LCD-Modul mit 2 Zeilen je 16 Stellen
; Konsoleingabe auf der LCD-Anzeige ausgeben      Ende mit ESC
%target 167
%list
         ORG    200H
haupt    PROC   far
         call   lcdinit        ; LCD-Anzeige initialisieren
loop:    call   getche         ; RL0 <= Konsolzeichen
         cmpb   rl0,#1bh       ; ESC = Ende ?
         jmpr   cc_eq,ende     ; ja
         movb   rh0,#10h       ; Maske Daten
         call   lcdaus         ; RL0 = Daten auf LCD ausgeben
; Cursorkontrolle
         movb   rl0,curpos     ; RL0 = Cursorposition
         addb   rl0,#1         ; +1  = nächste Position
         movb   curpos,rl0     ; speichern
         cmpb   rl0,#16        ; Ende der 1. Zeile ?
         jmpr   cc_ult,loop    ;   kleiner: Schleife
         jmpr   cc_ne,loop0    ; ungleich: 2. Zeile testen
         call   warte          ;
         movb   rh0,#00h       ; Maske Kommando
         movb   rl0,#0c0h      ; Kommando 80h | Adresse 40h
         call   lcdaus         ; Adresse 40h einstellen
         jmpr   loop           ; Schleife
loop0:   cmpb   rl0,#32        ; Ende der 2. Zeile ?
         jmpr   cc_ule,loop    ; nein:
loop1:   call   warte          ;
         movb   rh0,#00h       ; Maske Kommando
         movb   rl0,#02h       ; Cursor home
         call   lcdaus         ;
         call   warte          ; vor neuem Kommando
         movb   rl0,#01h       ; Display löschen
         call   lcdaus         ;
         call   warte          ;
         movb   curpos,ZEROS   ; Cursorposition ist wieder 0
         jmp    loop           ; Testschleife
```

```
ende:    rets                         ;
haupt    ENDP
; ldcinit: LCD-Anzeige LTN 211R-10 initialisieren
lcdinit PROC    near                  ; ohne Parameter
         push   r0                    ; R0 retten
         push   r8                    ; R8 retten
         mov    p7,#0                 ; P7=0: E=0 R/W=0 RS=0
         mov    dp7,#0ffh             ; P7 ist Ausgabe
         mov    r8,#initdat           ; R8 = Adresse Funktionstabelle
         movb   rh0,#00h              ; RH0 = 0000 0000 Kommando-Maske
lcdinit1:
         movb   rl0,[r8+]             ; RL0 = Kommando
         cmpb   rl0,#0ffh             ; Endemarke ?
         jmpr   cc_eq,lcdinit2        ; ja: fertig
         call   lcdaus                ; Kommando ausgeben
         call   warte                 ; ca. 2.5 ms warten
         jmpr   lcdinit1              ; nächstes Kommando
lcdinit2:
         movb   curpos,ZEROS          ; Cursorposion = 0
         pop    r8                    ; R8 zurück
         pop    r0                    ; R0 zurück
         ret                          ;
lcdinit ENDP                          ;
; lcdaus: RL0 auf LCD ausgeben Maske RH0 00h=Kommando 10h=Daten
lcdaus   PROC    near
         push   r1                    ; R1 retten
         mov    r1,#0                 ; R1 = 0000 0000 0000 0000
         movb   rl1,rl0               ; R1 = 0000 0000 High Low
         shr    r1,#4                 ; R1 = 0000 0000 0000 High
         orb    rl1,rh0               ; R1 = 0000 0000 000x High Maske
         mov    p7,r1                 ; RS und 4-bit-Daten High
         bset   p7.6                  ; E = High
         nop                          ; Freigabeimpuls
         bclr   p7.6                  ; E = Low
         movb   rl1,rl0               ; R1 = 0000 0000 High Low
         andb   rl1,#0fh              ; R1 = 0000 0000 0000 Low
         orb    rl1,rh0               ; R1 = 0000 0000 000x High Maske
         mov    p7,r1                 ; RS und 4-bit-Daten Low
         bset   p7.6                  ; E = High
         nop                          ; Freigabeimpuls
         bclr   p7.6                  ; E = Low
         pop    r1                    ; R1 zurück
         ret                          ;
lcdaus   ENDP                         ;
; warte = unfeines Warteprogramm für Kommandos
warte    PROC
         push   r2                    ; R2 retten
         mov    r2,#5000              ; für ca. 2.5 ms
warte1: sub     r2,#1                 ; Zähler - 1
         jmpr   cc_ne,warte1          ; bis Zähler == 0
         pop    r2                    ; R2 zurück
warte    ENDP
%include "conio.asm"                  ; für Konsoleingabe
curpos   DB     0                     ; Zähler für laufende Cursorposition
; Daten für Initialisierung der LCD-Anzeige Endemarke ist 0ffh
initdat DB 33h           ; 0011 0011   8-bit  8-bit
         DB 32h           ; 0011 0010   8-bit  4-bit
         DB 28h           ; 0010 1000   Function: 4-bit 2 Zeilen  5x7
         DB 0eh           ; 0000 1111   Displ. on cursor on nicht blinken
         DB 02h           ; 0000 0010   Cursor home
         DB 01h           ; 0000 0001   Diplay löschen
         DB 0ffh          ; 1111 1111   Endemarke der Daten
         END
```

```
/* k10b12.c Bild 10-12: LCD-Modul mit 2 Zeilen je 16 Stellen */
/* Konsoleingabe auf der LCD-Anzeige ausgeben    Ende mit ESC */
#include <reg167.h>
#include "conio.c"                // fuer Konsoleingabe
#define  NINI 7
sbit p76 = P7^6;                  // P7.6 = E-Signal
unsigned char curpos;             // laufende Cursorposition
unsigned char initdat [NINI] = {0x33,0x32,0x28,0x0e,0x02,0x01,0xff};
// warte = unfeines Warteprogramm fuer Kommandos
void warte (void)
{
 unsigned int i; for (i=0; i<5000; i++);  // verschleudert die Zeit
}
// lcdaus: Byte auf LCD ausgeben Maske 0x00=Kommando 0x10=Daten
void lcdaus (unsigned char maske, unsigned char daten)
{
 P7 = maske | (daten >> 4);       // 000x 0000 | High
 p76 = 1;                         // E = 1
 p76 = 0;                         // E = 0
 P7 = maske | (daten & 0x0f);     // 000x 0000 | Low
 p76 = 1;                         // E = 1
 p76 = 0;                         // E = 0
}
// ldcinit: LCD-Anzeige LTN 211R-10 initialisieren
void lcdinit (void)
{
 unsigned char i;
 P7 = 0;                          // P7=0: E=0 R/W=0 RS=0
 DP7= 0x0ff;                      // P7 ist Ausgabe
 i = 0;
 while (initdat[i] != 0xff)       // Kommandos ausgeben bis Endemarke
 {
  lcdaus(0x00, initdat[i++]); warte();    // Kommandomaske,Kommando
 }
 curpos = 0;
}


int main(void)                    // Hauptfunktion
{
 unsigned int z;                  // Hilfvariable Konsolzeichen
 lcdinit();                       // LCD-Anzeige initialisieren
 while (1)                        // Ende mit ESC = 0x1b
 {
  z = getche();                   // z <= Konsolzeichen
  if(z == 0x1b) break;            // ESC = Ende
  lcdaus(0x10, z);                // Datenmaske,Daten ausgeben
  curpos++;                       // naechste Cursorposition
  if (curpos == 16) { warte();
  lcdaus(0x00, 0xc0); }           // -> 2.Zeile
  if (curpos == 32)               // -> 1. Zeile
  {
   warte(); lcdaus(0x00, 0x02);   // Cursor home
   warte(); lcdaus(0x00, 0x01);   // Display loeschen
   curpos = 0;                    // Position ist wieder 0
  }
 }
 return 0;                        // zurueck nach System
}
```

Bild 10-12: Ausgabe von Zeichen auf einem LCD-Modul (Assembler und C)

10.4 Eingabe-Einheiten

Nach dem Reset sind alle Portleitungen als Eingang geschaltet; die Richtungsregister DPx enthalten die Richtungsbits 0 (Abschnitte 2.6 und 10.2). Die Bewertung der Eingangspegel erfolgt standardmäßig (PICON = 00H) entsprechend der TTL-Logikfamilie: *Eingang < 0.9 Volt = Low; Eingang > 1.9 Volt = High*. Die Ports P2, P3, P7 und P8 können durch Programmieren von PICON auf CMOS-ähnliche Pegel eingestellt werden: *Eingang < 2.0 Volt = Low; Eingang > 3.8 Volt = High*. Die Eingänge sind hochohmig; die Eingangsströme liegen unter 1 µA und belasten die am Eingang angeschlossenen Schaltungen nur gering. Offene (unbeschaltete) Eingänge nehmen ein undefiniertes und wechselndes Potential an und sollten daher mit Schutzwiderständen fest auf High oder Low gelegt werden. Im Gegensatz dazu werden offene TTL-Eingänge als High bewertet. *Bild 10-13* zeigt die Eingabe von digitalen Signalen mit einzelnen Schaltern und Tastern. Alle Angaben sind Richtwerte, die in der praktischen Anwendung den tatsächlichen Gegebenheiten angepaßt werden müssen.

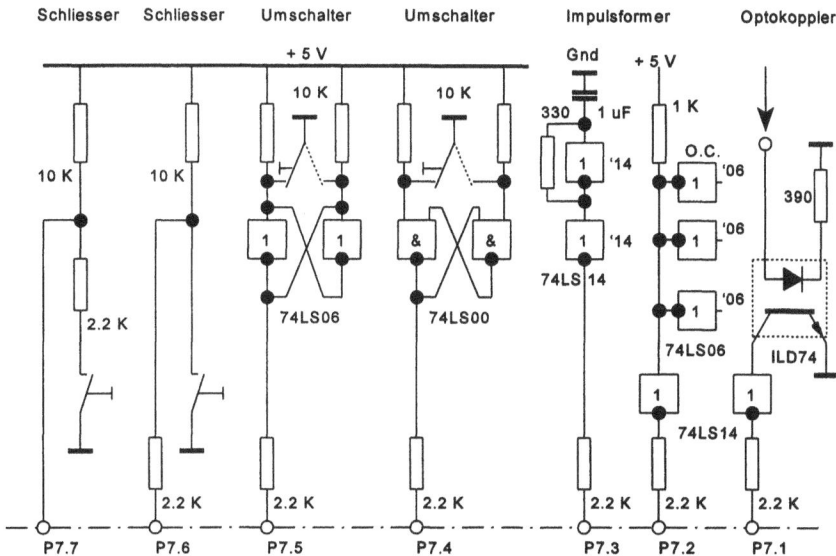

Bild 10-13: Die Eingabe von Signalen mit Schaltern und Tastern

Gegen Überlastungen, die unter normalen Betriebsbedingungen auftreten, sind die Porteingänge mit internen Schutzschaltungen gesichert. Für den Fall, daß ein Eingang versehentlich als Ausgang betrieben wird, baut man oft zusätzliche Schutzwiderstände von z.B. 2.2 kΩ in den Eingangskreis ein, um den Strom zu begrenzen. Einfache Kippschalter oder Taster wie z.B. die Schließer an P7.7 und P7.6 neigen zu Prellungen (Bild 4-43 bzw. Bild 4-49), die sich durch Wartezeiten von ca. 1 bis 5 ms (Programmschleife oder Timer) unterdrücken lassen. Für Interruptsignale verwendet man oft Entprellschaltungen wie z.B. RS-Flipflops an P7.5 und P7.4 oder besondere integrierte Schaltungen. Digitale Eingangssignale geringer Anstiegszeit oder mit Schwankungen zwischen dem Low- und dem High-Pegel lassen sich mit Schmitt-Trigger-Schaltungen stabilisieren. Die an P7.3 liegende Oszillatorschaltung erzeugt durch Laden bzw. Entladen eines Kondensators eine "unsaubere" Frequenz von ca. 2 kHz, die durch einen Schmitt-Trigger-Negierer 74LS14 in ein "sauberes" Rechtecksignal umgeformt wird. Dies läßt sich auch bei der Zusammenschaltung von Offenen-Kollektor-Ausgängen (Beispiel an P7.2) verwenden. Der Betrieb mit Signalquellen anderer oder störungsbehafteter Erdpotentiale erfordert eine galvanische Trennung mit Optokopplern (Beispiel an P7.1), die sich auch in umgekehrter Richtung für die potentialmäßige Trennung von Ausgangssignalen verwenden lassen.

In der in Bild 10-13 dargestellten Anordnung ist für eine Taste jeweils eine Portleitung erforderlich. Der Aufwand läßt sich durch Tastaturen verringern, bei denen die Tasten in den Kreuzungspunkten von Zeilen- und Spaltenleitungen angeordnet sind. *Bild 10-14* zeigt als Beispiel eine **Tastaturmatrix** aus vier Zeilen und drei Spalten mit 12 Tastern, die vier Portausgänge und drei Porteingänge benötigt. Die Beispielprogramme geben nur den augenblicklichen *Zustand* der Tastatur auf der Konsole aus. Eine weitergehende Auswertung müßte die Flanken beim Betätigen und Lösen der Tasten erfassen.

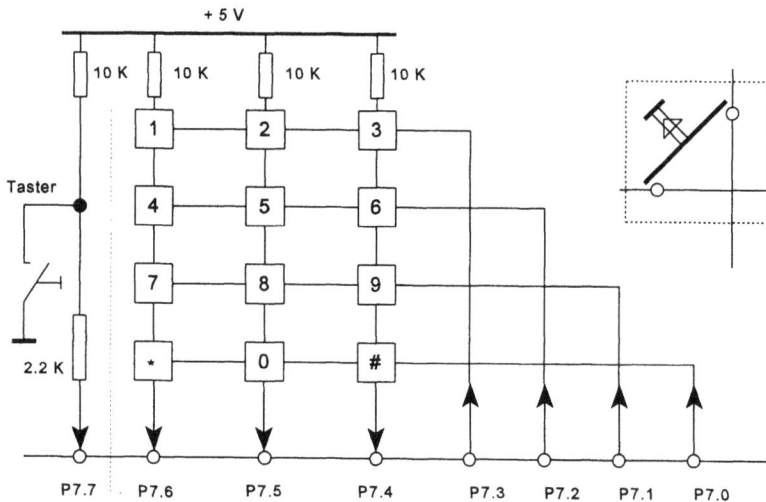

```
; k10b14.asm Bild 10-14: Tastatur 4 Zeilen 3 Spalten abfragen
%target 167                     ; Ende mit P7.7 = Low
%list
        ORG     200H            ; Hauptprogramm
haupt   PROC    far             ;
        mov     DP7,#0fh        ; 00001111 P7.7-P7.4:ein P7.3-P7.0:aus
loop:   jnb     p7.7,ende       ; Schleifenkontrolle mit P7.7
        call    taste           ; RL0 <= Tastaturabfrage
        cmpb    rl0,#0          ; RL0 testen
        jmpr    cc_z,loop       ; == 0: keine Taste
        call    putch           ; != 0: ASCII-Code nach Konsole
        jmp     loop            ; Abbruch der Schleife mit P7.7
ende:   rets                    ; zurück nach System
haupt   ENDP                    ;
; Unterprogramm liefert Tastencode des Tastaturzustandes zurück
; RL0 = 0: keine Taste, sonst RL0 = ASCII-Code der Taste
taste   PROC
        push    r1              ; R1 retten
        push    r8              ; R8 retten
```

```
          push     r9              ; R9 retten
          movb     rh1,rh0         ; RH1 = gerettetes RH0
          mov      r8,#zeil        ; R8 = Tabelle der Zeilenausgabe
          mov      r9,#ctab        ; R9 = Tabelle der ASCII-Codes
; Zeilen nacheinander auf Low legen mit Tabellenwerten
taste1:   movb     rl0,[r8+]       ; RL0 = Ausgabecode aus Tabelle
          jmpr     cc_z,taste4     ; Endemarke: keine Taste gedrückt
          mov      p7,r0           ; Zeile  P7.3..P7.0 auf Low
          mov      r0,p7           ; Spalte P7.6..P7.4 rücklesen
          bclr     r0.7            ; P7.7 = R0.7 nicht angeschlossen
          movb     rh0,rl0         ; RH0 = Eingabe nur zum testen
          andb     rh0,#70h        ; 0111 0000 Maske: nur Spalten
          cmpb     rh0,#70h        ; alle Spalteneingänge High ?
          jmpr     cc_eq,taste1    ; ja: keine Zeilen-Taste gedrückt
; Taste gedrückt: auf ASCII umcodieren
taste2:   movb     rh0,[r9+]       ; RH0 = Eingabewert aus Codetabelle
          jmpr     cc_z,taste4     ; Ende der Tabelle: Code nicht erkannt
          cmpb     rl0,rh0         ; Eingabewert - Eingabecode aus Tab.
          jmpr     cc_eq,taste3    ; gleich: Code gefunden
          add      r9,#1           ; ungleich: nächster Eintrag
          jmpr     taste2          ; weiter suchen
taste3:   movb     rl0,[r9]        ; RL0 = ASCII-Code aus Tabelle
          jmpr     taste5          ; zurück
taste4:   movb     rl0,#0          ; RL0=0: keine Taste oder nicht erk.
taste5:   movb     rh0,rh1         ; RH0 wieder zurück
          pop      r9              ; R9 zurück
          pop      r8              ; R8 zurück
          pop      r1              ; R1 zurück
          ret                      ; Rücksprung RL0 = Ergebnis
taste     ENDP
%include "conio.asm"               ; Konsol-Unterprogramme
; Datenbereich für Tabellen mit Endemarke 0
zeil  DB   0eh,0dh,09h,07h,0          ; 4 Zeilen Ausgabe + Endemarke
ctab  DB   3eh,'*',5eh,'0',6eh,'#',3dh,'7',5dh,'8',6dh,'9'   ; nach
      DB   3bh,'4',5bh,'5',6bh,'6',37h,'1',57h,'2',67h,'3',0 ; ASCII
      END
```

```c
/* k10b14.c Bild 10-14: Tastatur 4 Zeilen 3 Spalten abfragen */
#include <reg167.h>
#include "conio.c"                 // Konsolfunktionen
sbit lauf = P7^7;                  // Laufkontrolle mit P7.7
// Ergebnis == 0 keine Taste, sonst Ergebnis = ASCII-Code der Taste
unsigned char taste(void)
{
  unsigned int i = 0, j = 0;       // Indexvariablen mit Anfangswerte 0
  unsigned char rueck, code = 0;            // Ergebnis mit 0 vorbesetzt
  // Datenbereich fuer Tabellen mit Endemarke 0
  unsigned char zeil [5] = { 0x0e,0x0d,0x09,0x07,0 }; // Ausgabe-Code
  unsigned char ctab [25] =                                          \
  { 0x3e,'*',0x5e,'0',0x6e,'#',0x3d,'7',0x5d,'8',0x6d,'9',           \
    0x3b,'4',0x5b,'5',0x6b,'6',0x37,'1',0x57,'2',0x67,'3',0 };
// Zeilen nacheinander auf Low legen mit Tabellenwerten
  while (zeil[i] != 0)             // Schleife fuer Zeilen-Ausgabe-Codes
  {
    P7 = zeil[i++];                // Zeile auf Low
    rueck = P7 & 0x7f;             // Spalte ruecklesen P7.7 ausblenden
    if ((rueck & 0x70) != 0x70)    // Taste gedrueckt: nach ASCII
    {
      while (ctab[j] != 0)         // Schleife fuer Code -> ASCII
      {
        if (rueck == ctab[j++]) { code = ctab[j]; break; }    // gefunden
        j++;                       // nicht gefunden: weiter
      }
      break;                       // Ende der Zeilen-Schleife
```

```
  }
 }
 return code;                         // Rueckgabewert
}

int main (void)                      // Hauptfunktion als Testschleife
{
 unsigned char z;                    // Hilfsvariable fuer Tastencode
 DP7 = 0x0f;                         // Richt: P7.7-P7.4:ein P7.3-P7.0:aus
 while(lauf)                         // solange P7.7 High
 {
  z = taste();                       // z = Tastaturabfrage
  if (z != 0) putch(z);             // Zeichen ausgeben
 }
 return 0;                          // zurueck nach System
}
```

Bild 10-14: Zustand einer Tastatur (Assembler und C)

Für die Ansteuerung der Zeilenleitungen und die Auswertung der Spalten werden Tabellen verwendet. Die Codes der Ausgabetabelle `zeil` enthalten in der Bitposition eine 0, in der eine Zeilenleitung auf Low gelegt wird. Ist eine Taste dieser Zeile gedrückt, so erscheint auf der entsprechenden Spaltenleitung ebenfalls ein Low. Sind beim Rücklesen alle Spalten High, so wurde keine Taste betätigt. Anderenfalls findet eine Umcodierung in den ASCII-Code mit der Tabelle **ctab** statt. *Tabellenaufbau:*

P7.7	P7.6	P7.5	P7.4	P7.3	P7.2	P7.1	P7.0	Code	Taste
x	1	1	1	x	x	x	x	7xH	*keine*
x	0	1	1	1	1	1	0	3EH	*
x	1	0	1	1	1	1	0	5EH	0
x	1	1	0	1	1	1	0	6EH	#
x	0	1	1	1	1	0	1	3DH	7
x	1	0	1	1	1	0	1	5DH	8
x	1	1	0	1	1	0	1	6DH	9
x	0	1	1	1	0	1	1	3BH	4
x	1	0	1	1	0	1	1	5BH	5
x	1	1	0	1	0	1	1	6BH	6
x	0	1	1	0	1	1	1	37H	1
x	1	0	1	0	1	1	1	57H	2
x	1	1	0	0	1	1	1	67H	3

Die Tastatur wird in dem Beispiel im Abfragemodus (Polling) betrieben und benötigt keine zusätzlichen Bausteine für die Ansteuerung der Matrix. Bei der Auswahl der Zeilen ist nur eine Leitung Low, die anderen sind High. Verwendet man anstelle der vier Ausgänge einen externen 1-aus-4-Decoderbaustein, so reduziert sich der Aufwand auf zwei Leitungen. Ebenso liessen sich die drei Spalteneingänge durch Verwendung eines 4-zu-2-Encoderbausteins auf zwei Leitungen verringern; zusätzlich könnte dann noch eine vierte Spalte angeschlossen werden. Encoder liefern an ihren Ausgängen die Nr. des auf Low liegenden Eingangs als Dualzahl. Für den Fall, daß mehrere Eingänge gleichzeitig Low sind, hat der höherwertige Eingang die höhere Priorität. Die Schaltung *Bild 10-15* zeigt einen 8-zu-3-Encoder 74LS148 mit acht Eingängen, drei dualen Ausgängen A0 bis A2 mit der (invertierten) dualen Codierung des auf Low liegenden Eingangs und dem Ausgang GS, der auf Low liegt, wenn mindestens einer der Eingänge Low ist. Dieser Baustein liefert die Nummer der auf Low liegenden Zeile als invertierte Dualzahl. Ein 1-aus-16-Decoder 74LS154 wählt eine von 16 Spalten aus. Von den möglichen 8 x 16 = 128 Tasten sind in der untersuchten Tastatur nur 50 Tasten besetzt. Sie wird im *Multiplexverfahren* alle 26 ms abgetastet.

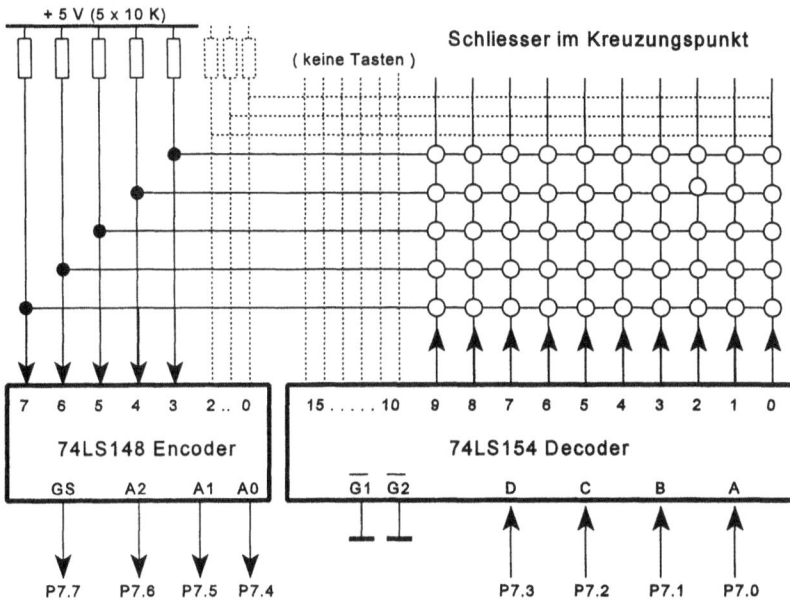

```
; k10b15.asm Bild 10-15: Abtastung einer 5 x 10 Tastatur-Matrix
%target 167                     ; Ende mit P2.0 = Low
%list
          ORG       T3INT       ; Interrupt Timer_3 alle 26 ms
          jmp       taste       ; Spalten nacheinander auf Low legen
          ORG       200H        ; Hauptprogramm
haupt     PROC      far         ;
          mov       DP7,#0fh    ; P7.7-P7.4:ein    P7.3-P7.0:aus
          mov       p7,#0fh     ; Spalte 15 nicht angeschlossen
          mov       T3CON,#40h  ; 00000 0 0 0 1 000 000 T3R = 1
          mov       T3IC,#44h   ; 0 1 0001 00 T3IE=1 ILVL=1 GLVL=0
          bset      IEN         ; alle Interrupts frei
; Hauptprogramm - Test - Schleife
loop:     jnb       p2.0,ende   ; Schleifenkontrolle mit P2.0
          movb      rl0,puff    ; RL0 <= Pufferspeicher
          cmpb      rl0,#0      ; RL0 testen
          jmpr      cc_z,loop   ; == 0: keine Taste
          movb      puff,ZEROS  ; != 0: Puffermarke löschen
          call      putch       ;   und  ASCII-Code nach Konsole
```

```
          jmp     loop              ; Abbruch der Schleife mit P2.0
ende:     bclr    IEN               ; alle Interrupts wieder gesperrt
          rets                      ; zurück nach System
haupt     ENDP
; Interruptprogramm tastet Matrix alle 26 ms ab
taste     PROC                      ; Einsprung von Timer_3
          jnb     p7.7,taste4       ; Taste immer noch gedrückt
          push    r0                ; R0 retten
          push    r1                ; R1 retten
          mov     r0,#0             ; R0 = Zähler und Spalten-Nr.
taste1:   mov     p7,r0             ; R0 -> Spalte auf Low
          jb      p7.7,taste2       ; P7.7 = GS = High: keine Taste
          mov     r0,p7             ; Tastencode rücklesen
          and     r0,#7fh           ; 0111 1111 maskieren
          movb    rl0,[r0+#code]    ; direkter Tabellenzugriff
          movb    puff,rl0          ; nach Übergabepuffer
          jmp     taste3            ; Spalte bleibt bis Taste gelöst
taste2:   add     r0,#1             ; keine Taste: nächste Spalte
          cmp     r0,#16            ; < 16 ?
          jmpr    cc_ult,taste1     ; ja: bis #15 = nicht angeschlossen
taste3:   pop     r1                ; R1 zurück
          pop     r0                ; R0 zurück
taste4:   reti                      ; Rücksprung
taste     ENDP                      ;
%include "conio.asm"                ; Unterprogramme für Konsolausgabe
; Datenbereich
puff      DB  0                     ; Pufferbyte für Tastencode
code      DB  ' -.,ZYXWVU******'    ; Zeile 7  Spalte 0 bis 9
          DB  'TSRQPONMLK******'    ; Zeile 6
          DB  'JIHGFEDCBA******'    ; Zeile 5
          DB  '=)(/&%$§"!******'    ; Zeile 4
          DB  '0987654321******'    ; Zeile 3
          DB  '****************'    ; Zeile 2 bis 0  Spalte 10 bis 15
          DB  '****************'    ; nicht belegt
          DB  '****************'    ; * als Fehlermarke
          END                       ; Ende des Quelltextes
```

```c
/* k10b15.c Bild 10-15: Abtastung einer 5 x 10 Tastatur-Matrix */
#include <reg167.h>
#include "conio.c"                // fuer putch = Konsolausgabe
sbit lauf = P2^0;                 // Abbruch mit P2.0 = Low
sbit p77 = P7^7;                  // GS-Ausgang: eine Taste gedrueckt
unsigned char puff;               // Pufferbyte fuer Tastencode
int main(void)                    // Hauptfunktion
{
 DP7 = 0x0f;                      // P7.7-P7.4:ein  P7.3-P7.0:aus
 P7 = 0x0f;                       // Spalte 15 nicht angeschlossen
 T3CON = 0x40;                    // T3: 00000 0 0 0 0 1 000 000 T3R=1
 T3IC = 0x44;                     // 0 1 0001 00 T3IE=1 ILVL=1 GLVL=0
 IEN = 1;                         // alle Interrupts frei
// Haupt - Test - Schleife
while (lauf)                      // solange P2.0 High
{
 if (puff != 0) { putch(puff); puff = 0; }     // Zeichen ausgeben
}
IEN = 0;                          // Ende: alle Interrupts gesperrt
return 0;                         // zurueck nach System
}
// Interruptprogramm tastet Matrix alle 26 ms ab
void taste(void) interrupt 0x23 // Timer_3 Interruptprogramm
{
 unsigned char i;
```

```
unsigned char code[128] =
    { " -.,ZYXWVU******"        \
      "TSRQPONMLK******"        \
      "JIHGFEDCBA******"        \
      "=)(/&%$§?!******"        \
      "0987654321******"        \
      "****************"        \
      "****************"        \
      "****************" };      // * als Fehlermarke
if (p77)                        // nur wenn P7.7 = GS = High
{
  for (i=0; i<16; i++)          // fuer Spalte 0 .. 15
  {
    P7 = i;                     // Spalten-Nr. ausgeben
    if(~p77)                    // P7.7 = GS = Low: Taste gedrueckt
    {
      puff = code [P7 & 0x7f];  // direkter Tabellenzugriff
      break;                    // Spalte bleibt bis Taste geloest
    }
  }
}
```

Bild 10-15: Timergesteuerte Abtastung einer Tastatur (Assembler und C)

Die Tastatur wird - gesteuert von einem Timer-Interrupt - alle 26 ms abgetastet. Der Code einer Taste setzt sich zusammen aus der Zeilennummer (vom Encoder) und der Spaltennummer (vom Decoder). Er wird mit einer Tabelle im direkten Zugriff in ein Zeichen umgesetzt und auf der Konsole ausgegeben. Die Tabelle enthält in den nicht besetzten Positionen einen Stern.

Bei der Eingabe von Daten und Kommandos müssen *Fehler* des Benutzers erkannt und mit Fehlermeldungen abgefangen werden. Ein Beispiel wäre die Eingabe eines nicht vereinbarten Kennbuchstabens über eine Tastatur, mit der mehrere Funktionen eines Gerätes ausgewählt werden sollen. Als Fehlermeldungen können die in *Bild 10-16* dargestellten **Blinksignale** einer Leuchtdiode oder eine **Tonfrequenzausgabe** mit einem Lautsprecher verwendet werden. Als Treiber dient der Baustein ULN2804A, der acht Darlington-Transistoren für max. 500 mA enthält. Das Ein- bzw. Ausschalten der Fehlermeldungen geschieht durch Programmieren der Richtungsbits.

Der Timer T3 liefert zusammen mit dem Timer T2 im Reload-Betrieb jede Millisekunde einen Interrupt, der den Lautsprecherausgang P2.1 *umschaltet* und damit eine Frequenz von 500 Hz (T = 2 ms) erzeugt. Ein Softwareteiler *durch 100* in der Variablen zaehl schaltet den LED-Ausgang P2.0 mit einer Frequenz von 5 Hz (T = 200 ms) um. Beide Frequenzen stehen in den Datenflipflops des Ports P2 dauernd zur Verfügung, die beiden Richtungsbits bestimmen, ob sie auch auf den Portausgängen P2.0 bzw. P2.1 ausgegeben werden. Für DP2.0 bzw. DP2.1 gleich 0, dem Anfangszustand nach Reset, sind die Leitungen Eingänge, und die Signale sind abgeschaltet. Zum Einschalten der Fehlermeldungen werden lediglich die Richtungsbits DP2.0 bzw. DP2.1 auf 1 gesetzt, um die Frequenzen auszugeben und damit die Fehlermeldungen zu aktivieren. Eine andere Lösung würde den Timer T3 mit dem Bit T3R sperren bzw. freigeben. Das Hauptprogramm schaltet die beiden Signale mit Bitoperationen von den Eingabeschaltern P7.0 bzw. P7.1 ein und aus. Der Eingang P7.7 dient der Laufkontrolle des Programms.

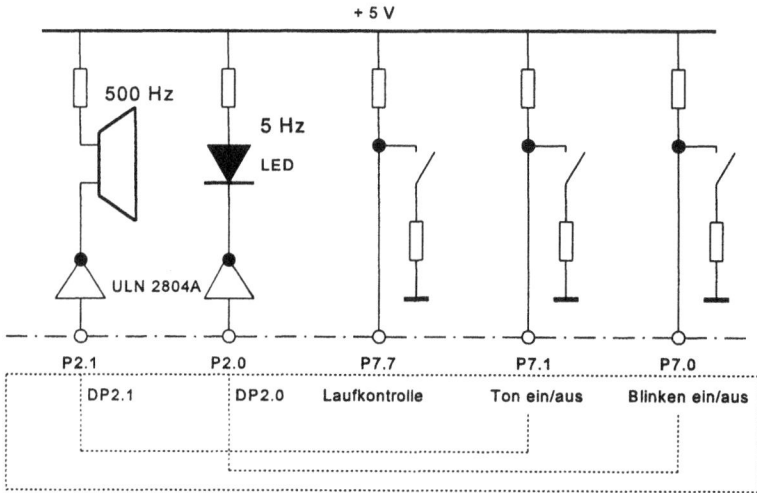

```
; k10b16.asm Bild 10-16: Blinksignal und Hupe mit Timer_3
; P2.0: Leuchtdiode 5 Hz    P2.1: Lautsprecher 500 Hz
; f=500 Hz T=2 ms T/2=10 000 000 ns : 4 000 ns = 2500 Teiler
%target 167
%list
        ORG     T3INT           ; Einsprung Timer_3-Interrupt
        jmp     blink           ; nach blinken und hupen
        ORG     200H            ; Hauptprogramm
haupt   PROC    far
        mov     DP2,#0          ; 0000 0000 P2.0 und P2.1 Eingang
        mov     T2,#2500        ; T2 Nachladewert 1 ms
        mov     T3,#2500        ; T3 Anfangswert  1 ms
        mov     T2CON,#27h      ; 00000 00000 100 111 T2=Reload
        mov     T3CON,#0c0h     ; 0000000 1 1 000 000 ab T3R=1 :8
        mov     T3IC,#44h       ; 0 1 0001 00 T3IE=1 ILVL=1 GLVL=1
        bset    IEN             ; alle Interrupts frei
loop:   jnb     p7.7,ende       ; Schleifenkontrolle mit P7.7
        bmov    dp2.0,p7.0      ; LED ein/aus <- Schalter
        bmov    dp2.1,p7.1      ; Lautsprecher ein/aus <- Schalter
        jmp     loop            ; Testschleife
ende:   bclr    IEN             ; alle Interrupts gesperrt
        mov     T3CON,#0        ; Timer_3 aus
        mov     T3IC,#0         ; Interrupt Timer_3 aus
        rets                    ; zurück nach System
haupt   ENDP
; jede ms umschalten: T/2=1 ms T=2 ms f_p2.1=500 Hz f_p2.0=5 Hz
blink   PROC    near
        push    r0              ; R0 retten
        bmovn   p2.1,p2.1       ; Lautsprecher umschalten 500 Hz
        movb    r0,zaehl        ; Zähler laden
        addb    r0,#1           ; Zähler + 1
        cmpb    r0,#100         ; schon bei Faktor 100 ?
        jmpr    cc_ule,blink1   ; nein: weiter
        movb    rl0,#0          ;    ja: Zähler löschen
        bmovn   p2.0,p2.0       ; LED umschalten 5 Hz
blink1: movb    zaehl,r0        ; Zähler zurück
        pop     r0              ; R0 zurück
        reti                    ; zurück nach Hauptprogramm
blink   ENDP                    ;
```

```
; Datenbereich für Zähler
zaehl   DB      0                   ; Zählvariable
        END
```

```c
/* k10b16.c  Bild 10-16: Blinksignal und Hupe mit Timer_3 */
// P2.0: Leuchtdiode 5 Hz    P2.1: Lautsprecher 500 Hz
// f=500 Hz T=2 ms T/2=10 000 000 ns : 4 000 ns = 2500 Teiler
#include <reg167.h>
#include "conio.c"
sbit lauf = P7^7;               // Laufkontrolle mit P7.7
sbit p70  = P7^0;               // Kontrolle Blink-LED
sbit p71  = P7^1;               // Kontrolle Lautsprecher
sbit dp20 = DP2^0;              // Richtung Blink-LED (ein/aus)
sbit p20  = P2^0;               // Ausgangssignal fuer Blink-LED
sbit dp21 = DP2^1;              // Richtung Lautsprecher (ein/aus)
sbit p21  = P2^1;               // Ausgangssignal fuer Lautsprecher
unsigned char zaehl=0;          // globale statische Zaehlvariable

int main(void)
{
  DP2 = 0;                      // P2.0 P2.1 Eingang LED und Hupe aus
  T2 = 2500;                    // T2 Nachladewert 1 ms
  T3 = 2500;                    // T3 Anfangswert  1 ms
  T2CON = 0x27;                 // 00000 00000 100 111 T2=Reload
  T3CON = 0x0c0;                // 0000000 1 1 000 000 ab T3R=1 :8
  T3IC = 0x44;                  // 0 1 0001 00 T3IE=1 ILVL=1 GLVL=1
  IEN = 1;                      // alle Interrupts frei
  while(lauf)                   // Abbruch mit P7.7 = Low
  {
    dp20 = p70;                 // LED ein/aus <- Schalter P7.0
    dp21 = p71;                 // Lautspr. ein/aus <- Schalter P7.1
  }
  IEN = 0;                      // alle Interrupts gesperrt
  T3CON = 0;                    // Timer_3 aus
  T3IC = 0;                     // Interrupt Timer_3 aus
  return 0;                     // zurueck nach System
}

// jede ms umschalten: T/2=1 ms T=2 ms f_p2.1=500 Hz f_p2.0=5 Hz
void blink(void) interrupt 0x23 // Timer_3 Interrupt
{
// zaehl ist eine globale statische Zaehlvariable
  p21 = ~p21;                        // Lautsprecher umschalten 500 Hz
  if(zaehl++ >= 100) {zaehl = 0; p20 = ~p20; }    // LED umschalten
}
```

Bild 10-16: Blinksignal und Hupe als Fehlermeldungen (Assembler und C)

Für besondere Anwendungen können auch PC-Tastaturen und PC-Mäuse über die seriellen Schnittstellen angeschlossen werden. Sie sind relativ preiswert und in ihrer Funktionsweise gut dokumentiert.

10.5 Sensoren

Digitale Sensoren wie z.B. Endkontakte melden, ob bei einer Bewegung eine bestimmte Position erreicht wird oder nicht. In den Beispielen der Kapitel 4 bis 7 wurden Kippschalter und Taster zur Eingabe von digitalen Signalen verwendet. Dabei können durch mechanische Schwingungen der Kontakte *Prellungen* (Bild 4-33) auftreten, die nicht eine, sondern mehrere Flanken hervorbringen. Sie wurden im Beispiel Bild 4-43 aufgezeichnet und auf der Konsole dargestellt. Für die Auslösung von Interruptflanken mußten daher die Umschalter entsprechend Bild 10-13 (P7.5 und P7.4) durch RS-Flipflops entprellt werden.

Als berührungslose Näherungssensoren verwendet man oft *Reedkontakte*. Sie bestehen aus magnetischen Kontaktzungen in einem abgeschlossenen Gehäuse. Bei der Annäherung eines Dauermagneten im Abstand von ca. 1 bis 5 mm werden die Kontakte betätigt; sie prellen sowohl beim Schliessen als auch beim Öffnen. *Bild 10-17* zeigt den Einsatz eines Reedkontaktes, mit dessen Hilfe Pendelschwingungen gezählt wurden. Eine Hohlkugel von 40 mm Durchmesser aus Stahl wurde an einem ca. 1 m langen Faden in Pendelschwingungen versetzt. Ein unten befestigter Dauermagnet betätigte einen Reedkontakt, der etwa alle 700 ms einen 100 bis 300 ms langen Low-Impuls an P7.7 zur Auslösung eines Interrupts lieferte. Die Prellzeit an beiden Flanken betrug maximal 1 ms. Sie wurde mit einem Speicheroszilloskop aufgezeichnet.

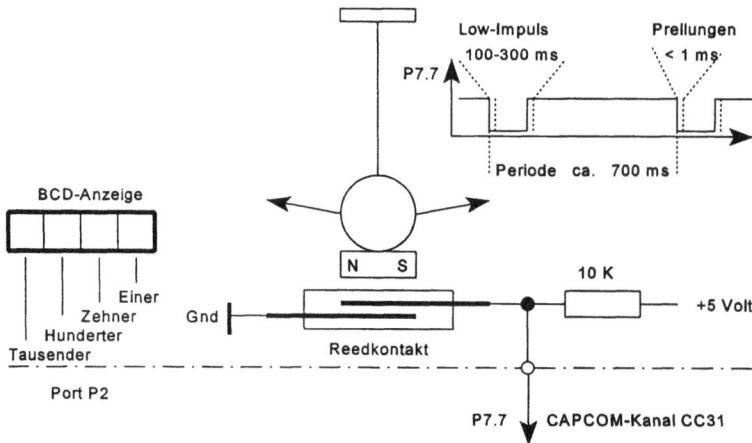

```
; k10b17.asm Bild 10-17: BCD-Zähler Flanken eines Reed-Kontaktes
; Reed-Kontakt an P7.7 löst Interrupt aus   Laufkontrolle mit P7.0
%target 167
%list
CC31IC   EQU     0f194h        ; Interrupt-Register P7.7
         ORG     118h          ; Einsprung P7.7-Interrupt
         jmp     flank         ;
         ORG     200h          ; Hauptprogramm
haupt    PROC
         mov     DP2,#0ffffh   ; Port P2 ist Ausgang
         mov     P2,#0         ; Anzeige löschen
         mov     zaehl,ZEROS   ; Flankenzähler löschen
         or      CCM7,#2000h   ; P7.7 fallende Flanke
         mov     r0,#44h       ; 0 1 0001 00 P7.7 frei ILVL=1 GLVL=0
```

```
            mov      CC31IC,r0        ; P7.7 Interrupt frei
            bset     IEN              ; alle Interrupts frei
loop:       jb       P7.0,loop        ; Laufkontrolle
            bclr     IEN              ; alle Interrupts wieder gesperrt
            rets                      ; zurück nach System
haupt       ENDP
; Interrupt-Service-Programm BCD-Zähler 0000 bis 9999 auf P2 ausgeben
flank       PROC
            push     r0               ;
            mov      r0,zaehl         ; R0 <= dualer Zähler
            add      r0,#1            ; + 1 dual
            cmp      r0,#10000        ; < 10 000 ?
            jmpr     cc_ult,flank1    ; ja
            mov      r0,#0            ; beginne wieder bei 0
flank1:     mov      zaehl,r0         ; wieder zurück
            call     dubcd            ; R0 <= BCD umgewandelt
            mov      P2,r0            ; P2 <= und BCD T H Z E ausgeben
            mov      r0,#10           ; 10 * 33 ms
            call     warte            ; warten zum Entprellen
            mov      r0,CC31IC        ; weitere Flanke
            bclr     r0.7             ; in CC31IR
            mov      CC31IC,r0        ; gelöscht
            pop      r0               ;
            reti                      ; zurück von Interrupt
flank       ENDP
; Unterprogramm rechnet R0 (dual) -> R0 (BCD T H Z E)
dubcd       PROC
            push     PSW              ; Register retten
            push     r1               ;
            push     r2               ;
            push     MDH              ;
            push     MDL              ;
            mov      MDL,r0           ; MDL <= Dividend dual
            mov      r2,#10           ; R2 <= Divisor 10
            xor      r0,r0            ; R0 <= 0000 vorbesetzt
            mov      r1,#4            ; R1 <= Zähler 4 Stellen
dubcd1:     divu     r2               ; MDL <= Quotient MDL / 10
            or       r0,MDH           ; R0 <= Rest = BCD-Stelle einbauen
            ror      r0,#4            ; und schieben
            sub      r1,#1            ; R1 <= Durchlaufzähler vermindern
            jmpr     cc_nz,dubcd1     ; bis alle BCD-Stellen erreicht
dubcde:     pop      MDL              ; Register zurück
            pop      MDH              ;
            pop      r2               ;
            pop      r1               ;
            pop      PSW              ;
            ret                       ;
dubcd       ENDP
; Unterprogramm wartet Faktor * 33 ms in R0
warte       PROC
            push     r0               ;
            push     r1               ;
warte1:     mov      r1,#65535        ; ca. 33 ms
warte2:     cmpd1    r1,#0            ;
            jmpr     cc_ne,warte2     ;
            cmpd1    r0,#0            ;
            jmpr     cc_ne,warte1     ;
            pop      r1               ;
            pop      r0               ;
            ret                       ;
warte       ENDP
; Daten
            EVEN                      ; gerade Wortadressen
zaehl       DS       2                ; Flankenzähler
            END
```

```
/* k10b17.c Bild 10-17: BCD-Zaehler Flanken eines Reed-Kontaktes    */
/* Reed-Kontakt an P7.7 loest Interrupt aus  Laufkontrolle mit P7.0 */
#include <reg167.h>
sbit   lauf = P7^0;              // Laufkontrolle
unsigned int zaehl;             // globaler Flankenzaehler

// Funktion wartet Faktor * 33 ms
void warte (unsigned int fakt)
{
 unsigned int i, j;             // unfeine Warteschleife
 for (i=1; i<=fakt; i++) for (j=0; j<=65535; j++);
}

// Unterprogramm rechnet x (dual) ->  dubcd (BCD T H Z E)
unsigned int dubcd (unsigned int x)
{                               // Parameter x ist dual
 unsigned int taus, hund, zehn, ein, aus;
 ein = x % 10;                  // Einer
 zehn = (x / 10) % 10;          // Zehner
 hund = (x / 100) % 10;         // Hunderter
 taus = x / 1000;               // Tausender
 aus = (taus << 12) | (hund << 8) | (zehn << 4) | ein; // T H Z E
 return aus;                    // Rueckgabe als BCD-Zahl
}

// Interrupt-Programm BCD-Zaehler 0000 bis 9999 auf P2 ausgeben
void flank (void) interrupt 0x46  // P7.7 Interrupt
{
 zaehl++;                          // Zaehler + 1
 if (zaehl == 10000) zaehl = 0;    // mod 10 000
 P2 = dubcd(zaehl);                // BCD ausgeben
 warte(10);                        // entprelle 10 * 33 ms
 CC31IC = CC31IC & 0xff7f;         // CC31IR loeschen
}

int main(void)
{
 DP2 = 0xffff;                     // Port P2 ist Ausgang
 P2 = 0;                           // Anzeige loeschen
 zaehl = 0;                        // Flankenzaehler loeschen
 CCM7 = CCM7 | 0x2000;             // P7.7 fallende Flanke
 CC31IC = 0x44;                    // 0 1 0001 00 P7.7  ILVL=1 GLVL=0
 IEN = 1;                          // alle Interrupts frei
 while (lauf);                     // Laufkontrolle
 IEN = 0;                          // alle Interrupts wieder gesperrt
 return 0;                         // zurueck nach System
}
```

Bild 10-17: BCD-Zählung von Pendelschwingungen (Assembler und C)

Bei den ersten orientierenden Messungen wurden bei einem Vorbeifliegen der Kugel bis zu 10 fallende Flanken erkannt und gezählt. Die Wartezeit von ca. 330 ms zum Entprellen des Kontaktes wurde so gewählt, daß nach der ersten fallenden Flanke der Rest des Impulses übergangen wird. Danach mußte das Anforderungsbit IR im Interrupt-Steuerregister CC31IC gelöscht werden, das nach der Annahme des Interrupts noch eine weitere, durch Prellungen entstandene Flanke gespeichert hatte, die einen erneuten Interrupt ausgelöst hätte. Die Darstellung des Zählers auf der vierstelligen dezimalen Anzeige (Bild 10-8) am Port P2 erforderte eine Dual-Dezimalumwandlung mit einem Unterprogramm. Die Programmierung einer BCD-Arithmetik erwies sich als wesentlich aufwendiger.

Analoge Sensoren liefern Meßwerte für physikalische Größen wie z.B. Temperatur, Helligkeit, Feuchte oder Druck. Bei *passiven* Fühlern ergibt sich eine Änderung ihres ohmschen, induktiven oder kapazitiven Widerstandes wie z.B. bei einem temperatur- abhängigen Widerstand. *Aktive* Fühler liefern eine der physikalischen Größe entspre- chende Spannung oder einen Strom wie z.B. Fotoelemente oder Thermoelemente. Für die Digitalisierung der analogen elektrischen Spannung verwendet man vorwiegend die in Kapitel 8 beschriebenen Analog/Digitalwandler. Hochintegrierte *Meßwertaufnehmer* liefern eine der Meßgröße entsprechende Frequenz oder direkt den dualen bzw. BCD- codierten Meßwert.

Temperatursensoren ändern ihren ohmschen Widerstand mit der Temperatur. Bei einem Heissleiter (NTC = Negativer Temperatur Coeffizient) nimmt der Widerstand mit steigender Temperatur ab, bei einem Kaltleiter (PTC = Positiver Temperatur Coeffi- zient) nimmt er mit steigender Temperatur zu. Das Beispiel *Bild 10-18* zeigt eine Versuchsanordnung, die eine Widerstandsänderung mit einem *Analog/Digitalwandler* in eine Temperaturanzeige umsetzt. Alle Angaben sind nur Richtwerte, die den verwen- deten Bauteilen angepaßt werden müssen. Der Widerstand des Meßfühlers liegt je nach Bauform und Temperatur etwa zwischen 1 und 20 KΩ. Der Vorwiderstand Rv stellt den Strom ein, der bei einigen Bauformen vorgegeben ist. Der Parallelwiderstand Rp soll die Kennlinie linearisieren. Bei einer Messung der am Fühlerwiderstand anliegenden Spannung, in dem Beispiel mit dem Analogkanal 0, wird von dem verfügbaren Meßbereich nur ein Teil von ca. 0.5 bis 2.0 Volt ausgenutzt. Er kann mit einer Ver- stärkerschaltung auf 0 bis 5 Volt angehoben und verschoben werden. Der Operations- verstärker müßte dann mit zwei genügend großen Spannungen, z.B. mit -10 und +10 Volt, betrieben werden. Die verwendete Schaltung lieferte jedoch nur den Bereich von etwa 0.6 bis 3.6 Volt, der mit dem Analogkanal 1 gemessen wurde. Mit den beiden Potentiometern wurden bei den Versuchen die Verschiebung und die Verstärkung dem untersuchten Meßfühler angepaßt, in Anwendungen werden Festwiderstände verwendet. Die Kalibrierung der Anordnung erfolgte mit dem Thermofühler eines Multimeters, der zusammen mit dem Meßwiderstand in ein Wasserbad gesteckt wurde.

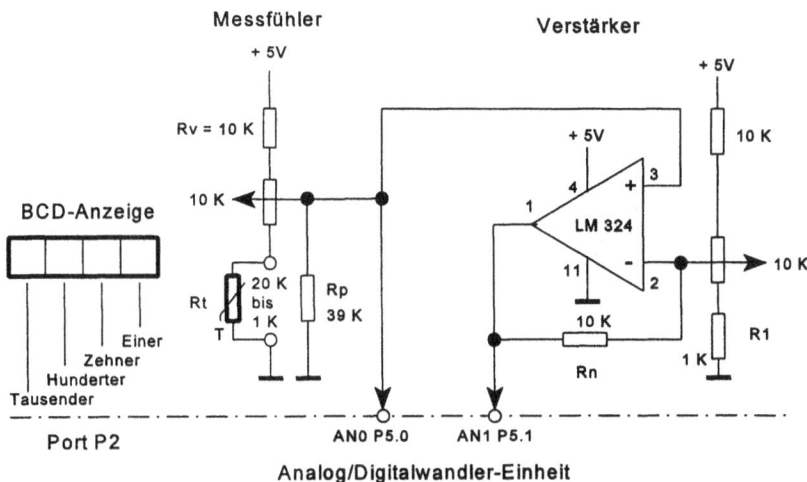

Analog/Digitalwandler-Einheit

```
; k10b18.asm  Bild 10-18: Thermofühler mit analoger Spannungsmessung
; Kanal_0: Fühler Ue    Kanal_1: Verstärker Ua    P7.7: Laufkontrolle
%target 167
%list
           ORG     200h          ; Hauptprogramm
haupt   PROC
           mov     DP2,#0ffffh   ; Port P2 ist Ausgang
           mov     P2,#0         ; Anzeige löschen
           mov     DP7,#0fh      ; 0000 7.7-7.4: ein  1111 7.3-7.0: aus
           mov     P7,#0         ; P7 löschen
loop:
; 10-bit Werte analog-> digital umsetzen
           mov     r0,#0         ; Fühler Ue Kanal_0
           call    mess          ; R0 Ue = Wert am Messfühler
           mov     r3,r0         ; R3 <= Wert am Messfühler
           mov     r0,#1         ; Verstärker Ua Kanal_1
           call    mess          ; R0 = Ua = Wert am Verstärkerausgang
           mov     r4,r0         ; R4 <= Wert am Verstärkerausgang
; 10-bit Wert am Messfühler 0..1023 LED P7.0 für 3.3 sek ein
           bset    P7.0          ; P7.0 LED ein: Ue
           mov     r0,r3         ; R0 <= Ue = Wert am Messfühler Kanal_0
           call    dubcd         ; nach BCD
           mov     P2,r0         ; Wert am Messfühler ausgeben
           call    warte         ; ca. 3.3 sek
           bclr    P7.0          ; P7.0 LED aus
; 10-bit -> 8-bit Temperatur aus Tabelle LED P7.1 für 3.3 sek ein
           bset    P7.1          ; P7.1 LED ein: Temperatur
           shr     r3,#2         ; R3 10-bit Wert -> 8-bit wegen Tabelle
           movb    rl0,[r3+#tab] ; RL0 <= direkter Tabellenzugriff
           movb    rh0,#0        ; High-Teil löschen
           call    dubcd         ; nach BCD
           mov     P2,r0         ; Temperatur ausgeben
           call    warte         ; ca. 3.3 sek
           bclr    P7.1          ; P7.1 LED aus
; Ua-Wert 0..1023 -> Ua-Spannung 0..5000 mV LED P7.2 für 3.3 sek ein
           bset    P7.2          ; P7.2 LED ein: Temperatur
           mov     r1,#5000      ; Faktor
           mulu    r4,r1         ; Wert auf 5000 mV umrechnen
           mov     r1,#1024      ; Spannung = Wert * 5000 / 1024
           divlu   r1            ; Rest bleibt unberücksichtigt
           mov     r0,MDL        ; R0 <= Quotient 0..5000 mV
           call    dubcd         ; nach BCD
           mov     P2,r0         ; Spannung am Verstärkerausgang
           call    warte         ; ca. 3.3 sek
           bclr    P7.2          ; P7.2 LED aus
           jb      P7.7,loop     ; Laufkontrolle mit P7.7
           rets                  ; zurück nach System
haupt   ENDP
; Unterprogramm wandelt Werte R0 = Kanal_Nr.   R0 <= Dualwert
mess    PROC                     ; Bereich 0..1023
           or      r0,#0f080h    ; Einmalwandlung Kanal_x
           mov     ADCON,r0      ; starten
mess1:  jnb     ADCIR,mess1   ; warte auf Ende der Wandlung
           bclr    ADCIR         ; Flag löschen
           mov     r0,ADDAT      ; Wert lesen
           and     r0,#03ffh     ; Kanal ausblenden
           ret                   ; Rückgabe in R0
mess    ENDP
; Unterprogramm rechnet R0 (dual) -> R0 (BCD) T  H  Z  E
dubcd   PROC
           push    PSW           ; Register retten
           push    r1            ;
           push    r2            ;
           push    MDH           ;
           push    MDL           ;
```

```
              mov      MDL,r0          ; MDL <= Dividend dual
              mov      r2,#10          ; R2 <= Divisor 10
              xor      r0,r0           ; R0 <= 0000 vorbesetzt
              mov      r1,#4           ; R1 <= Zähler 4 Stellen
dubcd1: divu         r2              ; MDL <= Quotient MDL / 10
              or       r0,MDH          ; R0 <= Rest = BCD-Stelle einbauen
              ror      r0,#4           ; und schieben
              sub      r1,#1           ; R1 <= Durchlaufzähler vermindern
              jmpr     cc_nz,dubcd1    ; bis alle BCD-Stellen erreicht
dubcde: pop         MDL             ; Register zurück
              pop      MDH             ;
              pop      r2              ;
              pop      r1              ;
              pop      PSW             ;
              ret                      ;
dubcd   ENDP                     ;
; Unterprogramm wartet ca. 3.3 sek
warte   PROC                     ;
              push     r0              ;
              push     r1              ;
              mov      r0,#100         ; Faktor 100
warte1: mov          r1,#65535       ; ca. 33 ms
warte2: cmpd1        r1,#0
              jmpr     cc_ne,warte2    ;
              cmpd1    r0,#0           ;
              jmpr     cc_ne,warte1    ;
              pop      r1              ;
              pop      r0              ;
              ret                      ;
warte   ENDP
; Tabelle für 256 Ausgabewerte der Temperatur
tab     DB           0,0,0,0,1,1,1,1,2,2,2,2,3,3,3,3
        DB           4,4,4,4,5,5,5,5,6,6,6,6,7,7,7,7
        DB           8,8,8,8,9,9,9,10,10,10,10,11,11,11,11
        DB           12,12,12,12,13,13,13,13,14,14,14,14,15,15,15,15
        DB           16,16,16,16,17,17,17,17,18,18,18,18,19,19,19,19
        DB           20,20,20,20,21,21,21,21,22,22,22,22,23,23,23,23
        DB           24,24,24,24,25,25,25,25,26,26,26,26,27,27,27,27
        DB           28,28,28,28,29,29,29,29,30,30,30,30,31,31,31,31
        DB           32,32,32,32,33,33,33,33,34,34,34,34,35,35,35,35
        DB           36,36,36,36,37,37,37,37,38,38,38,38,39,39,39,39
        DB           40,40,40,40,41,41,41,41,42,42,42,42,43,43,43,43
        DB           44,44,44,44,45,45,45,45,46,46,46,46,47,47,47,47
        DB           48,48,48,48,49,49,49,49,50,50,50,50,51,51,51,51
        DB           52,52,52,52,53,53,53,53,54,54,54,54,55,55,55,55
        DB           56,56,56,56,57,57,57,57,58,58,58,58,59,59,59,59
        DB           60,60,60,60,61,61,61,61,62,62,62,62,63,63,63,63
        END
```

```c
/* k10b18.c Bild 10-18: Thermofuehler mit analoger Spannungsmessung */
/* Kanal_0: Fuehler Ue  Kanal_1: Verstaerker Ua   P7.7: Laufkont.   */
#include <reg167.h>
sbit lauf = P7^7;                 // Laufkontrolle mit P7.7
sbit ledwert = P7^0;              // LED fuer Messwert
sbit ledtemp = P7^1;              // LED fuer Temperatur
sbit ledvers = P7^2;              // LED fuer Verstaerkerausgang
// Tabelle fuer 256 Ausgabewerte der Temperatur lineare Teilung
unsigned char tab [256] = {                                  \
 0,0,0,0,1,1,1,1,2,2,2,2,3,3,3,3,                            \
 4,4,4,4,5,5,5,5,6,6,6,6,7,7,7,7,                            \
 8,8,8,8,9,9,9,10,10,10,10,11,11,11,11,                      \
 12,12,12,12,13,13,13,13,14,14,14,14,15,15,15,15,            \
 16,16,16,16,17,17,17,17,18,18,18,18,19,19,19,19,            \
 20,20,20,20,21,21,21,21,22,22,22,22,23,23,23,23,            \
```

```
24,24,24,24,25,25,25,25,26,26,26,26,27,27,27,27, \
28,28,28,28,29,29,29,29,30,30,30,30,31,31,31,31, \
32,32,32,32,33,33,33,33,34,34,34,34,35,35,35,35, \
36,36,36,36,37,37,37,37,38,38,38,38,39,39,39,39, \
40,40,40,40,41,41,41,41,42,42,42,42,43,43,43,43, \
44,44,44,44,45,45,45,45,46,46,46,46,47,47,47,47, \
48,48,48,48,49,49,49,49,50,50,50,50,51,51,51,51, \
52,52,52,52,53,53,53,53,54,54,54,54,55,55,55,55, \
56,56,56,56,57,57,57,57,58,58,58,58,59,59,59,59, \
60,60,60,60,61,61,61,61,62,62,62,62,63,63,63,63 };

// wandelt Analog = Kanal_Nr. Ergebnis <= Dualwert 0..1023
unsigned int mess(unsigned int kanal)
{
 ADCON = 0xf080 | kanal;       // Einmalwandlung Kanal_x
 while(!ADCIR);                // warte auf Ende der Wandlung
 ADCIR = 0;                    // Flag loeschen
 return ADDAT & 0x3ff;         // Kanal ausblenden
}


// Funktion wandelt dualen Parameter 0..9999 nach BCD als Ergebnis
unsigned int dubcd (unsigned int x)
{                              // Parameter x ist dual
 unsigned int taus, hund, zehn, ein, aus;
 ein = x % 10;                 // Einer
 zehn = (x / 10) % 10;         // Zehner
 hund = (x / 100) % 10;        // Hunderter
 taus = x / 1000;             // Tausender
 aus = (taus << 12) | (hund << 8) | (zehn << 4) | ein; // T H Z E
 return aus;                   // Rueckgabe als BCD-Zahl
}

// Funktion wartet ca. 3.3 sek (3.3 * 525000 aus Bild 4-37)
void warte(void)
{
 unsigned long x;
 for (x = 0; x < 1732500; x++);
}


int main(void)
{
 unsigned int uein, uaus;      // Messwerte Fuehler und Verstaerker
 unsigned long spannung;       // 32-bit Spannung fuer Skalenfaktor
 DP2 = 0x0ffff;                // Port P2 ist Ausgang
 P2 = 0;                       // Anzeige loeschen
 DP7 = 0x0f;                   // 0000 P7.7-7.4:ein 1111 P7.3-7.0:aus
 P7 = 0;                       // P7 loeschen
 while(lauf)                   // solange P7.7 High
 {
// 10-bit Werte analog-> digital umsetzen
  uein = mess(0);              // Messwert von Kanal_0
  uaus = mess(1);              // Messwert von Kanal_1
// 10-bit Wert am Messfuehler 0..1023 LED P7.0 fuer 3.3 sek ein
  ledwert = 1;                 // P7.0 LED ein: Wert Ue
  P2 = dubcd(uein);            // BCD-Ausgabe Wert Messfuehler
  warte();                     // ca. 3.3 sek warten
  ledwert = 0;                 // P7.0 LED aus
// 10-bit -> 8-bit Temperatur aus Tabelle LED P7.1 fuer 3.3 sek ein
  ledtemp = 1;                 // P7.1 LED ein: Temperatur
  P2 = dubcd(tab[uein>>2]);    // Index = 10-bit -> 8-bit
  warte();                     // ca. 3.3 sek warten
  ledtemp = 0;                 // P7.1 LED aus
// Ua-Wert 0..1023 -> Ua-Spannung 0..5000 mV LED P7.2 fuer 3.3 sek ein
  ledvers = 1;                 // P7.2 LED ein: Temperatur
```

```
spannung = ((unsigned long) uaus * 5000) / 1024; // -> 0..5000 mV
P2 = dubcd(spannung);        // reduziert auf Wort
warte();                     // ca. 3.3 sek warten
ledvers = 0;                 // P7.2 LED aus
}                            // Laufkontrolle mit P7.7
return 0;                    // zurueck nach System
}
```

Bild 10-18: Thermofühler mit analoger Spannungmessung (Assembler und C)

Der digitalisierte Meßwert muß in einen *Temperaturwert* umgesetzt werden. Für lineare bzw. schaltungstechnisch linearisierte Kennlinien ergibt sich ein konstanter Umrechnungsfaktor. Bei einem Fühler mit PTC-Verhalten ist der Widerstand proportional zur Temperatur; der Meßwert wird mit der Konstanten multipliziert. Bei NTC-Verhalten sind die Werte umgekehrt proportional, und die Konstante wird durch den Meßwert dividiert. Negative Temperaturen sind besonders zu berücksichtigen. Bei nichtlinearen Kennlinien wird die Temperatur einer Tabelle entnommen. Die Programme reduzieren für den direkten Zugriff auf 256 Temperaturen den Meßwert auf 8 bit. Sie geben für Einstellzwecke drei Werte nacheinander auf einer BCD-Anzeige aus:
- den 10-bit Meßwert der am Fühler gemessenen Spannung ,
- die damit einer Tabelle entnommene Temperatur in Grad und
- die am Ausgang des Verstärkers gemessene Spannung in der Einheit Millivolt.

Das in *Bild 10-19* dargestellte Verfahren der *Widerstands/Frequenzumsetzung* benutzt den Meßwiderstand als frequenzbestimmende Größe in einer Oszillatorschaltung, die mit einem Timerbaustein vom Typ "555" realisiert wurde. Mit den gewählten Bauteilen ergibt sich für einen Meßwiderstand von Rt = 6 kΩ eine Ausgangsfrequenz von:

$$f = \frac{1.44}{(R1 + 2{*}Rt) {*} C} = \frac{1.44}{(1 + 2{*}6){*}10^3 {*} 0.1 {*} 10^{-6}} = 1.1 \text{ kHz}$$

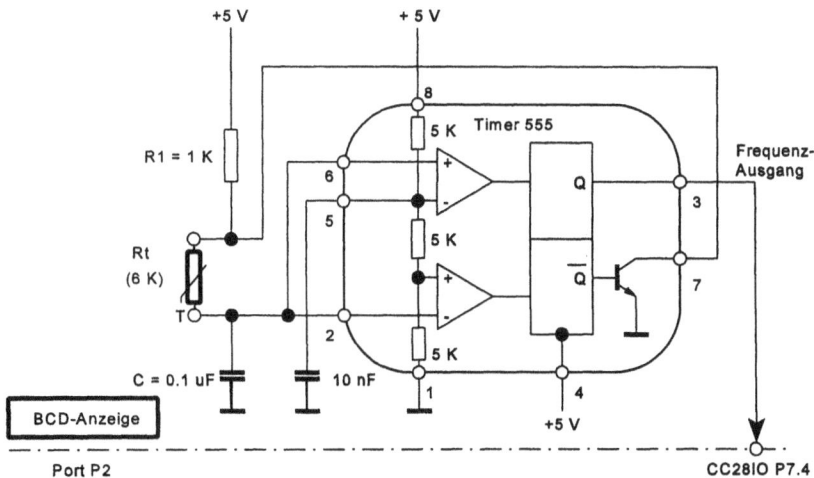

```
; k10b19.asm Bild 10-19: Thermofühler Widerstands/Frequenzumsetzung
; P7.7: Lauf  P7.4 (CC28): Frequenzeingang  Anzeigen: P7.2 P7.1 P7.0
%target 167
%list
faktor   EQU    175           ; Temperatur <= faktor * Frequenz
CC28INT  EQU    0f0h          ; Vektor #3Ch
         ORG    CC28INT       ; Einsprung für CC28 P7.4
         jmp    messen        ;
         ORG    200h          ; Hauptprogramm
haupt    PROC
         mov    DP2,#0ffffh   ; Port P2 ist Ausgang
         mov    P2,#0         ; Anzeige löschen
         mov    DP7,#0fh      ; Port P7.7-P7.4:Ein   P7.3-P7.0 aus
         mov    P7,#0         ; Port P7 löschen
         mov    zaehl,ZEROS   ; Taktzähler Anfangswert
; Interrupt für Periodenmessung vorbereiten
         extr   #2            ; nimm ESFR für 2 Befehle
         mov    T8REL,#0      ; T8 Nachladewert ESFR
         mov    T8,#0         ; T8 Anfangswert  ESFR
         or     T78CON,#4000h ; T8    0 1 00 0 000 00000000  2.5 MHz
         or     CCM7,#000ah   ; CC28 000 000 000 1 010 T8 fall.Fl.
         extr   #1            ; nimm ESFR für nächsten Befehl
         mov    CC28IC,#0044h ; CC28 00000000 0 1 0001 00 Int. frei
         bset   IEN           ; alle Interrupts frei
; 16-bit Messwert = Zähler ausgeben zur Kontrolle  für 3.3 sek
loop:    bset   P7.0          ; LED P7.0 an: Messwert
         mov    r0,mwert      ; R0 <= laufender Messwert
         mov    awert,r0      ; awert <= Ausgabewert
         call   dubcd         ; nach BCD
         mov    P2,r0         ; ausgeben
         call   warte         ; 3.3 sek warten
         bclr   P7.0          ; LED P7.0 aus
; Periodendauer auf Frequenz umrechnen und ausgeben für 3.3 sek
         bset   P7.1          ; LED P7.1 an: Frequenz
         mov    r0,#2500      ; f = 2500 * 1000 / Periodendauer [Hz]
         mov    r1,#1000      ;
         mulu   r0,r1         ; MD = 2 500 000 us
         mov    r0,awert      ; R0 = Ausgabe Messwert Perioden
         divlu  r0            ; MDL = Quotient
         mov    r0,MDL        ; R0 <= Frequenz dual
         mov    frequ,r0      ; frequ =  Frequenz dual
         call   dubcd         ; R0 <= Frequenz BCD
         mov    P2,r0         ; Frequenz ausgeben
         call   warte         ; warten
         bclr   P7.1          ; LED P7.1 aus
; Temperatur = Frequenz dual * Faktor ausgeben für 3.3 sek
         bset   P7.2          ; LED P7.2 an: Temperatur
         mov    r0,frequ      ; R0 <= Frequenz dual
         mov    r1,#faktor    ; Temperatur <= faktor * Frequenz
         mulu   r0,r1         ;  * Faktor
         mov    r0,#10000     ;  / 10 000
         divlu  r0            ; MLD <= Quotient  Rest verloren
         mov    r0,MDL        ; Temperatur
         call   dubcd         ; nach BCD
         mov    P2,r0         ; und ausgeben
         call   warte         ; 3.3 sek warten
         bclr   P7.2          ; P7.2 aus
         jb     P7.7,loop     ; Laufkontrolle solange P7.7 High
         bclr   IEN           ; alle Interrupts gesperrt
         rets                 ; zurück nach System
haupt    ENDP
```

; **Unterprogramm dubcd wie Bild 10-18**
; **Unterprogramm warte wie Bild 10-18**

```
; Interrupt bei jeder fallenden Flanke Capture auslesen
messen  PROC               ;
        push    r0         ; Register retten
        push    r1         ;
        mov     r1,CC28    ; R1 = neuer Zählerstand
        mov     r0,r1      ; R0 = neuer Zählerstand
        sub     r0,zaehl   ; R0 = neuer - alter Zählerstand
        mov     mwert,r0   ; laufender Messwert der Perioden
        mov     zaehl,r1   ; neuen Zählerstand speichern
        pop     r1         ;
        pop     r0         ; Register zurück
        reti
messen  ENDP
; Datenbereich für Hilfsvariablen
        EVEN               ; gerade Wortadressen
zaehl   DS      2          ; laufender Taktzähler dual
mwert   DS      2          ; laufende  Periodendauer dual
awert   DS      2          ; Ausgabewert dual
frequ   DS      2          ; Frequenz dual
        END
```

```c
/* k10b19.c Bild 10-19: Thermofuehler Widerstands/Frequenzumsetzung */
/* P7.7: Lauf P7.4 (CC28): Frequenzeingang Anzeigen: P7.2 P7.1 P7.0 */
#include <reg167.h>
#define FAKTOR  175        // Temperatur <= faktor * Frequenz
sbit lauf = P7^7;          // Laufkontrolle mit P7.7
sbit ledwert = P7^0;       // LED fuer Messwert
sbit ledfrequ = P7^1;      // LED fuer Frequenz
sbit ledtemp = P7^2;       // LED fuer Temperatur
// Datenbereich fuer Hilfsvariablen
unsigned int zaehl, mwert, frequ;
unsigned long awert;
// Interrupt bei jeder fallenden Flanke P7.4: Capture auslesen
void messen (void) interrupt 0x3c
{
 unsigned int laufwert;    // Hilfsvariable
 laufwert = CC28;          // laufender Timerwert
 mwert = laufwert - zaehl; // Messwert = neuer - alter Zaehler
 zaehl = laufwert;         // neuen Zaehler retten
}
// Funktion dubcd wie Bild 10-18
// Funktion warte wie Bild 10-18

int main(void)
{
 DP2 = 0xffff;             // Port P2 ist Ausgang
 P2 = 0;                   // Anzeige loeschen
 DP7 = 0x0f;               // Port P7.7-P7.4:Ein   P7.3-P7.0 aus
 P7 = 0;                   // Port P7 loeschen
 zaehl = 0;                // Taktzaehler Anfangswert
// Interrupt fuer Periodenmessung vorbereiten
 T8REL = 0;                // T8 Nachladewert
 T8 = 0;                   // T8 Anfangswert
 T78CON = T78CON | 0x4000; // T8   0 1 00 0 000 00000000  2.5 MHz
 CCM7 = CCM7 | 0x000a;     // CC28 000 000 000 1 010 T8 fall.Fl.
 CC28IC = 0x0044;          // CC28 00000000 0 1 0001 00 Int. frei
 IEN = 1;                  // alle Interrupts frei
 while (lauf)              // solange P7.7 high
 {
// 16-bit Messwert = Zaehler ausgeben zur Kontrolle  fuer 3.3 sek
   ledwert = 1;            // LED P7.0 an: Messwert
   P2 = dubcd(mwert);      // Messwert ausgeben
   warte();               // ca. 3.3 sek warten
   ledwert = 0;            // LED P7.0 aus
```

```
// Periodendauer auf Frequenz umrechnen und ausgeben fuer 3.3 sek
  ledfrequ = 1;                   // LED P7.1 an: Frequenz
  awert = (unsigned long) 2500000 / (unsigned long) mwert; // Frequenz
  P2 = dubcd(awert);              // Frequenz BCD ausgeben
  warte();                        // ca. 3.3 sek warten
  ledfrequ = 0;                   // LED P7.1 aus
// Temperatur = Frequenz dual * Faktor ausgeben fuer 3.3 sek
  ledtemp = 1;                    // LED P7.2 an: Temperatur
  P2 = dubcd( awert * FAKTOR / (unsigned long) 10000);  // Temperatur
  warte();                        // ca. 3.3 sek warten
  ledtemp = 0;                    // LED P7.2 aus:
  }
  IEN = 0;                        // alle Interrupts gesperrt
  return 0;                       // zurueck nach System
}
```

Bild 10-19: Thermofühler mit Frequenzumsetzung (Assembler und C)

Die Periodendauer des Ausgangssignals wird nach dem in Bild 6-16 dargestellten Verfahren mit dem internen Timer T8 gemessen. Sie wird in eine Frequenz und für den Fall einer linearen Kennlinie mit einem durch Versuche ermittelten Faktor in eine Temperatur umgerechnet. Für Einstellzwecke erscheinen nacheinander drei Werte auf einer BCD-Anzeige:
- der 16-bit Meßwert der Periodendauer,
- die daraus berechnete Frequenz in Hz und
- die mit einem konstanten Faktor ermittelte Temperatur in Grad.

Meßwertumformer liefern die Temperatur als dualen oder dezimalen Zahlenwert. Ein Beispiel ist das in *Bild 10-20* dargestellte LCD-Temperatur-Modul, das mit einer 1.5-Volt Batterie betrieben wird. Es ermittelt in einem Abstand von 1 bis 10 sek die Temperatur im Bereich von -20 bis +70 °C und gibt sie mit einem Vorzeichen und einer Nachkommastelle auf einer LCD-Anzeige aus. Gleichzeitig wird der Meßwert im BCD-Code (8-4-2-1) zusammen mit einem Takt seriell ausgegeben. Der Empfang erfolgt über die in Abschnitt 7.3 beschriebene SSC-Schnittstelle.

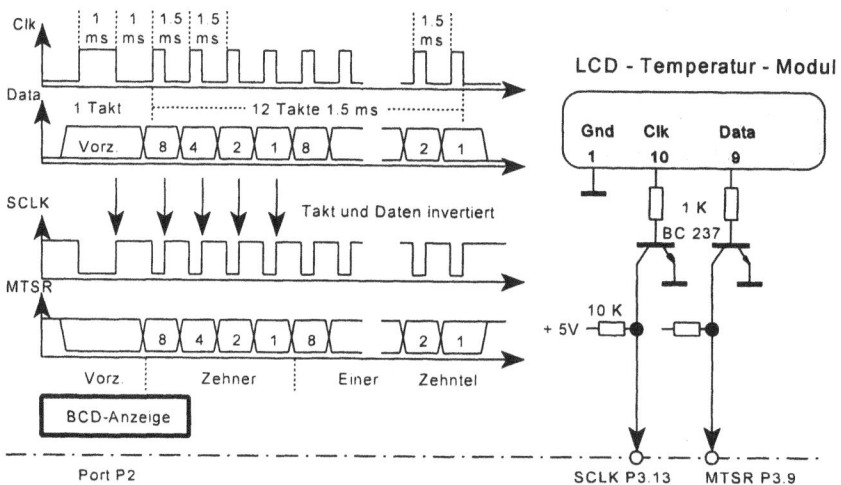

```
; k10b20.asm  Bild 10-20: Temperaturmodul an SSC-Schnittstelle
; SCLK P3.13: Takteingang  MTSR P3.9 = Dateneingang P7 als Zähler
%target 167                      ; es fehlen  SSC-Deklarationen !!!
%list
        ORG    200H              ; Startadresse
haupt   PROC   far               ;
        mov    DP2,#0ffffh       ; Port P2 ist Ausgang
        mov    DP7,#0ffffh       ; Port P7 ist Zählerausgang
        mov    P7,#0             ; Zähler löschen
; SSC programmieren
        extr   #1                ; SSCBR in ESFR
        mov    SSCBR,#15000      ; Bitzeit 1.5 ms = 666.7 Baud
        mov    SSCCON,#805ch     ; 1 0 000000 0 1 0 1 1100 Parameter
loop:                            ; Endlosschleife Abbruch mit RESET
        mov    r0,SSCRIC         ; R0 als Hilfsregister
        jnb    r0.7,loop         ; warte solange keine Daten da
        bclr   r0.7              ; Flag löschen
        mov    SSCRIC,r0         ; und zurückschreiben
        extr   #1                ; SSCRB im ESFR
        mov    r2,SSCRB          ; R2 als Hilfsregister
        cpl    r2                ; Komplement wegen Transistor
        and    r2,#1fffh         ; 0001 1111 1111 1111 -> 13bit
        mov    p2,r2             ; Empfangsdaten nach P2
        add    p7,#1             ; Zähler erhöhen
        jmp    loop              ; Endlosschleife
haupt   ENDP                     ;
        END                      ; Ende des Quelltextes
```

```c
/* k10b20.c  Bild 10-20: Temperaturmodul an SSC-Schnittstelle    */
/* SCLK P3.13: Takteingang  MTSR P3.9 = Dateneingang P7: Zaehler */
#include <reg167.h>
int main(void)                   // Empfangsflag abfragen
{                                // kein Interrupt
  DP2 = 0xffff;                  // Port P2 ist Ausgang
  DP7 = 0xffff;                  // Port P7 ist Zaehlerausgang
  P7 = 0;                        // Zaehler loeschen
//SSC: Slave,keine Fehlerpr., Ruhe = High, speichern Rueckfl.,13 Bits
  SSCBR = 15000;                 // Bitzeit 1.5 ms = 666.7 Baud
  SSCCON = 0x805c;               // 1 0 000000 0 1 0 1 1100 Parameter
  while(1)                       // Endlosschleife Abbruch mit RESET
  {
    while(!SSCRIR);              // warte solange keine Daten da
    SSCRIR = 0;                  // Flag loeschen
    P2 = (~SSCRB) & 0x1fff;      // Komplement und Maske
    P7++;                        // Zaehler + 1
  }                              // Abbruch mit Reset oder System
  return 0;
}
```

Bild 10-20: Temperaturmodul an SSC-Schnittstelle (Assembler und C)

Die SSC-Schnittstelle arbeitet im **Slave**-Betrieb, da das Modul den Schiebetakt liefert. Der Taktanschluß SCLK und der Datenanschluß MTSR (Slave Receive) sind Eingänge, der Ausgang MRST (Slave Transmit) wird nicht verwendet. Zwei Transistoren verstärken und invertieren die Ausgangssignale des Moduls; die Daten werden nach dem Empfang wieder zurückkomplementiert. Da sie bereits im BCD-Code vorliegen, können sie direkt auf der BCD-Anzeige ausgegeben werden. Auf eine Auswertung des Vorzeichens wurde verzichtet. Die Programme warten auf den Empfang eines Temperaturwertes in einer Schleife. Eine andere Möglichkeit wäre die Auslösung eines Interrupts beim Empfang neuer Daten.

Optische Sensoren sind lichtempfindliche Bauelemente, die Licht in elektrische Größen umwandeln. Die für das menschliche Auge sichtbare Strahlung umfaßt den Bereich von ca. 400 bis 700 nm, der nicht sichtbare Infrarotbereich liegt darüber. Die maximale Empfindlichkeit eines Sensors sollte möglichst im Bereich des Emissionsspektrums der Strahlungsquelle liegen. Für viele Sensoren werden Infrarot-Leuchtdioden (IR-LED) als Lichtquelle verwendet.

Fotowiderstände ändern ihren ohmschen Widerstand von wenigen Ohm (hell) bis zu einigen Megohm (dunkel). Sie werden für unterschiedliche spektrale Bereiche hergestellt. Bei *Fotodioden* wird der pn-Übergang durch ein Fenster dem Lichteinfall ausgesetzt. In der Bauform als Solarzellen geben sie einen von der Bestrahlung abhängigen Strom ab. Im Sperrbetrieb mit einer externen Spannungsquelle wirken sie wie ein lichtabhängiger Widerstand. Bei *Fototransistoren* ist der Kollektor-Emitter-Strom abhängig vom Licht, das auf den pn-Übergang der Kollektor-Basis-Diode fällt. Sie wirken wie eine Fotodiode mit Verstärker. Bei einigen Typen wird die Basis zusätzlich als Anschluß herausgeführt und dient zum Einstellen einer Vorspannung.

Lichtschranken bestehen aus einem lichtemittierenden Sender und einem lichtempfindlichen Sensor als Empfänger. Bei einer *Gabellichtschranke (Bild 10-21)* stehen sich eine Infrarot-Leuchtdiode und ein Fototransistor im Abstand von 3 bis 10 mm gegenüber. Ist der Lichtstrahl auf den Sensor gerichtet, so ist der Transistor niederohmig und die Spannung am Emitterwiderstand liegt in der Nähe der Betriebsspannung. Tritt ein Objekt in den Lichtstrahl ein, so wird der Transistor hochohmig und die Spannung geht gegen Ground. Mit den beiden Gabellichtschranken des Beispiels läßt sich unter der Voraussetzung, daß das Objekt beide Lichtschranken gleichzeitig überdecken kann, die Richtung bestimmen, in der es sich bewegt. Die fallende Flanke an P7.7 löst einen Interrupt aus. Ist P7.6 zu diesem Zeitpunkt High, so wurde die Lichtschranke P7.7 zuerst erreicht. Ist P7.6 zu diesem Zeitpunkt Low, so wurde die Lichtschranke P7.6 zuerst erreicht.

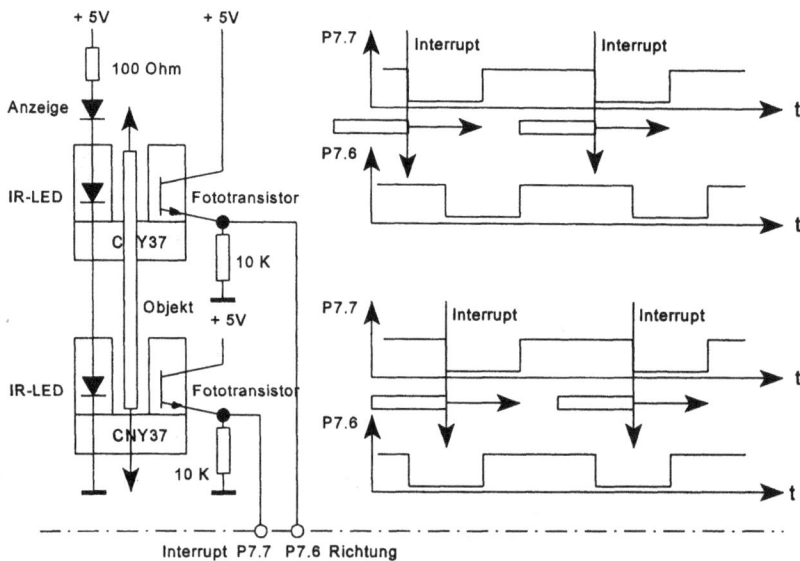

```
; k10b21.asm Bild 10-21: Richtungsabhängiger Zähler 2 Lichtschranken
; L1 an P7.7 löst Interrupt aus  L2 an P7.6 erkennt Richtung
%target 167
%list
CC31IC   EQU     0f194h        ; Interrupt-Register P7.7
         ORG     118h          ; Einsprung P7.7-Interrupt
         jmp     flank         ;
         ORG     200h          ; Hauptprogramm
haupt    PROC
         mov     DP2,#0ffffh   ; Port P2 ist Ausgang
         mov     P2,#0         ; Anzeige löschen
         mov     zaehl,ZEROS   ; Flankenzähler löschen
         or      CCM7,#2000h   ; P7.7 fallende Flanke
         mov     r0,#44h       ; 0 1 0001 00 P7.7 frei ILVL=1 GLVL=0
         mov     CC31IC,r0     ; P7.7 Interrupt frei
         bset    IEN           ; alle Interrupts frei
loop:    mov     P2,zaehl      ; laufenden Zähler ausgeben
         jb      P7.0,loop     ; Laufkontrolle
         bclr    IEN           ; alle Interrupts wieder gesperrt
         rets                  ; zurück nach System
haupt    ENDP
; Interrupt-Service-Programm für richtungsabhängiger Zähler
flank    PROC                  ; fallende Flanke P7.7
         push    r0            ;
         mov     r0,zaehl      ; R0 = Zähler
         jb      p7.6,flank1   ; P7.6 = High: -1
         add     r0,#1         ; P7.6 = Low:  +1
         jmp     flank2        ;
flank1:  sub     r0,#1         ;
flank2:  mov     zaehl,r0      ; Zähler zurück
         pop     r0            ;
         reti                  ; zurück von Interrupt
flank    ENDP
zaehl    DS      2             ; Flankenzähler
         END
```

```
/* k10b21.c Bild 10-21: Richtungsabhaengiger Zaehler 2 Schranken */
/* L1 an P7.7 loest Interrupt aus    L2 an P7.6 erkennt Richtung */
#include <reg167.h>
sbit  lauf  = P7^0;          // Laufkontrolle
sbit  p76 = P7^6;            // Zaehlrichtung
unsigned int zaehl;          // globaler Zaehler

void flank (void) interrupt 0x46   // P7.7 Interruptprogramm
{
  if (p76) zaehl--; else zaehl++;  // P7.6: Zaehlrichtung
}

int main(void)
{
  DP2 = 0xffff;              // Port P2 ist Ausgang
  P2 = 0;                    // Anzeige loeschen
  zaehl = 0;                 // Flankenzaehler loeschen
  CCM7 = CCM7 | 0x2000;      // P7.7 fallende Flanke   P7.7 Int. frei
  CC31IC = 0x44;             // 0 1 0001 00 P7.7 frei ILVL=1 GLVL=0
  IEN = 1;                   // alle Interrupts frei
  while (lauf) P2 = zaehl;   // bis Abbruch mit P7.0
  IEN = 0;                   // alle Interrupts wieder gesperrt
  return 0;                  // zurueck nach System
}
```

Bild 10-21: Richtungsabhängiger Zähler mit zwei Lichtschranken (Assembler und C)

Die Programme arbeiten interruptgesteuert. Je nach Richtung des Objektes wird ein Zähler erhöht oder vermindert. Prellungen wie bei mechanischen Kontakten treten nicht auf. Jedoch kann Fremdlicht wie z.B. die Raumbeleuchtung das Ergebnis verfälschen. Die Widerstände wurden daher als Potentiometer ausgeführt, um die den Beleuchtungsverhältnissen entsprechenden günstigsten Werte einstellen zu können.

Bei *Reflexlichtschranken* sind die Sendediode und der Empfangsfototransistor nebeneinander angeordnet. Es werden Objekte erkannt, die sich im Lichtstrahl zwischen dem Sender, einem Reflektor und dem Empfänger befinden. Dient das Objekt selbst als Reflektor, so ist es möglich, durch Messung des reflektierten Lichtes seine Entfernung zu bestimmen. In dem Beispiel *Bild 10-22* wird der störende Einfluß der Raumbeleuchtung durch zwei analoge Messungen einmal bei eingeschalteter und dann bei ausgeschalteter Sendediode (Fremdlicht) vermindert. Die Differenz erscheint am Port P2; in die Bitposition P2.15 wird die digitale Bewertung des Signals eingeblendet, bei der Fremdlichteinflüsse nicht ausgeschaltet werden konnten. Die getaktete Ansteuerung der Sende-IR-LED von 1 kHz erlaubt höhere Ströme und damit größere Leuchtdichten als im Dauerbetrieb. Die Widerstände wurden als Potentiometer ausgeführt, um die günstigsten Werte einstellen zu können.

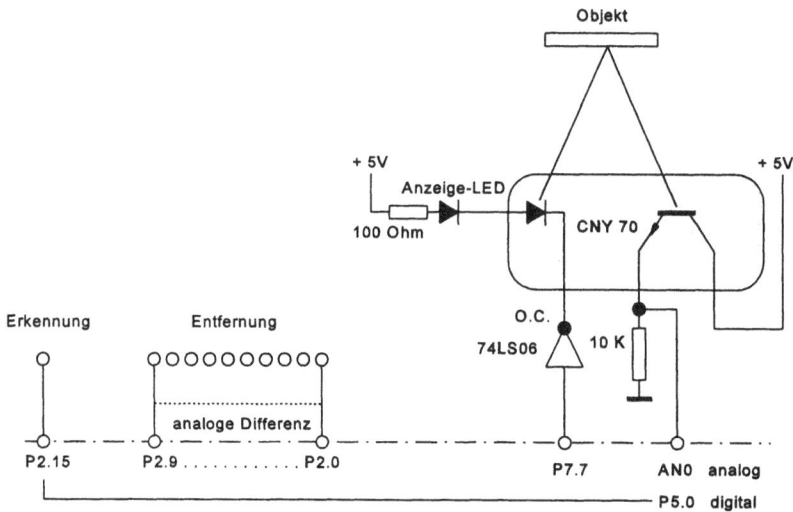

```
; k10b22.asm Bild 10-22: Reflexlichtschranke am Analogeingang P5.0
; Ausgabe: P2 <= 10-bit Signal   P2.15 <= Logikbewertung des Signals
%target 167
%list
        ORG     200H            ;
haupt   PROC    far             ;
        mov     DP2,#0ffffh     ; P2 Richtung Ausgabe
        mov     P2,#0           ; P2 analoge Ausgabe löschen
        bset    DP7.7           ; P7.7 schaltet Sende-LED
loop:   jnb     p7.0,ende       ; Schleifenkontrolle
        bclr    P7.7            ; Sende-LED aus
        call    warte           ; ca. 0.05 ms warten
        call    messen          ; Fremdlicht messen
        mov     r1,r0           ; R1 <= Fremdlicht
        bset    P7.7            ; Sende-LED an
        call    warte           ; ca. 0.05 ms warten
```

```
            call    messen           ; R0 <= Messlicht
            cmp     r0,r1            ; Messlicht - Fremdlicht
            jmpr    cc_ugt,gross     ; Messlicht > Fremdlicht
            mov     r0,#0            ; kleiner: 0 wegen Wandlungsfehler
            jmp     aus              ; 0 ausgeben
gross:      sub     r0,r1            ; Nutzlicht <= Messlicht - Fremdlicht
aus:        bmov    r0.15,P5.0       ; P2.15 <= P5.0  Logikbewertung
            mov     P2,r0            ; Nutzlicht analog ausgeben
            jmp     loop             ;
ende:       mov     P2,#0            ; Ausgabe löschen
            rets                     ;
haupt       ENDP                     ;
; Unterprogramm analoge Messung Kanal_0
messen      PROC    near             ;
            mov     ADCON,#0f080h    ; 11 11 0000 1 0 00 0000  Start
messen1: jnb        ADCIR,messen1    ; Warte auf Ende der Wandlung
            bclr    ADCIR            ; Flag zurücksetzen
            mov     r0,ADDAT         ; Kanal und Daten lesen
            and     r0,#03ffh        ; 0000 00 11 1111 1111  Kanal ausbl.
            ret                      ; Ergebnis in R0
messen      ENDP                     ;
; Unterprogramm wartet ca. 0.05 ms  ca. 10 kHz
warte       PROC    near             ;
            push    r0               ;
            mov     r0,#110          ;
warte1: sub        r0,#1            ;
            jmpr    cc_nz,warte1     ;
            pop     r0               ;
            ret                      ;
warte       ENDP                     ;
            END                      ;
```

```c
/* k10b22.c Bild 10-22: Reflexlichtschranke Analogeingang P5.0 */
/* Ausgabe: P2 <= 10-bit Signal      P2.15 <= Logikbewertung      */
#include <reg167.h>
sbit lauf = P7^0;                    // P7.0 Laufkontrolle
sbit rled  = DP7^7;                  // P7.7 Richtungsbit
sbit aled  = P7^7;                   // Schalter fuer LED
sbit p50   = P5^0;                   // Logikeingang Messwert

// Unterprogramm analoge Messung Kanal_0
unsigned int messen(void)
{
 ADCON = 0xf080;                     // 11 11 0000 1 0 00 0000  Start
 while(!ADCIR);                      // Warte auf Ende der Wandlung
 ADCIR = 0;                          // Flag z[ur]uecksetzen
 return ADDAT & 0x3ff;               // Kanal ausblenden
}


// Unterprogramm wartet ca. 0.05 ms  f = ca. 10 kHz
void warte (void)
{
 unsigned int i; for(i=0; i<110; i++);
}


int main(void)
{
 unsigned int fremd, mess, aus; // lokale Hilfvariablen
 DP2 = 0xffff;                       // P2 Richtung Ausgabe
 P2 = 0;                             // P2 analoge Ausgabe loeschen
 rled = 1;                           // P7.7 schaltet Sende-LED
 while (lauf)
  {
   aled = 0;                         // P7.7 Sende-LED aus
```

```
warte();                        // ca. 0.05 ms warten
fremd = messen();               // Fremdlicht messen
aled = 1;                       // P7.7 Sende-LED an
warte();                        // 0.05 ms warten
mess = messen();                //  Messlicht
if (mess > fremd) aus = mess - fremd; else aus = 0;
if (p50) aus = aus | 0x8000;    // Logikbewertung einbauen
P2 = aus;                       // und ausgeben
}
P2 = 0;
return 0;
}
```

Bild 10-22: Reflexionslichtschranke mit Entfernungsmessung (Assembler und C)

Für *Distanzmessungen* gibt es Lichtschranken mit integrierter Auswertelogik, die entweder die Unterbrechung des Lichtstrahls als TTL-Signal oder die Entfernung eines Objektes als digitalisierten Meßwert ausgeben. Für die Messung der Drehzahl und der Drehrichtung stehen Gabellichtschranken mit Taktscheiben zur Verfügung. Weitere Infrarotbauelemente werden für die Übertragung von Datensignalen verwendet.

Akustische Sensoren wandeln Schall in elektrische Signale um. Eine besondere Bedeutung haben *Ultraschallwandler* im nicht hörbaren Bereich oberhalb 20 kHz. Die Anordnung von Sender und Empfänger erfolgt wie bei optischen Sensoren als Gabel-Schranke oder als Reflexions-Schranke. Damit lassen sich Näherungsdetektoren, Entfernungsmesser und Raumüberwachungsgeräte aufbauen. Die Eigenfrequenz der piezokeramischen Wandler liegt bei ca. 41 kHz.

11. Befehlslisten

Die *Adressierungsarten* in den Befehlsbeschreibungen enthalten folgende Angaben:

Symbol	Adressierungsart	Beispiel
Rb	Operand ist GPR Byteregister	`MOVB  rl0,rh0`
Rw	Operand ist GPR Wortregister	`MOV   r0,r1`
[Rw]	Wortregister enthält Operandenadresse	`MOV   r0,[r8]`
[Rw+]	Wortregister **nach** Operation erhöht	`MOV   r0,[r8+]`
[-Rw]	Wortregister **vor** Operation vermindert	`MOV   [-r8],r0`
[Rw + #16]	Adresse ist Rw **+** Wortkonstante	`MOV   r0,[r8+#4]`
SFR	8-bit Adresse im SFR-Bereich	`MOV   P2,#0ffffh`
mem	16-bit Adresse im Speicherbereich	`MOV   tab,r0`
#8	Operand ist 8-bit Konstante	`MOVB  rl0,#12h`
#16	Operand ist 16-bit Konstante	`MOV   r0,#1234h`
#n	Operand ist n-bit Konstante	`ADD   r0,#1`
bitoff	Operand im bitadressierbaren Bereich	`BFLDH P2,#1,#1`
bitoff.bitpos	Operand ist Bitposition	`BCLR  P2.0`
rel	relative 8-bit Adresse	`JMPR  loop`
caddr	absolute 16-bit Adresse im Segment	`JMPA  loop`
seg	Code-Segment	`JMPS  0,loop`
pag	Daten-Seite	`EXTP  #1,#3`

Die *zulässigen Kombinationen* in den Befehlslisten haben folgende Bedeutung:

Angabe	Bedeutung	Beispiel
ja	Kombination als Code vorhanden	`ADD   r4,r5 ; Code 00 45`
(ja)	Vom Assembler meist ausgeführt als SFR- bzw. mem-Adresse	`ADD   r0,#4 ; R0 als SFR`
	Kombination nur über Register möglich	`MOV   r0,y  ; für` `ADD   x,r0  ; x = x + y`

ADD   Addiere Wörter dual   **ADD**

ADD Ziel , Quelle

Operation: Ziel <= Ziel + Quelle

Operandenlänge: Wort

Bedingungen:

E: Tabellenende	Z: Nullanzeige	V: Überlauf	C: Übertrag	N: Vorzeichen

Adressierungsarten:

Ziel	Rw	SFR	mem	$[Rw_i]$	$[Rw_i+]$	#3	#16
Rw,	ja	(ja)	(ja)	ja	ja	ja	(ja)
SFR,	(ja)	(ja)	ja				ja
mem,	(ja)	ja					

Als Adreßregister $[Rw_i]$ und $[Rw_i+]$ sind nur R0 bis R3 zulässig!

Der Befehl **ADD** addiert die beiden 16-bit Operanden als Dualzahlen. Die 16-bit Summe überschreibt den Zieloperanden und verändert die Flags. Das E-Bit wird gesetzt, wenn der Quelloperand den Wert 8000H hat, sonst gelöscht.

ADDB

Addiere Bytes dual

ADDB

ADDB Ziel , Quelle

Operation: Ziel <= Ziel + Quelle

Operandenlänge: Byte

Bedingungen:

E: Tabellenende	Z: Nullanzeige	V: Überlauf	C: Übertrag	N: Vorzeichen

Adressierungsarten:

Ziel	Rb	SFR	mem	[Rw$_i$]	[Rw$_i$+]	#3	#8
Rb,	ja	(ja)	(ja)	ja	ja	ja	(ja)
SFR,	(ja)	(ja)	ja				ja
mem,	(ja)	ja					

Als Adreßregister [Rw$_i$] und [Rw$_i$+] sind nur R0 bis R3 zulässig!

Der Befehl **ADDB** addiert die beiden 8-bit Operanden als Dualzahlen. Die 8-bit Summe überschreibt den Zieloperanden und verändert die Flags. Das E-Bit wird gesetzt, wenn der Quelloperand den Wert 80H hat, sonst gelöscht.

ADDC   Addiere Wörter mit Carry   **ADDC**

ADDC Ziel , Quelle

Operation: Ziel <= Ziel + Quelle + Carry

Operandenlänge: Wort

Bedingungen:

E: Tabellenende	**Z**: Sonderfall	**V**: Überlauf	**C**: Übertrag	**N**: Vorzeichen

Adressierungsarten:

Ziel	Rw	SFR	mem	$[Rw_i]$	$[Rw_i+]$	#3	#16
Rw,	ja	(ja)	(ja)	ja	ja	ja	(ja)
SFR,	(ja)	(ja)	ja				ja
mem,	(ja)	ja					

Als Adreßregister $[Rw_i]$ und $[Rw_i+]$ sind nur R0 bis R3 zulässig!

Der Befehl **ADDC** addiert die beiden 16-bit Operanden und das Carrybit. Die 16-bit Summe überschreibt den Zieloperanden und verändert die Flags. Das E-Bit wird gesetzt, wenn der Quelloperand den Wert 8000H hat, sonst gelöscht. Das Z-Bit (Ergebnis == 0) wird gesetzt, wenn das Ergebnis Null ist und das alte Z-Bit gesetzt war.

ADDCB   Addiere Bytes mit Carry   **ADDCB**

ADDCB Ziel , Quelle

Operation: Ziel <= Ziel + Quelle + Carry

Operandenlänge: Byte

Bedingungen:

E: Tabellenende	**Z**: Sonderfall	**V**: Überlauf	**C**: Übertrag	**N**: Vorzeichen

Adressierungsarten:

Ziel	**Rb**	**SFR**	**mem**	**[Rw$_i$]**	**[Rw$_i$+]**	**#3**	**#8**
Rb,	ja	(ja)	(ja)	ja	ja	ja	(ja)
SFR,	(ja)	(ja)	ja				ja
mem,	(ja)	ja					

Als Adreßregister [Rw$_i$] und [Rw$_i$+] sind nur R0 bis R3 zulässig!

Der Befehl **ADDCB** addiert die beiden 8-bit Operanden und das Carrybit. Die 8-bit Summe überschreibt den Zieloperanden und verändert die Flags. Das E-Bit wird gesetzt, wenn der Quelloperand den Wert 80H hat, sonst gelöscht. Das Z-Bit (Ergebnis == 0) wird gesetzt, wenn das Ergebnis Null ist und das alte Z-Bit gesetzt war.

AND Bilde das logische **UND** zweier Wörter **AND**

AND Ziel , Quelle

Operation: Ziel <= Ziel **UND** Quelle

Operandenlänge: Wort

Bedingungen:

E: Tabellenende	Z: Nullanzeige	V: 0	C: 0	N: Bitpos. . 15

Adressierungsarten:

Ziel	Rw	SFR	mem	[Rw$_i$]	[Rw$_i$+]	#3	#16
Rw ,	ja	(ja)	(ja)	ja	ja	ja	(ja)
SFR ,	(ja)	(ja)	ja				ja
mem ,	(ja)	ja					

Als Adreßregister [Rw$_i$] und [Rw$_i$+] sind nur R0 bis R3 zulässig!

Der Befehl **AND** bildet bitweise das logische UND der 16-bit Operanden. Das 16-bit logische Produkt überschreibt den Zieloperanden und verändert die Flags. Das E-Bit wird gesetzt, wenn der Quelloperand den Wert 8000H hat, sonst gelöscht. Das V- und das C-Bit werden immer gelöscht.

ANDB Bilde das logische UND zweier Bytes ANDB

ANDB Ziel , Quelle

Operation: Ziel <= Ziel **UND** Quelle

Operandenlänge: Byte

Bedingungen:

E: Tabellenende	**Z**: Nullanzeige	**V**: 0	**C**: 0	**N**: Bitpos. . 7

Adressierungsarten:

Ziel	**Rb**	**SFR**	**mem**	**[Rw$_i$]**	**[Rw$_i$+]**	**#3**	**#8**
Rb,	ja	(ja)	(ja)	ja	ja	ja	(ja)
SFR,	(ja)	(ja)	ja				ja
mem,	(ja)	ja					

Als Adreßregister [Rw$_i$] und [Rw$_i$+] sind nur R0 bis R3 zulässig!

Der Befehl **ANDB** bildet bitweise das logische UND der 8-bit Operanden. Das 8-bit logische Produkt überschreibt den Zieloperanden und verändert die Flags. Das E-Bit wird gesetzt, wenn der Quelloperand den Wert 80H hat, sonst gelöscht. Das V- und das C-Bit werden immer gelöscht.

ASHR   Schiebe Wort arithmetisch rechts   ASHR

ASHR Ziel , Verschiebezahl

Operation: Ziel <= Ziel *arithmetisch verschoben*

Operandenlänge: Wort

Bedingungen:

E: 0	Z: Nullanzeige	V: Sonderfall	C: Sonderfall	N: Bitpos. .15

Adressierungsarten:
```
ASHR   Rw, Ra        ; Anzahl der Verschiebungen in Wortregister Ra
ASHR   Rw, #Anzahl   ; Anzahl der Verschiebungen ist eine Konstante
```

Verschiebe den Inhalt eines Wortregisters um die Anzahl der Verschiebungen (0 bis 15) nach rechts. Die linkeste Bitposition - das Vorzeichen - bleibt erhalten. Vor dem Schieben werden das C-Bit und das V-Bit gelöscht. Die herausgeschobenen Bitpositionen gelangen in das C-Bit. Das V-Bit wird gesetzt, wenn mindestens eine 1 in das C-Bit geschoben wurde (Rundung).

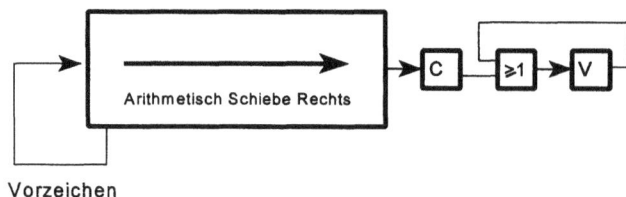

Arithmetisch Schiebe Rechts

Vorzeichen

ATOMIC   Sperre Interrupts   ATOMIC

ATOMIC #Anzahl

Bedingungen:

E: -	Z: -	V: -	C: -	N: -

Adressierungsarten:
```
ATOMIC    #kon       ; Anzahl der Befehle ist eine Konstante von 1 bis 4
```

Der Befehl ATOMIC sperrt während der Ausführung der folgenden 1 bis 4 Befehle alle sperrbaren Interrupts, PEC-Transfers und die Traps NMI, STKOF und STKUF. Der Befehl ist nicht in allen C16x-Versionen verfügbar.

BAND   Bilde das logische **UND** zweier Bits   **BAND**

BAND Zielbit , Quellbit

Operation: Ziel <= Ziel **UND** Quelle
Operandenlänge: Bit

E: 0	Z: NOR	V: OR	C: AND	N: XOR

Adressierungsarten:
BAND bitoff.bitpos, bitoff.bitpos ; im bitadressierbaren Bereich

Der Befehl **BAND** überschreibt das Zielbit mit dem logischen **UND** von Ziel und Quelle. Die Bedingungsbits enthalten die Ergebnisse der anderen logischen Funktionen.

BCLR   Lösche ein Bit   **BCLR**

BCLR Zielbit

Operation: Zielbit <= **0**
Operandenlänge: Bit

E: 0	Z: NICHT B_{alt}	V: 0	C: 0	N: B_{alt}

Adressierungsarten:
BCLR bitoff.bitpos ; im bitadressierbaren Bereich

Der Befehl **BCLR** überschreibt das Zielbit mit einer logischen **0**. Das N-Bit enthält den alten Zustand, das Z-Bit enthält die Negation des *alten* Zustandes der Bitposition.

BCMP   Vergleiche zwei Bits   **BCMP**

BCMP Operand_1 , Operand_2

Operation: Logische Operationen von Bits
Operandenlänge: Bit

E: 0	Z: NOR	V: OR	C: AND	N: XOR

Adressierungsarten:
BCMP bitoff.bitpos, bitoff.bitpos ; im bitadressierbaren Bereich

Der Befehl **BCMP** führt logische Operationen mit Bits durch, ohne die Operanden zu verändern. Die Bedingungsbits enthalten die Ergebnisse der logischen Funktionen.

BFLDH   Bitfeldoperation mit High-Byte   BFLDH

`BFLDH` Ziel, Maske_1, Maske_2

Operation: Ziel <= Ziel **UND NICHT** Maske_1 **ODER** Maske_2
Operandenlänge: High-Byte eines Wortoperanden
Bedingungen:

E: 0	Z: Nullanzeige	V: 0	C: 0	N: Bitpos. .15

Adressierungsarten:
`BFLDH  bitoff, #8, #8` ; Wort im bitadressierbaren Bereich

BFLDL   Bitfeldoperation mit Low-Byte   BFLDL

`BFLDL` Ziel, Maske_1, Maske_2

Operation: Ziel <= Ziel **UND NICHT** Maske_1 **ODER** Maske_2
Operandenlänge: Low-Byte eines Wortoperanden
Bedingungen:

E: 0	Z: Nullanzeige	V: 0	C: 0	N: Bitpos. .15

Adressierungsarten:
`BFLDL  bitoff, #8, #8`   ; Wort im bitadressierbaren Bereich

Beschreibung für beide Befehle:
Die Bitfeldbefehle **BFLDH** und **BFLDL** führen Bitoperationen nicht mit Einzelbits, sondern mit Bitgruppen durch. Der Operand ist das High-Byte bzw. das Low-Byte eines bitadressierbaren Wortes auf der Adresse `bitoff`; die Operanden m1 und m2 sind Bytekonstanten. Das Operandenbyte wird zuerst mit der *Negation* des Operanden m1 "ver**und**et" und dann mit dem Operanden m2 "ver**oder**t". Infolge der Negation von m1 wird der Operand an den Stellen, an denen m1 eine 1 enthält, zunächst gelöscht. Das folgende ODER setzt an den Stellen, an denen in m2 eine 1 steht, diese in den Operanden ein. Die Maske m1 bestimmt mit einer 1 die Stellen, an denen der Operand *geändert* werden soll. Die Maske m2 setzt die *neuen* Werte ein.

Bitposition bleibt erhalten: m1 = 0 und m2 = 0
Bitposition soll **0** werden: m1 = **1** und m2 = **0**
Bitposition soll **1** werden: m1 = **1** und m2 = **1**

BMOV   Kopiere Bit   **BMOV**

BMOV Zielbit , Quellbit

Operation: Ziel <= Quelle

Operandenlänge: Bit

Bedingungen:

E: 0	Z: NICHT B_{alt}	V: 0	C: 0	N: B_{alt}

Adressierungsarten:
BMOV   bitoff.bitpos, bitoff.bitpos ; im bitadressierbaren Bereich

Der Befehl **BMOV** kopiert das Quellbit in das Zielbit. Das N-Bit enthält den alten Zustand, das Z-Bit enthält die Negation des *alten* Zustandes des Quellbits.

BMOVN   Kopiere und negiere Bit   **BMOVN**

BMOVN Zielbit , Quellbit

Operation: Ziel <= **NICHT** Quelle

Operandenlänge: Bit

Bedingungen:

E: 0	Z: NICHT B_{alt}	V: 0	C: 0	N: B_{alt}

Adressierungsarten:
BMOVN   bitoff.bitpos, bitoff.bitpos ; im bitadressierbaren Bereich

Der Befehl **BMOVN** kopiert die Negation des Quellbits in das Zielbit. Das N-Bit enthält den alten Zustand, das Z-Bit enthält die Negation des *alten* Zustandes des Quellbits.

BOR   Bilde das logische **ODER** zweier Bits   BOR

BOR   Zielbit , Quellbit

Operation: Ziel <= Ziel **ODER** Quelle
Operandenlänge: Bit

E: 0	Z: NOR	V: OR	C: AND	N: XOR

Adressierungsarten:
BOR   bitoff.bitpos, bitoff.bitpos ; im bitadressierbaren Bereich

Der Befehl **BOR** überschreibt das Zielbit mit dem logischen **ODER** von Ziel und Quelle. Die Bedingungsbits enthalten die Ergebnisse der anderen logischen Funktionen.

BSET   Setze ein Bit   BSET

BSET   Zielbit

Operation: Zielbit <= **1**
Operandenlänge: Bit

E: 0	Z: NICHT B_{alt}	V: 0	C: 0	N: B_{alt}

Adressierungsarten:
BSET   bitoff.bitpos ; im bitadressierbaren Bereich

Der Befehl **BSET** überschreibt das Zielbit mit einer logischen **1**. Das N-Bit enthält den alten Zustand, das Z-Bit enthält die Negation des *alten* Zustandes der Bitposition.

BXOR   Bilde das logische **EODER** zweier Bits   BXOR

BXOR   Zielbit , Quellbit

Operation: Ziel <= Ziel **EODER** Quelle
Operandenlänge: Bit

E: 0	Z: NOR	V: OR	C: AND	N: XOR

Adressierungsarten:
BXOR   bitoff.bitpos, bitoff.bitpos ; im bitadressierbaren Bereich

Der Befehl **BXOR** überschreibt das Zielbit mit dem logischen **EODER** von Ziel und Quelle. Die Bedingungsbits enthalten die Ergebnisse der anderen logischen Funktionen.

CALLA   Rufe Unterprogramm (absolut)   **CALLA**

CALLA Bedingung, Ziel

Bedingung erfüllt: SP <= SP - 2   Nicht erfüllt: nächster Befehl
Stapel <= IP
IP <= Zieladresse aus 2. Befehlswort

E: -	Z: -	V: -	C: -	N: -

Adressierungsarten:
CALLA cc, caddr   ; Ziel im gleichen Segment

Der Befehl **CALLA** ruft, wenn die Bedingung cc erfüllt ist, ein Unterprogramm im gleichen Codesegment auf. Der Befehlszeiger IP mit der Rücksprungadresse wird auf den Stapel gelegt und mit der Zieladresse aus dem 2. Wort des Befehls geladen.

CALLI   Rufe Unterprogramm (indirekt)   **CALLI**

CALLI Bedingung, Ziel

Bedingung erfüllt::   SP <= SP - 2   Nicht erfüllt: nächster Befehl
Stapel <= IP
IP <= Zieladresse aus Wortregister

E: -	Z: -	V: -	C: -	N: -

Adressierungsarten:
CALLI cc, [Rw]   ; Ziel im gleichen Segment

Der Befehl **CALLI** ruft, wenn die Bedingung cc erfüllt ist, ein Unterprogramm im gleichen Codesegment auf. Der Befehlszeiger IP mit der Rücksprungadresse wird auf den Stapel gelegt und mit der Zieladresse aus einem Wortregister geladen.

Einzelbit-Bedingungen cc_		Unsigned-Bedingung cc_		Signed-Bedingung cc_	
cc_UC immer		cc_ULT kleiner als		cc_SLT kleiner als	
cc_Z == Null	cc_NZ != Null	cc_ULE kleiner/gleich		cc_SLE kleiner/gleich	
cc_C Carry	cc_NC No Carry	cc_EQ gleich		cc_EQ gleich	
cc_N Negativ	cc_NN Positiv	cc_NE ungleich		cc_NE ungleich	
cc_V Overflow	cc_NV Nicht Ov.	cc_UGE größer/gleich		cc_SGE größer/gleich	
cc_NET != 0 UND != Tabellenende		cc_UGT größer als		cc_SGT größer als	

CALLR   Rufe Unterprogramm (relativ)   CALLR

CALLR Ziel

Operation: SP <= SP - 2
                Stapel <= IP
                IP <= IP + Abstand 2. Befehlsbyte

E: -	Z: -	V: -	C: -	N: -

Adressierungsarten:
CALLR rel   ; Ziel im gleichen Segment max. 256 Bytes entfernt

Der Befehl **CALLR** ruft *immer* ein Unterprogramm im gleichen Codesegment auf. Der Befehlszeiger IP mit der Rücksprungadresse wird auf den Stapel gelegt. Der neue Befehlszeiger IP ergibt sich aus dem alten IP addiert mit dem vorzeichenbehafteten und um 1 bit nach links verschobenen Abstand im 2. Byte des Befehls.

CALLS   Rufe Unterprogramm (intersegment)   CALLS

CALLS Segment, Ziel

Operation: SP <= SP - 2
                Stapel <= CSP
                SP <= SP - 2
                Stapel <= IP
                CSP <= Segment aus 2. Byte des Befehls
                IP <= Zieladresse aus 2. Wort des Befehls

E: -	Z: -	V: -	C: -	N: -

Adressierungsarten:
CALLS seg, caddr   ; Ziel liegt in einem neuen Segment

Der Befehl **CALLS** ruft *immer* ein Unterprogramm in einem neuen Codesegment auf. Der Codesegmentzeiger CSP mit dem alten Codesegment und der Befehlszeiger IP mit der Rücksprungadresse werden auf den Stapel gelegt. Der Codesegmentzeiger CSP wird mit dem ersten und der Befehlszeiger IP wird mit dem zweiten Operanden geladen.

Der Rücksprung aus einem Unterprogramm, das mit CALLS aufgerufen wurde, muß mit dem Befehl **RETS** erfolgen, der das alte Codesegment und den alten Befehlszeiger vom Stapel holt.

CMP
Vergleiche zwei Wörter
CMP

CMP Operand_1 , Operand_2

Operation: Operand_1 - Operand_2

Operandenlänge: Wort

Bedingungen:

| **E**: Tabellenende | **Z**: Nullanzeige | **V**: Überlauf | **C**: Borgen | **N**: Vorzeichen |

Adressierungsarten:

Ziel	**Rw**	**SFR**	**mem**	**[Rw$_i$]**	**[Rw$_i$+]**	**#3**	**#16**
Rw,	ja	(ja)	(ja)	ja	ja	ja	(ja)
SFR,		(ja)	ja				ja

Als Adreßregister [Rw$_i$] und [Rw$_i$+] sind nur R0 bis R3 zulässig!

Der Befehl **CMP** subtrahiert die beiden 16-bit Operanden. Die 16-bit Differenz verändert die Flags. Das E-Bit wird gesetzt, wenn der Operand_2 den Wert 8000H hat. Die beiden Operanden werden im Gegensatz zur Subtraktion *nicht* verändert!

Auf den Befehl CMP folgt in der Regel ein bedingter Sprungbefehl, der die beiden Operanden auf *gleich* und/oder *größer* bzw. *kleiner* untersucht.

CMPB   Vergleiche zwei Bytes   CMPB

CMPB   Operand_1 , Operand_2

Operation: Operand_1 –   Operand_2

Operandenlänge: Byte

Bedingungen:

E: Tabellenende	**Z**: Nullanzeige	**V**: Überlauf	**C**: Borgen	**N**: Vorzeichen

Adressierungsarten:

Ziel	**Rb**	**SFR**	**mem**	**[Rw$_i$]**	**[Rw$_i$+]**	**#3**	**#8**
Rb,	ja	(ja)	(ja)	ja	ja	ja	(ja)
SFR,		(ja)	ja				ja

Als Adreßregister [Rw$_i$] und [Rw$_i$+] sind nur R0 bis R3 zulässig!

Der Befehl **CMPB** subtrahiert die beiden 8-bit Operanden. Die 8-bit Differenz verändert die Flags. Das E-Bit wird gesetzt, wenn der Operand_2 den Wert 80H hat. Die beiden Operanden werden im Gegensatz zur Subtraktion *nicht* verändert!

Auf den Befehl CMPB folgt in der Regel ein bedingter Sprungbefehl, der die beiden Operanden auf *gleich* und/oder *größer* bzw. *kleiner* untersucht.

CMPD1   Vergleiche zwei Wörter und dekrementiere um 1   **CMPD1**

CMPD1   Operand_1 , Operand_2

Operation: Operand_1 − Operand_2
                  Operand_1 <= Operand_1 − 1

Operandenlänge: Wort
Bedingungen:

E: Tabellenende	Z: Nullanzeige	V: Überlauf	C: Borgen	N: Vorzeichen

Adressierungsarten:

Ziel	Rw	SFR	mem	[Rw$_i$]	[Rw$_i$+]	#4	#16
Rw ,		(ja)	ja			ja	ja

Der Befehl **CMPD1** subtrahiert die beiden 16-bit Operanden. Die 16-bit Differenz verändert die Flags. Anschließend wird der Operand_1 um **1** vermindert. Das E-Bit wird gesetzt, wenn der Operand_2 den Wert 8000H hat. Die beiden Operanden werden durch den Vergleich im Gegensatz zur Subtraktion *nicht* verändert!

CMPD2   Vergleiche zwei Wörter und dekrementiere um 2   **CMPD2**

CMPD2   Operand_1 , Operand_2

Operation: Operand_1 − Operand_2
                  Operand_1 <= Operand_1 − 2

Operandenlänge: Wort
Bedingungen:

E: Tabellenende	Z: Nullanzeige	V: Überlauf	C: Borgen	N: Vorzeichen

Adressierungsarten:

Ziel	Rw	SFR	mem	[Rw$_i$]	[Rw$_i$+]	#4	#16
Rw ,		(mem)	ja			ja	ja

Der Befehl **CMPD2** subtrahiert die beiden 16-bit Operanden. Die 16-bit Differenz verändert die Flags. Anschließend wird der Operand_1 um **2** vermindert. Das E-Bit wird gesetzt, wenn der Operand_2 den Wert 8000H hat. Die beiden Operanden werden durch den Vergleich im Gegensatz zur Subtraktion *nicht* verändert!

CMPI1 Vergleiche zwei Wörter und inkrementiere um 1 CMPI1

`CMPI1` Operand_1 , Operand_2

Operation: Operand_1 −   Operand_2
               Operand_1 <= Operand_1 + 1

Operandenlänge: Wort
Bedingungen:

E: Tabellenende	Z: Nullanzeige	V: Überlauf	C: Borgen	N: Vorzeichen

Adressierungsarten:

Ziel	Rw	SFR	mem	[Rw$_i$]	[Rw$_i$+]	#4	#16
Rw,		(mem)	ja			ja	ja

Der Befehl **CMPI1** subtrahiert die beiden 16-bit Operanden. Die 16-bit Differenz verändert die Flags. Anschließend wird der Operand_1 um **1** erhöht. Das E-Bit wird gesetzt, wenn der Operand_2 den Wert 8000H hat. Die beiden Operanden werden durch den Vergleich im Gegensatz zur Subtraktion *nicht* verändert!

CMPI2 Vergleiche zwei Wörter und inkrementiere um 2 CMPI2

`CMPI2` Operand_1 , Operand_2

Operation: Operand_1 −   Operand_2
               Operand_1 <= Operand_1 + 2

Operandenlänge: Wort
Bedingungen:

E: Tabellenende	Z: Nullanzeige	V: Überlauf	C: Borgen	N: Vorzeichen

Adressierungsarten:

Ziel	Rw	SFR	mem	[Rw$_i$]	[Rw$_i$+]	#4	#16
Rw,		(mem)	ja			ja	ja

Der Befehl **CMPI2** subtrahiert die beiden 16-bit Operanden. Die 16-bit Differenz verändert die Flags. Anschließend wird der Operand_1 um **2** erhöht. Das E-Bit wird gesetzt, wenn der Operand_2 den Wert 8000H hat. Die beiden Operanden werden durch den Vergleich im Gegensatz zur Subtraktion *nicht* verändert!

CPL   Bilde das Einerkomplement eines Wortes   CPL

`CPL` Ziel

Operation: Ziel <= **NICHT** Ziel
Operandenlänge: Wort
Bedingungen:

E: Tabellenende	**Z**: Nullanzeige	**V**: 0	**C**: 0	**N**: Bitpos. .15

Adressierungsarten:
`CPL   Rw`   ; Nur in einem Wortregister

Der Befehl **CPL** bildet bitweise das logische NICHT des 16-bit Operanden. Das 16-bit Einerkomplement überschreibt den Zieloperanden und verändert die Flags. Das E-Bit wird gesetzt, wenn der alte Operand 8000H war. Das V- und das C-Bit werden gelöscht.

CPLB   Bilde das Einerkomplement eines Bytes   CPLB

`CPLB` Ziel

Operation: Ziel <= **NICHT** Ziel
Operandenlänge: Byte
Bedingungen:

E: Tabellenende	**Z**: Nullanzeige	**V**: 0	**C**: 0	**N**: Bitpos. .7

Adressierungsarten:
`CPLB   Rw`   ; Nur in einem Byteregister

Der Befehl **CPLB** bildet bitweise das logische NICHT des 8-bit Operanden. Das 8-bit Einerkomplement überschreibt den Zieloperanden und verändert die Flags. Das E-Bit wird gesetzt, wenn der alte Operand 80H war. Das V- und das C-Bit werden gelöscht.

DISWDT   Sperre den Watchdog Timer   DISWDT

`DISWDT`

E: -	**Z**: -	**V**: -	**C**: -	**N**: –

Adressierungsarten:
`DISWDT`   ; Befehl ohne Operanden

Der Befehl **DISWDT** sperrt den Watchdog Timer in der Initialisierungsphase. Er muß *vor* den Befehlen EINIT bzw. SRVWDT ausgeführt werden.

DIV   Signed 16-bit durch 16-bit Division   DIV

`DIV` Divisor

Operation: MDL $<=$ Quotient aus MDL **/** Divisor
                    MDH $<=$ Rest aus MDL **/** Divisor

Operandenlänge: Wort vorzeichenbehaftet (signed)

Bedingungen:

E: 0	**Z**: Nullanzeige	**V**: Überlauf	**C**: 0	**N**: Bitpos. .15

Adressierungsarten:
`DIV   Rw`   ; Dividend im MDL   Divisor im Wortregister

Der Befehl **DIV** dividiert den 16-bit Dividenden in MDL durch den 16-bit Divisor im Wortregister. Der 16-bit Quotient erscheint in MDL, der 16-bit Rest in MDH. Das V-Bit wird gesetzt, wenn das Ergebnis nicht in einem Wort gespeichert werden kann (Division durch 0).

DIVL   Signed 32-bit durch 16-bit Division   DIVL

`DIVL` Divisor

Operation: MDL $<=$ Quotient aus MD **/** Divisor
                    MDH $<=$ Rest aus MD **/** Divisor

Operandenlänge: Doppelwort / Wort vorzeichenbehaftet (signed)

Bedingungen:

E: 0	**Z**: Nullanzeige	**V**: Überlauf	**C**: 0	**N**: Bitpos. .15

Adressierungsarten:
`DIVL   Rw`   ; Dividend im MD   Divisor im Wortregister

Das 32-bit Register **MD** besteht aus dem High-Wort **MDH** und dem Low-Wort **MDL**. Der Befehl **DIVL** dividiert den 32-bit Dividenden in MD durch den 16-bit Divisor im Wortregister. Der 16-bit Quotient erscheint in MDL, der 16-bit Rest in MDH. Das V-Bit wird gesetzt, wenn das Ergebnis nicht in einem Wort gespeichert werden kann (Division durch 0).

DIVU   Unsigned 16-bit durch 16-bit Division   DIVU

`DIVU` Divisor

Operation: MDL <= Quotient aus MDL **/** Divisor
                   MDH <=   Rest aus MDL **/** Divisor

Operandenlänge: Wort vorzeichenlos (unsigned)

Bedingungen:

E: 0	**Z**: Nullanzeige	**V**: Überlauf	**C**: 0	**N**: Bitpos. `.15`

Adressierungsarten:
`DIVU   Rw`   **;** Dividend im MDL   Divisor im Wortregister

Der Befehl **DIVU** dividiert den 16-bit Dividenden in MDL durch den 16-bit Divisor im Wortregister. Der Quotient erscheint in MDL, der Rest in MDH. Das V-Bit wird gesetzt, wenn das Ergebnis nicht in einem Wort gespeichert werden kann (Division durch 0).

DIVLU   Unsigned 32-bit durch 16-bit Division   DIVLU

`DIVLU` Divisor

Operation: MDL <= Quotient aus MD **/** Divisor
                   MDH <=   Rest aus MD **/** Divisor

Operandenlänge: Doppelwort / Wort vorzeichenlos (unsigned)

Bedingungen:

E: 0	**Z**: Nullanzeige	**V**: Überlauf	**C**: 0	**N**: Bitpos. `.15`

Adressierungsarten:
`DIVLU   Rw`   **;** Dividend im MD   Divisor im Wortregister

Das 32-bit Register **MD** besteht aus dem High-Wort **MDH** und dem Low-Wort **MDL**. Der Befehl **DIVLU** dividiert den 32-bit Dividenden in MD durch den 16-bit Divisor im Wortregister. Der Quotient erscheint in MDL, der Rest in MDH. Das V-Bit wird gesetzt, wenn das Ergebnis nicht in einem Wort gespeichert werden kann (Division durch 0).

EINIT   Ende der Initialisierung   **EINIT**

`EINIT`

E: -	Z: -	V: -	C: -	N: –

Adressierungsarten:
`EINIT`   ; Befehl ohne Operanden

Der Befehl **EINIT** gibt das Signal /RSTOUT aus. Sperren des Watchdog Timers mit DISWDT und Änderungen der Betriebsart in SYSCON sind nicht mehr möglich.

EXTR   ESFR-Adressen   **EXTR**

EXTR #Anzahl

E: -	Z: -	V: -	C: -	N: –

Adressierungsarten:
`EXTR     #kon`   ; Anzahl im Bereich von 1 bis 4

Die auf den Befehl **EXTR** folgenden 1 bis 4 Befehle greifen bei den Adressierungsarten SFR, `bitoff` und `bitoff.bitpos` auf den Bereich von 0F000H bis 0F1FEH und nicht auf den zugeordneten Bereich von 0FE00H bis 0FFFEH zu (Umschalten vom SFR- auf den ESFR-Bereich). Während der Ausführung der Befehle sind alle sperrbaren Interrupts, PEC-Transfers und die Traps NMI, STKOF und STKUF gesperrt. Der Befehl EXTR ist nicht in allen C16x-Versionen verfügbar.

EXTP   Page-Nummer   EXTP

EXTP Seite, #Anzahl

E: -	**Z:** -	**V:** -	**C:** -	**N:** –

Adressierungsarten:

```
EXTP    Rw,#kon    ; Seite in Rw, Anzahl im Bereich von 1 bis 4
EXTP    #pag,#kon  ; Seite konstant, Anzahl im Bereich von 1 bis 4
```

Die auf den Befehl **EXTP** folgenden 1 bis 4 Befehle greifen bei den Adressierungsarten mem und [.Rw.] nicht über die Seitenregister DPPx, sondern auf die im Befehl angegebene Seite des Speichers zu. Die Speicheradresse wird gebildet aus der Seiten-Nummer (A23 - A14) und dem 14-bit Abstand (A13 - A0) im Befehl. Während der Ausführung der Befehle sind alle sperrbaren Interrupts, PEC-Transfers und die Traps NMI, STKOF und STKUF gesperrt. Der Befehl EXTP ist nicht in allen C16x-Versionen verfügbar.

EXTPR   Page-Nummer und ESFR-Adressen   EXTPR

EXTPR Seite, #Anzahl

E: -	**Z:** -	**V:** -	**C:** -	**N:** –

Adressierungsarten:

```
EXTPR    Rw,#kon    ; Seite in Rw, Anzahl im Bereich von 1 bis 4
EXTPR    #pag,#kon  ; Seite konstant, Anzahl im Bereich von 1 bis 4
```

Der Befehl **EXTPR** kombiniert die Befehle EXTP und EXTR. Die auf den Befehl folgenden 1 bis 4 Befehle greifen bei den Adressierungsarten mem und [.Rw.] nicht über die Seitenregister DPPx, sondern auf die im Befehl angegebene Seite des Speichers zu. Die Speicheradresse wird gebildet aus der Seiten-Nummer (A23 - A14) und dem 14-bit Abstand (A13 - A0) im Befehl. Gleichzeitig greifen die folgenden 1 bis 4 Befehle bei den Adressierungsarten SFR, bitoff und bitoff.bitpos auf den Bereich von 0F000H bis 0F1FEH und nicht auf den zugeordneten Bereich von 0FE00H bis 0FFFEH zu (Umschalten vom SFR- auf den ESFR-Bereich). Während der Ausführung der Befehle sind alle sperrbaren Interrupts, PEC-Transfers und die Traps NMI, STKOF und STKUF gesperrt. Der Befehl EXTPR ist nicht in allen C16x-Versionen verfügbar.

EXTS   Segment-Nummer   EXTS

EXTS Segment, #Anzahl

E: -	Z: -	V: -	C: -	N: –

Adressierungsarten:
```
EXTS    Rw,#kon    ; Segment in Rw, Anzahl im Bereich von 1 bis 4
EXTS    #seg,#kon  ; Segment konstant, Anzahl im Bereich von 1 bis 4
```

Die auf den Befehl **EXTS** folgenden 1 bis 4 Befehle greifen bei den Adressierungsarten mem und [.Rw.] nicht über die Seitenregister DPPx, sondern auf das im Befehl angegebene Segment des Speichers zu. Die Speicheradresse wird gebildet aus der Segment-Nummer (A23 - A16) und dem 16-bit Abstand (A15 - A0) im Befehl. Die Interrupts sind gesperrt. Der Befehl ist nicht in allen C16x-Versionen verfügbar.

EXTSR   Segment-Nummer und ESFR-Adressen   EXTSR

EXTSR Segment, #Anzahl

E: -	Z: -	V: -	C: -	N: –

Adressierungsarten:
```
EXTSR    Rw,#kon    ; Segment in Rw, Anzahl im Bereich von 1 bis 4
EXTSR    #seg,#kon  ; Segment konstant, Anzahl im Bereich von 1 bis 4
```

Der Befehl **EXTSR** kombiniert die Befehle EXTS und EXTR. Die auf den Befehl folgenden 1 bis 4 Befehle greifen bei den Adressierungsarten mem und [.Rw.] auf das im Befehl angegebene Segment des Speichers zu. Gleichzeitig wird bei den Adressierungsarten SFR, bitoff und bitoff.bitpos auf den Bereich von 0F000H bis 0F1FEH (ESFR) umgeschaltet. Die Interrupts sind gesperrt. Der Befehl ist nicht in allen C16x-Versionen vorhanden.

IDLE   Ruhezustand (Idle)   IDLE

IDLE

E: -	Z: -	V: -	C: -	N: –

Adressierungsarten:
```
IDLE          ; Befehl ohne Operanden
```

Der Befehl **IDLE** bringt den Controller in die Idle-Betriebsart (Ruhezustand).

JB   Springe, wenn Bit gesetzt   JB

JB Bitposition , Ziel

Bitposition == 1:   IP <= IP + Abstand 3. Befehlsbyte   sonst: nächster Befehl

Operandenlänge: Bit

E: –	Z: –	V: –	C: –	N: –

Adressierungsarten:
```
JB   bitoff.bitpos, rel      ; Ziel max. 256 Bytes entfernt
```

Der Befehl **JB** prüft die adressierte Bitposition. Ist das Bit gesetzt (**1**), so wird das Programm mit dem am Ziel liegenden Befehl fortgesetzt. Der neue Befehlszeiger IP ergibt sich aus dem alten IP addiert mit dem vorzeichenbehafteten und um 1 bit nach links verschobenen Abstand im 3. Byte des Befehls. Ist das Bit nicht gesetzt (**0**), so wird der nächste Befehl ausgeführt.

JBC   Wenn Bit gesetzt, lösche es und springe   JBC

JBC Bitposition , Ziel

Bitposition == 1:   Bitposition <= **0**   sonst: nächster Befehl
                       IP <= IP + Abstand 3. Befehlsbyte

Operandenlänge: Bit

E: 0	Z: NICHT B_{alt}	V: 0	C: 0	N: B_{alt}

Adressierungsarten:
```
JBC  bitoff.bitpos, rel      ; Ziel max. 256 Bytes entfernt
```

Der Befehl **JBC** prüft die adressierte Bitposition. Ist das Bit gesetzt (**1**), so wird das Programm mit dem am Ziel liegenden Befehl fortgesetzt. Das Bit wird gelöscht, also auf 0 gebracht. Der neue Befehlszeiger IP ergibt sich aus dem alten IP addiert mit dem vorzeichenbehafteten und um 1 bit nach links verschobenen Abstand im 3. Byte des Befehls. Ist das Bit nicht gesetzt (**0**), so wird der nächste Befehl ausgeführt. Nach dem Befehl JBC ist die adressierte Bitposition immer 0. Das N-Bit enthält den alten Zustand, das Z-Bit enthält die Negation des *alten* Zustandes der Bitposition.

JMPA   Springe bedingt absolut   **JMPA**

JMPA Bedingung, Ziel

Bedingung erfüllt: IP <= Zieladresse 2. Befehlswort   Nicht erfüllt: nächster Befehl

E: -	Z: -	V: -	C: -	N: -

Adressierungsarten:
```
JMPA  cc, caddr   ; Ziel im gleichen Segment
```

Der Befehl **JMPA** springt, wenn die Bedingung cc erfüllt ist, zu einem Ziel im gleichen Codesegment. Der Befehlszeiger IP wird mit der Zieladresse aus dem 2. Wort des Befehls geladen.

JMPI   Springe bedingt indirekt   **JMPI**

JMPI Bedingung, Ziel

Bedingung erfüllt: IP <= Zieladresse Wortregister   Nicht erfüllt: nächster Befehl

E: -	Z: -	V: -	C: -	N: -

Adressierungsarten:
```
JMPI  cc, [Rw]   ; Ziel im gleichen Segment
```

Der Befehl **JMPI** springt, wenn die Bedingung cc erfüllt ist, zu einem Ziel im gleichen Codesegment. Der Befehlszeiger IP wird mit der Zieladresse aus einem Wortregister geladen.

JMPR   Springe bedingt relativ   **JMPR**

JMPR Bedingung, Ziel

Bedingung erfüllt: IP <= IP + Abstand 2. Byte   Nicht erfüllt: nächster Befehl

E: -	Z: -	V: -	C: -	N: -

Adressierungsarten:
```
JMPR  cc, rel       ; Ziel max. 256 Bytes entfernt
```

Der Befehl **JMPR** springt, wenn die Bedingung cc erfüllt ist, zu einem Ziel im gleichen Codesegment. Der neue Befehlszeiger IP ergibt sich aus dem alten IP addiert mit dem vorzeichenbehafteten und um 1 bit nach links verschobenen Abstand im 2. Byte des Befehls.

Für die bedingten Sprungbefehle **JMPA**, **JMPI** und **JMPR** gelten folgende *Sprungbedingungen* cc:

Einzelbit -Bedingung cc_		Unsigned-Bedingung cc_		Signed-Bedingung cc_	
`cc_UC`	*immer* (unbedingt)	`cc_ULT`	kleiner als	`cc_SLT`	kleiner als
`cc_Z`	gleich Null (Z=1)	`cc_ULE`	kleiner/gleich	`cc_SLE`	kleiner/gleich
`cc_NZ`	ungleich Null (Z=0)	`cc_EQ`	gleich	`cc_EQ`	gleich
`cc_C`	Carry (C=1)	`cc_NE`	ungleich	`cc_NE`	ungleich
`cc_NC`	No Carry (C=0)	`cc_UGE`	größer/gleich	`cc_SGE`	größer/gleich
`cc_N`	Negativ (N=1)	`cc_UGT`	größer als	`cc_SGT`	größer als
`cc_NN`	Nicht Negativ (N=0)				
`cc_V`	Overflow (V=1)				
`cc_NV`	Nicht Overflow (V=0)				
`cc_NET`	!= 0 UND != Tabellenende				

JMPS Springe immer in ein neues Segment JMPS

`JMPS` Segment, Ziel

Operation: CSP <= Segment aus 2. Byte des Befehls
IP <= Zieladresse aus 2. Wort des Befehls

E: -	Z: -	V: -	C: -	N: -

Adressierungsarten:
`JMPS  seg, caddr` ; Ziel liegt in einem neuen Segment

Der Befehl **JMPS** springt *immer* in ein neues Codesegment. Der Codesegmentzeiger CSP wird mit dem ersten und der Befehlszeiger IP wird mit dem zweiten Operanden geladen.

JNB   Springe, wenn Bit gelöscht   JNB

JNB Bitposition , Ziel

Bitposition == 0:   IP <= IP + Abstand 3. Befehlsbyte   sonst: nächster Befehl

Operandenlänge: Bit

E: -	Z: –	V: –	C: –	N: –

Adressierungsarten:
```
JNB   bitoff.bitpos, rel      ; Ziel max. 256 Bytes entfernt
```

Der Befehl **JNB** prüft die adressierte Bitposition. Ist das Bit gelöscht (**0**), so wird das Programm mit dem am Ziel liegenden Befehl fortgesetzt. Der neue Befehlszeiger IP ergibt sich aus dem alten IP addiert mit dem vorzeichenbehafteten und um 1 bit nach links verschobenen Abstand im 3. Byte des Befehls. Ist das Bit gesetzt (**1**), so wird der nächste Befehl ausgeführt.

JNBS   Wenn Bit gelöscht, setze es und springe   JNBS

JNBS Bitposition , Ziel

Bitposition == 0:   Bitposition <= **1**   sonst: nächster Befehl
                         IP <= IP + Abstand 3. Befehlsbyte

Operandenlänge: Bit

E: 0	Z: NICHT B_{alt}	V: 0	C: 0	N: B_{alt}

Adressierungsarten:
```
JNBS  bitoff.bitpos, rel      ; Ziel max. 256 Bytes entfernt
```

Der Befehl **JNBS** prüft die adressierte Bitposition. Ist das Bit gelöscht (**0**), so wird das Programm mit dem am Ziel liegenden Befehl fortgesetzt. Das Bit wird gesetzt, also auf 1 gebracht. Der neue Befehlszeiger IP ergibt sich aus dem alten IP addiert mit dem vorzeichenbehafteten und um 1 bit nach links verschobenen Abstand im 3. Byte des Befehls. Ist das Bit gesetzt (**1**), so wird der nächste Befehl ausgeführt. Nach dem Befehl JNBS ist die adressierte Bitposition immer 1. Das N-Bit enthält den alten Zustand, das Z-Bit enthält die Negation des *alten* Zustandes der Bitposition.

MOV   Kopiere Wort   **MOV**

MOV Ziel , Quelle

Operation: Ziel <= Quelle

Operandenlänge: Wort

Bedingungen:

E: Tabellenende	Z: Nullanzeige	V: -	C: -	N: Bitpos. .15

Adressierungsarten:

Ziel	Rw	SFR	mem	[Rw]	[Rw+]	[Rw+#16]	#4	#16
Rw ,	ja	(ja)	(ja)	ja	ja	ja	ja	(ja)
SFR ,	(ja)	(ja)	ja	(ja)				ja
mem ,	(ja)	ja		ja				
[Rw] ,	ja	(ja)	ja	ja	ja			
[-Rw] ,	ja							
[Rw+] ,				ja				
[Rw+#16] ,	ja							

Der Befehl **MOV** kopiert den 16-bit Quelloperanden in das 16-bit Ziel und verändert die Flags. Das E-Bit wird gesetzt, wenn der Quelloperand den Wert 8000H hat, sonst gelöscht. Das V- und das C-Bit bleiben unverändert erhalten.

Nach einem MOV-Befehl, der eines der Seitenregister DPPx lädt, muß ein NOP-Befehl eingeschoben werden, wenn anschließend auf die neue Seite zugegriffen werden soll.
Beispiel aus dem Datenbuch des Herstellers:
```
MOV     DPP0,#4        ; Seitenregister DPP0 geladen
NOP                    ; warte
MOV     DPP0:0000h,R1  ; Zugriff auf die neue Seite
```

Nach einem MOV-Befehl, der SP oder CP lädt, muß ein NOP-Befehl eingeschoben werden, wenn anschließend auf den Stapel bzw. die Register zugegriffen werden soll.
Beispiele aus dem Datenbuch des Herstellers:
```
MOV     SP,#0FA40h     ; Stapelzeiger geladen
NOP                    ; warte
PUSH    R0             ; Zugriff auf den neuen Stapel
MOV     CP,#bank       ; Contextzeiger geladen
NOP                    ; warte
MOV     R0,#1234h      ; Zugriff auf neue Registerbank
```

MOVB   Kopiere Byte   MOVB

MOVB   Ziel , Quelle

Operation: Ziel <= Quelle

Operandenlänge: Byte

Bedingungen:

E: Tabellenende	Z: Nullanzeige	V: -	C: -	N: Bitpos. . 7

Adressierungsarten:

Ziel	Rw	SFR	mem	[Rw]	[Rw+]	[Rw+#16]	#4	#8
Rw,	ja	(ja)	(ja)	ja	ja	ja	ja	(ja)
SFR,	(ja)	(ja)	ja	(ja)				ja
mem,	(ja)	ja		ja				
[Rw],	ja	(ja)	ja	ja	ja			
[-Rw],	ja							
[Rw+],				ja				
[Rw+#16],	ja							

Der Befehl **MOVB** kopiert den 8-bit Quelloperanden in das 8-bit Ziel und verändert die Flags. Das E-Bit wird gesetzt, wenn der Quelloperand den Wert 80H hat, sonst gelöscht. Das V- und das C-Bit bleiben unverändert erhalten. Einschränkungen im Zugriff siehe Befehl MOV.

MOVBS   Kopiere Byte nach Wort vorzeichenausgedehnt   MOVBS

MOVBS Ziel , Quelle

Operation: Ziel <= Quelle

Operandenlänge: Byte nach Wort

Bedingungen:

E: 0	Z: Nullanzeige	V: -	C: -	N: Bitpos. . 8

Adressierungsarten:

Ziel	Rw	SFR	mem	[Rw]	[Rw+]	[Rw+#16]	#4	#16
Rw,	ja	(ja)	(ja)					
SFR,	(ja)	(ja)	ja					
mem,	(ja)	ja						

Der Befehl **MOVBS** kopiert den 8-bit Quelloperanden vorzeichenausgedehnt in das 16-bit Ziel. Das High-Byte des Zielwortes enthält immer Bitposition Nr. 7 der Quelle.

MOVBZ   Kopiere Byte nach Wort nullausgedehnt   MOVBZ

MOVBZ Ziel , Quelle

Operation: Ziel <= Quelle

Operandenlänge: Byte nach Wort

Bedingungen:

E: 0	Z: Nullanzeige	V: -	C: -	N:0

Adressierungsarten:

Ziel	Rw	SFR	mem	[Rw]	[Rw+]	[Rw+#16]	#4	#16
Rw,	ja	(ja)	(ja)					
SFR,	(ja)	(ja)	ja					
mem,	(ja)	ja						

Der Befehl **MOVBZ** kopiert den 8-bit Quelloperanden mit binären Nullen ausgedehnt in das 16-bit Ziel. Das High-Byte des Zielwortes wird immer gelöscht.

MUL   Signed 16-bit Multiplikation   **MUL**

MUL Faktor_1, Faktor_2

Operation: MD <= Faktor_1 * Faktor_2

Operandenlänge: Wort vorzeichenbehaftet (signed) nach Doppelwort

Bedingungen:

E: 0	**Z**: Nullanzeige	**V**: Sonderfall	**C**: 0	**N**: Bitpos. .15

Adressierungsarten:
```
MUL   Rw, Rw              ; Produkt vorzeichenrichtig in MD (MDH und MDL)
```

Der Befehl **MUL** multipliziert die beiden 16-bit Operanden in zwei Wortregistern vorzeichenrichtig zu einem 32-bit Produkt in MDH und MDL. Das V-Bit wird gesetzt, wenn das Produkt größer ist als ein Wort (16 bit).

MULU   Unsigned 16-bit Multiplikation   **MULU**

MULU Faktor_1, Faktor_2

Operation: MD <= Faktor_1 * Faktor_2

Operandenlänge: Wort vorzeichenlos (unsigned) nach Doppelwort

Bedingungen:

E: 0	**Z**: Nullanzeige	**V**: Sonderfall	**C**: 0	**N**: Bitpos. .15

Adressierungsarten:
```
MULU   Rw, Rw             ; Produkt vorzeichenlos in MD (MDH und MDL)
```

Der Befehl **MULU** multipliziert die beiden 16-bit Operanden in zwei Wortregistern vorzeichenlos zu einem 32-bit Produkt in MDH und MDL. Das V-Bit wird gesetzt, wenn das Produkt größer ist als ein Wort (16 bit).

NEG Bilde das Einerkomplement eines Wortes NEG

NEG Ziel

Operation: Ziel <= **0** - Ziel
Operandenlänge: Wort
Bedingungen:

E: Tabellenende	Z: Nullanzeige	V: 0	C: Borgen	N: Bitpos. .15

Adressierungsarten:
NEG   Rw   ; Nur in einem Wortregister

Der Befehl **NEG** subtrahiert von **0** den 16-bit Operanden und bildet damit das Zweierkomplement. Dies entspricht dem logischen NICHT + 1.

NEGB Bilde das Einerkomplement eines Bytes NEGB

NEGB Ziel

Operation: Ziel <= **0** - Ziel
Operandenlänge: Byte
Bedingungen:

E: Tabellenende	Z: Nullanzeige	V: 0	C: Borgen	N: Bitpos. .7

Adressierungsarten:
NEGB   Rb   ; Nur in einem Byteregister

Der Befehl **NEGB** subtrahiert von **0** den 8-bit Operanden und bildet damit das Zweierkomplement. Dies entspricht dem logischen NICHT + 1.

NOP No Operation Tu Nix NOP

NOP

E: -	Z: -	V: -	C: -	N: –

Adressierungsarten:
NOP   ; Befehl ohne Operanden

Der Befehl **NOP** dient als Füllwort in Schleifen und nach Befehlen (z.B. SCXT CP, und MOV DPPx,), bei denen keine Registerbefehle bzw. Seitenzugriffe direkt folgen dürfen (Probleme mit der Pipeline des Steuerwerks).

OR   Bilde das logische **ODER** zweier Wörter   **OR**

OR Ziel , Quelle

Operation: Ziel <= Ziel **ODER** Quelle

Operandenlänge: Wort

Bedingungen:

E: Tabellenende	**Z**: Nullanzeige	**V**: 0	**C**: 0	**N**: Bitpos. . 15

Adressierungsarten:

Ziel	**Rw**	**SFR**	**mem**	**[Rw$_i$]**	**[Rw$_i$+]**	**#3**	**#16**
Rw ,	ja	(ja)	(ja)	ja	ja	ja	(ja)
SFR ,	(ja)	(ja)	ja				ja
mem ,	(ja)	ja					

Als Adreßregister [Rw$_i$] und [Rw$_i$+] sind nur R0 bis R3 zulässig!

Der Befehl **OR** bildet bitweise das logische ODER der 16-bit Operanden. Die 16-bit logische Summe überschreibt den Zieloperanden und verändert die Flags. Das E-Bit wird gesetzt, wenn der Quelloperand den Wert 8000H hat, sonst gelöscht. Das V- und das C-Bit werden immer gelöscht.

ORB   Bilde das logische **ODER** zweier Bytes   **ORB**

ORB   Ziel , Quelle

Operation: Ziel <= Ziel **ODER** Quelle

Operandenlänge: Byte

Bedingungen:

E: Tabellenende	Z: Nullanzeige	V: 0	C: 0	N: Bitpos. . 7

Adressierungsarten:

Ziel	Rb	SFR	mem	[Rw$_i$]	[Rw$_i$+]	#3	#8
Rb,	ja	(ja)	(ja)	ja	ja	ja	(ja)
SFR,	(ja)	(ja)	ja				ja
mem,	(ja)	ja					

Als Adreßregister [Rw$_i$] und [Rw$_i$+] sind nur R0 bis R3 zulässig!

Der Befehl **ORB** bildet bitweise das logische ODER der 8-bit Operanden. Die 8-bit logische Summe überschreibt den Zieloperanden und verändert die Flags. Das E-Bit wird gesetzt, wenn der Quelloperand den Wert 80H hat, sonst gelöscht. Das V- und das C-Bit werden immer gelöscht.

POP   Ziehe Wort aus dem Stapel   POP

POP   Ziel

Operation: Ziel <= Stapel
                  SP <= SP + 2

Operandenlänge: Wort

Bedingungen:

E: Tabellenende	**Z**: Nullanzeige	**V**: -	**C**: -	**N**: Bitpos. .15

Adressierungsarten:
```
POP     SFR    ; wie Befehl MOV SFR, [SP+]
POP     Rw     ; Assembler verwendet SFR-Adresse
```

Der Befehl **POP** kopiert das Speicherwort, das durch den Stapelzeiger adressiert wird, in das SFR-Register. Anschließend wird der Stapelzeiger um die Operandenlänge 2 erhöht. Das E-Bit wird gesetzt, wenn der Quelloperand den Wert 8000H hat, sonst gelöscht. Das V- und das C-Bit bleiben unverändert. Für Wortregister als Operanden werden die SFR-Adressen verwendet.

PUSH   Lege Wort auf den Stapel   PUSH

PUSH   Quelle

Operation: SP <= SP - 2
              Stapel <= Quelle

Operandenlänge: Wort

Bedingungen:

E: Tabellenende	**Z**: Nullanzeige	**V**: -	**C**: -	**N**: Bitpos. .15

Adressierungsarten:
```
PUSH    SFR    ; wie Befehl MOV [-SP],SFR
PUSH    Rw     ; Assembler verwendet SFR-Adresse
```

Der Befehl **PUSH** vermindert zuerst den Stapelzeiger SP um die Operandenlänge 2. Dann wird das SFR-Register in das Speicherwort kopiert, auf das der neue Stapelzeiger zeigt.Das E-Bit wird gesetzt, wenn der Quelloperand den Wert 8000H hat, sonst gelöscht. Das V- und das C-Bit bleiben unverändert. Für Wortregister als Operanden werden die SFR-Adressen verwendet.

PCALL
PUSH und rufe Unterprogramm
PCALL

PCALL Quelle, Ziel

Operation: SP <= SP - 2 *dann* Stapel <= Quelle
SP <= SP - 2 *dann* Stapel <= IP
IP <= Zieladresse aus 2. Befehlswort (absoluter Sprung)

Operandenlänge: Wort

E: Tabellenende	**Z**: Nullanzeige	**V**: -	**C**: -	**N**: Bitpos. .15

Adressierungsarten:
PCALL   SFR,caddr   ; wie Befehle PUSH SFR und CALL Ziel

Der Befehl **PCALL** legt *immer* das SFR-Register und dann den Befehlszeiger IP mit der Rücksprungadresse auf den Stapel und springt anschließend zum Unterprogramm.

PRIOR
Ermittle die Anzahl der führenden Nullen
PRIOR

PRIOR Anzahl, Operand

Operation: Anzahl <= Zahl der führenden Nullen des Operanden

Operandenlänge: Wort

E: 0	**Z**: Nullanzeige	**V**: 0	**C**: 0	**N**: 0

Adressierungsarten:
PRIOR   Ra, Rw   ; nur Wortregister

Der Befehl **PRIOR** speichert die Anzahl der führenden Nullen - Nullen vor dem ersten 1er-Bit- des Wortregisters Rw in das Wortregister Ra.

PWRDN
Ruhezustand (Power Down)
PWRDN

IDLE

E: -	**Z**: -	**V**: -	**C**: -	**N**: –

Adressierungsarten:
PWRDN   ; Befehl ohne Operanden

Der Befehl **PWRDN** bringt den Controller in den Power-Down-Betrieb (Ruhezustand).

RET   Rücksprung aus Unterprogramm   **RET**

RET

Operation: IP <= Stapel
             SP <= SP + 2

E: -	Z: -	V: -	C: -	N: –

Adressierungsarten:
RET   ; ohne Operanden wie   POP IP

Der Befehl **RET** lädt den Befehlszeiger IP mit dem obersten Wort des Stapels, beendet das Unterprogramm und springt zurück an die Stelle des Aufrufs mit CALLS, CALLI oder CALLR. Der Stapelzeiger wird automatisch um 2 erhöht.

RETI   Rücksprung aus Interruptprogramm   **RETI**

RETI

Operation: IP <= Stapel
             SP <= SP + 2
             wenn Segmentierung: CSP <= Stapel   SP <= SP + 2
             PSW <= Stapel
             SP <= SP + 2

E: vom Stapel	Z: vom Stapel	V: vom Stapel	C: vom Stapel	N: vom Stapel

Adressierungsarten:
RETI   ; ohne Operanden wie   POP IP   (POP CSP)   POP PSW

Der Befehl **RETI** beendet ein Interruptprogramm und kehrt an die Stelle der Unterbrechung zurück. Befehlszeiger IP und Statusregister PSW werden mit Wörtern vom Stapel geladen. Wenn die Segmentierung mit dem Bit SGTDIS von SYSCON eingeschaltet ist, wird auch der Codesegmentzeiger CSP vom Stapel geladen. Die Interruptsteuerung kann nun anstehende bzw. neue Interruptanforderungen bedienen. Der Stapelzeiger SP wird automatisch um 4 bzw. 6 erhöht.

RETP   Rücksprung aus Unterprogramm und POP Wort   **RETP**

RETP Ziel

Operation: IP <= Stapel
             SP <= SP + 2
             Ziel <= Stapel
             SP <= SP + 2

E: -	Z: -	V: -	C: -	N: –

Adressierungsarten:
RETP   SFR   ; wie Befehle POP IP und POP SFR

Der Befehl **RETP** lädt den Befehlszeiger IP mit dem obersten Wort des Stapels sowie das SFR-Register mit dem folgenden Wort und beendet ein Unterprogramm, das mit PCALL aufgerufen wurde. Der Stapelzeiger wird automatisch um 4 erhöht.

RETS   Rücksprung aus Unterprogramm (intersegment)   **RETS**

RETS

Operation: IP <= Stapel
             SP <= SP + 2
             CSP <= Stapel
             SP <= SP + 2

E: -	Z: -	V: -	C: -	N: –

Adressierungsarten:
RETS   ; ohne Operanden wie POP IP und POP CSP

Der Befehl **RETS** lädt den Befehlszeiger IP mit dem obersten Wort des Stapels und den Codesegmentzeiger CSP mit dem folgenden Wort. Der Befehl beendet ein Intersegment-Unterprogramm und springt zurück an die Stelle des Aufrufs mit CALLS. Der Stapelzeiger wird automatisch um 4 erhöht.

ROL   Rotiere Wort nach links   ROL

ROL   Ziel , Verschiebezahl

Operation: Ziel <= Ziel *zyklisch links verschoben*

Operandenlänge: Wort

Bedingungen:

E: 0	**Z**: Nullanzeige	**V**: 0	**C**: Sonderfall	**N**: Bitpos. .15

Adressierungsarten:

```
ROL   Rw, Ra        ; Anzahl der Verschiebungen in Wortregister Ra
ROL   Rw, #Anzahl   ; Anzahl der Verschiebungen ist eine Konstante
```

Verschiebe den Inhalt eines Wortregisters Rw um die Anzahl der Verschiebungen (0 bis 15) zyklisch nach links. Der zweite Operand enthält die Anzahl der Verschiebungen als Variable in Ra oder als Konstante. Vor dem Schieben wird das C-Bit gelöscht. Die herausgeschobenen Bitpositionen gelangen in das C-Bit und in die wertniedrigste Bitposition.

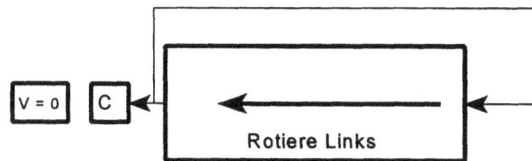

ROR

Rotiere Wort nach rechts

ROR

ROR Ziel , Verschiebezahl

Operation: Ziel <= Ziel *zyklisch rechts verschoben*

Operandenlänge: Wort

Bedingungen:

E: 0	**Z**: Nullanzeige	**V**: Sonderfall	**C**: Sonderfall	**N**: Bitpos. .15

Adressierungsarten:
```
ROR   Rw, Ra        ; Anzahl der Verschiebungen in Wortregister Ra
ROR   Rw, #Anzahl   ; Anzahl der Verschiebungen ist eine Konstante
```

Verschiebe den Inhalt eines Wortregisters Rw um die Anzahl der Verschiebungen (0 bis 15) zyklisch nach rechts. Der zweite Operand enthält die Anzahl der Verschiebungen als Variable in Ra oder als Konstante. Vor dem Schieben werden das C-Bit und das V-Bit gelöscht. Die rechts herausgeschobene Bitpositionen gelangt in das C-Bit und in die links frei werdende Bitposition. Das V-Bit wird gesetzt, wenn mindestens eine 1 in das C-Bit geschoben wurde (Rundung).

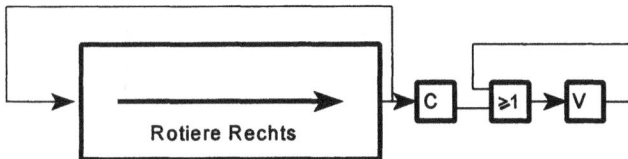

SHL   Schiebe Wort nach links   # SHL

SHL Ziel , Verschiebezahl

Operation: Ziel <= Ziel *logisch links verschoben*

Operandenlänge: Wort

Bedingungen:

E: 0	**Z**: Nullanzeige	**V**: 0	**C**: Sonderfall	**N**: Bitpos. . 15

Adressierungsarten:
```
SHL   Rw, Ra        ; Anzahl der Verschiebungen in Wortregister Ra
SHL   Rw, #Anzahl   ; Anzahl der Verschiebungen ist eine Konstante
```

Verschiebe den Inhalt eines Wortregisters Rw um die Anzahl der Verschiebungen (0 bis 15) logisch nach links. Der zweite Operand enthält die Anzahl der Verschiebungen als Variable in Ra oder als Konstante. Vor dem Schieben wird das C-Bit gelöscht. Die herausgeschobenen Bitpositionen gelangen in das C-Bit. Die rechts freiwerdenden Bitpositionen werden mit binären Nullen aufgefüllt.

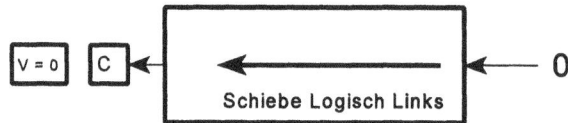

SHR   Schiebe Wort nach rechts   **SHR**

SHR Ziel , Verschiebezahl

Operation: Ziel <= Ziel *logisch rechts verschoben*

Operandenlänge: Wort

Bedingungen:

E: 0	**Z**: Nullanzeige	**V**: Sonderfall	**C**: Sonderfall	**N**: Bitpos. .15

Adressierungsarten:
```
SHR  Rw, Ra       ; Anzahl der Verschiebungen in Wortregister Ra
SHR  Rw, #Anzahl  ; Anzahl der Verschiebungen ist eine Konstante
```

Verschiebe den Inhalt eines Wortregisters Rw um die Anzahl der Verschiebungen (0 bis 15) logisch nach rechts. Der zweite Operand enthält die Anzahl der Verschiebungen als Variable in Ra oder als Konstante. Vor dem Schieben werden das C-Bit und das V-Bit gelöscht. Die herausgeschobenen Bitpositionen gelangen in das C-Bit. Das V-Bit wird gesetzt, wenn mindestens eine 1 in das C-Bit geschoben wurde (Rundung). Die links freiwerdenden Bitpositionen werden mit binären Nullen aufgefüllt.

SCXT   Push Wort und lade SFR   SCXT

SCXT Ziel , Quelle

Operation: SP <= SP - 2
             Stapel <= Ziel
             Ziel <= Quelle

Operandenlänge: Wort
Bedingungen:

E: -	Z: -	V: -	C: -	N: –

Adressierungsarten:
```
SCXT   SFR,#16    ; wie Befehle PUSH SFR dann MOV SFR,#16
SCXT   SFR,mem    ; wie Befehle PUSH SFR dann MOV SFR,mem
```

Der Befehl **SCXT** legt den 1. Operanden auf den Stapel und lädt es mit dem zweiten Operanden. Nach einem SCXT-Befehl, der CP lädt, muß ein NOP-Befehl eingeschoben werden, wenn anschließend auf die Register zugegriffen werden soll. Beispiel:
```
SCXT   CP,#0FC00h      ; Contextzeiger gerettet und geladen
NOP                    ; warte
MOV    R0,#1234h       ; Zugriff auf neue Registerbank
```

SRST   Software-Reset   SRST

SRST

E: 0	Z: 0	V: 0	C: 0	N: 0

Adressierungsarten:
```
SRST                 ; Befehl ohne Operanden
```

Der Befehl **SRST** bringt den Controller wie ein Hardware-Reset in den Grundzustand.

SRVWDT   Bediene den Watchdog Timer   SRVWDT

SRVWDT

E: -	Z: -	V: -	C: -	N: –

Adressierungsarten:
```
SRVWDT               ; Befehl ohne Operanden
```

Der Befehl **SRVWDT** lädt den Watchdog Timer wieder mit Anfangswerten.

SUB   Subtrahiere Wörter dual   SUB

SUB Ziel , Quelle

Operation: Ziel <= Ziel - Quelle

Operandenlänge: Wort

Bedingungen:

E: Tabellenende	Z: Nullanzeige	V: Überlauf	C: Borgen	N: Vorzeichen

Adressierungsarten:

Ziel	Rw	SFR	mem	[Rw$_i$]	[Rw$_i$+]	#3	#16
Rw,	ja	(ja)	(ja)	ja	ja	ja	(ja)
SFR,	(ja)	(ja)	ja				ja
mem,	(ja)	ja					

Als Adreßregister [Rw$_i$] und [Rw$_i$+] sind nur R0 bis R3 zulässig!

Der Befehl **SUB** subtrahiert die beiden 16-bit Operanden als Dualzahlen. Die 16-bit Differenz überschreibt den Zieloperanden und verändert die Flags. Das E-Bit wird gesetzt, wenn der Quelloperand den Wert 8000H hat, sonst gelöscht.

SUBB   Subtrahiere Bytes dual   # SUBB

SUBB   Ziel , Quelle

Operation: Ziel <= Ziel - Quelle

Operandenlänge: Byte

Bedingungen:

E: Tabellenende	**Z**: Nullanzeige	**V**: Überlauf	**C**: Borgen	**N**: Vorzeichen

Adressierungsarten:

Ziel	**Rb**	**SFR**	**mem**	**[Rw$_i$]**	**[Rw$_i$+]**	**#3**	**#8**
Rb,	ja	(ja)	(ja)	ja	ja	ja	(ja)
SFR,	(ja)	(ja)	ja				ja
mem,	(ja)	ja					

Als Adreßregister [Rw$_i$] und [Rw$_i$+] sind nur R0 bis R3 zulässig!

Der Befehl **SUBB** subtrahiert die beiden 8-bit Operanden als Dualzahlen. Die 8-bit Differenz überschreibt den Zieloperanden und verändert die Flags. Das E-Bit wird gesetzt, wenn der Quelloperand den Wert 80H hat, sonst gelöscht.

SUBC

Subtrahiere Wörter mit Carry

SUBC

SUBC Ziel , Quelle

Operation: Ziel <= Ziel - Quelle - Carry

Operandenlänge: Wort

Bedingungen:

E: Tabellenende	**Z**: Sonderfall	**V**: Überlauf	**C**: Borgen	**N**: Vorzeichen

Adressierungsarten:

Ziel	**Rw**	**SFR**	**mem**	**[Rw$_i$]**	**[Rw$_i$+]**	**#3**	**#16**
Rw,	ja	(ja)	(ja)	ja	ja	ja	(ja)
SFR,	(ja)	(ja)	ja				ja
mem,	(ja)	ja					

Als Adreßregister [Rw$_i$] und [Rw$_i$+] sind nur R0 bis R3 zulässig!

Der Befehl **SUBC** subtrahiert die beiden 16-bit Operanden und das Carrybit. Die 16-bit Differenz überschreibt den Zieloperanden und verändert die Flags. Das E-Bit wird gesetzt, wenn der Quelloperand den Wert 8000H hat, sonst gelöscht. Das Z-Bit (Ergebnis == 0) wird gesetzt, wenn das Ergebnis Null ist und das alte Z-Bit gesetzt war.

SUBCB   Subtrahiere Bytes mit Carry   **SUBCB**

SUBCB Ziel , Quelle

Operation: Ziel <= Ziel - Quelle - Carry

Operandenlänge: Byte
Bedingungen:

E: Tabellenende	**Z**: Sonderfall	**V**: Überlauf	**C**: Borgen	**N**: Vorzeichen

Adressierungsarten:

Ziel	**Rb**	**SFR**	**mem**	**[Rw$_i$]**	**[Rw$_i$+]**	**#3**	**#8**
Rb,	ja	(ja)	(ja)	ja	ja	ja	(ja)
SFR,	(ja)	(ja)	ja				ja
mem,	(ja)	ja					

Als Adreßregister [Rw$_i$] und [Rw$_i$+] sind nur R0 bis R3 zulässig!

Der Befehl **SUBCB** subtrahiert die beiden 8-bit Operanden und das Carrybit. Die 8-bit Differenz überschreibt den Zieloperanden und verändert die Flags. Das E-Bit wird gesetzt, wenn der Quelloperand den Wert 80H hat, sonst gelöscht. Das Z-Bit (Ergebnis == 0) wird gesetzt, wenn das Ergebnis Null ist und das alte Z-Bit gesetzt war.

TRAP   Software-Interrupt   **TRAP**

TRAP Nummer

Operation: SP <= SP - 2
              Stapel <= PSW
              wenn Segmentierung: SP <= SP - 2   Stapel <= CSP   CSP <= 0
              SP <= SP - 2
              Stapel <= IP
              IP <= Nummer * 4 nullausgedehnt

Bedingungen:

E: -	Z: -	V: -	C: -	N: -

Adressierungsarten:
TRAP   #7 ; Die Interrupt-Nummer ist eine 7-bit Konstante von 0 bis 127

Der Befehl **TRAP** ruft ein Interruptserviceprogramm auf, jedoch sind die Prioritäts- und Freigabelogiken unwirksam. Die Register IP, für eingeschaltete Segmentierung (SGTDIS in SYSCON) auch CSP und das Register PSW werden auf den Stapel gerettet. Die Startadresse, mit der IP geladen wird, ergibt sich aus der mit 4 multiplizierten Konstanten im Operandenteil des Befehls. Sie umfaßt den gesamten Bereich der Vektortabelle von 0000h bis 01FCh.

Das aufgerufene Interruptserviceprogramm muß mit dem Befehl RETI wieder verlassen werden, der die geretteten Register vom Stapel zurücklädt.

XOR Bilde das logische **EODER** zweier Wörter # XOR

XOR Ziel , Quelle

Operation: Ziel <= Ziel **EODER** Quelle

Operandenlänge: Wort

Bedingungen:

E: Tabellenende	Z: Nullanzeige	V: 0	C: 0	N: Bitpos. . 15

Adressierungsarten:

Ziel	Rw	SFR	mem	[Rw$_i$]	[Rw$_i$+]	#3	#16
Rw ,	ja	(ja)	(ja)	ja	ja	ja	(ja)
SFR ,	(ja)	(ja)	ja				ja
mem ,	(ja)	ja					

Als Adreßregister [Rw$_i$] und [Rw$_i$+] sind nur R0 bis R3 zulässig!

Der Befehl **XOR** bildet bitweise das logische EODER der 16-bit Operanden. Die 16-bit logische Differenz überschreibt den Zieloperanden und verändert die Flags. Das E-Bit wird gesetzt, wenn der Quelloperand den Wert 8000H hat, sonst gelöscht.

XORB   Bilde das logische **EODER** zweier Bytes   **XORB**

XORB Ziel , Quelle

Operation: Ziel <= Ziel **EODER** Quelle

Operandenlänge: Byte

Bedingungen:

E: Tabellenende	Z: Nullanzeige	V: 0		C: 0		N: Bitpos. . 7

Adressierungsarten:

Ziel	Rb	SFR	mem	[Rw$_i$]	[Rw$_i$+]	#3	#8
Rb,	ja	(ja)	(ja)	ja	ja	ja	(ja)
SFR,	(ja)	(ja)	ja				ja
mem,	(ja)	ja					

Als Adreßregister [Rw$_i$] und [Rw$_i$+] sind nur R0 bis R3 zulässig!

Der Befehl **XORB** bildet bitweise das logische EODER der 8-bit Operanden. Die 8-bit logische Differenz überschreibt den Zieloperanden und verändert die Flags. Das E-Bit wird gesetzt, wenn der Quelloperand den Wert 80H hat, sonst gelöscht.

Befehl	Operand	Länge	Wirkung
ADD	Ziel, Quelle	Wort	Ziel <= Ziel + Quelle
ADDB	Ziel, Quelle	Byte	Ziel <= Ziel + Quelle
ADDC	Ziel, Quelle	Wort	Ziel <= Ziel + Quelle + C-Bit
ADDCB	Ziel, Quelle	Byte	Ziel <= Ziel + Quelle + C-Bit
AND	Ziel, Quelle	Wort	Ziel <= Ziel UND Quelle
ANDB	Ziel, Quelle	Byte	Ziel <= Ziel UND Quelle
ASHR	Rw, Anzahl	Wort	schiebe arithmetisch rechts
ATOMIC	#Anzahl		sperre Interrupts für 1 bis 4 Befehle
BAND	Ziel, Quelle	Bit	Zielbit <= Zielbit UND Quellbit
BCLR	Bitposition	Bit	lösche Bit
BCMP	Ziel, Quelle	Bit	logische Operationen mit Bitoperanden
BFLDH	Ziel, #m1,#m2	Byte	High-Byte eines Wortes maskieren
BFLDL	Ziel, #m1,#m2	Byte	Low-Byte eines Wortes maskieren
BMOV	Ziel, Quelle	Bit	Zielbit <= Quellbit
BMOVN	Ziel, Quelle	Bit	Zielbit <= NICHT Quellbit
BOR	Ziel, Quelle	Bit	Zielbit <= Zielbit ODER Quellbit
BSET	Bitposition	Bit	setze Bit
BXOR	Ziel, Quelle	Bit	Zielbit <= Zielbit EODER Quellbit
CALLA	Bedingung, Ziel		rufe bedingt Unterprogramm absolut
CALLI	Bedingung, [Rw]		rufe bedingt Unterprogramm indirekt
CALLR	Ziel		rufe unbedingt Unterprogramm relativ
CALLS	Segment, Ziel		rufe Unterprogramm intersegment
CMP	Oper_1, Oper_2	Wort	Testsubtraktion Oper_1 - Oper_2
CMPB	Oper_1, Oper_2	Byte	Testsubtraktion Oper_1 - Oper_2
CMPD1	Rw, Wert	Wort	vergleiche und vermindere Rw um 1
CMPD2	Rw, Wert	Wort	vergleiche und vermindere Rw um 2
CMPI1	Rw, Wert	Wort	vergleiche und erhöhe Rw um 1
CMPI2	Rw, Wert	Wort	vergleiche und erhöhe Rw um 2

Befehl	Operand	Länge	Wirkung
CPL	Rw	Wort	komplementiere Rw (Einerkompl.)
CPLB	Rb	Byte	komplementiere Rb (Einerkompl.)
DISWDT			Watchdog Timer sperren (vor EINIT)
DIV	Rw	Wort	dividiere MDL / Rw mit Vorzeichen
DIVL	Rw	D-Wort	dividiere MD / Rw mit Vorzeichen
DIVLU	Rw	Wort	dividiere MDL / Rw ohne Vorzeichen
DIVU	Rw	D-Wort	dividiere MD / Rw ohne Vorzeichen
EINIT			Ende der Initialisierung RSTOUT = 0
EXTR	#Anzahl		schalte für 1 bis 4 Befehle auf ESFR
EXTP	Seite, #Anzahl		nimm Datenseite für 1 bis 4 Befehle
EXTPR	Seite, #Anzahl		nimm Datenseite und schalte auf ESFR
EXTS	Segment, #Anz.		nimm Segment für 1 bis 4 Befehle
EXTSR	Segment, #Anz.		nimm Segment und schalte auf ESFR
IDLE			gehe in den Ruhezustand (Idle-Mode)
JB	Bitposition, Ziel	Bit	springe, wenn Bit == 1
JBC	Bitposition, Ziel	Bit	springe, wenn Bit == 1 und lösche es
JMPA	Bedingung, Ziel		springe bedingt zum Ziel absolut
JMPI	Bedingung,[Rw]		springe bedingt zum Ziel indirekt
JMPR	Bedingung, Ziel		springe bedingt zum Ziel relativ
JMPS	Segment, Ziel		springe zum Ziel intersegment
JNB	Bitposition, Ziel	Bit	springe, wenn Bit == 0
JNBS	Bitposition, Ziel	Bit	springe, wenn Bit == 0 und setze es
MOV	Ziel, Quelle	Wort	Ziel <= Quelle
MOVB	Ziel, Quelle	Byte	Ziel <= Quelle
MOVBS	Ziel, Quelle	Byte	Wort <= Byte vorzeichenausgedehnt
MOVBZ	Ziel, Quelle	Byte	Wort <= Byte nullausgedehnt
MUL	Rw1, Rw2	Wort	MD <= Rw1 * Rw2 mit Vorzeichen
MULU	Rw1, Rw2	Wort	MD <= Rw1 * Rw2 ohne Vorzeichen

Befehl	Operand	Länge	Wirkung
NEG	Rw	Wort	negiere Rw (Zweierkomplement)
NEGB	Rb	Byte	negiere Rb (Zweierkomplement)
NOP			tu nix
OR	Ziel, Quelle	Wort	Ziel <= Ziel ODER Quelle
ORB	Ziel, Quelle	Byte	Ziel <= Ziel ODER Quelle
PCALL	SFR, Ziel	Wort	PUSH SFR-Register und rufe Unterpr.
POP	SFR *auch* Rw	Wort	hole SFR-Register (Rw) vom Stapel
PRIOR	Rwn, Rwop	Wort	Rwn <= Anzahl führender Nullen
PUSH	SFR *auch* Rw	Wort	lege SFR-Register (Rw) auf Stapel
PWRDN			gehe in den Power-Down-Zustand
RET			Rücksprung vom Unterprogramm
RETI			Rücksprung vom Interruptprogramm
RETP	SFR	Wort	POP SFR und Rücksprung
RETS			Rücksprung intersegment
ROL	Rw, Anzahl	Wort	rotiere zyklisch links
ROR	Rw, Anzahl	Wort	rotiere zyklisch rechts
SCXT	SFR, Quelle	Wort	PUSH SFR dann SFR <= Quelle
SHL	Rw, Anzahl	Wort	schiebe logisch links
SHR	Rw, Anzahl	Wort	schiebe logisch rechts
SRST			Software-Reset
SRVWDT			bediene Watchdog Timer
SUB	Ziel, Quelle	Wort	Ziel <= Ziel - Quelle
SUBB	Ziel, Quelle	Byte	Ziel <= Ziel - Quelle
SUBC	Ziel, Quelle	Wort	Ziel <= Ziel - Quelle - C-Bit.
SUBCB	Ziel, Quelle	Byte	Ziel <= Ziel - Quelle - C-Bit
TRAP	#Nummer		Software-Interrupt nach Nummer * 4
XOR	Ziel, Quelle	Wort	Ziel <= Ziel EODER Quelle
XORB	Ziel, Quelle	Byte	Ziel <= Ziel EODER Quelle

12. Anhang

Codetabellen

ASCII-Bildschirm- und Druckerzeichen (Schrift PC-8 Code Page 437)

	_0	_1	_2	_3	_4	_5	_6	_7	_8	_9	_A	_B	_C	_D	_E	_F
0x0_		☺	●	♥	♦	♣	♠	BEL	BS	TAB	LF		FF	CR	♫	☼
0x1_	►	◄	↕	‼	¶	§	▬	↨	↑	↓	→	←	∟	↔	▲	▼
0x2_		!	"	#	$	%	&	'	(	)	*	+	,	-	.	/
0x3_	0	1	2	3	4	5	6	7	8	9	:	;	<	=	>	?
0x4_	@	A	B	C	D	E	F	G	H	I	J	K	L	M	N	O
0x5_	P	Q	R	S	T	U	V	W	X	Y	Z	[	\	]	^	_
0x6_	`	a	b	c	d	e	f	g	h	i	j	k	l	m	n	o
0x7_	p	q	r	s	t	u	v	w	x	y	z	{	|	}	~	⌂
0x8_	Ç	ü	é	â	ä	à	å	ç	ê	ë	è	ï	î	ì	Ä	Å
0x9_	É	æ	Æ	ô	ö	ò	û	ù	ÿ	Ö	Ü	ø	£	Ø	×	ƒ
0xA_	á	í	ó	ú	ñ	Ñ	ª	º	¿	®	¬	½	¼	¡	«	»
0xB_	░	▒	▓	│	┤	Á	Â	À	©	╣	║	╗	╝	¢	¥	┐
0xC_	└	┴	┬	├	─	┼	ã	Ã	╚	╔	╩	╦	╠	=	╬	¤
0xD_	ð	Ð	Ê	Ë	È	ı	Í	Î	Ï	┘	┌	█	▄	¦	Ì	▀
0xE_	Ó	ß	Ô	Ò	õ	Õ	µ	þ	Þ	Ú	Û	Ù	ý	Ý	¯	´
0xF_		±	=	¾	¶	§	÷	¸	°	¨	·	¹	³	²	■	

	_0	_1	_2	_3	_4	_5	_6	_7	_8	_9
0_		☺	☻	♥	♦	♣	♠	BEL	BS	TAB
1_	LF		FF	CR	♫	☼	►	◄	↕	‼
2_	¶	§	▬	↕	↑	↓	→	←	└	↔
3_	▲	▼		!	"	#	$	%	&	'
4_	(	)	*	+	,	–	.	/	0	1
5_	2	3	4	5	6	7	8	9	:	;
6_	<	=	>	?	@	A	B	C	D	E
7_	F	G	H	I	J	K	L	M	N	O
8_	P	Q	R	S	T	U	V	W	X	Y
9_	Z	[	\	]	^	_	`		a	b	c
10_	d	e	f	g	h	i	j	k	l	m
11_	n	o	p	q	r	s	t	u	v	w
12_	x	y	z	{	|	}	~	⌂	Ç	ü
13_	é	â	ä	à	å	ç	ê	ë	è	ï
14_	î	ì	Ä	Å	É	æ	Æ	ô	ö	ò
15_	û	ù	ÿ	Ö	Ü	ø	£	Ø	×	ƒ
16_	á	í	ó	ú	ñ	Ñ	ª	º	¿	®
17_	¬	½	¼	¡	«	»	░	▒	▓	│
18_	┤	Á	Â	À	©	╣	║	╗	╝	¢
19_	¥	┐	└	┴	┬	├	─	┼	ã	Ã
20_	╚	╔	╩	╦	╠	=	╬	¤	ð	Ð
21_	Ê	Ë	È	ı	Í	Î	Ï	┘	┌	█
22_	▄	¦	Ì	▀	Ó	ß	Ô	Ò	õ	Õ
23_	µ	þ	Þ	Ú	Û	Ù	ý	Ý	¯	´
24-	–	±	=	¾	¶	§	÷	¸	°	¨
25_	·	¹	³	²	■					

Ergänzende und weiterführende Literatur

[1] Siemens (Infineon)
   16-Bit Microcontrollers C167
   User's Manual
   Firmenschrift

[2] Siemens (Infineon)
   16-Bit Microcontrollers C167
   Instruction Set Manual
   Firmenschrift

[3] Siemens (Infineon)
   16-Bit Microcontrollers C167
   Data Sheet Advance Information
   Firmenschrift

[4] Siemens (Infineon)
   SK-167 Starter Kit
   Getting Started
   Firmenschrift

[5] Phytec Messtechnik GmbH
   KitCON-167
   Hardware-Manual
   Firmenschrift

[6] Reiner Johannis
   Handbuch des 80C166
   Architektur und Programmierung
   Siemens-Aktiengesellschaft, München, 1993
   ISBN 3-8009-4203-8

[7] Karl-Heinz Mattheis, Steffen Storandt
   MC-Tools 17, Arbeiten mit C166-Controllern
   Otmar Feger, Hardware + Software Verlag, Traunreut, 1995
   ISBN 3-928434-22-5

[8] Karl Heinz Domnick
   Das 80C166er Lehrbuch
   Architektur, Befehlssatz, Applikationen, Software
   Elektor-Verlag Aachen, 1999
   ISBN 3-89576-088-9

Bezugsquellen

Die folgenden Angaben sind nur eine Auswahl aus dem vielfältigen Angebot an Hardware und Software für die Controller der C16x-Familie. Es wurden nur die in diesem Buch verwendeten Quellen aufgenommen. In der Literatur [8] finden sich weitere Angaben für Bezugsquellen.

(1) Siemens AG
    LZF - Semiconductor Book Shop
    Postfach 2352
    90713 Fürth Bislohe
    Hardware (Starter Kits), Datenbücher, Applikationsschriften

(2) Infineon Technologies AG
    Postfach 80 09 49
    81609 München
    Hersteller der Controller

(3) ertec GmbH
    Am Pestalozziring 24
    91058 Erlangen
    Hardware und Software

(4) Keil Elektronik GmbH
    Bretonischer Ring 15
    85630 Grasbrunn
    Hardware und Software

(5) PHYTEC Meßtechnik GmbH
    Robert-Koch-Straße 39
    55129 Mainz
    Hardware und Software

Verzeichnis der Beispielprogramme

Verzeichnis der Abbildungen

13. Register